Minerva Shobo Librairie

日本の教育文化史を学ぶ

時代・生活・学校

山田恵吾
［編著］

ミネルヴァ書房

はじめに

　普段の生活の中で，自分が日本人であることを意識することは，それほど多くない。意識するのは，他国の人との相違が緊張や不安を伴って現れる場面であるから，意識のなさは平和な証拠かもしれない。

　にもかかわらず，日本人論について強い関心を示すのが日本人の特徴であるとの指摘もある。これを自画像の出来映えに不安を抱きやすい国民性の表れと解せば，政府が日本人の根拠を「万世一系」に求め，「国を愛する」ことを国民に求めることは理屈としては，理解可能である。

　その一方で，現在，政府は大企業とともに「グローバル社会」を生き抜く力を国民に求めている。「社内英語公用語」を採用する会社が現れ，英語で授業を行う大学が時代の最先端であるかのような報道もなされている。国内外で日本語を使わずに外国人と一緒に社員として生きるのが，新たな日本人像なのであろうか。「愛国心」と「グローバル・スタンダード」との間で，国民は引き裂かれているようにみえる。

　しかしながら，時折日本を襲う大災害の時にみせる市井の人々の秩序感覚，忍耐強さ，責任感，人に対する細やかな配慮などが，世界の人々に日本人の好ましい徳性として認識されていることも私たちは知っている。「おたがいさま」「おもてなし」の精神こそが，多くの国民が共有する自画像であるといわれれば，頷く人もいるかもしれない。また，東日本大震災・原発事故は，政治や科学・技術への過信と不信，経済の安定と成長の問い直し，教育のあり方など，私たちの生き方を見直す機会となっている。

　目の前に突きつけられた「愛国心」と「グローバル・スタンダード」との間で，私たち自身がみつめ直すべき自分らしさとは何か，もう一度，納得できる自画像を丁寧に描いてみることが大切ではないか。

　ところで日本列島に暮らす人々が，日本人であるという自覚を有するようになったのはそんなに昔のことではない。百数十年前のことである。江戸時代には，ほとんどの人々は日本列島がどのような形をしているのか，「世界」なるものが

あることさえ知らなかったのである。日本列島に暮らす人々が日々の生活の歩みの中でいかなる教育や学習の経験を積み重ねて，今の私たちを形作ってきたのか。そのような観点から，日本人の形成過程を辿りたい。これが本書のねらいである。

　近代教育という時，自ずと国の教育政策や学校との関わり，とりわけ国家主導の公教育の存在感が大きくなる。国の教育法制の成り立ちを中心とする政策の展開過程，教員，教科書などの教育の中身に関わる政策に注目が集まる。だからといって，学校教育の展開がそのまま日本人の形成史である，と捉えるのは間違いである。わが身を振り返れば，学校教育の内容こそが自分の思想を形成したとは必ずしも考えない。親・兄弟・親族，教師，友人，先輩・後輩などの身近な人や偶然出会った人たちから得たもの，読んだ書物や尊敬できる歴史上の人物から得たものが大きいという人が多いかもしれない。恩師との出会いがあったから，今の自分があるという人もいるだろう。雑誌やテレビやラジオ番組，さらには時の経済状況，職場，街の風景，気候や風土，自然や人との関わり，日々の生活の中での経験など，その時代の置かれた状況，場，関係の中で知らず知らずのうちに自分がつくられてきたと考えるのが自然である。その1つひとつの積み重ねが，日本人らしさをつくり上げているのだとすれば，学校教育にとどまらず，自然や文化，ものや人との関わりそのものに目を向けることは当然のことのように思われる。

　近年，少子化とともに，子どもを育てることの難しさを感じさせる記事が目にとまる。子どもを産むことの難しさ，育てることの難しさ。さらに孤独死や介護の問題など，齢を重ねていくことに対する不安感も増しつつある。人が生まれ，やがて子を産み育てて，この世を去る。その生きること自体が難しい世の中になってきている。このような，人が人として成長していくことの困難さと比べて，現在進められつつある「学力低下」対策，学校週6日制の復活，30人学級の実施，小学校英語教育，大学入試へのTOEFL導入や秋入学などの学校を中心とする教育改革の動向は，何とも小さく感じられる。

　本書は，学校教育という明確な教育目的・内容・方法に基づく意図的・計画的・組織的な教育に加えて，人が生まれ，育つ環境，すなわち文化や時代の雰囲気，人々が置かれた場や状況，人間関係など，知らず知らずのうちに慣れ親み，身につけていくものにも目配りをしながら，それらを日本人の教育史・人間形成史として捉えたい。いわば，広い意味での「隠れたカリキュラム」の捕捉も本書

のねらいとするところである。

　本書では教育という営みをより広く捉えながら，日本人の教育史を叙述している。その構成は，序章とそれに続く10章からなっている。序章「教育史を学ぶということ」では，歴史の観点から教育を捉える方法とその意味について述べている。歴史嫌いの人にこそ，目を通して頂きたい。第1～2章は，近世社会の教育について，庶民の生活レベルでの教育と教育機関による教育の特質について論じている。第3～10章は，近現代の教育について，「近代化」「国際化」「大衆化」「総力戦」「「復興」と「模索」」「豊かさ」「自由化・多様化」「グローバル社会」という社会を特徴づける大きな変化の中で，日本人がいかに教育と学習の営みを示し得たかを論じている。各章のタイトルを「～の中の教育」としたのは，現代の地点から「先から目線」「上から目線」で過去を評価する歴史ではなく，その時代の1人の人間として，自分であればどう生き得たか，という「中から目線」でその可能性を捉えようとしたからである。ただし，それは今日に至る歴史の過程を必然のものとして正当化することでは決してない。

　政治や教育政策と密接に関わりながらも，必ずしもそこに解消しきれない教育の広さと深さを感じ，現在の教育の課題を見極め，これから私たちが進むべき教育のあり方について考えてもらえれば幸いである。

　本書は，これまで教育学教育・教育史教育のカリキュラム開発に力を注いできた大学教師たちの協同によって生まれた。それぞれの職場で教職課程の授業を担当しながら，教育学・教育史研究の成果をいかにして学生の学習と生活に結びつけるか，教員養成に展開するか，という問題意識を共有しつつ，意見交換を重ねてきた成果である。また，企画の段階から刊行に至るまで，的確なアドバイスで導いてくださったミネルヴァ書房の東寿浩さんの存在が大きかった。心から御礼申し上げる。

　　　　　　　　　　　　　　　　　　　　　　　　　　　　山田恵吾

日本の教育文化史を学ぶ
―― 時代・生活・学校 ――

目　次

はじめに

序　章　教育史を学ぶということ……………………………………… 1
　　1　「歴史」とは何か…………………………………………………… 3
　　2　「歴史」のつくり方………………………………………………… 7
　　3　教育史からみえるもの…………………………………………… 10

第1章　伝統社会における子ども（子ども観）と教育………………… 17
　　1　日本における伝統的な子ども観としつけ，子殺し…………… 19
　　2　家における教育…………………………………………………… 28

第2章　近世江戸時代における学びの場（学校）（～1870年）……… 41
　　1　江戸時代における学びの場……………………………………… 43
　　2　「近代」との接点………………………………………………… 56

第3章　近代化の中の教育（1870～1900年）………………………… 63
　　1　身分変換装置としての学校……………………………………… 65
　　2　欧化と日本人──抵抗と受容…………………………………… 70
　　3　近代化装置としての学校………………………………………… 79

第4章　国際化の中の教育（1900～1920年）………………………… 93
　　1　異文化の受容・伝統文化の発信………………………………… 95
　　2　教育機会の整備と多様化………………………………………… 103
　　3　国民意識の養成…………………………………………………… 110

第5章　大衆化の中の教育（1920～1930年）………………………… 121
　　1　「群衆」から「大衆」へ………………………………………… 123
　　2　大衆文化と「日本人」の形成──大衆雑誌の展開…………… 124
　　3　情報化社会の幕開け──ラジオの登場………………………… 130

目　次

  4　学校教育の展開——「教育家族」と「大正自由教育」……… 133
  5　大衆の国民化へ——郷土への着目と国民教育……………… 140

第6章　総力戦体制の中の教育（1930〜1945年）……… 145
  1　総力戦体制と学校制度の改革…………………………… 147
  2　学校の儀式・学校行事と教育文化……………………… 155
  3　戦時教育体制と学校教育の崩壊………………………… 160
  4　教育と教育学の「戦争責任」…………………………… 164

第7章　「復興」と「模索」の中の教育（1945〜1960年）……… 169
  1　敗戦と「占領」の中の教育……………………………… 171
  2　戦後教育改革の模索と子ども文化……………………… 177
  3　教育の政治的対立と経済的復興………………………… 188

第8章　「豊かさ」の中の教育（1960〜1975年）……… 195
  1　経済成長と教育…………………………………………… 197
  2　教育機会の拡大…………………………………………… 204
  3　「豊かさ」の中で変貌する生活と教育………………… 210
  4　国民を惹き付けるテレビ………………………………… 215

第9章　「自由化・多様化」の中の教育（1975〜2000年）……… 225
  1　「良い学校―良い仕事―豊かな生活」という物語…… 227
  2　「教育荒廃」・「学校病理」現象の出現………………… 233
  3　「自由」と「個性尊重」の教育………………………… 240

第10章　「グローバル社会」の中の教育（2000年〜）……… 249
  1　インターネット時代の子どもと教育…………………… 251
  2　「グローバル化」と格差社会の中の教育……………… 257
  3　「東日本大震災」が浮き彫りにしたもの——不信と絆の間で…… 267

資料編

学校系統図　279
教育関連法規　285
日本教育文化史年表　294

索　引　305

―コラム―

貝原益軒　33／江戸時代における庶民の旅　61／『小学生徒心得』　72／日本への留学生　102／女子のための高等教育　109／試験問題にみる評価の形式　118／青い目の人形　139／「愛国行進曲」　157／『のらくろ』　159／「生きて虜囚の辱めを受けず」　163／戦争責任と「草の根の軍国主義」　167／子どもの側からみた「墨塗り教科書」と教師　175／『きけ　わだつみのこえ』　176／『堕落論』　178／第一次ベビーブーム　184／「青い山脈」　189／4本足のニワトリ　212／仮面ライダースナック問題　222／『窓ぎわのトットちゃん』　232／「スクール・ウォーズ」　234／教育技術法則化運動　243／「オタク（おたく）」　247／マスメディアの役割　257／子どもの貧困を再生産する「格差」　266／ボランティアの広がり　273

JASRAC 出 1312459-301

序　章

教育史を学ぶということ

1　「歴史」とは何か

(1)「歴史」はものさし

　あなたは何者なのか。自分がどのような個性や特徴をもった存在なのか考えてみよう。たとえば，自分の背は高いのか低いのか，それを知るために何を手掛かりとするか。

　周りをみる。人と比べる。高い人が多ければ，自分は背が低い方で，反対に低い人が多ければ，自分は高い方だと考える。比較という方法である。物事の特徴や本質をつかむときには，他に基準となるものを得ることが大切になる。

　この比較には大きく分けて2種類がある。空間的な比較と時間的な比較である。空間的な比較とは，先に述べた他人との比較である。時間的な比較とは，過去と現在との比較である。

　たとえば，現代日本の義務教育の特徴を知りたいとき，諸外国の義務教育と比較するのが空間的な比較である。そこから日本の整備された画一的な義務教育制度や教員の多忙な勤務実態が特徴として浮かび上がってくるかもしれない。時間的な比較であれば，江戸時代の教育と比較して，そもそも義務教育とは何か，学校とは何かについて思いを巡らすことになるだろう。

　この時間的な比較によって，現在に対する新たなイメージをもたらすのが歴史の特徴である。歴史というと，中学・高校までの社会科を想起して，年号と出来事，人名などを丸呑みに覚えるという苦行を思い出す人も多いだろう。しかも苦労して勉強したわりに「身についた」「生きる糧になった」という実感がもてずに，「歴史嫌い」になってしまった人も多いのではないか。

　しかし，歴史は必ずしも過去の出来事や人名，年号の暗記を専らとする学問ではない。私たちは今，どういう特徴をもつ世界に生きているのか，過去との比較において見定めていく学問なのである。

　「温故知新（故きを温ねて新しきを知る）」（孔子 BC552-BC479），あるいは「過去に目を閉ざすものは結局のところ現在にも盲目となる」（ヴァイツゼッカー Richard von Weizsäcker 1920-2015）という言葉がある。現在のことだけをみていても，かえって現在のことはよくみえてこない。むしろ，過去をみることによって，気づかなかった現在の長所や短所がみえてくる。そのように，現在を見定めるた

めの「ものさし」として歴史を位置づけておきたい。

（2）問題を捉える方法として

歴史が暗記の学問ではない，とはいっても具体的なイメージが浮かんでこないかもしれない。そこで現在，教育現場でも重要な課題とされている「学力低下」についてみてみよう。

「学力低下」問題とは，2000（平成12）年頃に主に理数系の大学教員の指摘に始まり，それが「ゆとり教育」と呼ばれる学校教育に対する批判となって現れたものである。『分数ができない大学生——21世紀の日本が危ない』『小数ができない大学生——国公立大学も学力崩壊』など，刺激的なタイトルの刊行物が話題となったのもこの時期であった。1998（平成10）年に学習指導要領が改訂され，授業時間の削減や子どもの個性・主体性を尊重する「総合的な学習の時間」の導入が決められたときであったから，文部省や学校に対する批判の声は高まるばかりであった。

その後，PISA（Programme for International Student Assessment の略。経済開発協力機構による国際学習到達度調査）や研究者による種々の学力調査の結果，「学力低下」の実態が明らかとなった。2008（平成20）年改訂の学習指導要領では一転して授業時間が増やされ，「ゆとり教育」の象徴でもあった「総合的な学習の時間」の授業時数は削減された。「学校週6日制」の復活や「留年」制度の導入も現実味を帯び始めている現在，「学力低下」という批判は揺るぎのないもののようにみえる。

表序-1　「学力低下について」

学力低下について
一．学力低下が叫ばれている原因
　従来，既成の知識をよく記憶していることが，学力であると思われ，世間ではこのような観点から子供を評価していがちである。
　今日の教育では，児童生徒の学習経験を通して，社会生活に必要な知識の理解，技能，態度を身につけることが学力であると考えられているが，この点について父兄，一般の人々に徹底されていない。
　学校の多くも，このような観点から指導しているのであるが，その方法や内容について研究不十分の点がある。
二．対策
　文部省では，真の学力を子供に身につけることができるように，各教科にわたり具体的な学習内容を詳述し，学習指導法を徹底させるため，学習指導要領や指導書を編集し，これと並行して教育関係者のために研究集会や各種協議会を開催している。

ところで，**表序-1**は「学力低下」に関する文書である。国会での質問に議員が答弁するために用意されたものと思われるが，いつ頃書かれたものかわかるだろうか。

　原文は手書きで，旧字は新字に変えてあるが，文章の内容は，現在の「学力低下」論議でいわれていることとほとんど変わらない。記憶する知識の蓄積が学力ではなく，社会生活で必要とされる知識や技術，さらには「態度」を子どもの経験に基づいて身につけることが学力としている点などは，現在の「学力低下」批判への抵抗の論理そのものである。現在の文書であるといっても，違和感を感じない。

　この資料は，今から70年以上前の1950（昭和25）年のものである（「第八臨時国会大臣答弁資料」『大島文義文書』1950年7月15日）。まだテレビも電気冷蔵庫もない時代である。戦後のアメリカを中心とするGHQ主導の教育改革の結果，子どもの生活経験や主体性，個性を重視する教育を展開したものの，「学力低下」の声が聞かれるようになり，国会で問題とされる事態となったのである。1950年代後半には，科学技術の振興，経済界からの要請も加わり，「学力低下」の声はさらに高まる。1958（昭和33）年に改訂された学習指導要領では，学問の体系性を重視したものに変えられた。

　つまり「学力低下」の問題は，決してこんにち突如として起こったものではない。さらにいえば，この100年ほどの間に「学力低下」の問題は何度か起きている。

　たとえば1900年代はじめには「壮丁調査」の結果から湧き起こった「学力低下」問題があった。「壮丁」というのは当時兵役が課せられる20歳の男性のことであり，その調査とは兵役を遂行する能力の測定である。体力はもちろんのこと，学力（読み書き能力）も対象とされた。当時は日清戦争（1894年）後で日露戦争（1904年）の現実味を帯びる中で軍事強化を課題とした時期であった。学力（読み書き能力）は兵力の1つとして要請されたのである。

　今回の「学力低下」問題は，もともと1970年代後半から開始された「ゆとり教育」に対する批判であったが，現在では，経済界からの「グローバル人材の育成」の要請を背景に，英語や理工系科目，「国際理解」も「学力」として学校教育に求められつつある。

　こうしてみれば，「学力低下」問題といっても単に基礎学力を向上させようと

表序-2　日本における大学・高校の進学率の変遷

(単位：％)

	1872年	1960年	1975年	2005年
大学・短大	0	10.3	37.8	51.5
高校	0	57.7	91.9	96.5

(出所)　総務省「日本の長期統計系列」。総務省統計局ホームページより筆者作成。

いう単純な問題ではないことがわかる。歴史のものさしからみれば、①「学力低下」問題は過去に何回か繰り返されていること、②軍事的・経済的な側面からの要請があり、必ずしも学校教育の内在的な問題から生じているわけではないこと、つまり「学力低下」が子どもの社会生活にどういう支障をもたらしているのかについての検証に基づいていないことがわかる。この他、議論の仕方に注目すると、③現在の「学力低下」問題には過去の議論の蓄積が活かされていないこともみえてくる。現在の「学力低下」問題の本質は何か、歴史というものさしを当ててみることで事態を相対化する視点が得られるのである。

　さらに大きなものさしで「学力低下」を捉えてみる。日本人が高等教育を受ける機会の広がりという点から、進学率の変遷に注目したい。

　表序-2にあるように現在の大学進学率は約50％、高校進学率は98％と高い値を示している。しかし、100年前にさかのぼると、日本に大学は4校しか設置されておらず、進学率は1％にも満たない。高校も似たような状況にあり、中学生は正真正銘のエリートであった。小学校に通うことのできない子どももおり、文字の読み書きに苦労していた大人も珍しくなかった。60年前の1960（昭和35）年でも大学進学率は10％程度、高校進学率も57％であった。60年前といえば、今の大学生の親の世代が生まれた頃である。この2世代の間に、日本人は急速に義務教育後の教育機会を獲得していったわけである。その中身はともかく、より大きな時間的な流れに照らせば、「学力」やその「低下」の意味も違ってみえてくるのではないだろうか。

2　「歴史」のつくり方

（1）「歴史」は変えられるか

　過去の出来事を忠実に記述すれば，それが正確な歴史といえるだろうか。たとえば，2023（令和5）年12月24日の午後7時に東京都内の海のみえるレストランでSさん（28歳・男）がKさん（25歳・女）にプロポーズした，という出来事は，50年後の高校の歴史の教科書に学ぶべき史実として掲載されるか。

　「掲載されない」とすれば，それはなぜか。「重要な事実ではないから」という答えが返ってくるだろう。しかし，Sさん，Kさんにとっては人生の岐路となった，生涯でかけがえのない出来事となるかもしれない。そこには誰にとって重要な出来事なのか，という価値判断がある。出来事があれば自然に歴史となるわけではない。価値判断する人間の置かれた時代状況や立場によって，歴史となるかどうか，どういう歴史になるかが決まる。

　さらに，たとえ重要な出来事があっても，それが確かにあったという証拠がなければ，歴史的事実にはならない。出来事を裏づける史料が必要である。過去の出来事は，科学の実験のように再現することのできない一回性のものである。音声や映像はレコーダーが開発されるまで全く残されていないし，人々の生活，活動の痕跡も長い年月を経れば辿ることが難しくなる。さしあたり，文字で残された文書が出来事を跡づける有力な根拠になる。

　文書が残されていない場合には，出来事の裏づけは困難となる。たとえば，ヨーロッパの植民地になったアジア・アフリカの部族集団の中には完全に抹殺されてしまったものも多いといわれる。抹殺された側にそこで生活していた痕跡がなければ，あとは抹殺した側が口を閉ざせば，何もなかった，何も存在しなかったということになる。歴史の表舞台に上がることはない。

　史料も文書となれば，誰かがある出来事や状況を記録，作成したものということになる。そこには記録する人の思いや考えが入り込む。写真やビデオ映像が客観的史料だという人がいるが，そこにはカメラを構えた人の意図が反映しているはずである。膨大な出来事のさまざまな断片の中から撮影者が取捨選択し，それを誰かに伝えようとしたものであるから。史料が作成される段階でも，史料から歴史を叙述する段階においても，誰かが選び取るという過程がある。

表序-3 歴史のつくられ方

	①出来事	②事実	③歴史
	ものとその運動。人々の生活、自然の営みなどの物理的な動き。存在。…A	誰かが、Aの存在を示したもの。一般に史料と呼ばれる。…B	Bを意味づけたもの…C
	物事のレベル	報告のレベル	価値判断のレベル

　つまり、歴史は誰かによって書かれたものである。historyの語源はhis storyである、といわれるが、誰かが現在を納得できるようにつくった話が「ヒストリー」である。自分なりに今に至る社会の流れを理解し、今後の生き方を考え、伝える方法として歴史がある。

　時期区分の「中世」「近世」「近代」も、先の「ものさし」のたとえでいえば、目盛りである。時間の流れの中で変化をみつけて、ある特徴をもつ○○時代、また異なる特徴を認めて××時代というように、物理的な時間の長さとは異なる時間の目盛りを刻む。ある過去の時間を生きた当事者が時代を決めるのではない。歴史とは過去をみつめる人間の主観によってつくられている。

　表序-3は、歴史のつくられ方について、その過程を整理したものである。知覚されたものには、何らかの価値判断を含んでいるので、必ずしも厳密に分けたものではないが、便宜上、①出来事、②事実、③歴史の3つの段階として整理できるだろう。

（2）歴史とどう向き合うか

　歴史という比較の視点から現在を捉えるといっても、単に過去と現在を比較したり、現在に至る過程を辿ったりするだけで自然に問題がみえてくるわけではない。そこに現在に対する強い問題意識、言い換えれば「問題がある」とする不満や怒り、違和感など、現在に向き合うその人自身のものの見方、感じ方があって、はじめて過去に光が当たるのである。

　また、先の「学力低下」問題のように、過去に視線を移すことによって現在のありようが問題として浮き上がる場合もある。過去は過去、現在は現在として、別々に存在するわけではない。歴史家のカー（Edward Hallet Carr 1892～1982）は「歴史とは、現在と過去との間の尽きることを知らぬ対話」であると述べている（カー『歴史とは何か』岩波新書、1962年）。過去は常に現在から照らされた過去で

あり，現在も過去から照らされて，その本質が映し出されるのである。

過去への向き合い方には，たとえば，人物の伝記からその人の考えや振る舞い，ある決断などから，「自分もこういう人になりたい」という「理想」や「模範」の源泉としての歴史がある。

一方，過去の失敗や経験を反省材料や教訓として，将来のあり方を模索していくという向き合い方がある。たとえば，戦争や植民地支配の歴史過程の分析・検討を通じて，これからの社会や国のあり方，他国との関係を考える。

歴史に学ぶという姿勢である。理想に近づこうとする姿勢，反省材料とする姿勢，いずれにしても，自分の理想や問題点について自覚する意志がなければ，過去はその対象として自らの前には現れない。問題意識のない過去は，現在をひたすら正当化するものとなったり，単に暗記の対象としての価値しかない。

過去への向き合い方に関して，教育史家の唐澤富太郎（1911-2004）は次のように述べている。

　いかに創造的な時代であるにもせよ，その創造は決して過去から切り離しては考えることはできない。創造的な時代においてこそ却つて過去を厳しく批判し，過去を否定的に媒介することによつてのみ創造は可能となるのである。しかるに過去を媒介することなく，過去を断絶して外からのものを移植したのでは，それは単なる借り物であつて，真に自己の歴史のうちにおいて育つものではあり得ない。それでわれわれは，たといかに誤つた過去をもち，また悲しい歴史を担うにもせよ，そこにはどうしてもそれを正しく批判し検討し，誤つたときには真に過去を懺悔し，これを否定契機としてより積極的に建設して行つてこそ，はじめて未来において新しく，しかも真実のものを誕生させることができるのであつて，われわれはどうしても内から悩み，内から主体的にかち得たところのものでなければ未来における真の発展創造をもたらすことはできないであろう。(唐澤富太郎『日本教育史』誠文堂新光社，1953年)

過去から離れて新しい真実のものを創造することはできない。未来への歩みは，何か価値あるものを外に求め探すのではなく，自らの過去を辿ることでしか果たしえない。日本の子どもたちが何を学び，身につけることによって幸せに暮らし，自らの生を全うできるのか。それはPISAの順位に一喜一憂し，上位国の教育政

策に注目することではないのかもしれない。

3　教育史からみえるもの

(1)「近代化」「学校化」「民主化」

「教育史」の「史」については、すでに述べてきたが、何を「教育」の歴史とするかは、「教育」という営みをどう捉えるのか、その人なりの「教育」の見方によって異なってくる。

たとえば、教育には、社会秩序の維持という機能と社会変革の基盤づくりの機能がある。そこに注目すれば、ある集団・社会・国が、いかに秩序を維持しようとしてきたのか、あるいはいかに集団・社会・国を変革させようとしてきたのか、その営みを辿るのが教育史の大きな役割となる。また、教育を親の子に対する関わりと捉えれば、出産、子育て、躾や遊びの実践とその歴史的過程、とりわけ伝統的な慣習と医学・心理学に基づく科学的知見との相克が教育史のテーマとなる。

現代社会において「教育」という言葉から即座にイメージできるものは、まずは学校であろう。学校は、明治以降、近代国家建設の一環として欧米から移入された教育の仕組みである。「進んだ西洋・遅れた日本」という図式に基づいて近代化が推進されていく。日本の近代化への関心から、その原動力となる学校制度の確立・定着過程に注目するのは自然である。

一方で、日本が国際社会の一員として欧米と肩を並べるようになると、短期間のうちに近代化を達成した日本の内在的な要因に関心が集まる。前近代の日本の伝統や慣習、日本人の精神性などにである。近代化の過程には、日本の伝統や慣習と欧米文化とのせめぎ合いを伴うが、この近代化（欧化）と学校化という変化の相が、教育史の視点となる。

第二次世界大戦後の日本では、アメリカの「民主主義」を理想とする近代市民社会の形成が目指され、戦前の日本の政治や経済、教育の仕組み、文化、慣習が否定される。教育史においては、過去の日本社会に存した「民主主義」の芽の発見に努めるとともに、それが「国家権力（「天皇制教育」）」による抑圧・弾圧に遭いながらも抵抗へと向かう事象が注目されるようになる。その対立図式の中で日本における近代市民社会の成熟・未成熟のありようが教育史として描かれる。

ここで注目されるのは、教育運動の担い手である教師、と弾圧の当事者である

政府・行政当局が中心となる。教師集団の活動, 個々の教師の思想と実践, 教育政策の形成・展開過程, カリキュラムなど, ここでも対立の場としての学校教育が関心の対象となる。この「民主化」教育とそれを抑圧・弾圧する「天皇制」教育政策の図式も教育史の視点となる。

(2) 変わるもの・変わらないもの

近世社会から近代日本, そして現在の日本社会への移り変わりをみることで, 私たちの社会の到達点と問題点を見定め, これからの社会や教育のあり方を模索しようというのが, 本書の目的である。

近世〜近代教育では, 学校教育のありようが1つの大きな見所となりうるし, 私たちの視線もそこに集まりがちになるが, さらにより大きな視点から日本人の根底にある教育観に注目してみよう。

> 古代においては隋・唐に代表される中華文明, 下って明治以降は全世界を支配下に置いた西洋文明, そして大東亜戦争後はアメリカと, その時その時の先進国を国家目標と定めて, 日本はそれに追いつくこと, 追い越すことを目標にして千四百年間レースを走ってきたわけです。そして遂に1960年代の後半から70年代にかけて, 欧米を部分的には追い越してしまった。ところが追い越した途端に日本の迷走が始まったのです。なぜか。それは先進国を追い越すこと自体が絶対目標であった日本は, 追い越すという目標を達成した途端に目の前が真っ暗になって, どうしたらよいか分からなくなったからです。
> (鈴木孝夫『言葉のちから』文春文庫, 2006年)

日本は, この1400年の間, 中国文明, 西洋文明, アメリカ文化を「模範」にし, 摂取してきた。表面的には, 文化の一貫性の無さが指摘できそうだが, 他国の文化を受容しながら自国の文化を形成するという点では, 常に一貫した底流をなしている。つまり, 自国よりも「優る」文化を見極め, それを模範として学ぶことを基本姿勢としているのが日本ということになる。

優れたものが自国にではなく他国にあるという劣等感と, それでもなお優れたものに近づこうとする向上心, そのための教育・学習の尊重, 期待といった点が日本文化の特徴といえるだろう。これは常に自国文化の優秀さを誇ってきた欧米

諸国や中国にはみられない姿勢である。

　1940年代に日本人の特質を論じたルース・ベネディクト（Ruth Benedict 1887-1948）は「恥を基調とする［日本人の］文化と，罪を基調とする［欧米人の］文化とを区別」し，欧米文化を「道徳の絶対的標準を説き，良心の啓発を頼みにする」文化，日本の文化を「恥」という「外面的強制力に基づいて善行を行う」文化であると述べている（『菊と刀』1946年）。

　自己に絶対の基準を置かずに周囲との関係の中で「正しさ」や「善さ」を求める点に，日本文化の独自性を求めたものであり，上述した日本人の教育観と重なる。その意味で日本の教育史には，他国にはない特性が認められるのである。

　1980年代に入って日本は「経済大国」と呼ばれるようになり，これまで目標としてきた欧米各国に，経済や科学技術の面で追いついた。しかし，一方でこの時期，学校では「登校拒否」「校内暴力」「落ちこぼれ」など，教育荒廃と呼ばれる事象が日常化していた。その原因には画一教育，管理主義教育，過密なカリキュラムなど，学校教育における「ゆとり」のなさが指摘された。上記の鈴木孝夫の見解にしたがえば，学ぶべき「模範」を失い，日本全体が学ぶ動機を減退させていった，ともいえるのかもしれない。

　「優れた」他国の文化に学ぶことを国是としてきた日本の課題が露わとなってきている。1つには「優れた」他国がまわりに見出せない時に，日本の進むべき方向である。世界のどの国もそれぞれの課題を抱えながら，もがいている現代社会において，日本が模範とすべき文化があるとは限らない。自らのうちに「絶対的基準」をもつ西洋諸国は，外面的に弱ったようにみえても生き方は明確である。鈴木は，日本には「歴史上のすべての大国が必ずもっている，自国の範囲を越えた，広く国際的に共感を呼ぶ抽象的な理念，人類の目指すべき目標についての哲学」がないと指摘し，日本文明が「他律型」から「自律型」へと移行していることを自覚すべきと述べている。

　「絶対的」な正しさ，揺るぎない思想・信条が，ときに他者に対する狭隘な態度を引き起こすこと，また，それによってもたらされる弊害の歴史を考えれば，日本のこれまでのあり方もあながちマイナス面ばかりではない。むしろ日本の特質をプラス面として自覚しながら，これから日本が進むべき道筋，社会と教育のあり方を模索していかなければならない，と受け止めておきたい。

　また，鈴木とは異なる，次のような観点から日本人のあり方や教育の考え方を

見つめ直すことも面白いだろう。

　日本文化には目的を否定し無目的であることを積極的に評価する傾向がみられる。あくことなき目的の追求はかならずしもよい評価を受けない。むしろ反対に，いやしいこと，よからぬこととして否定されることが多い。目的をさだめず，ただ世界の流れるままに身をまかせて漂流する。その漂流にこそ行動の美を見いだすという驚くべき美学が，日本文化の根深いところにひそんでいる。確固たる目的と決然たる意志にもとづく「行進の美学」にかわって，「漂流の美学」がこの国の国民の行動の根底にひそんでいる。(伊藤幹治『柳田国男と梅棹忠夫——自前の学問を求めて』岩波書店，2011年。1973年の梅棹忠夫の講演内容を伊藤が要約したもの)

(3) 生活と文化の視点から

　現代社会において学校の果たす役割が大きいことはいうまでもない。しかしながら，人は親の願いとともに生まれ，一日も欠くことのない親との触れ合い，兄弟，友人，親戚，地域との関わりの中で育つ。親はわが子を褒め，叱り，励ます。叱りすぎて反省したりすることもあるだろうし，褒めた後の子どもの変身ぶりに驚くこともあるだろう。玩具や絵本，テレビ，習い事，学習塾，近くの公園やプール，家族旅行など，さまざまな環境の中で感じ，考え，周囲に馴染み，学び，成長を遂げていく。このような日常の子どもの学びと成長は，人格の形成において大きな位置を占めている。

　しかし，この当たり前の子どもの成長は，当たり前であるほど，わざわざ書き留められることは少ない。したがって，個々の教育経験の比較も，教育成果の検証も難しく，科学的な研究の対象になりにくい。

　この「当たり前」に光を当てようとしたのが，民俗学である。1930年代に柳田国男(やなぎたくにお)(1875-1962)が開拓した民俗学は，習慣，風俗，昔話，伝説，生活用具などの，人々の間で口伝えや身体を通して伝えられてきたものを手がかりに，生活技術や人々の暮らしの歴史を明らかにしようとした。従来の中央(国家)中心，政治中心，文書史料中心の歴史像に異議を唱えたのである。民俗学は主に口承を手がかりとするので，史実を裏づける史料としての信頼性は高くない。それでも，文書によっては明らかにしえない，生活，遊び，仕事，他者との関わりの中で人

間が学び成長していくという意味での教育の営みを，日本人の等身大の歴史として描き出している。

教育史研究者の高橋俊乗(たかはししゅんじょう)(1892-1948)は，「教育せんとする意志」の歴史を明らかにすることが教育史の役割であると述べている（高橋俊乗『日本教育史』教育研究会，1923年）。また，教育史を「無自覚的教育」のみの時代から「自覚的教育」が発生して，後者が次第に顕著になって，遂に「無自覚的教育」が「自覚的教育」の影に隠れてしまう過程として捉えている（高橋俊乗『日本教育文化史』同文書院，1933年）。「自覚的教育」の代表は学校教育であるが，現代の学校教育の圧倒的な存在感を前にして，ともすると忘れがちな「無自覚的教育」の「意志」の究明を忘れてはならない，と高橋は述べているように思われる。

さらに高橋は「無自覚的教育」の段階では，人々の生活は単純かつ類似しており，「職業上，生活上必要な知識技能は皆一様に，日々の生活の間に，生活することによつて之を収得する」，「収得すべき必要な文化財は皆教育者の身辺に集まつてゐるから具体的な経験そのまゝが教育になる」と述べている。それが，文化が進むにつれて，職業分化し，特殊な技術には専門家ができる。「直接に見聞できぬ他の社会，他の職業を知らずしてすむほどの単純な社会であれば概念知の複雑なものはもはや直接に経験では得られない」。「無自覚的教育」から「自覚的教育」の変化は，「経験知」から「概念知」への変化としても捉えられる。「無自覚的教育」から「自覚的教育」への変化，「経験知」から「概念知」への変化もまた，教育史をみる視点となる。

このような社会史的な視点，モノや状況の中で人が学び成長していくという見方を，「人間形成史」として展開したのは，前出の唐澤富太郎である。60年前に著した『日本教育史』の中で，今後必要な領域・課題・方法として「生活教育史」「慣習・習俗の重視」「文芸作品の利用」「教育実態の研究」などを挙げている。この中で「今後もつとも多く開拓されなければならぬ領域」として唐澤が挙げたのが，「家庭や村落や社会集団などにおける生活そのものを通して行われた教育形態の歴史であり，またあくまでも生活に即した教育思想の歴史」であった。具体的には「年長者に対する礼儀」，「職人仲間に支配する気質」，「俚諺や格言・時代の標語」，「農村における年中行事」，「交通の発達（バス・自転車・自動車・汽車），通信機関（ラジオ・新聞）の発達」による「都市文化の伝播」，「家庭生活と教育」「幼児・児童の遊戯」などの領域を挙げている。

唐澤は，ペスタロッチ（Johann Heinrich Pestalozzi 1746-1827）の「生活は陶冶する」（"Das Leben bildet"）を引用しながら，「生活を通していかに人間が文化的に形成されて行つたかを明らかにして行かなければならない」と述べた。それから70年が経過した。教育史研究の進展は著しいが，教育の中心を学校に置く傾向はむしろ，より強固なものになっているように思われる。

　従来の近代化，学校化，民主化の視点に加えて，あらためて唐澤の問題提起に学びながら，日常生活，「無自覚教育」，「経験知」をキーワードに，日本人の教育史を人間形成史としてより広く捉えることにしたい。

◆ 参考文献
内田樹『日本辺境論』新潮新書，2009年。
E・H・カー／清水幾多郎訳『歴史とは何か』岩波新書，1962年。
唐澤富太郎『日本教育史』誠文堂新光社，1953年。
斉藤孝『歴史学へのいざない』新曜社，1993年。
鈴木孝夫『言葉のちから』文春文庫，2006年。
R・ベネディクト／長谷川松治訳『菊と刀』講談社学術文庫，2005年。

［山田恵吾］

第1章

伝統社会における子ども（子ども観）と教育

■□概　説□■

　「教育学」を意味する英語の pedagogy の語源的な意味は，子ども（peda）をどう導くかに関する方法・技術であり理論（gogy）である。教育はまた「世代から世代への文化の伝達」とも定義されるように，教育の歴史は大人たち（親世代）が子どもたち（子ども世代）をどのような人間に育てようとしてきたかの歴史であるといえる。つまりいつの時代でも教育の主対象は子どもたちであった。ところで各時代，子どもたちが一体どのような存在とみられ（子ども観），どのように扱われ，また教育されてきたであろうか。

　本章では，まず日本における伝統的な子ども観と，それに基づくしつけや育児の特徴について西洋との比較において考察する。結論的にいうと，日本には子どもは宝であるとする「子宝観」，「子宝思想」が支配的で，そうした子ども観のもと概して子どもは親から大切に扱われ，可愛がられてきたといえる。親たちも子どもに体罰を滅多に科さず，主に言葉で諭す温和なしつけが特徴とされる。一方，西洋では大人こそが完成された理想の姿であり，不完全で未完成な子どもには何の価値も認められなかった。またキリスト教の「原罪」説に基づく性悪説的人間観が支配的で，そうした人間観のもと悪の根を懲らしめるべく古来，家庭でも学校でも厳しい体罰が科されてきた歴史がある。

　ところで日本では，子宝観に基づく温和な育児の反面，子殺し（間引き・子返し）も行われてきた。それは専ら口減らし，すなわち経済的理由によるものであった。現代は，子どもの生存権をはじめとする基本的人権が尊重されるようになったが，古い時代は子どもの人権は全く認められていなかった。そうした子どもをめぐるしつけ，育児，子殺しなど伝統社会における子どもをめぐる状況について考察する。

　ところで教育の場というと主として家庭，学校，（地域）社会や職場などがあげられる。近代明治以降は「学校化社会」ともいわれるように，学校教育を中心に教育が展開されるようになる。近世江戸時代にも藩校，私塾などの武家学校，さらに寺子屋という庶民の学校など，さまざまな学校が普及発達，学校教育のウェイトが大きくはなるが，近代以前の伝統社会において，学校以上に大きなウェイトを占めていたのは家（イエ）の教育，地域社会（ムラ）の教育であった。家の教育というと，武家社会では家長が子孫一族に教訓を書き残した家訓が重要な資料となる。中世の武家家訓，そして近世になると，職人の徒弟教育，商人の丁稚奉公なども家の教育である。他家に住み込みで実地に職業人として必要な資質を身に付けたのである。また地域（ムラ）の中の子ども組，若者組，娘組など年齢別集団組織の中で一人前の村人，職業人へと教育・訓練されていったのである。

第1章　伝統社会における子ども（子ども観）と教育

1　日本における伝統的な子ども観としつけ，子殺し

（1）子宝観にもとづく温和な育児法

①日本における伝統的子ども観（子宝観）と温和な育児法

　子どもについては，ミドリゴ，稚児，餓鬼，小僧など，古来いろいろな呼称があった。チゴ（稚児）とは，原義は「乳を飲む子」という意味で「児」，「稚児」と表記する。中世の寺院において学問を教わりながら雑用をこなしていた召使の少年なども「児（ちご）」と称した。ガキ（餓鬼）とは元来は餓鬼道に落ちた者という意味の仏教用語で，転じて古代から子どものことをガキと称してきた。コゾウ（小僧）とは漢字をみてもわかるように元来は小さな僧，小坊主のことを意味したが，転じて子どもに対して用いられるようになった。江戸時代には商店で働く丁稚を「小僧」と呼んでいた。その他，近代に入ると「少年」，「少女」，「児童」などの言葉が広く使われるようになった。いずれにしても成人した大人に対して年かさの少ない者のことである。そうした子どもを日本ではどのようにみ，とらえていたであろうか，日本の伝統的児童観について考えてみよう。

　日本における伝統的な子ども観という時に必ず引き合いに出されるのが『万葉集』の山上憶良（やまのうえのおくら）（660-733）の次の有名な歌である。

　　銀（しろがね）も金（こがね）も玉も何せむに　勝（まさ）れる宝　子に如かめやも

　山上憶良はとくに家族への愛情や庶民の日常生活からにじみ出る生活感情を歌った叙情詩を多く残している。上は「反歌」であるが，憶良は，「長歌」として次の歌も残している。

　　瓜食（は）めば子等（こども）思ほゆ　栗食めば　況（ま）してしのばゆ　何処（いずこ）より　来りしものぞ
　　眼交（まなかひ）に　もとな縣（かか）りて　安寝（やすい）し為さん

　常に子どものことが念頭から離れない，子を思う親の心情が歌われている。ほかにも「子に過ぎたる宝なし」（『平家物語』『宝物集』），「子は第一の宝」（『世話尽』）など，古来子宝観を示す文献は少なくない。現代は，親による虐待も問題

になっており，また少子化傾向が長く続いている。したがって子どもは宝という観念自体が希薄化していることは否めないが，また「子宝に恵まれる」という言い方にもうかがわれるように，子宝観は今でも根強く底流しているといえよう。

また平安後期（1187年頃と推定される）の後白河法皇の撰にかかる今様歌謡集『梁塵秘抄（りょうじんひしょう）』の「遊びをせんとや生まれけむ　戯（たわぶ）れせんとや　生まれけむ　遊ぶ子どもの声聞けば　我が身さえこそ動（ゆる）がるれ」との歌に示されるように，子どもは「無邪気（むじゃき）」で「純真無垢（むく）」で「穢（けが）れなきもの」とする子ども観も，日本では伝統的に支配的といえよう。

ところで，そのような子ども観のもと，日本では子どもに対する親のしつけ，子育ての様相はどうであったであろうか。過去に日本を訪れた外国人の見聞録などをみると，おしなべて日本では子どもたちは親から愛され，可愛がられていたようである。16世紀に日本を訪れたポルトガルの宣教師，ルイス・フロイスは，「われわれの間では普通鞭で打って息子を懲罰する。日本ではそういうことは滅多におこなわれない。ただ［言葉？］によって譴責するだけである。」(『ヨーロッパ文化と日本文化』岩波文庫，1991年）と記しており，江戸中期に来日したスウェーデンの植物学者ツンベルクも「彼等（日本人のこと……引用者注）は決して児童を鞭うつことなし」(『欧米人之日本観』）と述べている。明治初期に来日したモースも「（日本では）赤ン坊が泣き叫ぶのを聞くことは滅多になく，又私は今までのところ，お母さんが赤ン坊に対して癇癪を起してゐるのを一度もみてゐない。私は世界中で日本ほど赤ン坊のために尽くす国はなく……」(『日本その日その日』創元社，1939年）と，日本はまるで「子ども天国」のようであると指摘している。そうした日本の親たちの温和な育児法の背景には，子宝観という子ども観が底流していたといえよう。

②日本と西洋の子ども観・人間観の比較――性悪説（西洋）と性善説（日本）

日本では，子どもは宝であり，無邪気な存在として可愛がられ，大切に育てられてきた。一方，西洋では，大人こそが完成された理想的存在であり，不完全で未完成な子ども，および子どもの時期は何の価値もないものとみられてきたようである。18世紀のフランスの教育思想家ルソー（Jean-Jaques Rousseau 1712-78）は，主著『エミール』において，人間の生まれた当初の状態について「弱い」，「何ももたない」，「分別をもたない」と，全くの無力無能性を指摘，それゆえに

他人の援助（教育）が絶対に不可欠であり，教育によって限りなく成長発達していく存在であると述べている。すなわち人間の，誕生時における無力・無能性（子供の状態）に教育必要性の根拠を求めたのである。

　ところでルソーは，「人々は子供時代とはどういうものであるかということをちっとも知らない。……人々は子供の状態についてあれこれとぐちをこぼす。人間がもし初めに子供でなかったら，人類はとうに滅亡していただろうということを忘れている」（村井実『原典による教育学のあゆみ』講談社，1974年。傍点引用者）とも述べている。すなわち当時，西洋においては不完全で未完成な子どもの状態，子ども時代には何の意味もないと考えられていた。それに対してルソーは，子ども時代の不完全・未完成（無力無能）なところに意味があると強調しているのである。それゆえにルソーの教育思想史上の意義は**「子どもの発見」**と称されるのである。

　なおルソーの教育論の特徴として「自然主義」ないし**「消極教育論」**があげられる。ルソーは，教育には自然の教育，事物の教育，人間の教育の三者があるとし，そのうち「私たちの諸能力および諸器官の内部からの発達は，自然の教育である」（同上）と述べ，人間による教育は，その自然の教育に合致させなければならないという。『エミール』の中の「創造主の手から出る時には，すべて善いものであるが，人間の手にかかるとそれらがみな例外なく悪いものになってゆく」（同上）との有名な文に示されるように，ルソーは性善説的人間観に立って，人間の内なる自然，すなわち自然的な成長，発達段階，興味，自発性などを重視した。そうしたルソーの教育論は「消極教育論」と称されるのであるが，そうした人間の内面的要素に一切無頓着で，これは将来必要なことだからと教え込む，いわゆる積極的教育をルソーは批判しているのである。ルソーは，たとえば読み書きの学習について，いつ，どのように始めるかについて，子ども自身の学習の必要感（ニーズ，レディネス）を重視する。ただし必要感が生ずるのを，ただ手をこまねいて待つのではなく，たとえばエミールに手紙を出す。エミールは字が読めないため誰かに読んでもらわなければならない。字が読めないことがいかに不便で不自由であるかを痛感する。こうした経験によって子どもの内に読み書き学習への必要感が昂じていく。その必要感に即して学習することこそ最も効果的であるという。日本の教育は，とかく試験，競争，賞罰などの外発的動機づけを重視する傾向が強いが，望ましいのは学習者自身の学習の「必要感」および有用性

の認識といった内発的動機づけである。ルソーの「消極的教育」は，学習の動機づけ（モチベーション）に関しても貴重な示唆を与えているといえよう。

　このように，ルソー自身は性善説的人間観に立って，時代の潮流に抗する教育論を展開したが，西洋社会においては古来，キリスト教の「原罪」説に基づく性悪説的人間観が支配的であった。イギリスの小学校では，入学した最初の教科書に"In Adam's fall, we sinned all."という文章が出てくるという。すなわち小さい時から人間は罪深い存在であると教えられているのである。『旧約聖書』の「子どもを折檻することをはばかることなかれ，かれを打つとも死することなからん，汝はかれを鞭もて打ちて，かれの魂を地獄より救い出すべきなり」の一節に示されるように，人間の根本，本性を悪とみる性悪説的人間観に立てば，その悪の根を懲らしめ正すべく体罰が肯定されることになる。**ルイス・フロイス**が「われわれの間では普通鞭で打って息子を懲罰する。」と述べていたように，西洋においては古代ギリシアの時代より，家庭でも学校でも過酷な体罰が科されてきた。図1-1は，19世紀イギリスの学校における体罰の様子である。18世紀のドイツの学校には，体罰をおこなう部屋まであったという。

　一方，日本では子宝観にも示されるように，人間観においても古来，「鬼の目にも涙」，「一寸の虫にも五分の魂」などの諺や「根っから悪い人間はいない」といったいい方にみられるように，人間の根本を「善」とみる性善説的人間観が支配的であった。そうした性善説的人間観に立てば，もともと人間の中にある善の芽を伸ばそうとする温和な育児法，体罰否定となるのである。

　沖原豊『体罰』（第一法規，1980年）には，法規上体罰禁止の方針をとっている「英米型」，もともとはキリスト教国として体罰肯定であったが，フランス革命後，人権意識の高まりにより現在は体罰禁止の方針をとっている「大陸型」，全体主

図1-1　19世紀イギリスの学校の体罰
（出所）沖原豊『体罰』第一法規，1980年。

義的モラルを重視するが、体罰という外圧的方法は好ましくないとして体罰否定の方針をとっている「社会主義型」の三類型に分類し、それぞれに属する国々の体罰の歴史と現状についても記述されている。日本は戦前も戦後も一貫して体罰禁止の方針を採っており、「大陸型」に属する。ちなみに戦後制定された「**学校教育法**」第11条に「校長及び教員は、教育上必要があると認めるときは、文部科学大臣の定めるところにより、児童、生徒及び学生に懲戒を加えることができる。ただし、体罰を加えることはできない」(2007年改正の現行法規)と、懲戒権は認めつつも体罰は禁止されている。

(2) 子殺し(間引き、子返し)の歴史
①子殺しの歴史

日本では、子宝観という伝統的子ども観のもと、概して子どもたちは親の深い愛情のもとで育てられてきたが、その一方、殺されたり、捨てられたり、売買されてきた歴史もあった。先ほど、日本では親たちは子どもに滅多に体罰を科さず、主に言葉で諭す温和な育児法であることを述べたフロイスは、また「ヨーロッパでは、嬰児が生まれてから殺されるということは滅多に、というよりほとんど全くない。日本の女性は、育てていくことができないと思うと、みんな喉の上に足をのせて殺してしまう」(前掲『ヨーロッパ文化と日本文化』)とも述べていた。

動物の世界では生きるための「食物連鎖」として殺し合いがみられるが、人間の場合は、戦争や犯罪など、それ以外での殺し合いが古来みられた。梅根悟『世界教育史』(新評論版、1967年)には、人類の間では原始時代の昔より子殺しがおこなわれてきたことが指摘されている。そして子殺しの理由について、暴風の時期に生まれた子は殺すとか、双子は殺すなど民族固有の迷信に基づくものもあるが、主な理由として次の4つをあげている。

①母体の保護、すなわち出産が母体の生命の危険を伴うとき、母体の保護のためにやむなく堕胎をする
②社会的に承認されない男女関係から生まれた不義の子を闇に葬る
③宗教的儀礼としてのいけにえ
④経済的理由

中でもとくに④の経済的理由による子殺しが最も大きな理由であったという。それはとくに人類が、食べ物を求めて採集・移動生活をしていた状態から、一定

の土地に定住して農耕を営むようになってから生じたという。すなわち定住農耕生活により，一方では一定の労働力人口の必要性とともに，他方では扶養人口の目途（限度）が見通せるようになってから，過剰な人口を削減する人口調整策として子殺しがおこなわれるようになったというのである。梅根氏によると，子殺しは人口調整，計画経済のあらわれであり，それと生存を認めた子どもをどう育てていくか，すなわち教育は，いずれも大人たちの子ども世代に対する計画的・恣意的行為であり，裏表の関係でつらなっているという。

　西洋においても子殺しは行われた。古代ギリシアの軍事都市国家スパルタにおいては，もっぱら軍人としての教育がおこなわれた。したがって子どもが生まれるとまず長老により身体検査がおこなわれ，健全な子どもは生存が認められるが，虚弱ないし病弱な子どもは生きていても国のためにはならないとしてアポテタイの山の麓に遺棄されたのである（プルタークの『伝記』）。国にとって役に立たない人間は生後すぐに殺されていたというのであるから，生存権という基本的人権尊重の思想は皆無だったといえよう。その後も子殺しがおこなわれたことは，ペスタロッチの『嬰児殺し』にも記されている。しかし全般的に西欧においては，キリスト教の教義により子殺しは固く禁じられていたので，それに代わって子捨てが増加し，捨て子を収容するための孤児院が教会の手で多くつくられてきた歴史がある。すなわち西洋においては子殺しよりも捨て子が圧倒的に多かったのである。

　日本でも古くから子殺しがみられた。『古事記』には伊弉許尊（いざなぎのみこと）と伊弉冉尊（いざなみのみこと）との間に生まれた子どもが3年たっても歩くこともできない虚弱ないし奇形児だったので葦の船に乗せられ遺棄された話がでてくる。虚弱ないし奇形児は当時「蛭子（ひる こ）」ないし「水蛭子」と称された。蛭のように骨がない軟体動物のようであったからである。そこには障がい者に対する差別と偏見もうかがえよう。『日本書紀』にも子殺しに関する記事がみられる。平安時代の文学作品は貴族社会の栄華や美を追求していたこともあってか，子殺しや自殺の話はあまり出てこない。しかし中世の『方丈記』や『今昔物語』には子殺しの話も出てくる。中世は戦乱の時代で子どもが戦（いくさ）に巻き込まれて命を落としたり，親子心中や自害等もみられた。ところで親による子殺しが最も横行したのは近世江戸時代の農村においてであった。その理由は専ら「口減らし」，すなわち経済的理由によるものであった。

②江戸時代に横行した子殺し（「間引き」）と子育て奨励書の刊行

　江戸時代初期の日本人の人口は1200万人ほどであったといわれているが、100年余りの間に約3000万人近くまで増加した。しかし江戸時代後期は、飢饉や疫病の流行、貧困による子殺しや中絶・堕胎が広くおこなわれ人口は減少していった。当時、子殺しは「間引き」、「子返し」などと称して盛んにおこなわれた。「間引き」はもともと農業用語であるが、子殺しにも用いられた。すなわち「間引きは菜大根をひき抜くことと同じように考えられた。産れ、別れ、戻す、かえす、水になすというようにもいわれ、産婆は出産のとき「置きますか」「戻しますか」とたずね、家族の意にしたがって活殺の取扱いをしたわけである。」(『日本産育習俗資料集成』1975年)

　また「子返し」とは、「七歳までは神のうち」という児童観があって、人が生まれ成長していくことは、神霊の世界から徐々に人間の世界にひきあげていくことと考えられていた。ゆえに出産や育児のことを地域によっては「ヒキアゲ」と称した。したがって生まれたばかりの子どもを殺すことは、神霊の世界に返すという意識であり、殺人という意識や罪悪感は希薄だったようである。七歳前に死亡した場合は葬式もごく簡単に済ませていた。

　当時、子殺しが横行した背景には、商品経済の浸透による農村の窮乏化があった。しかし幕藩体制の経済的な基盤は農村からの年貢にあり、堕胎、間引きの横行による人口の過度な減少、農業労働力の低下は幕府や藩にとっては実に深刻な問題でもあった。したがって幕府や諸藩は子殺しや捨て子等に対しては刑罰を重くし、一方、子育て奨励のために奨励金等を与えたり、間引き防止用の教訓書を刊行するなど様々な施策をおこなった。

　『子孫繁昌手引草』は、間引き防止用教訓書の代表的なものである。そこには第1に親芋と子芋の喩え、すなわち親芋のまわりに子芋が増えるが、子芋が養分を吸って親芋にもいくので、親芋も太る。逆に子芋が邪魔だといって切って捨てれば、切り口より腐ってくること、第2に鳥・獣（畜生）と人間の対比、すなわち鳥・獣は親が命がけで子どもを守るのに対して、「万物の霊長」ともいわれる人間が子殺しをするとは、鳥獣にも劣ること、第3に子殺しをお互いに戒めることは村落共同体全体の連帯責任である等の教訓が書かれている。また図1-2のような挿絵も掲載し、子殺しをする女性は、たとえ顔は柔和でも、その心は鬼そのものであると述べ、そんな鬼のような女になってはならないと戒めている。

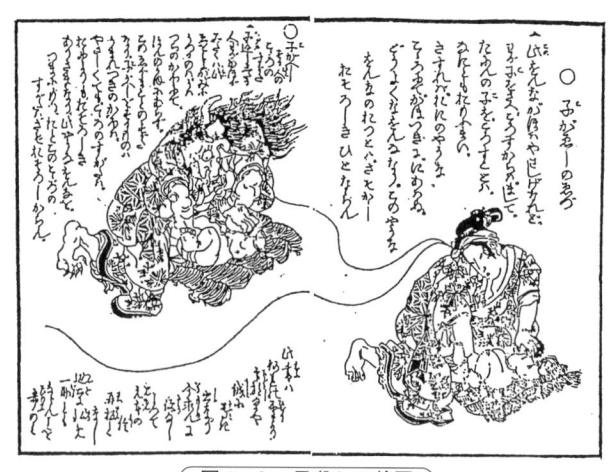

図1-2　子殺しの絵図

（出所）上笙一郎編『日本子どもの歴史　6』第一法規，1977年。

　このように日本には，子どもを宝として大切に育てる子宝観が支配した一方，経済的な理由で口減らしのために子殺しも横行したということは，子どもは穀つぶしの餓鬼であるとする餓鬼観も併存していたといわなければならない。子どもを育てること自体が大変な貧しい家にとっては，子どもは宝というよりも穀つぶしの餓鬼でしかないなど，子宝観と餓鬼観は家庭の経済状態にも対応するものであった。そもそもわが国の伝統的な子宝観も，子どもひとりひとりの人権や人格に根ざしてのものではなく，「家」制度のもとでの子宝観であったことを見落としてはならない。すなわち子どもは家督と家産の相続者であり，親の老後を保障する存在であるがゆえに宝とされたのである。したがって，たとえば長男は家督相続者のゆえに宝であるが次男以下は「厄介者」の餓鬼であるとか，男の子は宝であるが女の子は餓鬼とみなされるなど，同一家族の中にも子宝観と餓鬼観が併存していた。それは「女の子ならおっちゃぶせ　男の子ならとりあげろ」（茨城地方の子守唄），「もしもこの子が女子ならば，こもに包みて縄をかけ，前の小川へつっぽんつっぽん　下から雑魚（ざこ）がつつくやら，上から鳥がつつくやら」（手まり歌）などの古来の歌にも表れていた。

③子どもの成長の節々を祝う習俗行事――近世江戸時代に確立

　このようにとくに江戸時代は，とくに貧しい農村において口減らしのための子

殺しが横行したが、おおかたの親たちは、子どもの無事な成長を願い、祝福するのが一般的であった。日本には古来、七五三をはじめ子どもの成長の節々を祝う習俗行事が多く、それらは民俗学や文化人類学の分野では「通過儀礼」と称されている。それは人生におけるオリメ、セツ、キリメであり、それは春夏秋冬の季節感覚にも照応するなど、日本人の生活感覚にも合致していたといえよう。それらの習俗行事の多くは江戸時代に確立したものが多い。

　まずムラのある家に妊産婦が生じた場合、彼女は「忌（いみ）」の状態にあるとして一般の労働から離れて出産に専念することがムラ共同体内部で承認される。そして妊娠5カ月目頃に「帯祝い」をおこなう。その際は、仲人や親類縁者を招き、嫁の実家から送られてきた米や小豆をみんなに振舞った。「帯祝い」は子ども（胎児）の生存権の最初の承認を意味した。

　次に出産においては「トリアゲババ」と称される産婆が重要な役割を果たした。出産のことを地方によっては「ヒキアゲ」と称したが、赤子を神霊の世界から人間の世界に引き上げるという意味を表していた。また出産後は多くの人たちと擬制的親子関係が結ばれた。お産を手伝ってくれた人（産婆）は「取り上げ親」、出産直後に乳を飲ませてくれた人は「乳親（ち）」、子どもに名前をつけてくれた人は「名づけ親」、そして面白いのは「拾い親」である。先の子が病弱等でうまく育たなかった場合、子どもを一旦捨てて、丈夫に子どもを育てた人に前もって頼んでおいて拾ってもらい、仮親になってもらうというものである。江戸時代は、食事も粗末なうえ医学や衛生管理も未発達であったので、子どもを無事に育てようとしても夭死（ようし）したり、疫病や大火事、台風・地震・洪水などの災害で死亡することも少なくなかった。生まれた子の約半数は10歳以前に死亡していたともいわれている。したがってこのような擬制的親子関係が結ばれたのも、多くの人々の協力によって子どもを無事に育てていこうという願いを込めてのことであった。

　そして出産3日目には「三日祝い」（着初め、湯初め、髪剃り）、7日目には「名づけ祝い」（お七夜、七日の祝）がおこなわれた。命名は生涯の開始であり、その生存が社会に承認された証（あかし）でもあり、「ナカマイリ」とも称された。そして生後20日頃には「出初め」、「初歩き」、生後30日目頃には「宮参り」がおこなわれた。これは氏神に氏子として認めてもらう儀式であるとともにムラの人々と近づきになる機会でもあった。生後100日目頃には「食初め（くいぞ）」、「クイソメ」、「モモカ」、「ヒトツブクイ」、「ヒャクニチ」などと称して、大人と同じ食物を食べさせ

る儀式がおこなわれた。米粒をひとつぶ食べさせるのがふつうであるが、歯を固くする願いを込めて食膳に小石を置く風習もみられた。

　生後1カ年の「初誕生祝い」には誕生餅をつき、客を招いて祝う。所によっては誕生餅を背負わせて転がす風習もあったが、あまり早くから歩き出すのはよくないとの考えによるものであった。3歳の祝いは「紐落とし」と称して初めて帯をつけ、頭髪も結髪(ゆいがみ)にした。子どもの成長におけるひとつの境目とされた。そして7歳で「氏子入り」をする。「七歳までは神のうち」ともいわれたように、7歳になると人間社会の一員として「子ども組」に入り、大人社会に入る準備が開始される。そして男児は田畑仕事、女児は子守など労働に携わるようになる。そして男子は15歳前後で、女子は12～13歳で「成人式」がおこなわれた。この成人式こそ一人前になるための重要な通過儀礼であり、婚姻能力、労働能力の有無が基準であった。

　成人式を済ませた男女は、それぞれ「若者組」、「娘組」の一員となる。若者組においては、神事(しんじ)の奉仕、祭礼、社会奉仕、修養娯楽、治安風紀など村の中でのいろいろな行事や活動に参加する。また共同労働などを通して一人前の村人および職業人へと教育・訓練されていったのである。近代以前の伝統社会、とくに江戸時代は学校も普及するが、ムラ・地域社会における年齢別集団組織などによる教育機能も大きかったのである。

2　家における教育

(1)「家訓」にみる中世武士の教育

　明治以後の近代社会は「学校化社会」ともいわれるように、学校中心の教育となるが、近世以前、とりわけ中世は学校が未発達で武士の主たる教育の場は家庭であった。家制度の支配のもと家長(父親)は絶大な権限をもっており、子孫一族への教訓は「家訓」という形で書き遺されていた。当時の家の観念は、先ははるか先祖にまで遡り、末は子孫末代にまで連なっていく祖孫一体の精神共同体であった。「家訓」とは、家長による子孫一族への教育であるが、その都度の口頭による「教訓」と、それら教訓を永続化、普遍化させるため文章に書き残した「遺訓(いくん)」があるとされる。ただし口頭による教訓は後世に資料として残らないため、一般に家訓というと「遺訓」のことを指している。とくに中世から近世にか

けて数多く残っている武家家訓は、当時の武士教育の実態を知るための貴重な資料である。

①中世武家家訓にみる武士像

中世武士のあり方については、「弓馬の道」、「弓矢の習」などといわれたように、何よりも武の鍛錬が重んじられた。中世武家家訓においても「肝要は弓馬の二なり。此二道を旦夕(注……「旦」とは朝、すなわち「旦夕」とは朝夕のこと)心にかけ、毎日怠るべからず」(『伊勢貞親教訓』)など、日常的に武術の稽古が求められた。また精神生活面では仏神を尊崇すべきことが求められた。たとえば北条重時の家訓『極楽寺殿御消息』には「仏神を朝夕あがめ申、こころにかけたてまつるべし」とあり、戦国武将の一人、北条早雲の『早雲寺殿廿一箇条』には「第一　仏神を信じ申べき事」とある。戦乱の絶えない中世において、武士は常に死に臨む覚悟が求められたであろうし、戦においては殺生を業とせざるをえず、その罪業感から精神的に救済される必要もあったであろう。それを当時の武士は宗教(仏教)信仰に求めていたのである。

また二大モラルとして主君への忠誠(奉公)と親への孝行が強調された。「ほうこうみやづかひをし給ふ事あらん時は、百千人の人をしり給ふべからず、君のことを大事の御事におもひ給ふべし」(『極楽寺殿御消息』)とあるように、一人の主君に、生涯裏切ることなく忠誠を尽くすことが武士のモラルとされた。また「よき人のまねせんより、わろき親のまねをすべし」(『竹馬抄』)などの教訓も、当時、親がいかに絶対的な存在であったかを示しているといえよう。またとくに群雄割拠の戦国期においては、統率者として必要な人間的資質として慈悲、寛大、度量(器量)、公平などの諸徳が重んじられた。

②年齢段階に即した教育
(ⅰ) 乳幼児期における乳母の養育・教育

中世の武家家訓には、家における子どもの年齢段階(発達段階)に即した教育のあり方についてきめ細かく書かれている。室町時代の武家家訓『根本世鏡抄』には、まず「誕生の蒙目から七歳までの学文始迄肝要也。如何にも如何にも賢人の御父、智人の乳母をつくべき也。……君は又をちめのとの膝に三歳まで居て、四歳より少しづつ云ふ事を覚ゆべき也」とある。中世および近世の武士の家庭に

おいて，子どもへの授乳をはじめ幼少期における躾や言葉の教育に携わったのは乳母（めのと）と称された女性であった。男性の養育係りは「御父（おち）」あるいは「傅（めのと）」と称された。「三つ子の魂百までも」とのことわざがあるように，乳幼児期の乳母による教育は，その子の，その後の人格形成の基礎となるものであった。乳母は，主家の子に充分に栄養を含んだ母乳を授け，身体の成長をはかるとともに，男子を将来，立派な武将に育てるべく父祖の武功やさまざまな武勇伝を語り聞かせるなど，精神面の教育においても重要な役割を担っていた。

（ⅱ）7歳は「学問始め」，10代は人格の基礎を培う時期

『根本世鏡抄』には，7歳は「学文始」の年で「上は七つ，中は九つ，下は十を限りて入寺なり」とある。「入寺」とは寺院に入学して学問を授かることである。中世は，学校は極めて乏しかったが，武士の子弟は寺院において学問教養を授けられた。当時，寺院は「学校」，「小学」，「学窓」，「村学」などとも呼ばれ，学校の役割を果たしていたのである。戦国武将の自叙伝などをみると，多くは7歳頃に入寺（入学）しているが，中には3，4歳の幼少期に入学したり，10歳以後に入学するなど，人によってまちまちであった。そして「十三は下山の年」とあるように13歳は下山（卒業）の年とされた。

次に年齢段階ごとの学習について，「七つ八つまでは，更に学文も遊びも定むべからず……九つ十までは次第不同に読ませ書かすべし」と，十歳頃までは自由（「次第不同」）に読書や手習いをさせ，「十一より十三迄は昼夜の違（いとま）を得させず，しかりては諫め，諫めては威（おど）し，学文を教え，義理を慥（たしか）に教ふ可き也」とある。カリキュラムも実におおまかなものであったが，10代前半期は学問の基礎をつくるべく厳しく教育する時期とされていた。

こうした年齢段階に応じた学問，訓育は，家庭において親（父親）が教育する場合も同様である。「親は男子の七歳よりの立居振舞，心づかひを能々見て，十四五迄は鵺（ゆがめ）る所を直せ。無承引（しょういんなく）は打擲（ちょうちゃく）して之を教えよ」と，10代の半頃までは体罰を科してでも糺（ただ）すべきところを糺すなど厳しく訓育するが，「十六，七にならば，詞（ことば）にて之を教えよ。用いずんば，色々の方便（てだて）を以て之を教訓せよ」と，10代の後半になれば体罰は逆効果で，主に言葉で諭すよう述べている。そして「二十一，二にならば，一，二度は之を教え，三度にならば勘道せよ」と21，22歳になれば勘道（当）も辞さないなど，一人前の大人として厳しく対処している。

第1節で述べたように、日本は西洋に比して体罰は滅多になかったようであるが、武家家訓などをみると全くなかったわけではなく、とくに武士の家庭ではしつけも厳しかった。

ところで寺院での学習であるが、一日の日課はだいたい次のようであった。

卯（午前6時）〜辰（午前9時）　　看経（かんきん）
巳（午前10時）〜午（午前12時）　手習
午（午後1時）〜未（午後3時）　　読書
申（午後4時）〜酉（午後6時）　　諸芸の遊び
戌（午後9時）〜亥（午後11時）　　自由放課

現代の学校のように細かい時間割はないが、早朝の「看経」から始まり、午前は「手習」、午後は「読書」など、早い時間には頭を使う学習をおこない、疲労が蓄積する夕刻以降は「諸芸の遊び」などリラックスできる内容に配列されている。17世紀に日本に滞在したポルトガルの宣教師、ルイス・フロイスは、日本の寺院教育において「坊主は彼らに弾奏や唱歌、遊戯、撃剣などを教え…」（前掲『ヨーロッパ文化と日本文化』）と報じているが、読書、手習いなどの学習もおこなわれた。また『根本世鏡抄』には「食乏シケレバ心未練ニナル。食ニ飽スレバ眠テ学文疎シ。遊戯アマリスレバ心乱レテ学文跡ヲ忘レ。時々遊戯セザレバ心気起テ病気出来ル也」と、空腹過ぎても逆に満腹でも学習に集中できないこと、また時々気分転換の必要性など、能率的に学習できるような配慮もなされていたことがうかがわれる。

③青少年期における友人の影響力

「朱に交われば赤くなる」という有名な諺があるが、とくに青少年期における交友関係の影響は極めて大きい。とくに学校やメディア等も未発達であった中世においては、家族や友人など、日常的に接する人間の影響力は、現代よりもはるかに大きかったと思われる。家訓においても「抑々我を生む者は父母也、我を成す者は朋友（ほうゆう）也」（『異制庭訓（ていきん）往来』）と、自分を生んでくれたのは父母であるが、人格や性格の形成は親よりも友人の影響力の方が大きいこと、また「水は方円之器に随ひて、人は善悪之朋（とも）に依る」（『今川了俊制詞』）と、水が器の形にしたがって

自在に形を変えるように，人は接する友によって善にも悪にも感化影響されると述べている。

したがって家訓には，接すべき友人像についても述べられている。たとえば『根本世鏡抄』には「三学之友とは公家には詩歌管弦の友也，武家には弓馬謌酒也。雑人には酒双六女也。」と古代の公家，中世の武家，雑人（身分の低い者，卑しい者）など時代や身分階層による友人像や嗜好の相違について簡潔に述べられている。「詩歌管弦」は，「三舟の才」と称して平安時代の貴族が身につけるべき教養技芸であった。戦国武将，北条早雲の家訓『早雲寺殿廿一箇条』には「よき友をもとめべきは，手習学文の友也，悪友をのぞくべきは，碁将棋笛尺八の友也」とあり，中世後期より顕著となる文武兼備の武士像が，理想の友人像にも反映している。同じく戦国期の家訓『山本道鬼入道百目録聞書』には，「幼少の子供友を集めて遊戯するにきらふべき友あり，短気の生，雑言の生，臆病の生，欲深き生，偽をいふ生，中言を云ふ生，他言を猜む生，そ相成生，泣癖有生，美衣美食を好生」と，好ましくない友人像がかなり具体的に列挙されている。

江戸時代の儒学者貝原益軒の『和俗童子訓』にも「子弟を教ゆるには，先ずそのまじわる所の友をえらぶを要とすべし。その子の生まれつきよく父の教え正しくとも，放逸なる無頼の小人とまじわりて，それと往来すれば必ずかれに引きそこなわれて悪しくなる」と友選びの大切さが述べられ，「放逸なる無頼の小人」と交わり悪影響を受けることがないように戒められている。

（2）近世江戸時代における家の教育
①近世における身分制の確立と教育

群雄割拠の戦国時代において，織田信長が安土城を築城し天下を統一した1576（天正4）年が近世の始まりとされる。近世も，中世と同様，武家政権の時代であるが，「集権的封建制」の時代と指摘されるように織田，豊臣，徳川氏という強大な権力者によって天下が統一され，中央集権的体制が築かれた時代として特徴づけられる。そして豊臣秀吉の「兵農分離」（刀狩り）を契機に，とくに江戸時代になると「士農工商」の身分制度が確立する。人間は平等，対等な関係ではなく身分階層による上下（尊卑）の相違があり，それぞれが身分格式を守り，分限を弁えることによって社会の秩序が保たれるとされ，その身分制を裏づける理論，学問が儒学であった。江戸時代の教育は，士農工商それぞれの身分によっ

> コラム

貝原益軒

　貝原益軒（図1-3）は1630（寛永7）年，黒田藩（福岡）の藩士の子として生まれた。父は黒田藩の祐筆。名は篤信，晩年に益軒と称した。幼い頃より才色があり，14歳で儒学を志し，28歳から35歳までの7年間，京都に遊学し学問の基礎を築く。35歳で福岡に帰り，藩主の命で江戸において講学に従事する。1668（寛文8）年に福岡に帰郷，以後1700（元禄13）年，71歳で致仕するまで儒臣として藩内の教育にあたる。藩主，黒田忠之，光之，綱政の三代に仕え，文教政策について指南した。1714（正徳4）年没，享年85。

　益軒は儒学者であるとともに科学的な実証精神に富む科学者，経験主義者でもあった。85歳で生涯を終えるまで経学，歴史，地理，民俗，文学，医学，本草，養生，教育と多岐にわたり99部251巻という膨大な著作を残した。中でも『和俗童子訓』は，わが国における体系的な教育学の書とみなされ，益軒はわが国「教育学の祖」とも称されている。また『養生訓』も有名である。益軒は，京都時代は質素にして飲食も極めて節制の生活を送ったが，淋病，痰，喘息，下痢，神経衰弱など様々な病気を患い，すべて見事に克服した。そうした自身の体験に基づいて著わしたものが『養生訓』である。『和俗童子訓』においても，過保護，溺愛を戒めるとともに「衣服を厚くし乳食に飽かしむれば，必病多し。衣を薄くし食を少なくすれば病少なし。」と薄着，少食を奨励するなど健康上の心得も述べている。

　戦前の国定教科書にも，「健康」，「寛大」，「謙遜」，「乗合船」などの題材で人物教材として登場している。「乗合船」と題する教材は，同じ船に乗り合わせた中に，まわりの乗客たちに自分の知識をひけらかす傲慢な態度の若者がいた。益軒もその舟に乗り合わせていたが，自身，偉大な学者であったにもかかわらず，全く名乗り出たり自慢することもなかった謙遜ぶりが記述されている。挿絵（図1-3）にある「寛大」と題する教材は，ぼたんの木の枝を折ってしまい，必死に詫びる弟子を，厳しく叱ることもなく許してあげた益軒の寛容さを紹介したものである。

図1-3　貝原益軒

（出所）唐澤富太郎編『図説教育人物事典 上』ぎょうせい　1984年。

て人間像と教育が異なっていた。寺子屋の道徳用教科書（往来物）としても使用された『六諭衍義大意』には士農工商、および婦女子のそれぞれのあり方について次のように簡潔に述べられている。

　先士たる者は、学文をし、武芸をたしなみ、義理を忘れず、公役をつとむ……次に農人は、耕作をつとめて、おほやけの年貢をかゝさず、職人は家芸に精くして、所伝の習を失はず、商人は売買をいとなみて、非分の利をもとめず、……凡在家の婦女は、華麗をこのまず、遊戯を楽しまず、常に機おりもの縫わざを勤め、はやくおきおそく寝て、辛苦をみずからすべし、

そこにはまず武士について「先士たる者は、学文をし、武芸をたしなみ、義理を忘れず、公役をつとむ」とあるように、武術のみでなく学問が求められた。すなわち中世の乱世の時代と違い、近世の武士は「治世」すなわち世を治めていく時代の武士であり、政治的指導者（治者）として**文武両道**（兼備）が求められた。したがって武士は学問（儒学）を身につけるべく**藩校**、**私塾**などの武家学校が普及発達したのである。

　次に農民の子は「耕作をつとめて」とある。岡熊臣『農家童子訓』に、「夫農民の家に生るゝ者、赤子の時より既に簀に寝、畔に這う習なり、朝ゆふ手に鍬・鎌を握り、跣足にして田畠に遊ぶ」とあるように、農家に生まれた子は、幼少期より家業の農業に従事し、農業技術を身につけることが何よりも肝要とされた。また「おほやけの年貢をかゝさず」とあるように、年貢の上納を怠らないことが求められた。「農は納なり」とか、「百姓と濡れ手ぬぐいは絞れば絞るほど出る」などともいわれたように、農民には専ら勤労が求められた。

　次に商人は「売買をいとなみて……」とあるが、商売を営むためには「読み書き算」を身につける必要があり、**寺子屋**においてそれらを身につけた。しかし寺子屋教育で商人教育は完結したのではなく、その後は大きな商家に「**丁稚奉公**」に行き、実地に商人として必要な資質を身につけたのである。また「非分の利をもとめず」とあるように、モラル（商人道）が重視された。

　次に職人は「家芸に精くして、所伝の習を失はず、」とあるように、職人の教育は「**徒弟教育**」、すなわち親方の家に住み込みで実地に職人としての技術（腕）を身につけた。技術は見習い、すなわち親方の技術を見て盗むものと教えられた。

要するに農工商の庶民の教育は、いずれも家（自家もしくは他家）における実地見習教育によって職業技術を身につけたのである。

最後に婦女子は、「華麗をこのまず、遊戯を楽しまず」とあるように、質素倹約につとめ、家庭の主婦として家を守り、家事に専心することが求められた。とりわけ「機おりもの縫わざを勤」とあるように家事の中でも機織りや裁縫は女子の必須の技術とされた。江戸時代の代表的な女子用教訓書『**女大学**』の冒頭に「夫れ、女子は、成長して他人に家に行き、舅・姑に仕ゆるものなれば男子よりも親の教ゆるがせにすべからず」とある。すなわち女子は「嫁ぐべき存在」として、何よりも家庭における親によるしつけ、儒教倫理に基づく従順の徳を身につけることが肝要とされた。庶民の女子は家業（農業、商業）に従事するとともに、家庭婦人として家事に精励することが求められ、学校での高度な学問は不要とされた。明治以後、義務教育制度となり、男女とも学校で学ぶ時代になるが、とくに明治前半期は女子の就学率が極端に低かったのも、そうした学問は不要とする江戸時代以来の女性観、女子教育観が支配的だったことによる。

要約すると、武士の教育は、文武兼備ということから武家学校（藩校、私塾）において学問および武術を学び、庶民（商人と一部の農民）は読み書き算を習得する必要から寺子屋で学ぶなどは、学校教育方式といえる。それら江戸時代の学校については第2章で述べることにし、ここでは以下、商人の子弟の丁稚奉公と女子の子守り奉公について述べることにする。

②商人のあり方と丁稚奉公

士農工商という身分制社会において、治者（指導者）である武士に対して、被治者である「農工商」の庶民に対しては、「知足安分」（足ること知り、分に安んずる）という倫理が求められたが、そのことはとくに身分的に最下位に置かれた商人に対して強調された。西川如見『町人嚢』に「水は万物の下にありて万物を潤し養へり、町人は四民（引用者注：士農工商）の下に位して上五等の人倫に用あり、かゝる世に生れ、かゝる品に生れ相ぬるは、まことに身の幸にあらずや、下に居て上をしのがず、他の威勢あるを羨まず、簡略質素を守り分際に安んじ、牛は牛ずれを楽しみとせば、一生の楽み尽る事なかるべしといはれし事、耳にとゞまれる始なりし……」とある。

このように商人は、身分的には最下位に置かれたが、「惣じて商人は日夜に心

を配り，万事に気をつけ，儲けることを考え出すが肝要なり」（江島屋其磧『世間子息気質』）ともあるように，商売によって利益を得ることは商人の何よりの特権であった。また同じ庶民でも農民に対しては専ら労働のみが求められたが，商人に対しては「遊芸は分限に応じ，謡・生花・薄茶手前等は，少々心懸るとも，三絃，浄瑠璃其の他の芸は無用たるべし，たとへよき芸にても，夫に耽り家業を疎にすまじき事，」（『主従日用条目』）とあるように，家業をおろそかにすることは戒められているが，分限に応じた遊芸等は認められていた。

　また商売の家に生まれた子どもは，商売営為に必要な「読み・書き・算盤」（3R's = reading, writing, arithmetic）を身に付けるため寺子屋に通ったが，「ちとばかりにぢくればよし，もはや十歳にさへなれば奉公に出よ」（『寺子屋物語』）とあるように10歳頃になると商家に丁稚奉公に行き，住み込みによる実地教育により一人前の商人に必要な資質を身につけていったのである。

　丁稚時代は「小僧」，「坊主」，「子供」などと呼ばれ，主人や番頭などの厳格な監督のもと，家事や店頭の雑務，たとえば煙草盆の掃除，台所の雑役，主人のお供や送迎，近所の使い走り等をさせられた。この丁稚時代の生活は，大変辛いものであった。脇坂義堂著『撫育草』に「丁稚教訓二八首」が掲載されている。「奉公に来た日の心いつまでもわすれず念を入れて事えよ」，「御主人の仰せのあらば早速に返事ようして御用勤めよ」，「うそつかず影ひなたなく目だれみずほねおしみせず身をば働け」など，初心を忘れず主人に忠勤を尽くすべきといった教訓がみられるが，その中に「主親は無理いふものと心得て，うらみもするな言葉かえすな」との教訓もある。主人がたとえ理不尽で無理を強いることがあっても，ひたすらに我慢と忍従を諭しており，丁稚生活の辛さがうかがえよう。

　丁稚時代の労働は早朝から深夜まで及び，休暇は1年のうち正月の3が日と盆の2日間，合わせて5日ほどしかなかった。休みに実家に帰省することを「藪入り」と称したが，それは丁稚にとって最大の楽しみであった。丁稚奉公など，他家に住み込みで教育することの意図は，主には実地経験により商人として必要な資質を身につけることにあったが，また「他人の飯を食わせる」，すなわち甘えやわがままが許されない環境のもとで苦労させることにより人間的な成長をはかるという教育的意図もあった。

　苦労の多い丁稚時代を経て15，16歳になると元服して半人前となり，名前も「長吉」，「長松」というように本名の頭字に「吉」や「松」などを付して呼ばれ

た。この頃は荷物金銭の授受，**手代の業務の補助**など商務全般に携わるようになる。さらに18，19歳以上になると手代に昇進，羽織の着用も許され，酒，煙草，表付き下駄などの使用が認められた。その職務は，番頭の指図にしたがって仕入れや売り捌き，また店頭にいて種々の取り引きなどであり，また客の接待や帳簿も任された。さらに支配人になると一店商業の主宰として全責任を負う立場となった。一人前になった支配人は，その後"暖簾分け"を受けて別家する。別家後は番頭として本家に勤め続ける場合と独立開業する場合があった。別家後も主家に奉公するのは「**礼奉公**」と称され，主家への報恩の意味と人間的な総仕上げの意味があった。

③女児の子守奉公

16世紀に来日したルイス・フロイスは，西洋と日本の育児法の違いについて，「われわれの間では普通大人の女性が赤児を首のところに抱いて連れていく。日本では幼い少女が，ほとんどいつでも赤児を背中に付けて行く」（前掲『ヨーロッパ文化と日本文化』）と述べていた。また明治初期に来日したモースも「婦人が五人ゐれば四人まで，子供が六人ゐれば五人までが，必ず赤ン坊を背負ってゐることは誠に著しく目につく」（『日本その日その日』創元社，1939年）と述べていた。日本の育児の風習で，外国人にとって極めて奇異に映ったものはおんぶの風習であり，とりわけ小さな少女が赤子を背に負う姿であった。

赤坂憲雄『子守り唄の誕生』（講談社現代新書，1994年）によると，赤ん坊を背負った女たちの姿は中世の絵画史料の中にみられるという。ただしそこで子守をしている女性は，母親をはじめ乳母・老女・下女といった大人の女性たちで，まだ少女の姿はない。中世末になって，ようやく赤子を背負った少年・少女が登場してくるという。ルイス・フロイスが，日本における女児の子守風景について驚異の眼で記したのは16世紀末のことで，その頃は女児による子守りはすでにありふれた光景になっていた。子守りという労働が子どもたちに課せられるようになる時代の始まりである。

とくに農村においては，母親が農作業に専念するため老婆か年長の女児が守りをするのが普通であった。このように子守は，主として家族内，さらには村内や他の町村等の間で互いに大人たちの農作業等を助け合うためであった。しかし中には貧しい農家が，口減らしのために娘を比較的に裕福な家に年季を限って奉公

に出すケース，すなわち子守り奉公があった。江戸時代は口減らしのための子殺しや子捨て，売買などがみられたが，子守り奉公も口減らしのためであり，奉公に出された女児にとっては辛い日々であった。

　日本には子守り唄が多い。その中には赤子をあやし，寝かしつけるための唄，すなわち文字どおりの子守り唄もあるが，子守り奉公に出された守り娘の辛さ，悲しみを歌った唄も全国各地に数多く残されている。それらはむしろ「守り子唄」と称すべき類いである。熊本県南部の球磨郡五木村には「五木の子守唄」と称する哀愁のこもった守り子唄がある。一番は「おどま盆ぎり盆ぎり　盆から先きゃおらんと　盆が早よくりゃ早よもどる」との歌詞である。五木の山奥の貧しい名子の娘たちは7，8歳を過ぎると旦那衆の家や，山を下った人吉方面に年季奉公に出されていた。年季が明ける盆が来れば父母の待つ故郷に帰れるということで，盆が早く来るのを待ちこがれている歌詞である。二番は「おどまかんじんかんじん，あん人たちゃよか衆　よか衆よか帯　よか着物」との歌詞である。「かんじん（勧進）」とは土地の方言で「乞食」という意味である。奉公先の旦那衆たちは，よい帯や着物を着て恵まれた生活をしているのに比べ，奉公に出された自分は乞食同然のみすぼらしい姿である。そうした自分のみじめな境涯への怨恨が込められている歌詞である。(「村で歌い継がれた調べ　熊本県民謡「五木の子守唄」」『朝日新聞』2009年1月17日)

　このように，小さいうちから家事労働を強いられたり，他家に奉公に出され，辛い生活を強いられていた昔の子どもたち。それに対して家事手伝いをすることもなく，モノにあふれた環境の中でゲームに興じている現代の子どもたち…そこには大きな時代の懸隔が看取されよう。

（3）石門心学運動の展開——人生哲学の社会教化運動

　江戸時代は家における教育，丁稚奉公や徒弟教育など他家に住み込みによる実地教育，子ども組や若者組，娘組など地域（ムラ）の年齢別集団組織による教育，武家学校（藩校・私塾）や寺子屋など学校における教育など，いろいろな教育が存在していたが，民衆を対象とする教化運動も存在した。今日の社会教育に相当するものといえよう。その代表的なものが「石門心学運動」で，それは近世中期に**石田梅岩**（1685-1744）によって創始された民衆教化活動である。

　石田梅岩は，丹波国の農家（本百姓）の次男として生まれたが，少年期に商家

第1章 伝統社会における子ども（子ども観）と教育

に奉公生活を送る。一旦帰郷し生家の農業に従事するが，その後も商家に奉公，その頃より神道・儒学（朱子学）・仏教などの研鑽に励み，45歳頃から，それらの教えと彼の京都の商家での奉公生活体験を通して開悟，到達した人生哲学の布教に専念するようになる。当初は聴講する者も少なかったが，次第に聴衆も増していった。そして梅岩の説く教学に関するテキストを要望する声も高まり，それらの要望に応えて著したのが『都鄙問答（とひもんどう）』である。梅岩の主張には，人間の価値において身分の差はないとする身分制批判の要素もあったが，基本的には士農工商それぞれの「道」があり，各自がその道を踐（ふ）み行うべきことを説いており，結果的には身分制，世襲制を擁護する教えであったといえる。

梅岩の教えを引き継いだのが手島堵庵（てじまとあん）である。堵庵は，京都の商家に生まれたが，18歳の時に梅岩について心学を修め，44歳の時に家督を嫡男（ちゃくなん）に譲り，以後は心学の布教に専念した。堵庵は，梅岩の教学に含まれていた社会批判の側面を捨象し，専ら自己批判を中心とした精神修養を強調した。また心学を民衆に理解しやすいように平易化することに努めた。『前訓』や『児女ねぶりざまし』などは，幼年者にもわかりやすいように書かれており，徳育や生活指導の面で広く庶民教育に貢献した。また教化の相手にふさわしい媒介物（教具・教科書）や，世俗にくだけた短い文言や絵を刷り込んだ「施印」を作って与えるなど，教化の方法にも工夫をおこなった。堵庵は，道話をおこなう講席と，有志が集まって会輔・静座を実施する道場とを兼ねた心学講舎を全国各地に設けるなど，梅岩の心学運動を全国的に普及するうえで大きな功績があった。

堵庵の門人に中沢道二（なかざわどうに）や柴田鳩翁（しばたきゅうおう）などがいた。中沢道二は，人間を真の人間にまで高める道は，儒教や仏教などの古典を読んだり，神道の修行に励むのみでは得られない。それらをひとつの梯子（ていし）として日常の生活を真摯に営み続けてこそ自然と体得できると説くなど，心学を生活学，人間学的な教えへとさらに平易化した。また庶民の耳に訴えて心に納得を求める「道話」を重視するなど，「道話」の形態をさらに発展させた。したがって以後，心学は町人のみでなく，農民や武家や婦女の間にも広く及ぶようになり，諸大名で聴講する者も20人を超えるようになったという。そうした状況のもと道二は，江戸日本橋に心学講舎参前舎を建営，ここを足場に関東一帯より中部・東北地方にも布教の手を伸ばした。

このように近代以前の伝統社会においては，学校以外の家や地域社会において，さまざまな形での教育が盛んに展開されたのである。

◆ 参考文献

赤坂憲雄『子守り唄の誕生』講談社現代新書，1994年。
石川松太郎編『女大学集』東洋文庫，1977年。
石川松太郎・直江広治編『日本子どもの歴史3　武士の子・庶民の子（上）』第一法規，1977年。
石川松太郎・直江広治編『日本子どもの歴史4　武士の子・庶民の子（下）』第一法規，1977年。
梅根悟監修『世界教育史大系1　日本教育史Ⅰ』講談社，1975年。
江森一郎『体罰の社会史』新潮社，1989年。
沖原豊『体罰』第一法規，1980年。
唐澤富太郎『増補　日本教育史』誠文堂新光社，1978年。
小泉吉永『「江戸の子育て」読本』小学館，2007年。
佐藤秀夫『学校ことはじめ事典』小学館，1987年。
鈴木博雄編『原典・解説　日本教育史』図書文化，1985年。
広田照幸編『リーディングス　日本の教育と社会③　子育て・しつけ』日本図書センター，2006年。
L・フロイス／岡田章雄訳注『ヨーロッパ文化と日本文化』岩波文庫，1991年。
森山茂樹・中江和恵『日本子ども史』平凡社，2002年。
山住正己／中江和恵編注『子育ての書3』東洋文庫，1976年。
結城陸郎編『日本子どもの歴史2　乱世の子ども』第一法規　1977年。

［麻生千明］

第2章

近世江戸時代における学びの場（学校）（〜1870年）

■□概　説□■

　近代以前は学校以外の家やムラ（地域）の教育機能が極めて大きかったが、学校が全くなかったわけではない。学校は「文字文化の伝達機関」とも定義されるように、文字社会を前提に登場することになる。西洋や中国では文字の歴史も古く、学校の歴史も紀元前はるか昔にさかのぼるが、日本は3世紀後半の284年、百済（くだら）より王仁（わに）が『論語』と『千字文』を日本の朝廷に献上してより文字社会となった。そして「大化の改新」（645年）後、律令制下の官僚養成の学校として大学寮が平城京（奈良）に設けられたのがわが国最初の学校であった。

　中世は戦乱の時代で学校が乏しく、主な教育機関として金沢文庫（かねさわぶんこ）と足利学校があげられる。金沢文庫は、鎌倉幕府の執権を務めた北条氏一族が武州金沢に設けた私的な文庫（図書館）であるが、公共図書館という側面や、そこで講義講釈もおこなわれ、「武州金沢之学校」との呼称もあり、学校の機能をも果していたとみられる（結城陸郎『金沢文庫の教育史的研究』吉川弘文館、1962年）。足利学校は、その創設については諸説があるが、室町中期に関東管領上杉憲実（うえすぎのりざね）が、鎌倉建長寺の快元を初代庠主（しょうしゅ）（校長）として招聘以来、学規や教育課程を整えるなど、学校としての体裁も整った。専ら儒学を教育内容としたが、戦国期には医学、兵学、天文学、占星術（卜筮（ぼくぜい））など幅広く教えるようになり「中世の総合大学」と呼ぶにふさわしい存在となった（海原徹『学校』近藤出版社、1979年）。ポルトガルの宣教師、フランシスコ・ザビエルは足利学校について「坂東の学院（アカデミー）あり。日本国中最大にして最も有名なり。」と報ずるなど、その存在は遠くヨーロッパにまで伝えられていた。

　近世江戸時代になると、武士は「治者」として文武兼備が求められ、藩校、私塾などの武家学校が普及、また庶民（とくに商人）にも「読み書き算」の素養が求められ、寺子屋が普及した。このように江戸時代は、教育史的にみると、さまざまな学校が多数普及、発達したということが特徴である。

　幕末期の黒船来航を機に、西欧列強諸国の軍事力をみせつけられたわが国は、明治維新後、「西欧化」方針、すなわち西洋列強諸国を視野に入れ、富国強兵の国策のもと教育も西洋モデルの全国統一的な近代学校制度を普及させていった。それは全員就学の義務教育制度、教育内容も国民として必要な共通教育（国民普通教育）、学年制度、学級編成、一斉教授法を特徴とするもので、まさに現代の学校につながるものである。江戸時代の学校と明治以後の近代学校とでは、制度、教育内容、教育方法などあらゆる面で異質であったが、江戸時代における学校教育の普及、庶民層に至るまでの識字率（読み書き能力）の普及は、明治以後の近代学校制度の普及、日本の近代化の基盤にもなったのである。

第**2**章　近世江戸時代における学びの場（学校）（〜1870年）

1　江戸時代における学びの場

（1）近世の武士像（文武兼備）と儒学の学習

　戦国期の家訓，たとえば関東武将，北条早雲の家訓（『早雲寺殿廿一箇条』）に「少の隙あらば，物の本をば文字のある物を懐に入，常に人目を忍びみべし」，「歌道なき人は，無手に賤き事なり，学ぶべし」とあるように，すでに戦国期（中世後期）より学問・教養を重んずる傾向がみられつつあった。それがさらに天下泰平の近世江戸時代になると，「治者」すなわち世を治めていく時代の武士として文武兼備が一層強調されるようになった。八代将軍吉宗『武道初心集』には「武士たらむものは，三民（注…農工商の庶民階層）の上に立て事を執る職分の義に候へば，学問を致し博く物の道理を弁へ不申しては不叶義に候」と学問を修める必要性が説かれている。しかもその学問とは，「七八歳の年齢にも，生立候に於ては，四書五経七書等の文字読をも致させ…」とあるように，「**四書**」（大学，中庸，論語，孟子），「**五経**」（易経，書経，詩経，礼記，春秋）を中心とする儒学的教養の修得であった。

　ところで儒学の学習は，書物を重んじ，読書を中心とするものであった。貝原益軒『和俗童子訓』に「聖人の書を経と云う。経とは常なり。聖人の教えは，万世かわらざる万民の則なれば，つねと云う。四書五経などを経と云う。」とあるように，書物は普遍的な真理を説いたものであり，したがってそれら書物を「神明のごとくに尊び敬うべし」と書物に対する神聖観がみられる。そして読書に際しては「必ず先ず手を洗い，心に慎み，容を正しくし，几案のほこりを払い書冊を正しく几上に置き，ひざまずきて読むべし」と読書の作法，心得が述べられている。したがって書物を投げたり，書をまたいだり，枕にするなどもってのほかであると戒めている。

　次に読書を中心とする学習の方法・過程についてであるが，藩校や私塾など武家学校に入ると，まず5歳から12〜13歳頃までは基礎段階として「**素読**」をおこなう。「素読」とは，漢文の読みと意味の理解を得るもので学習の基礎の段階である。益軒は，読書に際しては精神を集中して熟読すること，決して先を急ぐことなく，「字々句々分明なるべし。一字をも誤るべからず」と一字一字を正確に丁寧に読むこと，また精神と目と口を集中させる**三到**（心到，眼到，口到）が大

切であるが，中でも「心到」が大切であるとする。そして毎日返り読み（復読）を心掛けること，そうでなければどんなに多くの書物を読んでも真の学力にはならないと述べる。したがってまず四書五経で学問の基礎をしっかりと身につけたうえで歴史書や文学書など群書を幅広く読むべきとしている。すなわちまず素読により一定の読書力がつくと，次に一人で歴史書などいろんな書物を幅広く読んでいく「**独看**」の段階となる。

　素読，独看により一定の読書力のついた生徒に対して，次に一定の書物について教師の「**講義・講釈**」を受け，書物の内容への理解を深める段階となる。理解が深まればいろいろ不明な点や疑問点も出てくる。したがってそれら疑問点を教師に「**質問**」するという段階となる。すなわち武家学校における素読，独看，講義・講釈，質問とは，学習の方法，種類の別であるとともに，むしろ学習の進度段階を示すものでもあった。

（2）江戸時代における武士の学校
①幕府の最高学府・昌平坂学問所

　江戸時代の武家学校として，まず昌平坂学問所を代表とする幕府の学校があげられる。それは全国各藩より俊英をあつめ，幕府の官僚（幕臣）というエリートを教育する最高学府であった。その創設は，三代将軍徳川家光の保護のもと1630（寛永7）年，上野忍岡に5300余坪の土地と200両余りの資金を提供して，幕府の儒官，林羅山（林家）の家塾を創設したことに始まる。その家塾が1691（元禄3）年，五代将軍綱吉の発意で神田湯島に移築，威容を誇る聖堂が設けられ，学校としての規模も拡大，以後，「**湯島聖堂**」と称されるようになった。さらに1790（寛政2）年，老中，松平定信による「**寛政異学の禁**」の布令により朱子学のみが正学とされ，それ以外の学問を講ずることが禁じられた。そして素読吟味，学問吟味と称して，朱子学についての理解度を試す厳格な試験がおこなわれるようになった。このように学校の施設設備や教育内容等に対する幕府の保護，干渉，統制が次第に加えられ，林家の家塾から幕府の学校へと変容していったのである。そして1797（寛政9）年には「**昌平坂学問所**」と称せられるようになった。まさに幕府の最高教育機関で，その規模，施設設備，学校組織，カリキュラムなど，すべての面で各藩の藩校のモデル的存在であり，幕府の官僚（幕臣）養成，藩校の教官養成の機能を果していった。最も多いときで藩校教官の約3分の1が昌平

坂学問所の出身者で占められた。

②藩校——会津藩校日新館を事例に
　武家学校の代表的なものが各藩が設立，経営した**藩校**である。藩校は，1871（明治4）年の廃藩置県に至るまでの藩制時代に全国で300校近くが設立された。原則的に藩士の子弟は自藩の藩校で学ぶ仕組みであり，文武兼備が求められる藩士にとって半ば強制的な就学であった。なお若干，「遊学」と称して他の藩校に学ぶこともみられた。次頁の**図2-1**は有名な藩校と私塾の名称と所在地の図であるが，以下，そこに記載されている有名な藩校のみを列記する（番号も地図記載の番号と対応させた）。①米沢の興譲館，②仙台の明倫養賢堂，③会津の日新館，④水戸の弘道館，⑨彦根の弘道館，⑪岡山の花畠教場，⑬長州の明倫館，⑮佐賀の弘道館，⑯熊本の時習館，⑰薩摩の造士館。
　ここで，藩校の教育に関して会津藩の日新館を事例にとりあげてみる。会津藩においては，武士の子弟は10歳で藩校，日新館に入学していたが，それ以前の6歳から9歳までは「遊び仲間」と称して，毎日午後の集合遊びにおいて，お互いに守るべき自治的な定めがあった。それは**「什の掟」**と称されるもので，次の七か条から成り，違反すれば制裁が与えられた。

　一．年長者の言ふことに背いてはなりませぬ
　二．年長者には御辞儀をしなければなりませぬ
　三．虚言をいふ事はなりませぬ
　四．卑怯な振舞をしてはなりませぬ
　五．弱い者をいぢめてはなりませぬ
　六．戸外で物を食ってはなりませぬ
　七．戸外で婦人と言葉を交へてはなりませぬ
　　　ならぬことはならぬのです

　卑怯な振る舞いをしてはならないなど，いかにも武士らしい掟であるが，最後の戸外で婦人と言葉を交わしてもならないという教訓には，「男女七歳にして席を同じうせず」というように，男女の別ちに厳格な儒教倫理がうかがえよう。
　10歳になると会津藩の藩校・日新館に入学，まず素読所で素読を学ぶ。素読

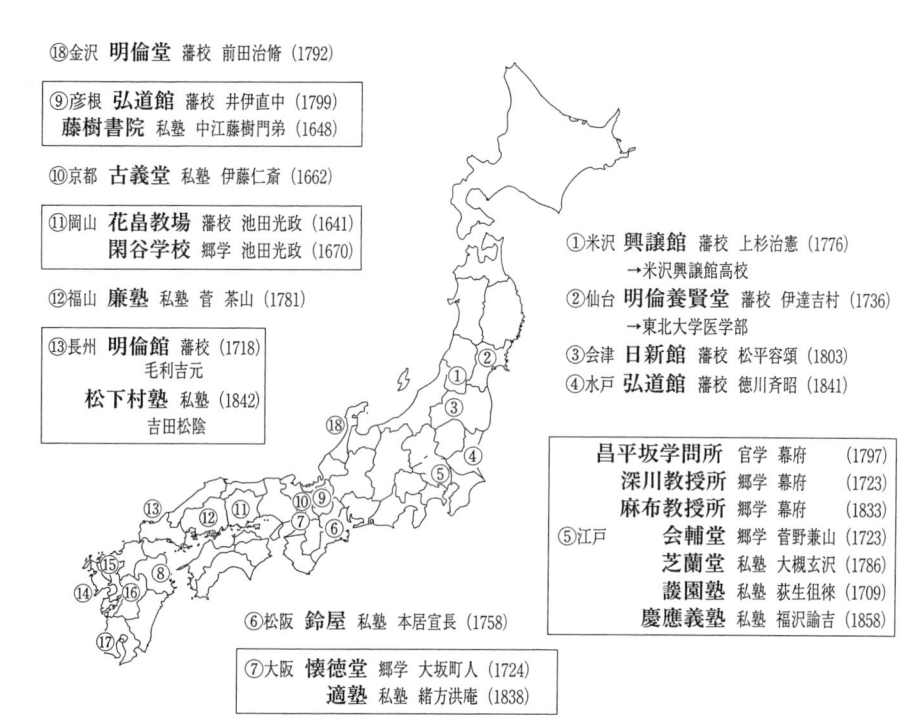

⑱金沢 **明倫堂** 藩校 前田治脩（1792）

⑨彦根 **弘道館** 藩校 井伊直中（1799）
　　　藤樹書院 私塾 中江藤樹門弟（1648）

⑩京都 **古義堂** 私塾 伊藤仁斎（1662）

⑪岡山 **花畠教場** 藩校 池田光政（1641）
　　　閑谷学校 郷学 池田光政（1670）

⑫福山 **廉塾** 私塾 菅 茶山（1781）

⑬長州 **明倫館** 藩校 （1718）
　　　　　　毛利吉元
　　　松下村塾 私塾 （1842）
　　　　　　吉田松陰

①米沢 **興譲館** 藩校 上杉治憲（1776）
　　　→米沢興譲館高校

②仙台 **明倫養賢堂** 藩校 伊達吉村（1736）
　　　→東北大学医学部

③会津 **日新館** 藩校 松平容頌（1803）

④水戸 **弘道館** 藩校 徳川斉昭（1841）

⑤江戸
　　昌平坂学問所 官学 幕府（1797）
　　深川教授所 郷学 幕府（1723）
　　麻布教授所 郷学 幕府（1833）
　　会輔堂 郷学 菅野兼山（1723）
　　芝蘭堂 私塾 大槻玄沢（1786）
　　蘐園塾 私塾 荻生徂徠（1709）
　　慶應義塾 私塾 福沢諭吉（1858）

⑥松阪 **鈴屋** 私塾 本居宣長（1758）

⑦大阪 **懐徳堂** 郷学 大坂町人（1724）
　　　適塾 私塾 緒方洪庵（1838）

⑧日田 **咸宜園** 私塾 広瀬淡窓（1805）

⑭長崎 **鳴滝塾** 私塾 シーボルト（1824）
⑮佐賀 **弘道館** 藩校 鍋島治茂（1781）
⑯熊本 **時習館** 藩校 細川重賢（1755）
⑰薩摩 **造士館** 藩校 島津重豪（1773）
　　　→官立第七高等学校
　　　→鹿児島大学理学部・法文学部

図2-1　主要な藩校と私塾の所在地

（出所）新井郁男・牧昌見編著『教育学基礎資料　第4版』樹村房，2007年。ただし，他の文献等の参照により開設年については出所記載のものをいくつか修正した。

所は正門の東西にあり東塾，西塾と称した（図2-2）。その他，書学（手習い）を学ぶ所，礼式を学ぶ所，また天文台などもあり天文学など自然科学系の学問も学んだ。また学問を学ぶ部屋のほか，武道場，馬術場，弓道場など武術を修練する場もあった。なお注目されるのは水練・水馬場も設けられていたことである。全国の多くの藩校の中で水練・水馬場（プール）を備えていた藩校は会津藩の日新館と萩の明倫館の2校のみであったという。

　日新館における修学について，のちに東大総長となった山川健次郎は，「当時

第**2**章　近世江戸時代における学びの場（学校）（～1870年）

図2-2　日新館における素読所（東塾）

（出所）『會津藩校日新館ガイドブック』1994年。

　日新館の教育は純粋な朱子学であって，素読所で初めて読む書は孝経，大学，論語，孟子，中庸及び小学で，次に詩経，書経，易経，礼記，春秋の五経，それから十八史略，蒙求，近思録等を習ったが，勿論本文だけの素読を受けたのである。」（花見朔巳編『男爵山川先生伝』1939年）と述べている。儒学の経典をはじめ歴史書等も広く学んでいる。さらに「その外，藩祖正之（注，保科正之のこと）の著に係る二程治教録，伊洛三子伝心録，玉山講義付録……この三書を会津では三部の御書と言った」（同上書）と，藩主の著作も学んだと述べている。それは日新館独自の教科書であった。さらに山川は，日新館では数学は「算盤」と称して随意科目として置かれていたが，当時，算盤は「専ら町人輩の修むべきものであって，苟くも両刀を帯する武士の身分として学ぶべきものではない」と卑しまれ誰一人として学ぶ者はいなかったと回顧している。

　ところで古代中国においては指導者が身につけるべき教養技芸（士大夫文化）として「六芸」，すなわち「礼・楽・射・御・書・数」があり，算術も重視されていた。しかるにわが国においては，古代の貴族においても，中世，近世の武士においても，算術は商人の学問であるとして蔑視されていたのである。貝原益軒は，著書『和俗童子訓』において「日本にては，算数は賤しきわざなりとて，大家の子には教えず。これ国俗のあやまり，世人の心得違えるなり」と，わが国における算術蔑視の状況を痛烈に批判し，「六芸のうち，物書き・算数を知る事は，

47

誠に貴賎四民ともに習わしむべし」と，四民ともに算数を重視すべきと述べているが，まさに科学者（サイエンティスト）しての益軒の面目がうかがわれよう。

（3）庶民の学びの場・寺子屋（手習塾）

　江戸時代は武士の学校だけでなく農民や商人など庶民の子どもの学校である寺子屋も普及した。その背景には自然経済から商品・貨幣経済への経済構造の変化に伴い，とくに商人にとって商業活動を営むため諸証文，諸帳簿，通信文などの**「読み・書き・算盤」**（3R's ＝ reading, writing, arithmetic）を身につけることが必須となったことがあげられる。寺子屋数は文献上では2万位が確認されているが，5万位は存在したのではないかと推定されている。正確な数は不詳である。

　①尊敬された寺子屋の教師──「弟子七尺去って師の影を踏まず」

　まずどのような人たちが寺子屋の教師を勤めたのであろうか。ロナルド・ドーア／松居弘道訳『江戸時代の教育』（岩波書店，1970年）によると，全国の寺子屋教師のおよその身分別内訳は，武士経営が20％，平民経営が34％，僧侶経営が16％，その他，神官経営7％，医師経営8％，その他1％，不明14％となっている。またとくに江戸，大阪，京都の三大都市，中でも江戸には婦人の経営する寺子屋が多く，そこでは学ぶ者も女児のみの**「女寺子屋」**であった。とくに江戸などでは，町人の子女でも武家屋敷に「行儀見習い」に奉公にいく慣習があり，そのために和歌や箏などさまざまな教養技芸を身につけたのである。

　寺子屋の教師が，子どもたちや地域の人々からいかに尊敬される存在であったかは，「弟子七尺去って師の影を踏まず」との『童子教』の文によく示されている。そもそも寺子屋の師匠は武士，農村の指導者層，僧侶，神官，医者など，もともと社会的地位も高く，かつ知識人として地域において尊敬される立場にあった人たちであった。その彼らが，金銭づくではなく，文盲撲滅という慈恵的精神，純粋な教育愛から自宅を開放して近隣の子どもたちの教育に取り組んだのであるから，尊敬されたのも当然のことであったといえよう。教師が亡くなると，教え子たる寺子たちが墓石（筆子塚）を建立した。全国各地に残っている筆子塚は，寺子屋の分布状況や寺子屋の師弟関係の緊密さを示す貴重な歴史遺産である。

②寺入り（入学）の年齢，時期

　寺子屋は，現代の学校のように四月学年暦でもなく，集団での一斉入学という制度もなかった。入学とは，師匠と師弟関係を結ぶという個人的な事柄なのであった。寺入りの年齢や時期についてもとくに決まりはなかったが，「身にあまる恩は七つの年にうけ」との川柳にあるように6〜7歳での寺入りが多かったようである。また寺入り（入学）の時期，日取りも随時であったが，「だだっ子に柄樽をつける初の午（うま）」と川柳にあるように2月の「初午（はつうま）」，すなわち陰暦2月の最初の午の日が好時期として選ばれることが多かった。午（馬）は記憶力がよく，頭のいい動物との故事にあやかって，勉強がはかどるようにとの願いを込めてのことであった。次いで6月6日，1月7日（人日（じんじつ）），3月3日（上巳（じょうし）），5月5日（端午（たんご）），7月7日（七夕（ひちせき）），9月9日（重陽（ちょうよう））の五節句が選ばれることが多かった。

　寺入りの日は寺子は親に連れられ，机（**天神机**），硯箱，筆，墨，双紙などを新調して持参した。寺子屋の机を「天神机」と称したが，机の裏に学問の神，菅原道真（みちざね）を示す「天満天神」の名が刻まれていることにちなんで，そう呼ばれるようになったという。また机を横からみた恰好が鳥居に似ているからという説もある。原則は生徒各自が入門時に自前の机を持参するものとされていたが，寺子屋に備えられている場合も少なくなかったと思われる。また寺入り（入学）の際に師匠に差し出す物品を「**束脩（そくしゅう）**」と称した。それは元来，「束にした乾肉」という意味で古代中国の故事に因（ちな）むものである。もっとも寺子屋では，乾し肉ではなく，金銭や酒，米，赤飯，野菜，菓子など，各家庭の経済力に応じていろいろな物を納めていた。農産物など土地の産物も少なくなかったと思われる。

③寺子屋での学習（教育方法，教科書）

　「寺子屋」という呼称は主に明治以後に定着したもので，江戸時代には一般に**「手習塾」**ないし**「手習所」**と称されていた。その呼称の通り，日課の大部分は手習（習字）であった。寺子は朝7時半頃に登校するとまず墨を摺（す）り，それぞれのお手本をもとに各自習字に取り組み，そのうちに教師が登場し，個別に教師に添削や指導を受けるという個別指導主体の教育であった（図2-3）。そうした寺子屋での授業形態は，机の配置の仕方にもあらわれていた。江森一郎『「勉強」時代の幕開け』（平凡社選書，1990年）は，「寺子屋図」などの豊富な絵画資料をもとに，寺子屋の机の並べ方について考察したものである。その書によると，寺

図2-3　寺子屋の教室風景

(出所) 唐沢富太郎『教育博物館　中』ぎょうせい，1977年。

子屋では教師と寺子が対面するような机の配置は一枚もなく，たいていはコの字型かL字型に机が置かれ，また生徒数の多い寺子屋では生徒同士が対面式に机が並べられていたという。また照明が未発達だった当時は，机を縁側の外に向けて明るい日光のもとで学習していたようである。教師は，寺子の習字を添削する際には，対面したまま朱で直す，すなわち字を下から上に逆さまに書く，いわゆる**「倒書」**を特技とした。

　寺子屋の教科書は**「往来物」**と称された（図2-4）。「往来物」とは「贈答」，「書簡往復」，すなわち手紙文のことである。古代以来，手紙はコミュニケーションの重要な手段として重視され，手紙の模範文を集録した教材集が編まれてきた。それらが寺子屋の教科書として用いられることとなったが，手紙文に限らず寺子屋の教科書全般を「往来物」と総称するようになったのである。寺子屋ではまず『いろは』を学び，次いで『名頭字（ながしらじ）』や『都路往来（みやこじおうらい）』などを習った。『名頭字』は「源平藤橘孫彦……」というように，人の名前によく使われる漢字を列記した往来物であり，『都路往来』は別名『東海道往来』ともいい，東海道五十三次の宿駅を順に文章で綴った往来物である。冒頭は「都路は，五十路あまりに三つの宿，時得て咲くや江戸の花，浪静かなる品川の……」との書き出しで始まる七五調のリズミカルな，かつしりとり形式（「文字くさり」，「くさり文」）の文章により，子どもたちが楽しく口ずさめるよう工夫されていた。また農業生産や商業活動に携わる庶民にとって，それら職業に関する往来物は最も重要であった。商人子弟

第2章　近世江戸時代における学びの場（学校）（〜1870年）

図2-4　往来物

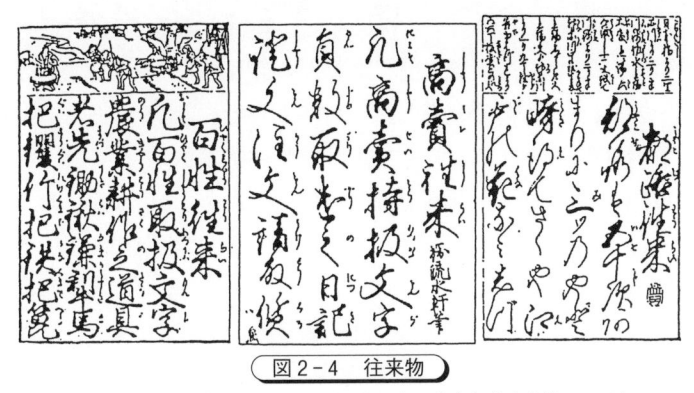

（出所）海後宗臣ほか『教科書でみる近現代日本の教育』東京書籍，1999年。

用の『商売往来』，農民子弟用の『百姓往来』などはその代表的なものである。たとえば『商売往来』（京都　堀流水軒著，1693年・元禄6年）は「凡商売持扱文字……」との書き出しで始まり，商売に用いる文書類や貨幣の種類など商売に必要な知識，そしてあらゆる分野の商売の商品名が羅列されている。しかもすべて漢字で，たとえば衣類に関しては「紗綾」，「縮緬」など難解な漢字が列記されている。さらに「天鵞絨」など外来語までが漢字で書かれている。寺子屋は，庶民（農商）の生活や職業に必要な初歩的，基礎的な教育をおこなった学校とされているが，こうした往来物をみると，当時の子どもたちが，いかに難解な漢字が羅列された教科書で勉強をしていたかは驚異である。『商売往来』は，商売に必要な知識のみでなく，商家に生まれた子どもは「幼稚之時」から「手跡・算術」の稽古に励むこと，歌，連歌，俳諧，茶湯など「稽古之儀」は，家業に時間的，経済的に余裕がある場合は嗜むよう奨励しているが，分限を越えた贅沢は戒めている。また見世棚はきれいにし，客への応対は柔和に，高利を貪ることのないように，など商人としての心得やモラルなども書かれている。それら往来物の学習を通して商人や農民として必要な知識や心得等を身につけたのである。

④寺子屋における体罰，生活指導

「小便にいとまを願ふ手習子」，「師の影を七尺去ると人形かき」などの川柳にみられるように，寺子屋において師匠の眼を盗んでのいたずらは日常茶飯事であった。上方の寺子屋師匠，笹山梅庵が著した『寺子制誨之式目』（1695年・元禄8

51

年）に，寺子屋での様子について「机に懸て，無益之雑談，或は欠伸し延し，或は居眠鼻を啜，紙を嚙，筆之管を啣，不習人を手本とする事，極悪人の所業也」とある。いつの時代にも，子どもというものはいたずら盛りである。しかし他の寺子の学習の妨げになるような行為，また登下校時における落書き，買い食いなどの不行状に対しては厳しい体罰が科せられた。前述したように，西洋の学校においては古代以来，鞭で叩く過酷な体罰がおこなわれてきたが，寺子屋ではせいぜい叱責や説諭が主であったと思われる。しかしやゝ重くなると無言机上端座，食止，労役，留置，打擲，縄縛などの体罰が科せられた。「無言机上端座」とは「カノ机上ニ坐シテ右手ニ線香ヲトリ，左手ニ茶碗〔水ヲ盛リタルニテ水コボレレバナホ罰アリ〕ヲ持タシムルトイフガ如キハ稀ニハコレアルヘシ」（『維新前東京市私立小学校教育法及維持法』）との説明があるように，火のついた線香と水の入った茶碗を両手にもって，水がこぼれないように線香の火が燃え尽きるまで無言で机上に正座する体罰であった。罪がさらに重くなると謹慎，停学，破門（退学）処分となった。寺子屋は「読み・書き・算盤」，とりわけ手習いの学習が主であったが，体罰や，今日の学校規則にあたる**「寺子掟」**などもあり，生活面の指導もなされたのである。

（4）日本の学習文化
　①「型」の教育——世阿弥の『風姿花伝』
　わが国，教育学に関する文献をもとに，わが国の学習文化について考えてみよう。まず中世，室町時代の能役者**世阿弥元清**（1374-1443）の『風姿花伝』に顕著にみられる「型の教育」ということがあげられよう。世阿弥は，父観阿弥のもと幼少の頃より能役者としての基礎教育を受けた。1374（応安7）年，観阿弥42歳，世阿弥12歳の時に将軍足利義満の前で能を演じ，それが京都切っての文化人，二条良基にも見込まれ，能楽が文化人の間に市民権を得る大きな契機となった。世阿弥は容姿も端麗で鞠・連歌などの教養にも堪能であり，30代から40代にかけて円熟味を増していく。しかし1408（応永15）年，世阿弥の庇護者，支持者であった足利義満が急逝，次の将軍，義持は田楽の増阿弥を引き立てるようになり，世阿弥の申楽能は次第に勢威を失っていった。観世再興の期待をかけられていた世阿弥の長子，後継者の元雅も若くして亡くなり観世再興の望みもなくなった。さらに1434（永享6）年，世阿弥73歳の時，佐渡に配流されるなど晩年は悲運

に見舞われた。1443（嘉吉3）年に81歳で波瀾に富んだ生涯を閉じたと伝えられている。

『風姿花伝』は，第三篇までは世阿弥が37歳の1400（応永7）年の著で，観世流の再興を願ってまとめた能楽の稽古論であり，その内容は大変厳しいものである。ひとつは代々の芸は，一人から一人へと秘伝的に受け継がれるものという秘伝思想があり，芸を継承して初めて家の後継者として認められるという性質のものであった。しかも家の命運は，世阿弥自身が体験したように時の権力者によって愛好，支持されるか冷遇されるかによって命運が大きく左右されたのである。

能芸者・世阿弥の家訓『風姿花伝』が，教育論として注目される点は，能を習得していく際の節目となる年齢時期における心得，留意事項が述べられていることである（**随年教法**）。その心得の要点をまとめると，まず7歳は，能の本格的な稽古開始の年齢であるが，本人の「心のままにせさすべし」と教訓している。すなわち能を始めたばかりのこの時期は，本人のやる気（自発性）を損なわないことが何よりも大切であり，この段階であまり厳しく評価すると，やる気をなくしてしまうと戒めている。次に12，3歳頃は子ども役者（童形）としての「幽玄さ」を示す完成期である。しかしこれはあくまでも「時分の花」（限られた期間における完成期）であって「誠の花」（究極的な完成）ではないことを認識しなければならない。次に17，8歳頃は声変わりの時期でスランプの時期である。したがってこの時期は挫折することなく，じっと耐え抜くしかないと教訓する。この時期を乗り越え24，5歳に至ると一応の完成期（一人前）を迎える。この時期は見物衆にも一定の評価を受け，自分自身もある程度の自信を得る。しかし「これ，返す，主のために仇なり」と警告する。すなわちこの時期に最も気をつけるべきは「慢心」であり，稽古を始めた頃の「初心」に帰ることが大切と教訓する。そして34，5歳の頃は「盛りの極めなり」，すなわち本人の持つ味（風体）が最高に発揮される絶頂期であるという。しかしこの時期以降は身体的な衰えが出てくる時期であり，「行く先きの手立を覚る時分なり」と教訓する。すなわち44，5歳頃になると身体的老化，体力の衰えが顕著となる時期で，体力に相応した演技を心がけるべきであるという。最後に五十有余はまさに晩年で，この年齢にもなれば，もはや演戯はしないものである。しかし「誠の花」を体得した能者であるならば花は散らないで残る。それこそが「誠の花」を得た能者で，父観阿弥はまさに「誠の花」を得た能者であると結んでいる。

このように『風姿花伝』は，能を教え，学ぶ人の生涯にわたる節目ごとの心得を説いた，一種の生涯教育論といえるが，前半の24,5歳までは一定の基本に忠実に型を踏んで一人前の能役者となる段階であり，それ以降はその人の持ち味（風体）が発揮される時期であるとしている点は，まさに「型の教育」論（型に入り型を出る）ということができよう。

②随年教法（年に随って教ふるの法）
わが国の学習文化として，年齢段階（発達段階）に即した教育法＝「随年教法」は，上掲の世阿弥の『風姿花伝』にも，また『根本世鏡抄』などの武家家訓にみられたが，江戸時代の貝原益軒『和俗童子訓』には，年齢段階も6歳，7歳，8歳という具合にきめ細かく，しかも読書，習字，しつけ方（徳育）など各領域にわたって詳細に展開されている。たとえば次は同書の冒頭の部分である。

六歳の正月，始（はじめ）て一二三四五六七八九十・百・千・萬・億の数の名と，東西南北の方の名とをおしえ，其の生れ付の利鈍（うまつきりどん）をはかりて，六七歳より和名をよませ，書ならはしむべし。…
七歳，是（これ）より男女，席を同（おなじく）してならび坐せず，食を共にせず。此ころ，小児の少知いでき，云（いう）事をききしるほどならば，其知をはかり，年の宜（よろ）しきほど，やうやく礼法をおしゆべし。又（また），和名（かな）のよみかきをも，ならはしむべし。
八歳，古人，小学に入り歳也。はじめて幼（いとけなき）者に相応の礼儀をおしえ，無礼をいましむべし。（貝原益軒『和俗童子訓』巻之三）

このように，年齢ごとに教える（身につける）知識の内容までが記されている。読書も，カナの読み書きから始め，8歳になると孝経・論語のうち短い文句を教え，10歳になると小学・四書・五経の順序で教えていくべきこと。そして10代半には経書を深く考究し，20歳になると博く諸子・史書を学ぶべきとしている。ほかに習字，しつけ，礼儀作法など，万般にわたって年齢段階ごとに何を身につけるかが詳細に述べられている。年齢段階（発達段階）に即した教育は，今日では極めて常識的な原理であるが，すでに日本の古くからの文献に，そうした科学的な教育の原理がみられたのである。

③模倣と習熟

辻本雅史の『「学び」の復権　模倣と習熟』(岩波書店，2012年)には，日本の伝統的な教育・学習文化について述べられている。その書によると，教育には「教え込み型」と「惨(し)み込み型」とがあるという。「教え込み型」は，言葉によって論理的に教え知性に訴える教育で，教える者（教師）と教えられる者（生徒）の関係が明確である。西洋をモデルとする近代以降の学校教育は，まさに「教え込み型」の原理に立脚している。それに対して「惨み込み型」は模倣および環境のもつ教育作用（影響）を重視し，子どもが環境の中で「自然」に学ぶという前提に立つ。環境にはモノの環境も含まれるが，より重要なのは人的環境である。中世，近世の家訓にもみたように，幼少期における親や乳母(めのと)，青少年期における友人など身近な人間の影響性が極めて重視されており，まさに「惨み込み型」といえよう。また貝原益軒の『和俗童子訓』においては，「予(あらかじ)めする教育」が強調されている。徳育に関しても，悪に染まる以前の，まだ善悪の判断力もつかない幼少期に，いかに良きもの，良き人に接し，良き感化影響を与えていくかという観点から親，乳母，友人，師選びの重要性が強調されている。益軒は，子どもの模倣する力，無自覚のうちになされる「模倣」と「習熟」の過程こそが最も重要と考えていた。

また読書，手習いなどの学習においても「模倣」と「習熟」が重視された。たとえば寺子屋は，手本をもとに手習い（習字）を主な日課としたが，そもそも「手本」という用語自体が「手」（文字を書くわざ）を倣う「本」，つまり手習いの教科書という意味である。すなわち一定の手本を模範として模倣し，それに習熟していく過程が手習いであった。手習師匠の役割は，子どもの模倣すべき規範を示し，その規範から子どもが逸脱した時に軌道修正してやることであり，積極的に教えるというよりも子どもの模倣する力を尊重していた。

模倣と習熟の重視は，武士の儒学の学習においても同様であった。儒学の学習は，専ら「経書を読む」という作業に終始する学問である。最初の段階である「素読」とは経書の本文を声を出して正確に読むことに専念する段階である。師匠の読みの模範を正確に模倣することに始まり，何回も繰り返して完全に暗唱できるようになるまで習熟することである。さらに注釈書や疏釈書（注釈書に対する注釈書）を素材に経書の意味を深く厳密に考究していく作業が儒学の研究であった。すなわち学習の段階はいろいろあっても，経書という手本は一定していた

のである。

　また手習いにしても素読にしても，字を手で書く，声を出して読む（音読）など，手本やテキストをまるごと自らの体の内部に獲得し，〈身体化〉する過程でもあった。それが近代以降の学校教育になると言語中心の，頭のみの学習となった。模倣と習熟，身体化による学習など，現代の学校教育において見失われている貴重な原理が，日本の伝統的な学習文化の中にあるといわなければならない。

2　「近代」との接点

（1）実力主義の教育をおこなった私塾

　江戸時代の武家学校で，とくに私塾は，おおむね近代的な実力主義の教育をおこなった点で注目される。昌平坂学問所や藩校が，幕府や藩によって設置経営された，いわば公立学校（public school）であったのに対して，私塾は民間の学者個人が設立，経営した私的な学校（private school）であった。私塾の塾風，教育方針，教育内容等はすべて塾主の学問や人格に依るところが大きかった。そして生徒（門人）たちは，その塾がたとえ遠隔の地にあろうとも，塾主の人徳と学問を慕い求めて自発的に入門したのである。したがって師弟関係も極めて緊密であった。このように，一人の人間が設立者であり，かつ教師であり，その自宅が学校となり，そこに生徒，門人が集い教育がおこなわれる学校は「**教師中心の学校**」（teacher-centered school）として「制度的な学校」（institutional school）と区分されるが，江戸時代の私塾と寺子屋は，まさに「教師中心の学校」であった。

　46頁に主な藩校と私塾の所在地を示した地図を掲載しているが，そこに記された私塾を，番号と対応させて列記すると，⑤大槻玄沢の芝蘭堂，荻生徂徠の蘐園塾，福沢諭吉の慶應義塾（江戸），⑥本居宣長の鈴屋（松阪），⑦緒方洪庵の適塾（大阪），⑧広瀬淡窓の咸宜園（日田），⑨中江藤樹の藤樹書院（近江），⑩伊藤仁斎の古義堂（京都），⑫菅茶山の廉塾（福山），⑬吉田松陰の松下村塾（長州），⑭シーボルトの鳴滝塾（長崎）などがある。大半は儒学を教える漢学塾であるが，幕末になると慶應義塾，適塾，鳴滝塾などの洋学塾も増加する。なお本居宣長の鈴屋は国学塾であった。ここでは以下，広瀬淡窓の咸宜園，緒方洪庵の適塾，吉田松陰の松下村塾をとりあげ，その教育方針等について述べることにする。

第**2**章　近世江戸時代における学びの場（学校）（～1870年）

①広瀬淡窓の咸宜園

咸宜園（かんぎえん）は，広瀬淡窓が豊後国（大分県）日田に開いた私塾である。広瀬淡窓は商家の長男として生まれた。したがって本来であれば，家業の商売を受け継ぐべきところであったが，「蒲柳の質」といわれたように，生来病弱で家業に耐えられず，家督を弟に譲り，自らは私塾教育に生涯を捧げた。咸宜園の教育理念，教育方針は「咸宜」という塾名自体に示されている。すなわち「咸宜」とは『詩経』にある言葉で「ことごとく宜（よろ）し」，「みな宜（よろ）し」と読む。同塾の「開放制」，「教育の機会均等」，「個性尊重」などの教育理念，方針が示されている。遠く故郷をあとにして寄宿舎生活を送る門人の中には，ホームシックになり帰郷したり，個性もさまざまな門人がいたようであるが，淡窓は次のような「いろは歌」も作っている。それは「鋭きも鈍きも共に捨てがたし　錐と槌とに使い分けなば」という歌で，そこには門人一人一人の個性と持ち味を尊重し，最大に生かしていこうとする精神，適材適所の精神がよく表れているといえよう。

また咸宜園の教育方針の特徴をよく示すものに「**三奪の法**」がある。「奪」とは「無視する」ということで，入塾生の年齢，入塾前の修学歴，身分（家柄）の3つを無視し，それに代わって本人の入塾後の学問への努力に基づく達成度，実力を重視するものであった。儒教に基づく封建的な身分制が支配していた江戸時代は，年齢や身分の上下が極めて重視された時代であった。そうした中で淡窓は，たとえば社会的地位（身分）を重視するということは，先祖に相撲をとらせて自分は傍らで行司をやっているようなものであると批判している。身分という先祖の地位を競うのではなく，自分自身の努力による達成度こそが大切であるという主張は，極めて近代的な原理である。明治時代になると「属性原理」（生まれ）よりも「業績原理」が重視される社会へと変化するが，多くの私塾ではすでに「業績原理」，すなわち実力主義の教育が実践されていたのである。

また「咸宜園」のように，塾名に「園」という字を用いた例は他にはなく，同塾の恵まれた自然環境がうかがわれよう。淡窓は，次のような漢詩も作っているが，極めて牧歌的で，情趣豊かな同塾での生活の様子が察せられよう。私塾は一般に学問にも厳しかったが，師匠と門人が起居を共にしての人間教育，生活教育にも特色があった。なお漢詩には，分かりやすいように書き下し文を付した。

休道他郷多辛苦（道うことを休（や）めなさい。他郷に来て辛いこと苦しいことが多いと）

同胞有友自相親（同胞，友がたくさんいるではないか。自から相親しみなさい）
柴扉暁出霜如雪（柴の扉に暁が出れば，霜が暁に照らされて雪の如く輝いている）
君汲川流我拾薪（君は川の流れを汲み，我れは薪を拾う）

②緒方洪庵の適塾

　洋学塾（医学塾）として有名なのが**緒方洪庵**が設立した**適塾**である。緒方洪庵は1810（文化7）年，備中に生まれた。若くして医学，蘭学を修め，1838（天保9）年29歳の時に大阪で蘭学塾を開設，世人は「緒方塾」と呼んだ。開塾当初は，蘭方医である洪庵は診療と研究が主で，その合間に塾生への蘭学教育をおこなう程度であったが，彼の名声を慕って全国各地から入塾者が相次ぎ，1848（天保14）年に塾舎を新築移転，本格的に塾教育を開始，「適塾」と称した。以後，塾教育は24年間続いたが，その実際の門人数は3000名にものぼったといわれている。塾生の出身地は西日本を中心に広く全国に及んでいた。

　適塾も，咸宜園と同様に入塾者の身分・年齢・学歴を一切問わず徹底して塾生の努力と実力を重んずる教育をおこなった。特色は徹底した「原書主義」で，会読にあたって塾生は訳読の下調べが求められたが，塾に一冊しかない『ヅーフ辞書』（「ヅーフ・ハルマ」）を競って活用した。皆が寝静まった深夜に辞書を読み写す姿もみられたという。試験は厳しく，成績順によって席を選ぶことができたが，塾生たちは競って窓際をとろうとしたという。というのは適塾の建物は間口が狭く奥行きが長い構造で，二階の学習室は両側が壁で採光が悪く，昼間でも薄暗い状態であった。したがって窓際の明るい場所をとろうと競い合ったのである。また塾舎は極めて狭隘で，一人当たりの空間はわずか畳一帖しかなく，塾生たちはその狭い場所で横になったり勉強したりしたのである。塾生の行動を規制するような細かい規則はなく，それが同塾の豪放磊落な気風の醸成にもつながっていたようである。適塾で学んだ福沢諭吉の自叙伝『福翁自伝』には，同塾生の様子について次のように書かれている。

　元来，緒方の塾と云ふものは真実日進々歩主義の塾で，其中に這入て居る書生は皆活発有為の人物であるが，一方から見れば血気の壮年乱暴書生ばかりで，なかなか一筋縄でも二筋縄でも始末に行かぬ人物の巣窟，其中に私が飛込んで共に活発に乱暴を働いた（福沢諭吉『福翁自伝』岩波文庫版）

この適塾の塾生の中から，明治維新期に病院経営，公衆衛生，化学，工業，学校教育，地方・府県の教育行政などさまざまな分野で活躍する人材が多数輩出されるなど，日本の近代化に大いに貢献した。

③吉田松陰の松下村塾

　幕末維新期に，時代の変革を直接に遂行する人材を多数輩出した塾として有名なのが吉田松陰の**松下村塾**である。1842（天保13）年，吉田松陰の叔父，玉木文之進が長州萩城下の松本村の自宅に私塾を開設，「松下村塾」と名づけたのが同塾の始まりである。次いで松陰の外戚である久保五郎左衛門が塾を継承し，その後，1857（安政5）年7月，藩校明倫館の塾頭を務めていた吉田松陰が塾主を引き継いだ。松陰27歳の時であった。しかし翌1858（安政6）年，松陰は野山獄に再投獄され塾は廃止となった。

　松下村塾の教育方針は，同塾の「士規七則」に示された忠孝・尊王・義勇・質実・読書・交友・志士覚悟の七カ条に示されている。また「気節行義は村塾の第一義なり」とあるように，難局を打開する有為の人物を育成することを目指し，そのために松陰は活きた学問と生活即教育を実践した。教育内容は，『左伝』，『八家』等の経学をはじめ地理，歴史および数学にも及ぶものであった。教場は8畳と10畳半の2部屋しかなく，したがって午前，午後，夜間の三部に分けて教育が行われた。講義，読書，討論を中心におこなわれたが，経史を輪講する際も，松陰も弟子と同様に抽選によって自席を決め，講義も諧謔を交えておこなうなど和気藹々たる塾風であった。また書物の読書にとどまらず，たとえば地理の学習においては常に地図によって自分が実際に経験したことを伝え，数学では九九の表を用いるなどの工夫がみられた。成績によって生徒を上等，中等，下等の三等に分け，全員が上等になるよう努めた。また塾生一人ひとりの個性と境遇とを考え，それを踏まえて時代にいかに働きかけるかを重視した。「天下を奮発し，四夷を震動するは即ち長州にあり，其の長州の大に顕はるゝは必ず松下村塾より始まらん」と『松下村塾記』にあるように，松陰は燃えるような教育的情熱をもって門人の教育にあたった。したがって松陰が塾主として教育に携わったのはわずか1年というごく短い期間に過ぎなかったが，その教育的感化力は実に大きかった。同塾の門下生の中から高杉晋作，吉田稔麿，久坂玄瑞，入江杉蔵，前原一誠，伊藤博文，山県有朋，山田顕義，品川弥二郎，野村靖ら幕末維新期の功労者

が数多く輩出されたのである。

　このように私塾は，日本の近代化を推進する人材を多数輩出するとともに，その教育そのものが近代的な実力主義（業績原理）に基づく教育の実践により，封建的身分制を内側からつき崩し，社会の近代化を推進，実現していくうえで極めて大きな役割を果したのである。

（2）学校の普及と高い識字率

　1970年代は日本の「近代化」についての関心が世界的に高まった時期で，ハーバート・パッシン，ロナルド・ドーア，リチャード・ルビンジャーなど外国人による日本研究が盛んにおこなわれた。彼らはいずれも，日本の江戸時代の教育に大きな関心をもって研究に取り組んだが，そこには，極めて短期間における日本の「近代化」達成の秘訣は江戸時代にあるとの認識があった。そして彼らは，明治以後の日本が，西洋をモデルとする全国統一的な学校制度を極めて短期間に普及し得たのも，すでに江戸時代における学校の普及が大きな基盤となったことを指摘しているのである。たとえばハーバート・パッシン『日本近代化と教育』（サイマル出版会，1969年）には，明治維新後，近代学校制度が発足するに際して江戸時代の学校は廃校になったが，校舎建物や教師など物的・人的要件の多くが活用されるなど，「近代教育制度を完全に白紙の状態からはじめたわけではなかった」（同上）と述べられている。さらにパッシンは，すでに江戸時代に，「一年のうちのある時期に家を離れ，血縁とは関係なく，同年輩の者や特別な社会人と交わり一日数時間ずつ勉強するという観念は，国民の多くの間で一般的なものとなっていた」（同上）と述べている。すなわちすでに江戸時代に，多くの人々の生活習慣の中に，学校教育というものがかなり定着していたことを強調しているのである。

　またロナルド・ドーアは，「1870（明治3）年の日本における読み書きの普及率は現代の大抵の発展途上国よりかなり高かった」（『江戸時代の教育』岩波書店，1970年）と述べている。すでに江戸時代に，寺子屋の普及等によって，武士のみならず庶民層にまで識字率（文字の読み書き能力，リテラシー）がかなり普及していたことも注目される。日本人の識字率に関して最近，リチャード・ルビンジャー『日本人のリテラシー』が刊行された。ルビンジャーは，寺子屋等の就学率と識字率を単純に結びつける従来の論拠に対し，就学率といっても就学の実態は極

めて多様であること，また識字能力といっても，やっと自分の氏名が書ける程度から難解な文章の読解に至るまでいろいろなレベルの相違があること，したがって単に量的な把握だけでなく識字能力の程度，階層差，地域差など質的な実態をもっと究明する必要があると指摘している。また寺子屋が急速に普及するのは

> コラム

江戸時代における庶民の旅

　江戸時代に武士の間では参勤交代や私塾等をわたり歩く，いわゆる「遊学」が広くみられつつあったが，庶民の間でも旅が流行しつつあった。旅は，地域や身分などの壁を乗り越えて広範な人々の交流と意識の共有化をはかる機能役割があり，これが明治以後の近代国家の国民としてのアイデンティティーを形成する上で大きな役割をはたしたと思われる。
　ところで江戸時代の庶民の旅は，伊勢参りなどの寺社詣でと湯治が主であった。庶民が旅に出るには，お上に対してしかるべき理由が必要であったが，そこで「寺社詣で」が方便となったのである。しかし一村や一家がこぞって旅に出ることは許されなかった。そこで輪番制や代参等が発達したのである。「寺社詣で」が目的であるから，往路は禁欲的な旅を続けたようであるが，参詣を済ませたあとは物見遊山や宴会を楽しんだ。その模様は，実録ではないが十返舎一九の『東海道中膝栗毛』でも描かれている。労働を強いられていた農民たちにとって物見遊山はハレ（非日常）の行事だったのである。
　ところで旅行には土産がつきものであるが，かつては「宮笥」と書いた。神社の笥，すなわち器のことで瓦笥のようなものといえよう。寺社詣では，個人的な旅ではなく村人を代表しての参詣であった。したがって寺社参拝の物証として杯（瓦笥），すなわち宮笥を村に持ち帰る義務があったのである。また代参者が旅立つ際は，デタチ（出立ち）と称して家族や親族，近隣の縁者が村境で見送った。そして送る者たちは「わらじ銭」と称して，旅のはなむけに何がしかの餞別を用意した。そのわらじ銭への返礼としても宮笥が不可欠だったのである。現在でも，旅行というとみやげ買いに気ぜわしい光景を目にするが，その慣習の起源は寺社詣での代参にあったのである。
　また湯治は，江戸時代に人口の約7割を占めた農民が，冬の農閑期に「骨休め」と称して体の疲れを癒す目的でおこなった。温泉場への長逗留が普通であったが，その間にあたり一帯を見物したり散策したりした。それに比べると現在の温泉旅行はせいぜい一泊か二泊で，ゆっくりと物見遊山を楽しむ余裕などはあまりない。交通手段が便利になった分，旅行会社が企画したパック旅行，短い日程と少ない経費でできるだけ多くを観光して回るハードな旅になっている。
（参考文献）神崎宣武『物見遊山と日本人』講談社現代新書，1991年。

19世紀，天保期以後であるが，それ以前から日本人の識字率はかなり普及していたと指摘，花押，入札(いれふだ)などの署名資料や日記類，俳諧関係資料や碑文など幅広い資料をもとに民衆の読み書き能力の実態を明らかにしている。

　識字率等の実態の，より詳細な解明は今後の課題であるにしても，寺子屋教育等の普及により庶民層にまでかなり識字能力が普及していたことは否定できないであろう。要するに江戸時代における武家学校（藩校，私塾）や寺子屋など，さまざまな学校の普及が，いろいろな面で明治以後の西洋モデルの近代学校制度の普及，日本の近代化の基盤になったのである。

◆ 参考文献
石川松太郎『藩校と寺子屋』教育社歴史新書，1978年。
海原徹『近世私塾の研究』思文閣出版，1983年。
海原徹『近世の学校と教育』思文閣出版，1988年。
江森一郎『「勉強」時代の幕開け』平凡社選書，1990年。
神崎宣武『物見遊山と日本人』講談社現代新書，1991年。
辻本雅史『「学び」の復権　模倣と習熟』岩波書店，2012年。
R・ドーア／松居弘道訳『江戸時代の教育』岩波書店，1970年。
H・パッシン／国弘正雄訳『日本近代化と教育』サイマル出版会，1969年。
浜田陽太郎・石川松太郎・寺﨑昌男編著『近代日本教育の記録　上』日本放送出版協会，1978年。
R・ルビンジャー／石附実・海原徹訳『私塾』サイマル出版会，1982年。
R・ルビンジャー／川村肇訳『日本人のリテラシー　1600-1900年』柏書房，2008年。

[麻生千明]

第3章

近代化の中の教育(1870～1900年)

■□概　説□■

　幕末期の黒船来航を機に，欧米列強の圧倒的な力を見せつけられた人々は，国を開き，西欧諸国の知識，技術，文化を積極的に取り込んでいく方向に舵を切った。明治新政府は，富国強兵を国策とし，廃藩置県を行い，中央集権国家の基礎固めをしたうえで，国レベルで取り込んだ西欧社会の「知」を各地の人々に伝える政策に取り組んだ。

　1870（明治3）年，明治政府は「大学規則」・「中小学規則」で，欧米の教育制度にならった学校計画を示すことによって，新しい時代の教育政策を欧化に転じることを宣言するとともに，それを伝える役割を「学校」に託した。しかし，前章までで確認したような文化の中にいた人々にとって，未知の異文化を受け入れることはたやすいことではなく，欧化を主目的とした教育政策はさまざまな葛藤を生んだ。

　本章では，日本が教育の近代化を目指した教育制度を構想し始めた1870年代から，明治公教育体制が確立に向かう1900年までを対象とする。1870年代〜1880年代は，近代教育の草創期である。さらに細分化すれば，1870年代は前近代の封建的な制度や慣習を欧化の方針に基づいて否定した啓蒙期，1880年代は欧米型の自由化政策に対する反発を経て国権意識の育成に方向づけられた第二の啓蒙期といえるだろう。また，1890年代には，初等教育と師範教育とを軸とした普通教育体制の原型が作られるとともに，「天皇制」に基づいた公教育の基盤が形成された（佐藤秀夫『教育の文化史』3，阿吽社，2004年参照）。そして，1900年には第三次「小学校令」が公布され，義務教育制度の基本路線が確立した。

　このような教育制度の展開の中心にあったのは「学校」（近代学校）である。日本の教育の近代化は「学校」の成立・発展無しには語れない。文部省（文部科学省の前身）が各府県に報告させ続けた就学率は端的にいって就「学校」率であったように，なるべく多くの子どもを「学校」に行かせることがこの期間における大きな課題であった。そして，このこと自体が近代教育の特徴を表している。すなわち，前章までで見た手習塾（寺子屋）・私塾のように，「『師匠』という人のもとへ『学び』に行く」という前近代の人々の常識を，「『学校』という場所へ『教育』されに行く」に転換させる必要を迫ったのが近代教育であったのである。

　1870〜1900年頃の人々が，「学校」を中心とした生活にいかに取り込まれていったのか，現在では否定的にすらみられる「学校化社会」の原型がいかに作られていったのか，概観してみよう。

1 身分変換装置としての学校

(1)『学問のすゝめ』と「学制布告書」
①『学問のすゝめ』初編

「天は人の上に人を造らず人の下に人を造らずと言えり」から始まる，福沢諭吉（1835-1901）の『学問のすゝめ』初編は，1872年（明治5年2月）に刊行され，1880（明治13）年7月までに20万冊以上出版されたという。福沢は，偽書までその数に含めて22万冊とし，当時の人口を3500万人と考えれば国民160名に1人が読んだことになるのだ，と豪語した。貸本読者も加えればさらにその数は増加するが，これだけの出版数が示すのは，当時の人々がそれだけこの本を求めていたということである。

『学問のすゝめ』は，元号が明治に変わり，文明開化の時代が始まったとはいえ，それがどのような時代なのかはっきりわからずにいた当時の人びとに1つの明快な解答を与えてくれる本だった。その論旨は，人は生まれながらに平等な存在であり誰でも自由に幸福を追求できるが，そのためには実際に役立つ学問を身につけて一身を独立させなければならない，一身独立してはじめて一国が独立するのだ，というものである（ひろたまさき『福沢諭吉』朝日新聞社，1976年）。「賢人と愚人との別は，学ぶと学ばざるとによって出来るものなり」という主張はまさに「学問のすすめ」であった。

明治新政府の開化政策を助ける主張をもつ『学問のすゝめ』との対応関係がみられるのが，1872年9月（明治5年8月）に発令された太政官第214号「学制」の布告書（「学事奨励ニ関スル被仰出書」，「学制序文」ともいわれる。以下，「学制布告書」と記す）である。

②「学制布告書」

「学制」は，日本初の近代的公教育制度を規定した法令である。この法令は，洋学者を中心とする12名の学制取調掛による検討を経て立案されたと考えられるが，「モデルを単一のものとみることはいかなる意味でも不可能」（寺崎昌男「学制・教育令と外国教育法の摂取」『講座教育法 7 世界と日本の教育法』総合労働研究所，1980年）といわれるように，各国の教育制度を調査し主体的に取捨選択をし

た結果として生まれたものであった。発令後，40回以上の追加・削除・修正がなされた杜撰(ずさん)な法令ではあったが，海外メディアからは，単に日本だけではなくモンゴリアン人種にとって「世紀の偉業の1つ」であると称賛された（『ニューヨーク・タイムズ』1873年3月15日）。

　文部省が，全109章の条文（「学制章程」）とともに全国に配布した「学制布告書」（図3-1）は，両文体（右訓(うくん)で読み，左訓(さくん)で意味を示す）で，①学問は私的利益のために必要であること（「学問ハ身ヲ立ルノ財本」），②その学問は人びとにとって実際に役立つ実学であること（「日用常行言語書算ヲ初メ士官農商百工技芸及ヒ法律政治天文医療等ニ至ル迄凡人ノ営ムトコロノ事」），③そのような実学を農・工・商・婦女子に至るまで皆が修めることを目指すこと（「必ス邑ニ不学ノ戸ナク家ニ不学ノ人ナカラシメン事ヲ期ス」）を宣言した。

　特徴的なのは①の，個人の立身・治産・昌業のための学問，すなわち，人は自分が自立自営するために学ぶのだ，という考え方である。また，国家のための学問を2度にわたって否定するのは「学費を官に依存するな」（原則として民費負担）という主張と結びつくものである。ただし，学問のための費用を個人が自己負担すべきとまでは述べていない。続く条文（第98章）で，学校費用の責任主体は学校の設置者である「小学区」「中学区」とされていることから，いわば設置者負担という考え方が示されたのである。

　以上の通り，『学問のすゝめ』と「学制布告書」は，身分・貧富・男女の別を問わない人民一般の教育を説き，実学を奨励する論を展開する点において類似していた。しかし，「学制布告書」には，「一国独立す」や「生まれながら貴賤上下に区別なく」といった『学問のすゝめ』のキーワードが無く，『学問のすゝめ』には無い民費負担や強制就学の構想があった。それは，政府・文部省と福沢が目指す教育観・学校観の違いから来るものであった。とはいえ，『学問のすゝめ』は，県によっては，管下の約100人に1冊を無料で配布した（『岐阜県教育史』1998年）ように，複数の県でそのまま活用された。つまり，現場では「学制布告書」と『学問のすゝめ』は相補的な関係にあるものと認められ，当時の人々に新しい時代の「学(がくもん)」のあり方やその意義を伝える役割を果たしていたのである。

第**3**章　近代化の中の教育（1870〜1900年）

第二百十四号

人々自ら其身を立て其産を治め其業を昌にして以て其生を遂るゆゑんのものは他なし身を修め智を開き才芸を長ずるによるなり而して其身を修め智を開き才芸を長ずるは学にあらざれば能はず是れ学校の設あるゆゑんにして日用常行言語書算を初め士官農商百工技芸及び法律政治天文医療等に至る迄凡人の営むところの事学あらざるはなし人能く其才のあるところに応じ勉励して之に従事ししかして後初て生を治め産を興し業を昌にするを得べしされば学問は身を立るの

財本ともいふべきものにして人たるもの誰か学ばずして可ならんや夫の道路に迷ひ飢餓に陥り家を破り身を喪の徒の如きは畢竟不学よりしてかゝる過ちを生ずるなり従来学校の設ありてより年を歴ること久しといへども或は其道を得ざるよりして人其方向を誤り学問は士人以上の事とし農工商及婦女子に至つては之を度外におき学問の何物たるを弁ぜず又士人以上の稀に学ぶものも動もすれば国家の為にすと唱へ身を立るの基たるを知ずして或は詞章記誦の末に趨り空理虚談の途に陥り其論高尚に似たりといへども之を身に行ひ事に施すこと能ざるもの少からず是れ則ち沿襲の習弊にして文明普ねからず才芸の長ぜずして貧乏破産喪家の徒多きゆゑんなり是故に人たるものは学ばずばあるべからず之を学ぶに宜しく其旨を誤るべからず

ゑんなり是故に人たるものは学ばずばあるべからず之を学ぶに宜しく其旨を誤るべからず之に依て今般文部省に於て学制を定め追々之に依て今般文部省に於て学制を定め追々教則をも改正し布告に及ぶべきにつき自今以後一般の人民華士族農工商及婦女子必ず邑に不学の戸なく家に不学の人なからしめん事を期す人の父兄たるもの宜しく此意を体認し其愛育の情を厚くし其子弟をして必ず学に従事せしめざるべからざるものなり高上の学に至ては其人の材能に任かすといへども幼童の子弟は男女の別なく小学に従事せしめざるものは其父兄の越度たるべき事

但従来沿襲の弊学問は士人以上の事とし国家の為にすと唱ふるを以て学費及其衣食の用に至る迄多く官に依頼し之を給するに非ざれば学ざる事と思ひ一生を自棄するもの少からず是皆惑へるの甚しきものなり自今以後此等の弊を改め一般の人民他事を擲ち自ら奮て必ず学に従事せしむべき様心得べき事

右之通被　仰出候条地方官ニ於テ辺隅小民ニ至ル迄不洩様便宜解釈ヲ加へ精細申論文部省規則ニ随ヒ学問普及致候様方法ヲ設可施行事

明治五年壬申七月

太　政　官

図 3 − 1　学制布告書

（出所）文部省編『学制百年史』1972 年。

(2)「学校」の誕生
①学区制と「学校」

　明治政府は1871年に廃藩置県を断行し，その4日後に**文部省**を設置した。政府の中央集権化構想の下で示されたのが1872（明治5）年の「学制」であった。

　「大中小学区ノ事」「学校ノ事」「教員ノ事」「生徒及試業ノ事」「海外留学生規則ノ事」「学費ノ事」の6部からなる「学制章程」の大きな特徴の1つが**学区制**である。旧村落共同体とは無関係に設定した学区を，一般行政区から独立した教育行政区（通学区）とする学区制は，全国を8つの大学区に分け，各大学区を32の中学区に分け，各中学区を210の小学区に分けて，それぞれに大・中・小学校を設立するという構想であった。これは，小学校だけでも全国に5万3760校設置する壮大な計画である。結局，この目標は達成されなかったが，「学制」の5年後には全国に2万5459校の小学校が誕生した。ただし，「学制」が述べる「小学」とは，尋常小学，女児小学，村落小学，貧人小学，小学私塾，幼稚小学の総称であり，その実態は，手習塾同様のものが多かった。

　このように，明治初期の各府県にとっての最大の教育課題は，小学校を設立することであり，そこに子どもたちを通わせることであった。筑摩県（現在の長野県の一部）では権令が自ら管内を巡回して就学を説諭し，ときには生徒まで引き連れて模擬授業をすることで，新しい教育の効果を人々に実見させていた。また，全国各地に残る数百種類の「**就学告諭**」は府県独自の就学勧奨の姿を表すものである（荒井明夫編『近代日本黎明期における「就学告諭」の研究』東信堂, 2008年）。たとえば滋賀県では小学校の開校式で県令が自ら「就学告諭」を読み聞かせたり，印刷して小学生用のテキストにまでしていた。これらの目的はもちろん人々の就学意識を高めることであったが，同時に，小学校の設立や維持にかかる費用負担の意識を高めることでもあった。各地では小学校会社（京都府），元資金（筑摩県）など資金調達の工夫がなされたが，学校の設立・維持が第1の教育課題となることによって，教育の問題はお金の問題という，前近代とは異なる構図が生まれたともいえる。

②「学校」の特徴

　こうして開設した小学校の校舎は当初，ほとんどが寺院や民家を改修した建物であり，新築は20％程度であった（海後宗臣『明治初年の教育——その制度と実体』

第3章 近代化の中の教育（1870〜1900年）

開智学校

水海道学校

図3-2 擬洋風校舎の例

（出所）教育問題編纂会編『近代教育の源流／藩校』二十一世紀研究会，2004年。

評論社，1973年）。「教場」（教室）数は少なく，黒板などの校具や教具，校庭や遊具は無いのが一般的であった。また，多くの学校で，教師は1人で「免状」無し，かつての手習塾・私塾の師匠や藩校の教授職にあった者であった。

　学校では，子どもの教育だけでなく，教師が地域の人々を対象にして法令や新聞の読み聞かせや解説をしたり，村の寄り合いがおこなわれたりもしていた。学校は子どもだけのものではなかったのである。

　1875（明治8）年頃になると各地で新築校舎が増え始め，擬洋風校舎（図3-2）も登場した。その特徴は，塔屋・ベランダ・車寄せ・ギヤマンの窓・漆喰の壁などにあり，その威容はまさに文明開化の象徴であった。しかしこれらは教育機能

69

とは無関係であった。資金は民費負担であったにもかかわらず，このような豪華な校舎が各地でつくられた背景には，教育的な関心とは別に，地域の利害関係の中で「近代化」をしたたかに受容した人々の意識があったとも考えられる（鈴木敦史「明治9年奥羽・函館巡幸における天皇の学校訪問——福島県郡山小学校を事例として」『日本の教育史学』49）。

また建物は洋風でなかったとしても，畳に替って床が張られ，洋式の机と椅子，黒板などが用いられることになった。「何でも洋風に机と腰掛で授業をするのでなければいけないといふので，わざわざ昌平黌（幕府時代の学問所）の畳を剥がして，穴だらけになつた板の間を教場に用ゐた」といった情景が，全国津々浦々の小学校にまで広がった（佐藤秀夫『教育の文化史』2，阿吽社，2004年）。

2　欧化と日本人——抵抗と受容

（1）学校暦と生活暦——学校文化と習俗の葛藤
①海外情報の受容

発令当初の「学制章程」は全109章中「海外留学生規則ノ事」が31章を占め，完成版では全213章（実質的には188章）中75章が海外留学生規則であった。しかも，留学生に支払われた奨学金はかなりの高額で，『ジャパン・ウィークリー・メール』が批判するほどであった。また，御雇外国人にもかなり高額な給料が支払われたが，最も多く雇い入れたのが工部省だったことから，科学技術の導入が重視されていたことがわかる。19世紀の文明世界に連なるために，新しい時代のモデルを海外に求めていたのである。それは「時間」や「暦」においても同様であった。

幕末当時の人々は「時間」観念を欠き，ゆったりと，悪くいえば無駄に時間を過ごすくらし方をしていた（長志珠絵「文明化と国民化」大門正克他編『近代社会を生きる』吉川弘文館，2003年）。日の出と日の入りを基準にして昼と夜を分け，それぞれを6等分した「一刻」の世界で生活していた人々にとって，時間は季節によって変わるものであった（不定時法）。当時来日した外国人は，時間の約束で人を縛る習慣がない「大ざっぱな時間の国」の人々に苛立ちやあきらめの気持ちをもつことも多かった（西本郁子『時間意識の近代——「時は金なり」の社会史』法政大学出版局，2006年）。しかしこのようなゆったりとした時間感覚は，文明開化・殖産

第3章　近代化の中の教育（1870〜1900年）

興業・富国強兵のスローガンの下，大量の新知識や技術を短期間のうちに移入しなければならなかった時代にはそぐわず，変化を求められることとなった。

　明治政府は，明治5年，太陽暦（グレゴリオ暦）を採用して西欧の標準に合わせ，同年12月3日を翌6（1873）年1月1日と定めるとともに，1日を均等に24時間に分ける定時法に移行することを決定した。地域によっては改暦以前から続いていた「午砲（ドン）」（定時法における正午を告げる空砲）も，しばらくは各地域での正午を基準としていたが，1888（明治21）年からは標準時の正午，すなわち日本全国同時に鳴らされるようになった。また，明治の人々が「分」単位の時間を意識するようになったのは，1872（明治5）年，新橋・横浜間に開通した鉄道の発達に大きく負っているといわれる（橋本毅彦・栗山茂久編『遅刻の誕生——近代日本における時間意識の形成』三元社，2001年）が，学校もその一端を担った。

② 「学校」の時間と暦
　1872（明治5）年，東京に設置された**師範学校**の初代校長諸葛信澄（もろくずのぶずみ）は『小学教師必携』（1873年）で新しい教授法を解説したが，その補足である『小学教師必携補遺』（1874年）には，生徒は始業の10分前に生徒控所に登校すること，その時間には「柝（たく）」が鳴ることが示された。文部省正定「小学生徒心得」（1873年。コラム参照）でも同様に「分」単位の時間感覚が求められ（第2条），学校における「遅刻」が誕生した（第7条）。これは，学校の時間より子どもの生活時間の方が優位に置かれていた江戸時代とは異質な考え方であった。学校では教則に基づいた時間割が決められ，**掛図（かけず）**などによる**一斉教授法**が導入されていった。また，号令による一斉動作（控室から教場までの行進，教場への入場・「起立・礼・着席」など）も指示された（図3-3）。

　このような細分化された時間とともに，人々が違和感をもって迎えたのが，改暦と同時期に制定された国家祝祭日であった。国家祝祭日は伝統社会の慣習の延長にはないものであったため，「改暦以来は盆も正月もごたまぜ」で「五節句盆などといふ大切なる物日を廃し，天長節紀元節などといふわけもわからぬ日を祝ふ」（小川為治『開化問答』1874年）と批判された。学校は，新暦に基づく学校暦を設定し，国家祝祭日休業を推し進める立場であったが，中には年中行事や祭典のために試験準備が間に合わなくなり，国家祝祭日を返上して授業している場合も多々あり，1882（明治15）年にいたっても，大試験に近い新嘗祭はよく狙われ，

71

> コラム

『小学生徒心得』

　学校とはどのように振る舞うべき場所なのか。明治初期の子どもたちにとってそれは当たり前のことではなかった。1873年，師範学校は文部省の正定の下，『小学生徒心得』を刊行し，以下のように「生徒」としてあるべき姿を示した。

　登校前には「毎朝早く起き顔と手を洗い口を漱き髪を掻き父母に礼を述べ朝食事終れば学校へ出る用意を為し先づ筆紙書物等を取揃へ置きて取落しなき様致す可し」（1条）。登校に際しては，「受業」の10分前には「参校」する（2条），「顔手衣服」を清潔にする（9条），教師に礼をする（3条）。学校内では，席に着いたら「他念なく」教師の教えを受け「外見雑談」はしない（4条），遅刻の場合は勝手に教場に入らず教師の指示を待つ（7条），障子襖の開閉は静かにし書物を大切に扱う（8条），教師の言うことをよく聞き「我意我慢」を出してはならない（10条），「受業」中に意見があるときは挙手して教師の許可を得る（11条），人を誹議したり友人と無益の争論はしない（12条），便所はきれいに使い衣服も汚さない（14条）。校内外では互いに親切にし「挨拶応接」は謙遜を心掛け「不敬不遜ノ語」は出さない（16条），「師友」や知り合いに会ったら挨拶する（帽子は脱ぐ）（13条），登下校時には遊んだり寄り道したりせず馬車等に気を付けて怪我の無いようにする（17条）。

　生活習慣を整え，時間を守り，礼儀正しく，自分勝手な事をしない，という「心得」は，学校での教育が効率的に行なわれるためには必要な事であった。以後，数度の改訂をみる「小学生徒心得」は，それぞれの時代の状況を反映するものであった。

試験準備のために授業が行われた（高橋敏『近代史のなかの教育』岩波書店，1999年）。このような本末転倒は，前代からの習俗が少なくとも明治10年代まではそのままの姿で生き残っていて，人々はそのような生活暦の中に生きていたことを示す。

　しかしこのように，それまでの習慣を守り続けた人々は，近代化を推し進める開明的な人々から「因循姑息（いんじゅんこそく）」，「頑迷固陋（がんめいころう）」，「無知蒙昧（むちもうまい）」となじられた。また学校は，数々の学校行事を定着させることによって，村に残る習俗の変更を迫る役割を果たすようにもなっていった。

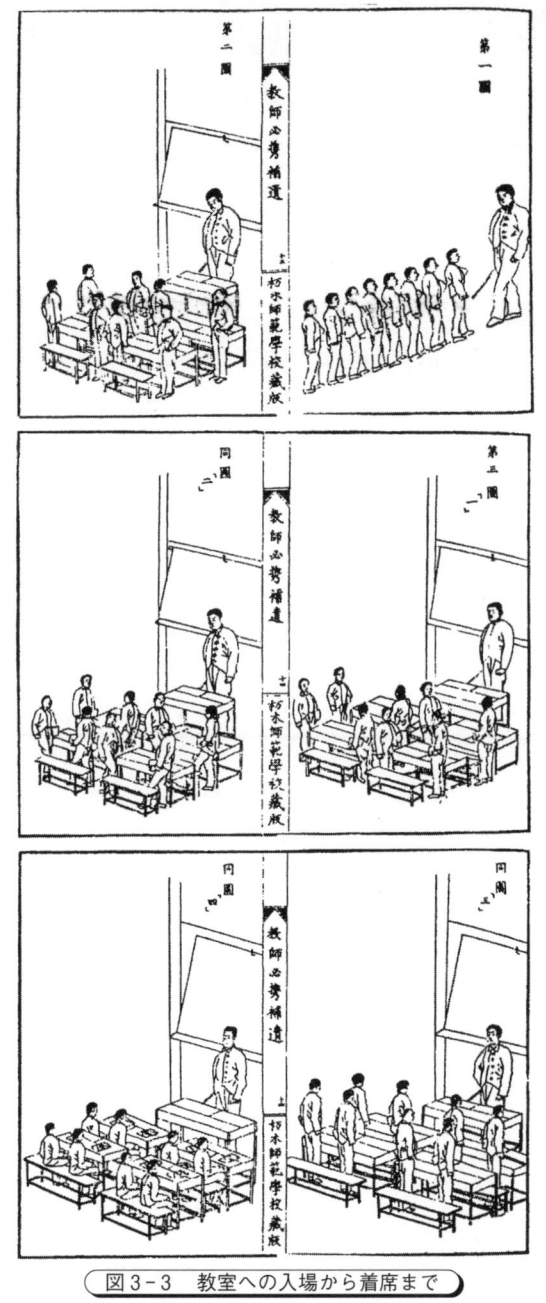

第3章 近代化の中の教育（1870〜1900年）

図3-3 教室への入場から着席まで

（出所）林多一郎『小学教師必携補遺』1874年。

（2）学事の停滞

①「教育令」

「学制」期において学校の創設・定着のために粉骨砕身したのは**学区取締**や学校世話役（呼称は地域によって異なる）であった。『ニューヨーク・タイムズ』はこのような「学校監督者」を「新政策に具体化された智恵と機転の事例」として特筆し，筑摩県は，無給にもかかわらず就学勧奨や資金集めに奔走する「学校世話役」について「実ニ学事上其益少カラズ，是ガ為ニ学校基礎ヲ立ルノ功 太ダ多キモノアリ」と報告した（『長野県教育史』1972年）。

しかし，学校の経費は民費負担にもかかわらず，学校のあり方や教育内容は官に管理統制され，しかもそれが村の人々の生活実態に合わなかったことなど，「学制」に基づいた政策自体に無理があったため，その不満は，地域によっては**学校の打ちこわし・焼き打ち**まで誘発した。このようなミスマッチは，1877年から78年にかけて文部省書記官が分担した地方の教育視察や，**明治天皇**の東山・北陸・東海地方巡幸でも確認された。そこで文部省は，アメリカ教育視察から帰った**田中不二麿**（1845-1909）文部大輔主導で「学制」改正を検討し，「日本教育令案」を作成した。

太政官に提出された「日本教育令案」は**伊藤博文**（1841-1909）や元老院によって大幅に修正され，1879（明治12）年9月，**「教育令」**（太政官布告）が制定された。「教育令」は47条に簡略化され，最低就学期間の短縮，私立小学校の設立の届出制，学校設立資金不足の地方における教員巡回授業，教科目編成の簡略化など，地方の実情を考慮し，地方官の自由裁量の幅を拡大したため，のちに「自由教育令」と呼ばれた。しかし，1878（明治11）年の「地方三新法」と密接な関係の下で制定された「教育令」は，その後の「区町村会法」などに続く一連の中央集権的な政策過程の中で制定されたものであり，原則的には国家管理主義であった（本山幸彦『明治国家の教育思想』思文閣出版，1998年）。

②「不就学」の理由

明治10年代に入り，学校は一定数設置されたものの，就学率は30〜40％であった。しかもこの数値は名目上のものであり，その実態は短期在学長期欠席で男女間にも大きな差があった。このような学事の停滞状況とその原因を，長野県の教育時論雑誌『月桂新誌』の論説記事から読み取ってみる。

この時期にとくに指摘されるのは，生徒の「不就学」や村人たちの学資金の延滞である。その原因としては，人々の貧困や前代にはなかった「受業料」等の費用負担の実質的・感覚的な重さのほか，「飯は食わなくても学校に力を尽くせ，仕事は休んでも学校には入学させろ，学校に入らなければ人間ではない，学校を建てなければ日本人ではない」とばかりに就学を強制する圧制的な方法への反発や，「子どもをせっかく3，4年学校へ出しても，手紙はもちろん隣村の村名も書けず，向かいの亭主の名も読めないのではバカバカしい」といった，「農商日用適切」な知識を教えない学校への反発，学校で学ぶことで「教員と農民の子は鍬をとることを嫌い，商家の子が客に遜(へりくだ)ることを忘れ，英雄は酒を飲み色を好むものだといって花街で散財して父兄を泣かせて都会へ出て行ってしまう」といった，高尚で現実離れした教育内容への反発もあった。また，学問は「官吏教員」になる人のためのものであり「官吏教員」になるためには金がかかるから学校を休ませるという理由もみられる。「学制」で学問観の転換がはかられたにもかかわらず，当時の人びとには「実学」という実感がもてず，就学することが「受益」とは感じられなかったのである。

ただし『月桂新誌』内には，学校には行かず，手習塾に行く子どもたちに対する批判も多々見られる。つまり，人々は必ずしも「学び」を拒否したわけではなく，「学校」を受け入れることが難しかったのである。

（3）自由民権運動と教員
①新知識人としての教員
1873（明治6）年，教部省の平山省斎(ひらやませいさい)が巡回説教で「今までは下の者を馬鹿にして治め置きたるが，これからは学問をさせて，利口にさせて治むるなり」と語ったように，政府は教育を通して，人々の客分意識を取り除き，主体的に国家を担う意欲をもった「国民」をつくりだすことをめざしていた（牧原憲夫『文明国をめざして』小学館，2008年）。その役割を最前線で担ったのが教員であった。

教員は地域の新知識人として，新しい情報の受容（学習）と伝達（教育）に努めた。明治10年代に各地に登場した教育会は，教育情報を収集・循環させ，教員・教育関係者だけでなく，地域の人々の教育意識形成にも大きな作用を及ぼした。教育会等での教員自身の学びの結果，たとえば長野県では，独自の模範教則まで作られた。一方で，当時盛んであった自由民権運動に参加する教員が各地に

続出した。地方における民権運動の主な担い手は教員だったのである。ただし，民権派教員たちの議論は時に，同僚である教員を処罰する「懲罰論」にまで展開するなど，後の教員管理法制を支える教職観や，それを受容する態度の形成に結びつくものもあった（尾崎公子『公教育制度における教員管理規範の創出――「品行」規範に着目して』学術出版会，2007年）。

②教員の統制

「学制」で初めて教員となる条件が定められ，各地では，目標の学校数に合わせるべく，教員を短期間の講習によって速成した。1876年には全府県に教員養成機関が設置され，若年教員も多く誕生した。簡易・速成された教員たちは，ときに「不品行」によって「狂淫（きょういん）」などと揶揄されることもあった（『月桂新誌』）。明治10年代の各地の風俗の乱れは政府内部でも共有された問題であった。

1879（明治12）年8月，前年の地方巡幸で各地の教育実態を知った天皇の指示の下，侍講元田永孚（もとだながざね）（1818-1891）が，「学制」以来の知育偏重の教育政策を批判し「仁義忠孝」を基本に据えた徳育に基づく教育の必要性を説いた「教学大旨」と「小学条目二件」を起草し「聖旨」とした（以下，**「教学聖旨」**と記す）。翌月，内務卿伊藤博文と井上毅（いのうえこわし）（1844-1895）起草による**「教育議」**を反論として天皇に提出したことによって政府内部で論争になった。元田はすぐに**「教育議附議」**で再反論したが，対立する議論の中で「教官訓条」を施行することについては一致していた。

1880（明治13）年，政府は**「集会条例」**を制定して，軍人や警官に加えて教員の政治参加も制限した。また，同年の**第二次「教育令」**では修身科を筆頭科目にするなど徳育の強調を図り，教員に対しては「品行不正ナルモノハ教員タルコトヲ得ス」という但し書きを加えた。そして翌1881（明治14）年に相次いで制定した**「小学校教員心得」**，**「学校教員品行検定規則」**によって「教官訓条」を具体化した。

「小学校教員心得」は儒教主義者の文部卿福岡孝悌（ふくおかたかちか）（1835-1919）が公布した，教員が守るべき道徳律である（1945年まで存続）。その特徴は，「人ヲ導キテ善良ナラシムルハ多識ナラシムルニ比スレハ更ニ緊要ナリトス」といった徳育重視の方針の下，尊王愛国の「公徳」を孝弟信義などの「私徳」よりも優位に立たせたところにあり（『日本近代教育百年史』3），教員たる者は常に「寛厚ノ量」を養い，

「中正ノ見」をもち，とりわけ「政治及宗教上ニ渉リ執拗矯激ノ言論」をなしてはならないと規定している。また，続く「学校教員品行検定規則」では，教員の「品行不正」の基準が示され，これに抵触する者は免職されることとなった。これらは過熱する自由民権運動に参加する教員たちに対する牽制でもあった。

　こうして，政治活動をしない教員を求める政府・文部省と，教員として不適切な行いを批判する民権派教員を含む在地の人々の望みは，「品行不正（不品行）」という言葉でつながり，現場の教員たちを統制していくことになった。

（4）キリスト教と女子教育
①キリスト教主義女学校の開設

　日本外交の基本方針が「鎖国」から「開国和親」へと転換すると，それまで邪教として一方的に切り捨てられてきたキリスト教にも，西欧諸国の近代化の基盤であるという視点から光が当てられるようになった。明治政府は当初，五榜の掲示の第3札（キリスト教禁止の高札）によって，江戸時代以来のキリスト教禁教を継続し，信徒を弾圧していた。しかし，諸外国からの反発により，1873（明治6）年にこれを撤去し，以後，キリスト教は黙認されることとなった。

　消極的とはいえ，キリスト教をめぐる状況が好転してくると，港町を中心にして各地にキリスト教会が設けられた。外国人宣教師たちの教育活動も歓迎され，横浜バラ塾，熊本洋学校，札幌農学校などでは多くの青年たちが学んだ。ただし，彼らの多くが学んだのは，宣教師たちが望むキリスト教ではなく洋学であった。また，「宣教師方の事業中最も発達し最も成功したものは女子教育」であり，「最初は宣教師諸君の外に女子を教育したるものは日本国中にあらざりし」といわれるように，キリスト教主義女学校は，日本の近代女子教育の発達に大きな役割を果たした（『近代日本教育百年史』3）。1870（明治3）年にミス・キダーが始めた女子の英学塾を起源とするフェリス女学校（横浜），翌年，3人の女性宣教師が開設したミッションホームを起源とする共立女学校（横浜），1875年には後の神戸女学院の起源をなす神戸ホーム，続いて，立教女学院（1877年，東京），活水女学校（1879年，長崎）が開設された。

　これらはすべて米人宣教師によるミッションスクールであるが，日本人によるキリスト教主義の女学校も設立された。幕末に脱国し，米欧で9年間学んだ**新島襄**（1843-1890）は，帰国の翌年1875（明治8）年，**同志社英学校**（のちの同志社大

学）を創設し，1877（明治10）年には女学校を正式に開校した。

②キリスト教主義女学校の盛衰

「学制」では，男女の別なく教育するという方針が示されたが，女子の就学率は圧倒的に低いままであり，『ジャパン・ウィークリー・メール』（1874年2月7日）は，男子のための教育機関に比べ女子教育機関が少なすぎることに，「驚く以上に「それでいいのか」と悲しいし，外国人としては，男子教育と女子教育との間の「あまりの不均衡さ」を理解することなどできない」と嘆いていた。この背景には，女子にとって近代学校教育は無用である，さらには有害である，むしろ不幸をもたらすといった一般的な女性観，女子教育観があった。文部省は「教育令」（1879年）で女子のために「裁縫等ノ科」を設けることとするなど，このような女性観には否定的な態度を示し，女子の就学を進める方向性をもってはいた。しかし，その後，70～80年代に増加していく女学校の主体は私学，とりわけ，キリスト教主義女学校であった。その展開は，政府の女子教育政策の積極化を促す要因となり，1883（明治16）年に落成した鹿鳴館に象徴される露骨な欧化政策のもと，全盛期を迎えた。

1890年の**教育勅語**（「教育ニ関スル勅語」。第3節（3）参照）によって徳育方針が示されると，女子教育の性格も方向を定められ，翌91年の**内村鑑三不敬事件**後には，男子校，女子校を問わずミッションスクールからの退学者が続出した。欧化主義の退潮と国粋主義の台頭によって，キリスト教主義女学校をはじめとする女学校は停滞することになったのである。

1893（明治26）年，井上毅文部大臣による女子初等教育の奨励に関する訓令によって，女子教育は上向きのきざしをみせはじめる。1895（明治28）年「**高等女学校規程**」を経て，1899（明治32）年「**高等女学校令**」によって一府県一高女の設置義務が課されるなど，女子教育は一層拡充整備される。ジェンダーに応じた教育は，中等教育段階以降でより明確に制度化されたのである。また，この時期，**矢島楫子**（1833-1925）らのキリスト教婦人矯風会による女性の覚醒運動が世間の注目をあびるようになってきていたが，女子の「学校」の発展の中心は，キリスト教主義女学校から公立女学校にかわっていた。

3　近代化装置としての学校

（1）教科書
①『世界国尽(くにづくし)』の世界観

世界(せかい)は広(ひろ)し万国(ばんこく)は，おほしといへど大凡(おおおそ)，五(いつつ)に分(わ)けし名目(みょうもく)は
「亜細亜(あじあ)」，「阿弗利加(あふりか)」，「欧羅巴(えうろっぱ)」，北と南の「亜米利加(あめりか)」に，
堺(さかい)かぎりて五大州(ごたいしう)，大洋州(たいやうしう)は別(べつ)にまた，南(みなみ)の島(しま)の名称(となへ)なり

　江戸の往来物にもみられる七五調で書かれた福沢諭吉『世界国尽』（1868 年）は，世界地理の概要を人々が暗誦しやすいように工夫されていた。その内容は英米国で出版された地理書や歴史書の要点をまとめたものであった。『世界国尽』は，「明治の三書」（福沢諭吉『西洋事情』，内田正雄『輿地誌略(よちしりゃく)』，中村正直訳『西国立志編』）とともに幅広い読者を得て，多くの人々の視野を世界に広げるとともに，明治初年の学校では教科書としても使用された（図3-4）。
　「学制」の翌月，文部省が「小学教則」，翌 1873 年に師範学校が「下等小学教則」「上等小学教則」を創定し，新しい教育課程や教科書を示した。とくに，スコット（Marion McCarrell Scot 1843-1922）の指導の下で近代的な教育方法を研究していた師範学校の教則は急速に全国に普及し，小学校での教育内容が漢学中心から洋学中心へと大きく転換されることとなった。象徴的なのが欧米志向の啓蒙的・翻訳的教科書である。中でもとくに影響力をもったのが『小学読本』（1873 年）であった（唐澤富太郎『図説　明治百年の児童史』上，講談社，1968 年）。
　『小学読本』巻1第1は「およそ世界に住居する人に五種あり，亜細亜人種，欧羅巴人種，馬来(メレイ)人種，亜米利加人種，阿弗利加人種なり，日本人は亜細亜人種なり」から始まり，その下には5つの人種の絵が書かれていた。また第2以後になると，「此猫を見よ○寝床の上に居れり○これはよき猫にあらず，寝床の上に乗れり○汝は猫を追ひ退くるや」といった不自然な文章が並んだ。これは米国の『ウイルソン・リーダー』の直訳だった。
　維新期を日本で過ごしたグリフィス（William Elliot Griffis 1843-1928）は 1874 年 7 月の旅行記で「教育が徹底的に普及し，学校はどこにもあり，そして少年も少

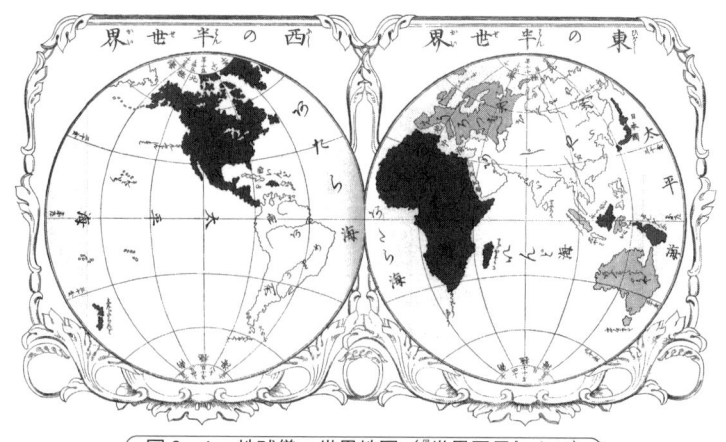

図3-4　地球儀・世界地図（『世界国尽』より）

女も同じ様に，石盤と鉛筆，黒板と白墨，地図，そして標準的なアメリカのテキストを翻訳した地理，歴史，読本などの教科書という新器具類の助けを借りて学習しているのを見て，非常に嬉しかった」（『ミカドの帝国』）と述べた。また，島崎藤村『夜明け前』は1875年頃の様子を「（新時代の教育は）全く在来の寺小屋式を改め，欧米の学風を取りいれようとしたもので……教師の心得べきことは何よりもまず世界の知識を児童に与えることで……単語図を教えよ。石盤を用いてまず片仮名の字形を教え，それより習字本を授けよ。地図を示せ。地球儀を示せ。日本史略および万国地誌略を問答せよの類だ」と伝えている。

　啓蒙的・翻訳的な教科書に加え，地図や地球儀によって，日本はアジアの一小国に過ぎないこと，欧米各国の進んだ文明を吸収していかなければならないことを知らしめたのであった。

②教科書の統制
　教則が示されたとはいえ，「学制」期の教科書は自由発行，自由採択であり，きわめてゆるやかな政策がとられていた。1878（明治11）年，文部省は「小学教則」を廃止し，翌年の「教育令」を経て，府県各地で独自の教則が作られることとなった。各地の実態に即した教育を目指した結果であったが，その意図に反して，各地からは学事の停滞もしくは衰退の報告が噴出した。
　1880年頃から，「教学聖旨」を意識した教育政策がとられるようになると，

1880（明治13）年3月に文部省内に設置した編輯局で局長**西村茂樹**（1828-1902）のもと，『**小学修身訓**』が編纂された。これは，必ずしも儒教的な価値理念を強調したものではなかったが，欧化一辺倒の方針からの転換はみられた。また文部省は同時に，各地で使用されている教科書のうち，不適当なものの使用を禁止した。禁止事由は，自由民権運動を助長するような「国安ヲ妨害」する事項や，西洋の解放的な恋愛談や場面など「風俗ヲ紊乱」し「教育上弊害アル」事項を含むものであった（中村紀久二『教科書の社会史』岩波新書，1992年）。この禁止書目には，箕作麟祥（みつくりりんしょう）『**泰西勧善訓蒙**』，福沢諭吉『**通俗国権論**』ばかりか，文部省刊『**修身論**』，師範学校編『**小学読本**』巻4まで含まれていた。「学制」下の小学教則で文部省自らが指定し，普及に努めた欧米志向の啓蒙的・翻訳的教科書の使用禁止は，文部省の教育方針の転換を意味している。

　1880（明治13）年12月第二次「教育令」で修身が筆頭科目になり，翌1881年「小学校教則綱領」では「尊王愛国ノ志気ヲ養成スル」修身と歴史が重視された。また，1882（明治15）年には天皇の意を受けた元田永孚が中心となって『**幼学綱要**』が編集された。幼童に対して忠孝仁義を説く『幼学綱要』は，全国の小学校に頒布された（ただし2年後に配布停止）。「**小学校教則綱領**」で開申制となった教科書制度は，1883（明治16）年に認可制へと改まり，1886（明治19）年，森文政下において検定制となって，1903（明治36）年以降の国定制へと展開していった。

（2）**森有礼**（もりありのり）**と諸学校令**

①国家啓蒙主義

　1885（明治18）年，太政官制にかわって内閣制度が発足した。初代内閣総理大臣伊藤博文の強い推薦によって初代文部大臣になったのは，当時38歳（閣僚中最年少）の**森有礼**（1847-1889）であった。森は，1865（慶応元）年に薩摩藩留学生として英国や米国で学んだ経験をもち，1870（明治3）年からアメリカで外交事務と留学生の監督（世話）にあたったため，「わが国最初の外交官」といわれる（犬塚孝明『森有礼』吉川弘文館，1986年）。1871年には，日本政府に対して「漢文の教授を禁じて英語をもってこれに代えるべきである」と建議する「簡易英語採用論」を主張した（長谷川精一『森有礼における国民的主体の創出』思文閣出版，2007年）。この主張は「日本語廃止論・英語採用論」と曲解され，国内外に非常な関心を呼び起こした。

森の教育への関心は高く，1872年2月には米国の政治家や学者に書簡を送って日本教育策樹立に関する意見を求め，その返信を元に，翌年，"Education in Japan"をアメリカで出版した。ここにすでにみえるように，森の関心は，国家繁栄のための教育にあった。
　文部大臣就任以後，学校制度の大改革を断行した森は，一方で，文部省在任期間中，3年7カ月の間にのべ232日間に及ぶ学事巡視を行い，全国各地で多くの演説をしていた。国の教育行政のトップが各地方を実際に訪れて人々と直接対話する演説活動は，法令などの文字を信用し切れなかった森が制度を機能させるためにとった啓蒙の具体的形態の1つであったと考えられる（宮坂朋幸「森有礼の教職者像再考――「職分」論に注目して」『教育史フォーラム』1，2006年）。ここに国家啓蒙主義者たる森の特徴が表れている。

②諸学校令と師範教育
　文部大臣となった森は，1886（明治19）年，「帝国大学令」「小学校令」「中学校令」「師範学校令」をすべて勅令として公布した（まとめて諸学校令と記す）。諸学校令の特徴は学校種別毎の法令であったことである。「学制」以来の主要な4つの学校を基本とする方針は，第2次世界大戦まで引き継がれたため，ここに日本の近代学校体系の基礎が確立したといえる。
　諸学校令では，小・中・師範の各学校を尋常・高等の二段階に分け，帝国大学は各分科大学と大学院とに二分して編制した。個別に見てみれば，「帝国大学令」では，第1条で帝国大学の目的を「国家ノ須要ニ応スル学術技芸ヲ教授シ及其蘊奥ヲ攷究スル」こととし，国家主義的教育体制の頂点として，高級官僚の養成を目指した。「小学校令」では，初めて児童の就学の「義務」を定めた（本節（4）参照）が，私立学校や小学簡易科を尋常小学科に代用することも認めていた。「中学校令」では，中学校を「実業ニ就カント欲シ又ハ高等ノ学校ニ入ラント欲スルモノニ須要ナル教育ヲ為ス所」とし，府県が設置する尋常中学校は各府県1校に限定した。そして「師範学校令」では，師範学校を教員養成の学校として，将来，教員となる生徒に「順良信愛威重ノ気質」（三気質）を備えさせることを求めた。
　森は，師範教育が完全な結果を得られれば「普通教育ノ事業ハ既ニ十分ノ九ヲ了シタリ」として師範教育を重視し，その目的を「良キ人物ヲ作ルヲ以テ第一ト

シ学力ヲ養ウヲ以テ第二トスヘシ」としていた(『森有礼全集』)。そのため,学校内での教科教育以上に「教室外ノ教育」を重視し,全寮制を採用し,兵式体操を導入した。たとえば,当時の長野県尋常師範学校は以下のようであったという。

(明治20年頃) さあ,是れよりは,敬礼の仕方が悪るい,ギードルの履き方が悪るい,書物の排(なら)べ方が悪るい,鉄砲の磨き方が悪るい,服は何寸と何寸に畳むべしと,尺度を持ち来りて検査をなすなど,所謂(いわゆる)箸の上げ下げ迄小言を曰はれたものである。勿論(もちろん)門限外に夜間外出などの,出来るものにあらず,頗(すこ)ぶる厳格なる鍛錬主義の下に,訓育せられたのである。(佐藤寅太郎「追憶之辞」『学友』第56号,1913年10月)

(3) 教育勅語
①大日本帝国憲法と教育勅語

1889 (明治22) 年2月,大日本帝国憲法授与式がおこなわれ,日本は「万世一系ノ天皇」が統治する国家であり,天皇は「神聖ニシテ侵スヘカラス」と規定した憲法が発布された。この憲法の草案は,自由民権運動に対抗するために,伊藤博文や井上毅らによって,1886年頃から作成され始めていた。

自由民権運動はまた一方で,徳育に関する議論を呼んだ。1890 (明治23) 年2月には,政党活動の活発化を警戒した地方長官会議において,徳育方針の一定化を求める「徳育涵養ノ義ニ付建議」が提出された。受けたのは首相山県有朋(やまがたありとも)であったが,提出するよう働きかけたのも山県であった。山県は,かつて自らが制定した「軍人勅諭」と同様のものが教育にも必要であると考えていたのである。

芳川顕正(よしかわあきまさ)文相の下,最初に起草された勅語案(中村正直草案)は,「敬天敬神」「良心」といった宗教性などを理由に,内閣法制局長官井上毅によって却下された。結局,井上が自ら案文を作成することになったが,立憲政体と調和する勅語作成に苦慮し,同郷の先輩元田永孚(もとだながざね)宮中顧問官の助言を得ながら執筆した草案は32点に及んだ。そして同年10月30日,「勅語」が天皇から文相に下賜され,「教育ニ関スル勅語」(以下,教育勅語と記す)が公布された。それは国務大臣の副署を伴わない,天皇の社会的意思表明という形式の文書であった。

教育勅語は全文315字,3つの部分からなる(図3-5)。まず,第1の部分で,皇室の道徳的な統治と臣民の忠誠によって維持されてきた「国体」に「教育ノ淵

図3-5　教育勅語の構成

・第1の部分
朕惟フニ我カ皇祖皇宗国ヲ肇ムルコト宏遠ニ徳ヲ樹ツルコト深厚ナリ我カ臣民克ク忠ニ克ク孝ニ億兆心ヲ一ニシテ世々厥ノ美ヲ済セルハ此レ我カ国体ノ精華ニシテ教育ノ淵源亦実ニ此ニ存ス

・第2の部分
爾臣民父母ニ孝ニ兄弟ニ友ニ夫婦相和シ朋友相信シ恭倹己レヲ持シ博愛衆ニ及ホシ学ヲ修メ業ヲ習ヒ以テ智能ヲ啓発シ徳器ヲ成就シ進テ公益ヲ広メ世務ヲ開キ常ニ国憲ヲ重シ国法ニ遵ヒ一旦緩急アレハ義勇公ニ奉シ以テ天壌無窮ノ皇運ヲ扶翼スヘシ是ノ如キハ独リ朕カ忠良ノ臣民タルノミナラス又以テ爾祖先ノ遺風ヲ顕彰スルニ足ラン

・第3の部分
斯ノ道ハ実ニ我カ皇祖皇宗ノ遺訓ニシテ子孫臣民ノ倶ニ遵守スヘキ所之ヲ古今ニ通シテ謬ラス之ヲ中外ニ施シテ悖ラス朕爾臣民ト倶ニ拳々服膺シテ咸其徳ヲ一ニセンコトヲ庶幾フ

源」があることを宣言する。第2の部分では「臣民」が守るべき徳目を列挙し、「一旦緩急アレバ義勇公ニ奉ジ、以テ天壌無窮ノ皇運ヲ扶翼スベシ」と、「公」に対する奉仕を求める。そして第3の部分でそれらが普遍的な真理であることを強調し、天皇自身も臣民とともにこれを心にとどめて「徳ヲ一」にすることを願っている。総じて、教育理念の根源を、歴史的存在であると同時に政治支配構造の要となっている天皇制に求めているところに、基本的な特徴があった（佐藤秀夫『新訂教育の歴史』放送大学教育振興会、2000年）。

教育勅語は、以後、とくに戦中から戦後1948年に失効が決議されるまでの間、日本の教育界に大きな影響力をもった。しかし、下賜当初から絶大な効力を発揮していたわけではなかった。

②教育勅語の浸透

下賜の翌日の文部省訓令によって、教育勅語の謄本が全国の学校に交付され、各学校では式日などにこれを奉読することとされた。翌1891（明治24）年には「小学校祝日大祭日儀式規程」が定められ、以後、「御真影」（天皇皇后の肖像写真）拝礼→万歳奉祝→勅語奉読→校長訓話→式歌斉唱といった、「天皇制儀式」としての学校儀式の基本形が整えられていった。式には、教員や生徒のほか、村役人、

学校関係者の出席が求められ，父母親戚，他市町村住民の出席も許可された。このような式への出席，とりわけ「万歳」や「紀元節歌」，「天長節歌」などの式歌斉唱は，出席者の一体感を醸成した。徳性の涵養に対する唱歌の効果については，すでに伊沢修二（1851-1917）が指摘していたが，これを全国の学校儀式に取り入れたのは森有礼であった。森は，キリスト教礼拝儀式における賛美歌合唱など，歌唱のもつ感化力に着目したのである。このような学校儀式を通して，子どもだけではなく大人にも天皇制の浸透が図られた。

とはいえ，国家祝祭日自体に馴染みがなかった親たちの出席者は少なく，各学校は「小学校祝日大祭日儀式規程」に基づいて，子どもたちに茶菓や記念品を配布したり，運動会や遠足と同日開催するという工夫によって出席者の増加を図った。山川均（1880-1958）は当時を以下のように回想する。

教育勅語が下されたというので，特別の式が行われ，お菓子の包みをもらって帰った。このときから，講堂には，はじめて神ダナみたいなものができて，「ゴセイエイ」（御聖影）というものが祭られた。祭日だとか進級式などには，神ダナの紫の幕がしぼられて，おズシのトビラが半分ひらかれたが，中は見えなかった。そして校長先生がおごそかに，妙なフシをつけて勅語を「ホウドク」するようになった。意味は分からぬままに，ともかく「チンオモウニ」から「ギョメイギョジ」までいつのまにか暗記してしまった。（『山川均自伝』岩波書店，1961 年）

教育勅語や御真影は「奉読」「奉置」「奉護」されることによって御神体のように扱われるようになり，消失・紛失の際に，校長が一命をもって「不敬」の罪を償う事態まで起こり始めた。また，学校だけでなく，家の中にも教育勅語の額や掛け軸，天皇の肖像が掲げられた（唐澤富太郎『図説　近代百年の教育』国土社，1967 年）。教育勅語は多様な解釈書が出され，改訂・追加・撤回論まで登場したが，その解釈書も，井上哲次郎（1856-1944）『勅語衍義』のような堅苦しいものばかりではなく，挿絵入り双六や唱歌，桃太郎の絵ばなしと結びつけたものまであった。さらに，錦絵や幻燈にも取り入れられ，普段の生活の中に「天皇」がいることが当たり前になっていった。こうして天皇の神格化と日常化が進行していった（唐澤前掲書）。

(4) 就学率と義務教育
①就学の「勧奨」と「督責」

「学制布告書」では、幼童の子弟を「小学」に従事させないことは「父兄の越度」であるという強い表現で「父兄」に責任を求め、末尾で地方官に「文部省規則ニ随ヒ学問普及致候様方法ヲ設可施行事」と命令していた。各地域における**「就学標（札・牌）**（就学不就学が一目でわかるバッジ。子どもが付ける）や**「フラウ」**（就学率によって色分けされた旗。学校が掲げる）は、その強制的な面を引き継ぐ方法であったといえるが、それ以上に全国的に採用されていたのが、「就学告諭」を中心とした告げ諭し、説き聞かす方法であった。つまり、1870年代は「勧奨・奨励」を前面に出しつつ、「督責」を内包した時代であった（荒井明夫「「就学督責」研究ノート（1）」『1880年代教育史研究年報』4）。しかし、1870年代後半に入っても就学率は40％程度にとどまっていた。

1879年「教育令」では、満6〜14歳の8年間を学齢期と定め、4年間で毎年4カ月、合計16カ月の就学を「父母後見人ノ責任」と規定したが、理由があって就学させられない者は「学務委員ニ陳述スヘシ」としていた。しかし、翌1880年の第二次「教育令」では就学規程の拘束性を強め、府知事県令に「就学督責ノ規則」を起草して文部卿の認可を経ることを求めた。これを受けた文部省は、1881（明治14）年、**「就学督責起草心得」**を制定した。これにしたがって、たとえば岐阜県は1882（明治15）年、「学齢児童ヲ事故理由ナク就学セシメサル者處分方ヲ布達」した。1880年代は、規則などで法的に責任を追及する「督責」を政策の基調とした時代となったのである。

②義務教育制度の確立

いったんは上昇傾向を見せた就学率であったが、1883（明治16）年の53.1％をピークとして下降した。松方デフレ下で、各地の経済的不況が深刻化し、親たちが子どもを学校に行かせている状況ではなくなったのである。このような、「就学」よりも「労働」を優先させる状況を克服することが、日本の初等教育就学拡大の課題であった（柏木敦『日本近代就学慣行成立史研究』学文社、2012年）。

「父母後見人等」に対する子どもの就学「義務」が初めて明記されたのは、1886（明治19）年「小学校令」第3条である。しかし、法制上曖昧な部分も多かったため、ここではまだ義務就学制が確立したとみることはできない。

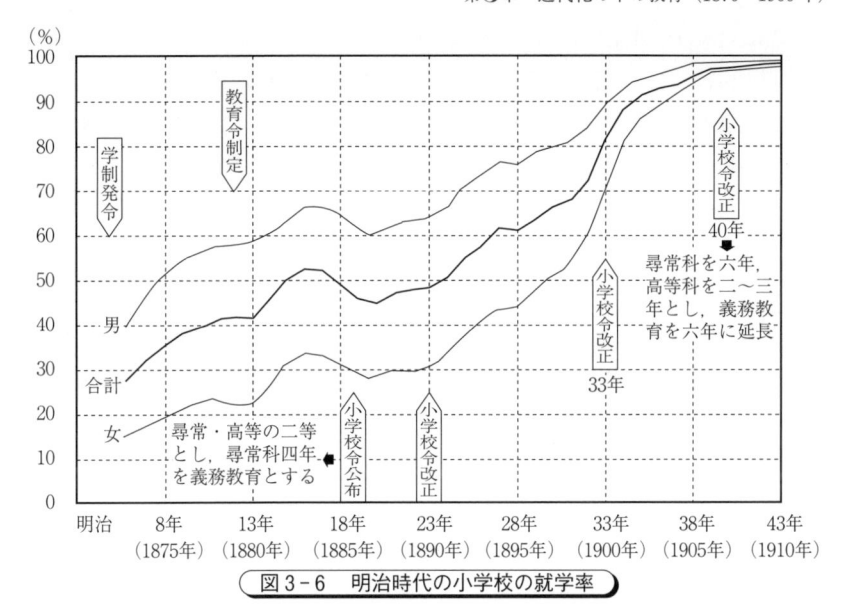

第3章　近代化の中の教育（1870〜1900年）

図3-6　明治時代の小学校の就学率

（出所）文部省編『目で見る教育100年のあゆみ』1972年をもとに筆者作成。

　1888（明治21）年の市制・町村制の下，1890（明治23）年の**第二次「小学校令」**で市町村の学校設置が義務化された。そして，1900（明治33）年，**第三次「小学校令」**で，尋常小学校における授業料徴収を原則廃止（57条），修業年限を4年（18条），就学期間を学齢に達した月以後における最初の学年の始めから教科を修了したときまでとし，その期間，「学齢児童保護者ハ…学齢児童ヲ就学セシムルノ義務ヲ負フ」（32条）とした。学齢と就学義務年限が一致しないという，欧米諸国にはみられない特異性は残されたが，ここに4年制の義務教育制度が確立し，学校体系の上からみれば全国民に共通な普通教育の基礎課程が成立した（『学制百年史』）。

　第三次「小学校令」は他にも，「学齢児童」を雇う者は，その「雇傭（こよう）」によって就学を妨げることができないと，児童労働者の教育に対する配慮を初めて規定した（35条）。さらに，就学免除や猶予も規定されたことによって，就学すべきものとそうでない者とのふるい分けが進行した（小山静子『子どもたちの近代――学校教育と家庭教育』吉川弘文館，2002年）。また同年，**「市町村立小学校教育費国庫補助法」**が制定され，義務教育費の国庫補助制度が成立した。

③学校に行く子どもたち

　1887（明治20）年に45％に落ち込んだ就学率は翌年から上昇し，1900（明治33）年に81.5％，1902（明治35）年には91％に至った。同じ頃，児童文化の世界に変化が起こり始める。

　明治前期の子どもたちの娯楽文化財といえば小物玩具，錦絵など，江戸時代とあまり変わりがないものであった（唐澤前掲『図説　明治百年の児童史』上）。しかし，明治20年頃を境にその流れが変わり始める。児童雑誌の登場である。1888（明治21）年創刊の『少年団』は創刊号1万2千部，懸賞文への応募は4367篇にのぼり，翌89年には『日本之少年』，『こども』，『小国民』，90年には『少年文武』，『わらんべ』，『少年学術共進会』，『少年文庫』，『少年之友』，『益友』が次々と発刊された。以後，子ども向けの読物叢書や歴史読み物なども刊行されたが，1895（明治28）年創刊の『少年世界』の人気は他を圧倒した。愛読者であった谷崎潤一郎（1886-1965）は，同誌の主筆・巖谷小波（いわやさざなみ）（1870-1933）作「新八犬伝」について「（13歳の）私に小説と云ふものゝ楽しさ，──空想の世界を仮定して，それに浸りそれに遊ぶことの喜びを，思ふ存分に味はせてくれた最初の作品」であり，「私は毎月少年世界の発行を待ちかねて，何より先に巻頭にあるあの小説に飛び着いた」と回想している（『谷崎潤一郎全集』17，中央公論社，1981年）。

　児童向け雑誌の興隆は，それだけ字が読める子どもが増加したこと，つまり，学校に行く子どもが増えたことを表す。また，この時期の就学率の上昇は法令の整備だけで説明できるものではなく，保護者や子どもに「取り残されまい」とする心理状況が生じて，「ともづれ」のなだれ現象が生じた（『日本近代教育百年史』4）とすれば，児童向け雑誌もその一端を担っていたとも考えられる。学校に行って，友人と少年雑誌の話題に興ずることを楽しみにする子どもたちの姿は想像に難くない。

　ただし，学校に通う子どもが増える中で，「学校の教育」と親がおこなう「生活手段を身につけさせるための教育」が並存することになり，学校で表彰される子と村でほめられる子が一致しないという事態も生じ始めていた（宮本常一『日本の子供たち──海をひらいた人びと』未來社，1969年）。

（5）「立身出世」と学校
①「立身」意識と人材選抜

　1872年の「学制布告書」の「学問ハ身ヲ立ルノ財本」は，名目上とはいえ「四民平等」となった世の中において，「学問」によって「立身」できるようになったという宣言でもあった。これを受け，たとえば『開化問答』（1874年）は「誰でも己の勉強次第にて，いか程面白き楽みも出来，いかほど貴き身分にもなれること，ナント有難き御仁政ではござりませんか」といい，佐賀県は「学問さへ成就せば立身出世は身につきたる者にて悦びも楽みも思ひのままになるべけれ」という「就学告諭」を出した。また，青少年の投稿作文集『穎才新誌』（1877年創刊）には「勉強」を主題とした作文が多数掲載され，「勉強スレバ必ズ身ノ幸福ヲ得ベシ…故ニ日々学校ニ行キテ能ク勉強セバ賢人トナリテ人ニ用キラレ又官位ニ登ルコトアリ」（1878年2月23日）と，学校での「勉強」の結果として目指すのは「官位」（官職）であることが示唆された。

　このように「立身」の機運が高まる中，政府・文部省は，学校によって優秀な人材を育成・選抜することを目指した。身分ではなく業績や能力による人材選抜を目的とした学校では，課程主義に基づく**等級制**が採用され，進級や卒業に際しては厳格な「試業」（試験）が実施されることとなった。「試業」は，教員や学事担当役人の他，「参観人」までもが子どもを取り囲む形で実施され（図3-7），小学生であっても，通常は一度失敗すれば留年（「原級留置」），二度続けて失敗すれば退学となった。また，教室内の座席は「試業」結果の優劣によって定められた（『小学教師必携』）。この新システムによって，10年後の1882（明治15）年には，東京大学への入学者のうち，平民が初めて過半を占めるようになった（佐藤秀夫『教育の文化史』1，阿吽社，2004年）。

　ただし，この時代の子どもが皆，「立身」の意欲を高めて学校で「勉強」したわけではなかった。『穎才新誌』の読者は士族を中心とした一部の子どもであったし，明治10年代の就学率や通学率から見れば，大多数の子どもは学校にさえ通っていなかった。「家が酒屋であったから小学校に行って学問をし，それで身を立てることなどは一向に考えていなかった」（『牧野富太郎自叙伝』講談社学術文庫，2004年）という子どもも確かに存在したのである。

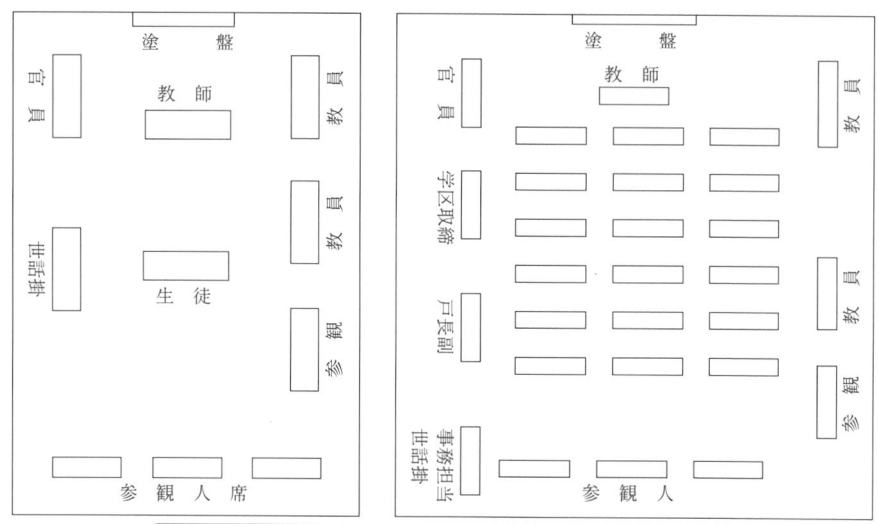

図3-7 試験場の配置（左図：第一試場，右図：第二試場）

（出所）『長野県教育史』第9巻史料編3。

②「立身出世」のルート

　文部省は，就学対策を含め，初等教育に関しては一元的に支配していたが，それ以上のレベルの学問・教育の存在形態はほとんど無秩序といってもよかった（寺﨑昌男・編集委員会編『近代日本における知の配分と国民統合』第一法規，1993年）。1886（明治19）年，森有礼が諸学校令によって学校制度の骨格をつくると，以後，文部省は，それまで別々に発展してきた高等教育と初等教育を中等教育によって接続していった。また，学校教育全体を資本主義の発展に即応させるために，1890年代半ば以降の諸法令によって初等・中等・高等の各段階における多様化を進め，高等小学校に並立する実業補習学校，中学校に並立する高等女学校や実業学校，高等学校に並立する専門学校を設置した。こうして，帝国大学を頂点とした近代日本の学校制度体系が確立した。

　一方，「立身」を望む国民にとって，1887（明治20）年**「文官試験試補及見習規則」**や整備された学校制度は「立身」実現のルートを示すものでもあった。つまり，どんなに家柄の低い家の子どもであっても，しかるべき学校を通過しさえすれば，官や軍の上層まで昇進できるようになったのである。そのコースは，小学校を底辺にして，中学校・高等学校・帝国大学へと上昇する最上のエリート・

コース，中学校・大学予科・大学へ進む1．5流コース，中学校・実業学校・専門学校の2流コース，その他に，たとえば師範学校・中学校から高等師範学校へ進む教員エリート・コース，中学校の途中から幼年学校・士官学校（陸軍），中学校から海軍兵学校・海軍機関学校（海軍）へという職業軍人エリート・コースなど，さまざまに準備された（佐藤前掲『教育の文化史』1）。

　特に，経費負担がほとんど無い師範学校や軍関係学校に進学することは，貧しい家の子どもにとって有力な「**立身出世**」のルートとなった。慢性的な教員不足のなかで，師範学校出の正教員になれば，数年後には小学校長になれたし，高等師範学校等への進学や1885（明治18）年から始まった「文検」（「文部省師範学校中学校高等女学校教員検定試験」等）合格によって，より上級の学校教員にもなれた。また，日清戦争の勝利を背景とした「軍人熱」とも呼ぶべき社会的風潮の中で，軍学校を経て軍人になることは，若者たちのあこがれにもなっていた。

　このようなエリート・コースを目指す若者たちは，自らの「立身出世」意識によって，国家の支配機構に取り込まれていくことになった。

◆ 参考文献

天野郁夫『学歴の社会史——教育と日本の近代』新潮選書，1992年。
沖田行司『新訂版　日本近代教育の思想史研究——国際化の思想系譜』学術出版会，2007年。
梶山雅史編『近代日本教育会史研究』学術出版会，2007年。
唐澤富太郎『図説　近代百年の教育』，国土社，1967年。
唐澤富太郎『図説　明治百年の児童史』上・下，講談社，1968年。
キリスト教学校教育同盟刊『日本キリスト教教育史』創文社，1993年。
国立教育研究所編『日本近代教育百年史』3（学校教育1），4（学校教育2），1974年。
斉藤利彦『競争と管理の学校史——明治後期中学校教育の展開』東京大学出版会，1995年。
佐藤秀夫『続・現代史資料　教育——御真影と教育勅語1』みすず書房，1994年。
佐藤秀夫『新訂教育の歴史』放送大学教育振興会，2000年。
佐藤秀夫『教育の文化史』1〜4巻，阿吽社，2004年。
竹内洋『立志・苦学・出世——受験生の社会史』講談社現代新書，1991年。
竹中暉雄『明治五年「学制」——通説の再検討』ナカニシヤ出版，2012年。
寺﨑昌男・編集委員会編『近代日本における知の配分と国民統合』第一法規，1993年。
寺﨑昌男・「文検」研究会編『「文検」の研究——文部省教員検定試験と戦前教育学』学文社，1997年。
文部省編『学制百年史』1972年。

[宮坂朋幸]

第4章

国際化の中の教育（1900〜1920年）

■□概　説□■

　近代国家体制の枠組みとなる大日本帝国憲法の発布と帝国議会の成立，そして産業革命の勃興を経て，19世紀末から20世紀初頭の日本は，日清・日露という2つの戦争，さらには第一次世界大戦という戦渦の中にあって，政治的・経済的に大きな変貌を遂げる。同時に，開国以降の海外との交流は拡大を続け，日本社会とは異なる社会がもつ文化や思想，技術の発見と受容をもたらし，伝統的な日本社会のあり方に変容を迫った。

　日清戦争以後，大陸への影響力を強める日本に対し，世界分割を進める欧米列強もまた「アジアの一小国」に敗れた清国へ勢力を拡大。租借地や鉄道の敷設権といった権益をめぐる対立が，列強各国間に生じた。日本は，対外的には不平等条約の改正や日英同盟締結に象徴されるように，世界分割の一翼を担いつつ，欧米列強に追随して大陸侵略をはかるなど帝国主義政策を継続し，東アジア最大の帝国主義国家となった。しかし，国際社会の認識は，相互に関係を深められるほど十分かつ対等なものではなかった。欧米を中心とした「黄禍論」に代表されるように，文化的・宗教的な相互理解の不足に由来する対アジアへの差別的意識が根強く存在した。

　一方，国内に目を向けると，2つの戦争を通じ膨張した国家主義は，明治政府が「日本」という国家社会のあり方とその道筋を再度設定し直す必要性をもたらした。進展する産業革命は，近代産業と共に資本主義経済をめざましく発展させた。同時に，経済資本の集約により巨大な富を有するに至った資本家階級と，自らの労働を価値として生きる労働者階級の間には，膨大な戦費負担という時勢も重なり，一層深刻な対立が生じるようになった。この社会階級闘争，及びこれを背景とした社会主義思想の台頭は，国内の社会的混乱に拍車をかけた。

　教育における戦後経営をめぐる状況もまた，帝国主義化と社会不安に対抗しなければならない国策に影響を受け，教育制度及び内容の見直しが続けられた。この時期の改革は，時勢である「国際化」への対応だけではなく，その影響や効果をいかにして消化し「日本化」するかが求められた。教育制度では，経済・産業界からの人材育成への要求とそれに伴う進学率の上昇から，中等教育以上の学校段階を中心に，質量共に拡充された。教育内容では，対外認識の変化による教育内容の見直しが進められ，あわせて，新しい教育方法の発想が欧米よりもたらされた。明治後期には，教育方法の受容と「定型化」が進行すると共に，日本の社会に見合った教育方法の探究プロセスの中で，「定型化」そのものの見直しもまた進められる。

　本章では，世紀転換期を挟んで2つの戦争を経た日本が，どのような社会的要請の下で国民を育てようとしたのか，国際社会との関わりの変化と深化を背景に，1900年から1920年までの時期を対象として，教育の変容を捉える。

第**4**章　国際化の中の教育（1900～1920年）

1　異文化の受容・伝統文化の発信

　20世紀を迎えた日本の学校教育とその制度は，次世代の国民に共有すべき歴史や文化を伝達する仕組みとして機能し，国家社会が抱える課題解決を担いうる人材育成を行うものとなりつつあった。1908（明治41）年に発布された**「戊申詔書」**には，日清・日露戦争後の社会情勢に対する認識と，それに基づく新たな国民意識のあり方が示されている。そこには，新たな歴史的段階としての帝国主義時代の到来と，資本主義経済の目覚しい発達を迎えた日本において，道徳と経済の調和に向け，時勢に適う**「国民道徳論」**の創出が求められていた。

　しかし，自国文化の多様性や歴史性を，日本という近代国家の主権の及ぶ領域内で統一的に捉えると同時に，人権思想といった普遍性を各国の事情に基づきつつ，いかにして自国・自国民に実現するのかという課題も生じていた。すなわち，日本社会の「等質性と特殊性」，日本国民の「個々の人格形成と統一的な国民意識の受容」の両立をめぐり，教育論争が多様に展開された。そしてこの論争は，紛れもなく，天皇制という国民統合の装置の存在と強固な機能のあり方を争点としていた。

　さらに，近代的な国民国家には，他の異なる国々の存在を前提とし，ときには対立や紛争をはらみつつも，その共存関係の構築を必要とされる。つまり，国民国家の形成は，国内外の多様な社会的勢力・集団の差異を乗り越え，1つの国家としての一体性を促進するためのさまざまな仕組みを必要とした。同時にそれは，日本人1人ひとりが，国民としての意識を引き受けるようにするための仕組みでもあった。

　国民国家の国際化の中で，「国粋化」と「国際化」の相互作用の促進には，洋の東西・宗教・国家・文化の違いを認めつつ，乗り越える努力を必要とする。その努力とは，単なる受容ではなく，発信によって相互理解の深化をはかろうとした営みでもあった。当時，代表的な知識人の手により，日本の文化や精神を英語を用いて紹介しようという試みが行われていた。

　内村鑑三（1861-1930）は，『**日本と日本人**（"Japan and the Japanese"）』（1894（明治27）年，後に加筆して『代表的日本人』）の中で歴史上の5人の人物（西郷隆盛・上杉鷹山・二宮尊徳・中江藤樹・日蓮上人）の生涯を取り上げ，その姿勢や精神的内

面には，欧米社会の有する精神性にも共通する要素があることを紹介した。また新渡戸稲造（1862-1933）は，『武士道（Bushido : The Soul of Japan）』（1900（明治33）年）の中で，近世封建社会の支配階層であった武士がもっていた美徳を掲げつつ，欧米に由来する騎士道との対比・対照を通じて，世界に台頭しつつあった当時の日本と日本人に対する無知と誤解を解消しようとした。

　いずれも，19世紀半ばより著しく国力を増強し，2つの戦争を経て欧米列強と肩を並べるまでに成長した日本という国，そして日本人の精神を知ろうという海外からの関心の高まりに対し，母国語ではない言語への翻訳作業を通じて導き出した「日本人論」という答えである。両者を貫く視点とは，仏教や儒教に由来する日本人の東洋的な精神性の中にも，キリスト教に由来する西洋世界の精神的要素があったことを示そうとした点に集約される。本節では，このような文化交流とその受容・発信，そして日本の教育改革への影響に焦点を当て，当時の教育の変遷を取り上げてみよう。

（1）海外留学の隆盛

　戦前期の海外留学は，日本に近代国家の成立をもたらす原動力となった人的交流と，科学技術に関する知識をもたらした。留学とは，日本と他国との間にまたがる人的相互交流を通して，文化・科学・技術の国際交流を行うものである。その過程で留学生は「自国の政治的・経済的劣勢を意識し，優位と認めた相手国の文化・言語・人情・風俗を理解し，相手国のものを摂取しようと」し，相互交流がもたらす積極的な意味を享受した。しかし同時に，「自国の立場を堅持し，祖国への愛情と関心を持つが，相手国の人間になりきれない限界を持ち，異存と離反，同化と独立とが激しく対立し，その緊張は通常の学習形態よりも一層強制的」となるように，留学とは，架橋が容易ではない自国と他国の間の溝を深く自覚することを迫るものでもあった（渡辺實『近代日本海外留学生史（上）』1978年）。

　この時期は，明治初期の「御雇外国人」招聘の動きとは逆に，日本人留学生が積極的に海外へと派遣された。この方針転換は，留学が単なる知識修得とその移入の機会となるのではなく，帰朝後，留学生自身が日本人への指導者となることを実現しようとしたものであった。海外留学の目的変容と国内の動向との関連性について，辻直人は，派遣人数の推移により戦前期を4つに時期区分しながら（第一期：1875～1898年，第二期：1898～1918期，第三期：1919～1929年，第四期：1930

図4-1 海外留学者数の推移

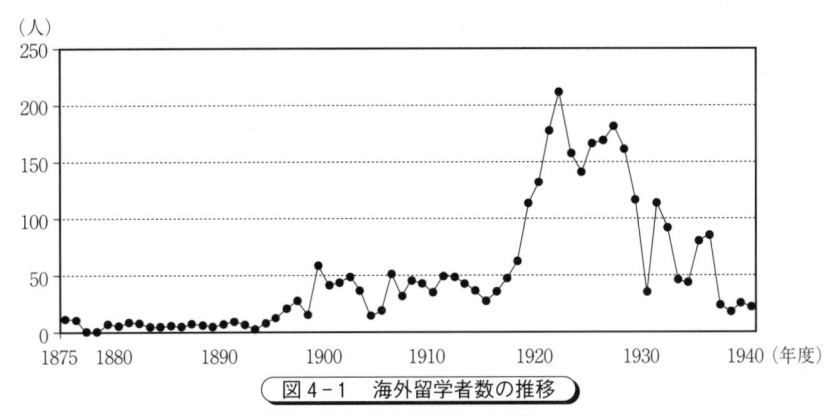

(出所) 辻直人『近代日本海外留学の目的変容』東信堂, 2010年。

年代), 以下のように指摘する (『近代日本海外留学の目的変容』)。

まず,「第二期」と区分した1900年代初頭は, 高等教育の拡張期であり, 京都・東北・九州と相次いで帝国大学が新設される際, その教授候補者が留学生として選抜, 派遣されていた状況を示している。また, このような留学生の増加は, 1899 (明治32) 年に文部省「留学生規程」が改正され, 派遣可能な人数を60人と定めていた国費留学生数はじめ, 旅費や学資金の支給額に関する制限を廃止したことによって実現した。

次に,「第三期」とした1919 (大正8) 年以降は, 第一次大戦が終結し新しい国際秩序が形作られていく中で, 戦勝国としての日本の国際的地位向上を背景に, 留学生の派遣人数も大幅に増加している。一方, 国内の状況に目を向けると, この時期は1917 (大正6) 年の臨時教育会議を経て, 第二期の流れを汲み, 高等教育機関が大幅に拡張されていた。第二期の留学制度の目的が, 第三期の拡張を支える人材確保であったとすれば, 第三期のそれは, 拡張・増設された各大学・講座を担う人材育成のための派遣数増大であった (図4-1)。

(2) 海外との接触がもたらした価値観の変容

19世紀終わりから20世紀初頭にかけての世紀転換期において, 学術や教育に関する思想の受容と変容は, 当然のことながら, 思想を育んだ社会的・文化的背景を伴いもたらされたものであった。

海外からの知識技術移入のため, 異なる社会や文化に身を置く留学生は,「留

学国の批判者ともなり、留学国一辺倒の支持者とはなりえない側面を持ち、留学国に好意を持つか否かは留学生自身の自由となる」(『近代日本海外留学生史(上)』)。そして、留学の学習成果もまた、教育を通じて養うべき価値観の変容や多様化をもたらした。それは、単に日本社会のもつ伝統的な価値観の確かさの自覚を促すだけではなく、異なる文明や宗教観の中に通底する普遍性を見出し、国際化する日本社会と日本人のあり方を新たに創出する過程でもあった。

　たとえば、内村鑑三の墓碑銘「我は日本のために；日本は世界のために；世界はキリストのために；そして全ては神のために("I for Japan ; Japan for the World ; The World for Christ ; And All for God.")」には、内村の思想である「二つのJ」、すなわち宗教としてのキリスト教「Jesus」と母国「Japan」への「信仰」が示されている。内村が留学したアメリカは、ヨーロッパからの移民を基盤に築かれた国であり、誰もが「アメリカ人」となるにはどうすればよいのかという課題と向き合い続けてきた。コインにも刻印されている国是「多様性の中の統一("E Pluribus Unum")」は、多様な文化的背景をもつ人々が差異を乗り越え、共に「一つの」国家を担うための理念であり、現在では多くの国家や地域共同体でも共有される理念ともなっている。しかし、内村がみた現実とは、拝金主義や人種差別が横行する、キリスト教の教えからかけ離れ、失望をもたらすアメリカ社会の姿であった。葛藤を抱えつつそこに身を置く内村は、自身のもつ日本への愛国心と、キリスト教そのものへの信仰をあわせて、キリスト教信仰の歴史の浅い日本に対しても配慮され受容しうる「キリスト教」とその教えの創造を目指す。そして、誰もが直接手にとり教義に触れられる聖書に関する研究や講義を中心にした「**無教会主義**」という、独特のキリスト教信仰のあり方を提唱するに至った。

　同様に、アメリカ・ドイツへ留学した新渡戸稲造もまた、キリスト教とその教えの支配する西洋社会の中で母国日本の歴史と文化を改めて見直し、これからの国民道徳のあり方を求め続けた。著書『武士道』の序において新渡戸は、当時の日本では宗教教育が行われていない事実の指摘を受け、日本社会における「道徳」や「社会的規範」に関する観念が「武士道」に由来することに気づいたと述べている。新渡戸の語った「武士道」とは、江戸時代の支配階層である武士が体現し、社会機構の中で機能していた不文律としての理念体系に由来するものであった。しかし、生の大半を明治時代という新しい時代で営んだ新渡戸は、「義」「勇気」「仁」「礼」「信と誠」「名誉」「礼儀」「忠義」といった「武士道」の本質

を形成する美徳こそ,国際化が進む世界の中にあっても普遍性を有する日本文化論,精神論であるとして,国内外に示そうとした。そこでは,開国後の国際化の中で日本という国家のあり方を考えるとき,異なる社会の人々に対し彼らの言語で語る必要性を根底に,東洋世界の仏教や儒教に根ざした「武士道」が,西洋世界のキリスト教とも通底する理念・信条を有していることを論じている。そして,武士道と騎士道,東洋思想と西洋思想に通底するものの中にこそ,国際化する世界の中で求められる普遍的価値を有した国民道徳の構築と日本人の創造の可能性を見出したのである。

(3) 欧米の新教育運動の移入

　人的交流が思想の交流をもたらす中で,教育思想に目を向けると,この頃は欧米を中心に進められていた**「新教育」**と呼ばれる新しい学校や教育づくりが移入されつつあった。この新しさとは,当時の「子どもから("Vom Kinde aus")」というスローガン,そしてケイ(Ellen Key 1849-1926)の著作名『児童の世紀』(1900年)にも端的に示されたように,自由な雰囲気の中で子どもの個性を尊重する,新しい世紀にふさわしい教育のあり方への要求であった。

　この新しい取り組みは,留学という直接的な回路を通じて日本にもたらされると同時に,留学生が日本への教育思想普及の先導役を引き受け,教育改革に広く貢献する人材となった。しかし,国家主義化が進むこの時期の日本において,学習者たる子どもの自由や個性,自律を説く新教育運動は,国家的な政策との対立,留学先によって異なる国情,さらには教育思想の表層的・形式的な理解という,教育理念の歪みをもたらす要素を排除しきれない時代的制約も存在していた。

　たとえば,1899(明治32)年から3年間,教育学および教授法を専攻するためヨーロッパへ留学した**樋口勘次郎**(1872-1917)は,留学前後でその主張に変化が見られたとされる人物である。樋口は,東京高等師範附属小学校訓導であった1899年,『統合主義新教授法』を著し,子どもの自発活動を尊重した,いわゆる**「活動主義教育」**を主張した。彼は,ヘルバルト派の段階的教授法を形式的なものとして非難し,児童の自発的な活動を促す「遊戯的教授」の重要性を訴えた。しかし,帰国後に著した『国家社会主義新教育学』(1904年)では,「嗚呼,個人主義の教育は今日の世務に適せず,仙人的議論は時勢に用なし。是れ本書が国家社会主義を標榜する所以なり」と述べ,教育を国家発展のための事業と位置づけ

る。その主張の変容は，当時の教育体制下において「活動主義」に基づいた「新教育」を導入することの限界を示すものでもあった。

一方，樋口とは異なる受容と変化もあった。彼と同時期にヨーロッパへ留学した**谷本富**（1867-1946）は，1880年代より，**道徳的品性**の陶冶とそのための**段階的教授法**を主張するヘルバルト派教育学に傾倒していた。しかし，1890年代の国家意識の高揚の最中，彼の主張の力点は，ヘルバルト派教育学から国家主義的教育学へと転向した。さらに，1899（明治32）年から3年間の留学は，フランスの新教育運動をモデルとした「活教育」と称する教育思想への転向のきっかけとなった。この「活教育」とは，端的には「活人物」という，気力と知識を兼ね備え，先行する帝国主義国家に対応できる有能かつ理想的な人物の育成を目指すものである。そしてこの思想は，日露戦争後に急速に影響力を増す帝国主義思想に応える教育論であった。

このように，19世紀末期から20世紀初期にかけて活発化していた欧米の**新教育運動**は，受容のみならず思想の転向・変遷もはらみつつ，同時代の日本に影響をもたらし続けた。新教育運動とその思想の受容を土壌に，日本で「**大正自由教育運動**」として大きく発露するのは，大正デモクラシー下での民主主義・自由主義思想の高揚を受けた後のことであった。

（4）教科書による伝統的価値観の形成

「新教育」の理念の広がりに制約を加えたもう1つの動きは，1902（明治35）年の「**教科書疑獄事件**」とそれに伴う**国定教科書**の使用開始（1903年）であった。初等教育段階の教科書への国定制導入は，以後，国民としての思想や国民道徳，価値観を形成し方向づける，強い制度的基盤となった。

それ以前，教科書は**検定制**のもとで提供されていた。1886（明治19）年，政府は「**教科用図書検定条例**」を定め，翌1887（明治20）年の「**教科用図書検定規則**」とあわせ，学校教科書制度に検定制が採用された。1892（明治25）年には「教科用図書検定規則」が改正され，内容上問題のある教科書を排除するという消極的な検定方針から，「教科用図書ノ検定ハ師範学校令中学校令小学校令及教則ノ旨趣ニ合シ教科用ニ適スルコトヲ認定スルモノトスル」（第1条）と改め，小学校令等勅令を規準として教科書検定を実施するようになった。各教科書会社が編集・発行していた教科書は，政府による検定に合格した後，各道府県に設置さ

れた**小学校教科用図書審査委員会**において審議され，採択が決定された。

　しかし，この制度下では，採択された教科書は道府県単位で独占的に使用されることになる。教科書会社は，採択権をもつ審査委員に対する教科書売り込みを過熱させ，1902（明治35）年には教科書採択をめぐる贈収賄事件である「教科書疑獄事件」が起こった。同年12月，金港堂・普及舎・集英堂・文学社など教科書会社は一斉に捜索を受け，これを皮切りに贈収賄事件の一斉摘発が進められた。その結果，金港堂社長らの検挙をはじめ，県知事や文部省担当者，府県の採択担当者，師範学校校長・中学校長・小学校長や教諭，教科書会社関係者など，40の道府県から200人前後が摘発を受け，内116人が有罪判決，一社を除き関係した全ての会社発行の教科書は採択禁止となった。

　この事件は，単に教科書の採択をめぐる問題に留まらず，教科書をめぐる制度を検定制から国定制へと大きく変更する「口実」となった。表面的には，文部省令の罰則規定の適用を受けて採択できなくなった教科書は2000万冊を超え，教科書の発行・採択ばかりか，学校現場での使用がほぼ不可能になったための変更であったとされる。しかし，文部省は事件発覚以前から教科書国定化を計画しており，1900（明治33）年には「**修身教科書調査委員会**」を設置，他教科の範を示すために「**修身**」の国定教科書編纂へすでに着手していた。

　さらに帝国議会でも，教科書の内容的不備のみならず，紙質など装丁の粗悪さの点から，国費でもって刊行すべきとする国定化の建議が事件以前からたびたび提出されていた。学問や表現の自由を制約するとして，国定化への流れに反対する意見はごく少数であり，むしろ「教育勅語」の精神や価値観を徹底するためには必要な措置として後押しする力の方が強く作用していた。つまり政府は，国定化を進めようとしてきた政治的底流に加え，「教科書疑獄事件」の発覚によって一気に教科書国定化を推し進めたのである。

　事実，事件発覚のわずか3カ月後，1903（明治36）年4月には，小学校令改正とともに「小学校教用図書翻刻発行規則」が制定され，小学校教科書への国定化導入が決まった。そして翌1904（明治37）年からは，国定教科書が全国で使用されるようになった。教科書制度は，国家の関与を一層強く受けざるをえない国定制の下，国民1人ひとりが日本国民としての意識を引き受けるようにするための仕組みの1つとして整備された。これ以降，教科書のあり方をめぐる課題は，伝えるべき価値観の選択と排列といった教育内容の実質をめぐるものとなっていく。

> コラム

日本への留学生

　開国以来,「脱亜入欧」のスローガンのもと,日本からの留学生の目的地は,ほとんどがアメリカやドイツなど欧米諸国であった。しかし,日本は留学生を送り出すばかりではなく,留学生を受け入れた国でもあった。とくに日清戦争以後,近代化政策を進める清国からの留学生は,本国での革新運動への弾圧(「戊申変法」)もあって一気に増加し,日露戦争での勝利は日本への留学熱のピークをもたらした。

　そのさきがけは,**嘉納治五郎**(1860〜1938)によって1896(明治29)年に設立された「宏文学院」での日本語教育とされる。その後,成城学校留学生部(「振武学校」),明治大学(「経緯学堂」),早稲田大学(「清國留学部」)などの私立学校を中心に,留学生を教育する拠点が林立。その学生数は,ピーク時で1万人を超えたとされる(『近代日本海外留学生史(下)』)。

　当時の清国としては,戦争で敗れたばかりの日本へ留学することに積極的な意味をもっていたわけではなかった。日本同様,学ぶべきものは欧米諸国の文物であったが,言語や文化の相違が大きい欧米諸国への学生派遣は難しい事情があった。その点,日本は漢字文化圏に属しており,既に日本語化された最新の実学的知識をもち帰るために必要な語学力を身につけることが比較的容易であった。

　同時に,学生側には,日本での留学生活に不満をもった者も少なからず存在した。多くの学校は「速成教育」を掲げ,8カ月から1年程度という短期のサイクルで留学生を受け入れていた。これは,学校経営上の判断から留学生数を増やすための方策であったが,教育内容の質的な充実・保障とは相反する状況を生み出した。文化的なつながり,地理的な近さから親しみをもって来日した留学生だったが,日本人や日本側の不十分な受け入れ体制への反発から,帰国時には反日派となった者も多かったという。

　そのため,日本への留学志向は,1911(明治44)年に始まる**辛亥革命**への機運の高まりとともに一旦沈静化し,留学生数は激減,多くの学校が経営上の判断から閉校となった。しかしその後,革命が成功し新たに**中華民国**が成立すると,再び日本への留学生は増加した。結局,新たな日本留学ブームは,1937(昭和12)年の盧溝橋事件に端を発する日中戦争の勃発まで続いた。

2 教育機会の整備と多様化

　1900年代に入り、近代国家体制の整備により産業分野をはじめとする社会の各方面で新しい進展がみられ、人材育成の根幹を支える教育分野でも、学校制度の一層の整備が必要とされた。国家主義的な教育体制は、各学校段階における進学率上昇や職業生活との関連、さらに高等教育機関や私立大学の設置要請に対応するため、全般的見直しと拡充が求められた。学校制度改革の議論自体、1897（明治30）年に初めて開催された**高等教育会議**以前から行われていたが、当時は主として高等学校と大学との接続に関する諸問題が中心的な検討課題であった。1913（大正2）年には高等教育会議を廃止し**教育調査会**を設けるなど、学校制度の根本的改革のために広く調査を進めたが、大きな変革は実現しなかった。

　同様に、日露戦争後の経済好況は、国民一般の上級学校段階への進学に対する要望を高めた。その結果、今後の社会生活に必要な高い学歴と教養を求めた家庭は、積極的に子弟を高等教育機関へ入学させようとした。この社会的要求に応じ、高等教育機関も相次いで拡張されたが、その成果は必ずしも社会生活へと結びつかなかった現実もまた存在した。このような学校段階の接続、そして普通教育と実業教育との関連に見出しうる教育の現状と課題について、**石川啄木**（1886-1912）は、当時の社会に広がる憂いと「閉塞感」を以下のように記している。

　　今日我々の父兄は、だいたいにおいて一般学生の気風が着実になったといって喜んでいる。しかもその着実とはたんに今日の学生のすべてがその在学時代から奉職口の心配をしなければならなくなったということではないか。そうしてそう着実になっているにかわらず、毎年何百という官私大学卒業生が、その半分は職を得かねて下宿屋にごろごろしているではないか。しかも彼らはまだまだ幸福なほうである。前にもいったごとく、彼らに何十倍、何百倍する多数の青年は、その教育を享ける権利を中途半端で奪われてしまうではないか。中途半端の教育はその人の一生を中途半端にする。彼らはじつにその生涯の勤勉努力をもってしてもなおかつ三十円以上の月給を取ることが許されないのである。むろん彼らはそれに満足するはずがない。かくて日本には今「遊民」という不思議な階級が漸次その数を増しつつある。今やどんな僻村へ行っても三人

か五人の中学卒業者がいる。そうして彼らの事業は，じつに，父兄の財産を食い減すこととむだ話をすることだけである。（石川啄木『時代閉塞の現状（強権，純粋自然主義の最後および明日の考察）』1910年）

　1917（大正6）年，第一次世界大戦後における教育制度の根本的な改革について審議することを目的に，**岡田良平**文相は**臨時教育会議**を設置する。この会議は内閣直属の諮問機関として設けられ，学制改革のためのすべての問題を改めて検討し，強力に実行・実現することが求められた。そのため，この会議設置の官制には，「臨時教育会議ハ内閣総理大臣ノ監督ニ属シ教育ニ関スル重要ノ事項ヲ調査審議ス」，すなわち内閣総理大臣の諮問に応じて意見を開申し，内閣総理大臣に建議できる機関であることが示された。また，文部大臣・内務大臣といった関係大臣や各省次官だけではなく，文部省直轄学校長や私立学校長，陸海軍関係者，貴衆両院議員，枢密顧問官財界人など多彩な顔ぶれを容し，これまでに類のない構成であった（文部省編『学制百年史』1972年）。

　この臨時教育会議に対して内閣総理大臣から諮問された事項は，教育制度全般にわたる実に広いものであった。同会議では，小学校教育・男子の高等普通教育・大学教育および専門教育・師範教育・女子教育・実業教育等全9事項の改善方策について，1917（大正6）年10月から1919（大正8）年3月まで審議を重ね，改革要綱を答申した。これ以降姿をあらわした教育制度全般にわたる改善は，すべて臨時教育会議の答申に基づいたものであった。しかも一斉に着手され実現をみたことは，戦前期の教育改革の動向を通じて注目すべき成果であった。一連の討議を終えると，会議は1919（大正8）年5月に廃止され，その実行の詳細は新たに設置された**臨時教育委員会**に委ねられた。

　本節では，質的・量的拡大が求められた我が国の教育制度が，臨時教育会議をはさみどのように改善され，変化したのか。会議での諮問事項に言及しつつ，とくに中等教育段階以上にもたらされた変化と変質に着目しながら捉えてみよう。

（1）初等教育の整備と中等教育機会の拡張
　①初等教育
　1900（明治33）年制定の**第三次「小学校令」**以来，義務教育は著しく普及し，修業年限四年の尋常小学校に高等小学校（二年）を併置した尋常高等小学校の数

第4章　国際化の中の教育（1900〜1920年）

も増加した。そのため，1907（明治40）年にも小学校令改正が行われ，全国民に共通となる普通教育の普及を背景に，日露戦役後の社会不安に対応しうる国民道徳の定着を目指して義務教育年限を二年延長し，尋常小学校も**六年制**となった。

　この第三次「小学校令」は，1941（昭和16）年に「国民学校令」へと全面的に改正されるまで実施されていたが，勅令に示されてこなかった教則や学年編制，就学規定，教職員の服務等具体的規則及び内容的修正は，同年に新しく定められた「**小学校令施行規則**」の改正をもって実現されるようになった。たとえば，第一条では，小学校教育の方針を小学校令に基づき定めるとし，「道徳教育及国民教育ニ関聯セル事項ハ何レノ教科目ニ於テモ常ニ留意シテ教授センコトヲ要ス」と述べ，とくに国民道徳の涵養を大切に扱うこととされた。

②中等教育前期

　義務教育としての初等教育の拡充により，教育機会の拡張・拡大は，接続する中等教育以上の学校段階にも現れはじめた。そしてその方策の1つは，中学校の増設，そして実業学校の制度化であった。

　1899（明治32）年の**第二次「中学校令」**では，尋常中学校を「中学校」へと改称し，同時に「**高等女学校令**」及び「**実業学校令**」も公布されるなど，増大する生徒数を収容するために中等教育の枠組みが拡張された。結果として，中学校に与えられていた「実業教育機関」「高等普通教育機関」の二重の目的は，実業学校を新たに中等教育機関として正式に位置づけて前者を譲り渡し，中学校は後者の目的を主として担った。こうして中等教育は，教育内容およびその性格において，初等教育との接続関係の一元化を背景に教育機会を拡大しつつ，他方ではそのあり方を複線化・多様化した。

　中等教育を担う各学校は，異なる目的に基づく，異なる教育内容が必要とされた一方で，中等教育段階にふさわしい教育内容の基準作りも進められた。1898（明治31）年から1902（明治35）年にかけてあらわれた，基準としての「**教授要目**」制定に関する動向は，単にカリキュラムや科目構成といった「形態」だけではなく，「教授要目」という教育内容のアウトラインを介して，国家の教育統制が教授内容および方法にまで及ぶことを示した。ここでは，対外認識を時間軸から眺める役割を担った学科目「歴史」を事例に，1899（明治32）年の中学校令改正に先立つ形で文部省高等学務局により出された「**尋常中学校教科細目調査報**

告」(1898 (明治31) 年7月8日,以下「細目案」とする) から,「中学校令」を挟み「中学校令施行規則」(1901 (明治34) 年3月5日) にまで至る,学科目の目標・内容の設定経緯を捉えてみよう。

　まず,「細目案」の緒言では,作成の目的を各中学校間の格差を最小限にとどめるための方策であり,あくまで「準則」であるとして強制力をもたないものと定めている。各科目の目録では,倫理科を筆頭に,歴史科「細目案」の要旨は六番目に位置付けられた。歴史科の性格付けは,歴史上の人物・事績から「良好ナル感情」を獲得させるとともに,外国との比較から日本が異なる社会の成り立ちを有する特別な国であることを教えるものであるとされた。その構成は初等教育段階とは異なり,国史に加えて外国歴史も扱い,さらに外国歴史を「東洋史」と「西洋史」に分けて教授するというものであった。具体的教授内容を示す項目は,「東洋史細目」が57件,「西洋史細目」が86件の人名や事件名,王朝変遷や文化的動向などから構成されている。これらは時代順に並べられているのみで,教えるべき大まかな内容を示す役割は果たしうるが,時代との関連,項目同士の関連も明確にされておらず,重要語句を並べたものである。

　この報告に基づき,「中学校令」の制定を経て,1901 (明治34) 年には教科目の目的,配当時間などを記す「中学校令施行規則」が公布された。歴史は学科目名「歴史」として,四番目に位置づけられた。第五条には歴史の目標が記され,「細目案」と変わらないものとなっている。このようにして,改正中学校令および施行規則により,戦前期における中学校制度及びその内実としての科目の目的・内容の枠組みが,ほぼ完成するにいたった。

　そして1902 (明治35) 年2月6日には,「中学校教授要目」が示された (表4-1)。「細目案」から配当年次等いくつかの変更があったものの,具体的な教授内容そのものに変化はなかった。制度的整備および「細目案」からの経過を含め,中等教育としての具体的教授内容の選択と排列が規定されたこの時点で,初等教育同様,施行規則により教育制度と教授内容の関連付けが確立したといえる。

(2) 高等学校の整備進展と大学との接続

①高等学校 (中等教育後期)

　中等教育は,初等教育との接続と,高等教育への準備という2つの機能をもつ。臨時教育会議では後者の機能,すなわち「大学予科」としての性格を強くもって

表4-1 「中学校教授要目（1902（明治35）年）」にみる外国歴史要目（近世）

第三学年「東洋歴史」 （毎週二時）	第五学年「西洋歴史」 （毎週一時）
清ノ開国，世祖ノ一統　清聖祖高宗ノ業　清ノ学術　東洋ニ於ケル和蘭英仏諸国ノ競争　英領印度　清英ノ交渉　長髪賊ノ乱，英仏ノ北清侵伐　露ノ東略，清露ノ関係　安南暹羅，清仏ノ交渉　日清韓ノ関係，日清ノ戦役　東洋ニ於ケル英露及仏独米　世界ニ於ケル東亜諸国ノ現勢	ふらんす革命　ぽーらんどノ滅亡　列国局面ノ変化　なぽれおん一世ノ業　いぎりす植民地ノ拡張　よーろっぱ独立ノ戦役　うぃーん列国会議　欧州乱後ノ国情　あめりか諸国及ぎりしあノ独立　七月革命及其影響　いぎりすノ政党政治　東方問題　二月革命及其影響　西欧ト東欧（なぽれおん三世，くりむ戦争）　あじあニ於ケルろしあ，いぎりす，ふらんす，いたりあ統一，どいつ統一ノ企画　北米合衆国ノ経済ト南北戦争，めきしこ，ふらんすノ交渉，しゅれすういくほるすたいん問題，ぷろしあ，おーすとりあノ戦役　どいつ，ふらんすノ確執　どいつ統一，ろしあとばるかん半島，埃及問題　英，西，蘭，仏，独，米ト太平洋洲，北米合衆国是ノ変遷ト太平洋，あふりか南部ノ拓殖，ぱんすらういずむ　十九世紀ノ文明及思潮（政治上，宗教上，社会上，経済上ノ進歩）　世界ニ於ケル日本ノ地位及日本ト諸外国トノ関係

（出所）教育史編纂会『明治以降教育制度発達史第四巻』教育資料調査会，1964年，211-218頁より筆者作成。

いた高等学校について，中等教育段階の一学校種として教育制度全体へ位置づけ直すことが重要課題とされた。

1918（大正7）年12月6日，**第二次「高等学校令」**が公布され，目的，設置者，修業年限などとあわせ，改めてその性格が規定された。これは，臨時教育会議の改善に関する答申をほぼ要綱のままに実現したものである。高等学校の性格は「男子ノ高等普通教育ヲ完成スルヲ以テ目的トシ特ニ国民道徳ノ充実ニカムヘキモノトス」と定められ，従来強かった大学予科としての性格を明確に改め，高等普通教育機関の1つに位置づけられた。また，増大する需要に合わせ，官立のほかにも公立や私立の高等学校の設立が認められた。高等学校の修業年限は，尋常科四年と高等科三年の計七年とし，高等科への入学資格を中学校第四学年修了とした。なお，七年一貫の設置が基本とされたが，高等科のみを設置することもできるとし，文科・理科の二科制を取り入れることとした。

1919（大正8）年3月29日には**「高等学校規程」**も定められ，学科課程その他運営についての方策を示した。高等学校の教育を徹底させるため，生徒の数については量的拡大以上に質的確保が優先された結果，もともと有してきたエリート教育，予備門的な機能まで失われることはなかった。

②大学・高等教育機関

　中等教育機関の拡張の結果は，さらに，大学をはじめとした上構する高等教育機関，その他専門学校等諸学校にも大きな影響を及ぼした。それまでの大学とは，1886（明治19）年の「**帝国大学令**」に基づき設置された，最上位の国立研究機関としての**帝国大学**（後の**東京帝国大学**）にはじまり，京都帝国大学（1897年），東北帝国大学（1907年），九州帝国大学（1910年）を指すのみであった。また，帝国大学以外の高等教育機関として，私立を含む高等専門教育を標榜した専門学校も多数存在したが，統一的な法律はなく，その判別は個々の事情に基づき行なわれていたにすぎない。

　当時の**原敬**内閣は，帝国大学とは法制度上別種の機関となる官公私立大学の設置を認めるとともに，私立学校を中心とした専門学校設置への要望に対応するなど，四大政策の1つに教育政策を掲げて高等教育の拡張にも取り組んだ。1918（大正7）年12月6日には「**大学令**」が公布され，同年2月に全面改正された**第二次「帝国大学令」**，さらには1899（明治32）年「**私立学校令**」及び1903（明治36）年「**専門学校令**」とあわせて，これ以降の高等教育機関及び教育機能に関する規定を整備した。

　この新たな「大学」は，「国家ニ須要ナル学術ノ理論及応用ヲ教授シ並其ノ蘊奥ヲ攻究スルヲ以テ目的トシ兼テ人格ノ陶冶及国家思想ノ涵養ニ留意スヘキモノトス」ることを目的とした（「大学令」第1条）。また組織上，それまでの単科・分科大学制は廃止し，総合大学を原則として学部制を採用したため，従来の大学組織に大きな変化が生じた。また，公立・私立といった官立以外の大学設置が認められ，それまで専門学校とされてきた各学校が大学へと移行した。公立では，1919（大正8）年に府立大阪医科大学（後の大阪帝国大学）が，私立では1920（大正9）年に慶應義塾・早稲田（東京専門学校）・明治（明治法律学校）・法政（日本法学校）・中央（英吉利法律学校）・日本（日本法律学校）・國學院・同志社（同志社英学校）の各大学が認可され，高等教育機関拡張へのさきがけとなった。

　これ以降，中等教育段階以上の諸学校が急激な増加と学校間の接続整備をみることにより，従来の学校情勢とは著しく異なる，きわめて限られた人々だけがこれらの諸学校に進学するものであるという考え方は打破された。そして，中等教育および高等教育の諸機関を拡張・充実させようとする方策は，一層推進されていく。

第4章　国際化の中の教育（1900～1920年）

(コラム)

女子のための高等教育

　高等女学校は，その名前に「高等」と示されているが，正式には初等教育機関に上構された「中等教育機関」である。この時期，男子の高等教育機関の拡張実現にならう形で，女子向けの専門学校といった高等教育機関も設置され，初等教育から高等教育までの接続関係が整備されたことは大きな転換であった。そして，このような動きは，女性の職業進出と軌を一にするものでもあった。女子教育制度は，普通教育としての教育内容こそほぼ男子にならうものの，教育成果として求められた資質は，家政学等実学を基盤とした「良妻賢母」の理念に基づくものであった。しかし，教育機会の拡大と制度整備は，より教育された女子学生を育てるための，より高度な資質を備えた女性教員の養成もまた必要とした。教師や医師等，性差に基づき女性が伝統的に担ってきた専門職域への進出拡大をきっかけに，女性に適した仕事への進出が幅広く実現し，これ以降の女子高等教育への需要拡大を支えていくこととなった。

　女子学生は，小学校（六年制）・高等女学校（四ないし五年制）を経て，女子専門学校を中心とした高等教育機関にて専門的な学びを授けられることが可能となった。特徴的な傾向として，官公立よりも私立の専門学校の方が広く女子学生の受け入れをおこない，その学校数にも大きな差があった。1900（明治33）年，**津田梅子**（1864-1929）は，女性の社会的な地位向上のためには男性と対等に力を発揮できる，自立した女性の育成が必要であるとして「**女子英学塾**」（現在の津田塾大学）を開校し，女性の高等教育と機関養成のさきがけとなった。その後，専門学校令の成立を受け，1904（明治37）年には，最初の女子専門学校として認められた。また，多くの大学が女子学生を受け入れる環境が伴わない中，1913（大正2）年に東北帝国大学が3名の女子学生を正式に入学許可したことは，緩やかながらも，その後の女性への高等教育機会の開放や教育の機会均等の進行を象徴するものであったといえる。

　上記制度とは異なる仕組みとして，高等女学校に上構する「**専攻科**」もまた，女子に高等教育を授ける制度として存在した。これは，1920（大正9）年の高等女学校令中改正によって設置されたものである。量的な機会拡大はまだ先ではあったが，女子のための高等教育の機会と機関に著しい拡張をみたこの時期は，女子教育史上の画期として記されるものであった。

3　国民意識の養成

　世紀転換期の二度の戦争，そして第一次世界大戦は日本の空間的範囲を変化・拡大させ，教育に対して新たな社会認識とともに，新しい国家における国民の使命を養成する役割を必要とした。日本は，アジア諸国との相互交流を通じて，歴史的・文化的な共通性やつながりを育んできた長い歴史を持つ。しかし，当時の日本にとってアジアとは，「八紘一宇」の精神の下で同化と差別が同時進行した「領土」となり，時には，一体化が進む国際情勢の動きの中で欧米諸国と直接対峙する「戦場」でもあった。つまり，当時のアジアとは，単に日本の帝国主義的な侵略対象であっただけではなく，国際情勢との相克が剥き出しの空間であった。

　このような，国際社会の相互関係の深化がもたらしたダイナミックな社会認識の変化を，教育を通じてどのように次世代に引き継ごうとしていたのか。本節では，以下の3つの観点から当時の国民意識の養成に向けた取り組みと，子どもの学びのあり方を捉える。まず，社会福祉政策としての児童労働との関係から，当時の初等教育の広がりとその実質的機能を確認する。次に，伝統的価値観と歴史的社会認識の観点から，それぞれの伝達を担う各教科目の変遷や特徴を，「世界」と「日本」の関わりに着目して述べる。そして，そのような学びの主体である子どもの現状を捉える取り組みの始まりについて，身体と学力に関する指標を描き出す検査のあり方から捉えてみる。

　とくに，二点目の課題では，「修身」と「歴史」という教科のあり方を取り上げる。「修身」は，どのような価値を引き継ごうとしたのか，20世紀初頭の初等教育における「修身」の徳目の変化から，そのあり方を捉える。具体的には，教科書とその内容規定のあり方について国定化が進められることで，どのような「意志」が徳目や人物の選択に現れるのか，「国定一期」と「国定二期」を比較対照する。また，「歴史」はどのような社会認識に子どもを立たせようとしたのか。拡張する中等教育では，国民として「何を学ぶのか＝学ばせるのか」というあり方の検討は，「教授要目」といった教授目的・内容の統一作業によってはからずも可能になった。国際化が進行する社会情勢に対し，社会認識を担う学科目でどのように現実を描き教授しようとしていたのか，当時の対外認識を担った外国史教育変革の議論を参考に述べていく。

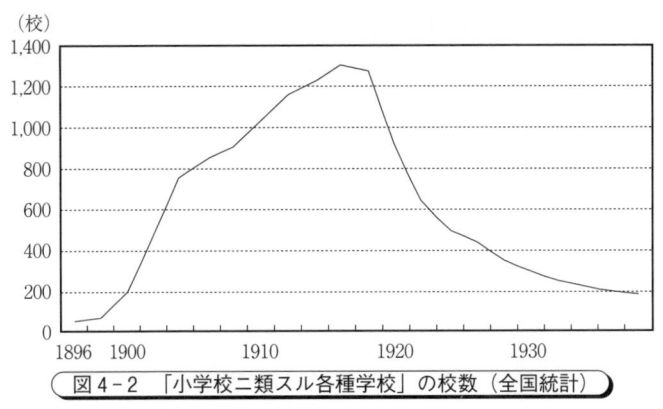

図 4-2 「小学校ニ類スル各種学校」の校数（全国統計）

（出所）土方苑子『東京の近代小学校』東京大学出版会，2002年。

（1）児童福祉政策と初等教育

　義務教育を掲げた近代日本の学校教育制度は，「全ての国民」に対して開かれた制度として設計されてはいたものの，必ずしもその表現通りの実態を示していなかった。初等教育機関への就学率は上昇する一方で，残り数パーセントの不就学児童のあり方を考えるとき，義務かつ均等に開かれた教育機会としての初等教育機関の多様な姿もまた浮かび上がる。

　本章の考察時期には，経済的貧困にあって働かねばならなかった児童に対し，尋常小学校と別の教育制度として，貧困層の多い地域に設置された**「特殊尋常小学校」**や，工場内学校・特殊夜間小学校などの**「小学校ニ類スル各種学校」**が数多く設置された。このうち，図4-2に示される「小学校ニ類スル各種学校」の校数の変遷を捉えると，1900年頃から急増し，府県によって増減のピークは異なるものの，1918年頃には最大となる約1300校を数えた（『東京の近代小学校』）。

　この動きを，児童労働に関わる福祉政策と関連付けて捉えてみる。同時期の日本では，産業革命の進展により，増大する工場労働者を中心に労働問題が頻発，労働運動が活発化しており，政府もまた，労働者の保護を目指して工場法の整備を進めていた。しかし，財界の反対や日露戦争等国内外の政治的不安定から，労働者の保護をめざす工場法の成立は遅れに遅れた。1909（明治42）年，政府は再び議会に工場法案を提出したが，繊維産業や中小企業を中心として，とくに女子の夜間労働禁止に対する反対が強く，法案は撤回された。翌年，深夜業禁止については15年間適用しないとする法案修正を行って法案を議会に提出し，1911

(明治44) 年，ようやく工場法は制定された。

工場法では，原則12歳未満の者を就業させることを禁止しており，15歳未満の者と女子については，1日12時間を超える就業時間や深夜時間帯での労働，危険・有害な業務への就業も禁止された。ただし，その施行自体はさらに5年遅れの1916 (大正5) 年までずれ込み，しかもこの法律は，規模の小さい中小工場には適用されず抜け道も多く，労働者を保護する機能は十分果たし得ないものであった。しかし，工場法の公布・施行により，不完全就学児童もほぼ消滅し，義務教育機関を満了できる本格的な就学普及を支える動きとなったことは明らかである。とくに，就業の最低年齢に関する規定と制限は，児童の就学を量的にも質的にも後押しした。就学率の上昇は第一次「小学校令」以降見られた傾向だが，出席状況（日々出席率）を乗じると，必ずしも就学状況の実体を示した数値とはいえず，名目的な数値と捉えられる面もある。

このように，貧困層の児童への教育機会の提供は，まず状況に対応した初等教育機会の提供という方策をとるが，児童労働のあり方そのものに対する改善と資本家への規制という根本的な解決策によって，質的にも初等教育機会の充実がはかられるきっかけとなった。

(2)「修身」徳目にみる価値変容

教育内容面では，教科書制度が検定制から国定制への変化が大きく影響を与えた。先にも見たように，「教科書疑獄事件」をきっかけとして，底流にあった修身や読本等国体に関わる科目の教科書を国定化する方針があらわれてきた。検定制下での修身教科書の特徴は，各巻の冒頭に教育勅語を掲載し，国民の国家に対する責務と天皇制ナショナリズム教材を随所に降り入れていたという特徴をもつ（『復刻　国定修身教科書　解説』）。

ここでは，1904 (明治37) 年から使用されたいわゆる「国定一期」と，1910 (明治43) 年から1918 (大正7) 年まで使用された「国定二期」とを比較対照し，そこに描かれた価値観とその変化を捉える。

①第一期国定修身教科書（「国定一期」）

「国定一期」は，産業革命の進展により資本主義の発達を迎えると同時に，国民思想の統一が求められた時期である。そのため，検定期と比べて国家主義的か

第4章　国際化の中の教育（1900〜1920年）

図4−3　国定修身教科書　尋常小学校一年掛図「時刻を守れ」

（出所）『復刻　国定修身教科書　第一期　尋常小学修身掛図』大空社，1990年。

つ儒教主義的傾向をもっている。しかし同時に，「個人」「社会」といった生活領域に関して多く取り上げられ，「公衆」「社会の進歩」「公益」「博愛」「自立自営」「人身の自由」「他人の自由」といった欧米の**近代的な市民倫理**も強く反映されていた。また，徳目を大切にしつつも**人物主義**を採っており，さらにナイチンゲールやリンカーンなど，検定期にはあまりみられなかった欧米人の逸話も数多く取り上げている。

　近代的な**定時法**に基づく時間管理や，一斉行動に基づく時間意識を例にあげると，それらは当時の日本社会そして学校教育に新たにもたらされ，かつ日本人に涵養しなければならない価値観であった。尋常一年で使用された**掛図**「時刻を守れ」（図4−3）や，尋常四年で扱うフランス人ダゲッソーの逸話「時を重んぜよ（「時ハカネナリ」）」は，教育を通じて，そのような時間に関する価値観を日本人に創りあげようとしたものである。

②第二期国定修身教科書（「国定二期」）
　「国定二期」は，日露戦争後の国家意識の高揚と社会不安への対応から，「**家族**

国家観」に根ざした道徳が強調されるようになった。これは，「家」や「祖先」などの家族主義的な要素と，「天皇」などの国家主義的な要素を整合的に結び合わせたものである。そこで強調されたのは，天皇への「忠義」と親への「孝行」であり，家族国家観に根ざす「愛国」であった。

そのため，天皇や皇室，国体に関する教材が増加する一方で，「国定一期」に特徴的だった市民倫理や個人道徳が減少した。同様に，取り上げられる人物としても，欧米人の逸話が削減され，代わって**二宮金次郎**など日本人の逸話が多く採用された。さらに，「修身」で取り上げられた人物は，「読本」や「唱歌」といった教科でも扱われるなど，教科を横断し，国家が求める国民意識の涵養を国定教科書という国家的規範としての教育内容を示す材料を通じて図ろうとした（貝塚茂樹『道徳教育の教科書』学術出版会，2009年）。

(3) 日本の「国際化」と歴史教育

もう1つ，世紀転換期の中等教育において，対外的な関係に関する歴史認識育成をめぐり展開された論争に着目して，当時の国際化が進む日本社会の認識と教育，教材との関係をみてみよう。具体的には，東西両洋の歴史を融合して対外認識育成を図る**「世界史」**を主張した齋藤斐章（1867-1944）に着目する。東京高等師範学校附属中学校教員であった齋藤は，当時の中等教育制度改革をめぐる問題に対し，とくに「東洋史」の教授段階について異議を唱え，歴史の分科のあり方に関する論議を巻き起こした。

1902（明治35）年**「教授要目」**では，「歴史」は第3学年で「東洋史」，第4学年で「西洋史」を教授することとなっていた。教授順序の理由は，日本から近い東洋から学び始め，遠い西洋を上級学年で学ぶためであった。この方針に対して，齋藤は2つの観点から異議を唱えた。1つは，「東洋」は近いからこそ詳細で複雑となり，それゆえ学習する児童の心理的発達段階を考慮した場合，複雑かつ豊富な歴史的知識を必要とする「東洋史」を教授する学年こそ上級段階とすべきという主張である。もう1つは，当時の帝国主義的野心の対象となったアジアを知ることは，将来の我が国のあり方を考える上で非常に重要であるとの観点から，東洋史の学習を最終学年に移すべきであるとの主張である。

そして，このような主張を具体化した提案として，「世界に於ける東洋」という概念とそれに基づく教材集としての教科書を提示した。齋藤は，この新しい主

張を裏づける根拠について，以下のように述べている。

> 世界より見たる東洋史を授け，かねて，日本の世界に於ける関係を知らしむることは，一つは，前四年間の歴史的智識を統合せしむる益あると同時に，一つは，東洋の大勢に通ぜしめ，且つ，東洋と西洋との文化の対比をなさしむることを得べければ，やがて活きたる智識を収得して，他日実社会に立ちて，実生活を営みにあたり，よく世界の大勢に通じ，かねて忠君愛国の志操を堅実ならしむることを得べきなり。(「歴史教授要目を評して中等歴史教科書の性質に及ぶ(二)」)

すなわち「世界に於ける東洋」とは，東洋の一国である日本と世界との関係をとらえられる「世界的視点」に立つ「東洋史」の事であり，従来の東西両洋という便宜的分科は意味をもたない。むしろ，中学校五年間に学んだ歴史的知識の統合がはかられることで，世界の大勢の理解に「活きる」知識となり，かつ日本文化及び愛国心を養成することができるという，2つの歴史教育上の目的を達成できる。この「世界に於ける東洋」概念の主張は，支那を中心とした東洋諸民族同士の接触・融和だけでなく，東西両洋の文明の関係も描く「東洋史」こそ真の意味での「東洋史」であるという，教育的必要性に立つものであった。

齋藤はこの主張を，勤務校であった東京高等師範学校附属中学校の教授活動を通じて具体化，検証し，「外国史教材」としてこの構想をまとめた。これを土台とした戦前期最初の「世界史」教科書は，この後1924（大正13）年に誕生する。しかし，戦前期を通じて制度的成立が見られなかったこともあり，対外認識育成を担う教科として「世界史」が成立するのは，戦後のことである。

(4) 子どもの発達をとらえる取り組み
①身体検査

現在も行われている各種教育統計の始まりは，この世紀転換期に由来するものが多い。子どもの身体的発達の様子を統計的に記録することもまた，この時期に進行した学校教育制度の法的整備による成果の範疇に含まれている。そして，図4-4に示すように，児童生徒の身体的発達の様子は，第二次世界大戦の前後で大きく異なり，時代的変遷を読み取ることが可能となっている。

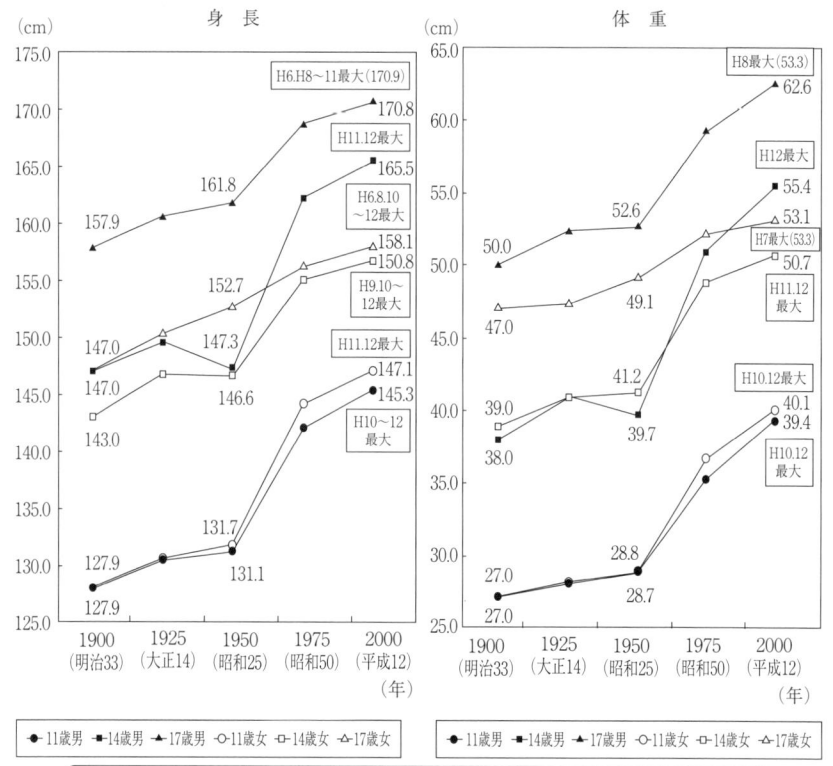

図4-4　児童生徒の平均身長（左図）・体重（右図）の推移（1900-2000）

（出所）文部科学省編『2001　我が国の教育統計』2001年。

　この身体検査に係る規程は，1900（明治33）年には「**学生生徒身体検査規程**」，その後1920（大正9）年に「**学生生徒児童身体検査規程**」へと改正されたが，検査記録を基に作成された「**生徒児童身体検査統計**」は，現在の学校保健統計の端緒に位置づくものである。この時期の体育及び健康教育への関心は，1887（明治20）年の**兵式体操**導入以来，国家主義的傾向と，それを支える富国強兵政策の延長に位置づく。同時に，新たに伝染病予防や学校医の配置など学校衛生への関心の高まりや，新たに**スウェーデン式体操**の導入による普通体操の改良等がはかられ，盛んに体育教育のあり方とその成果向上のための方策が模索された時期でもあった。しかし，このような動きは，学校での体育教育に異なる体操体系を移入することとなり，大きな混乱も招いた。結局，この混乱の収拾は，1913（大正2）

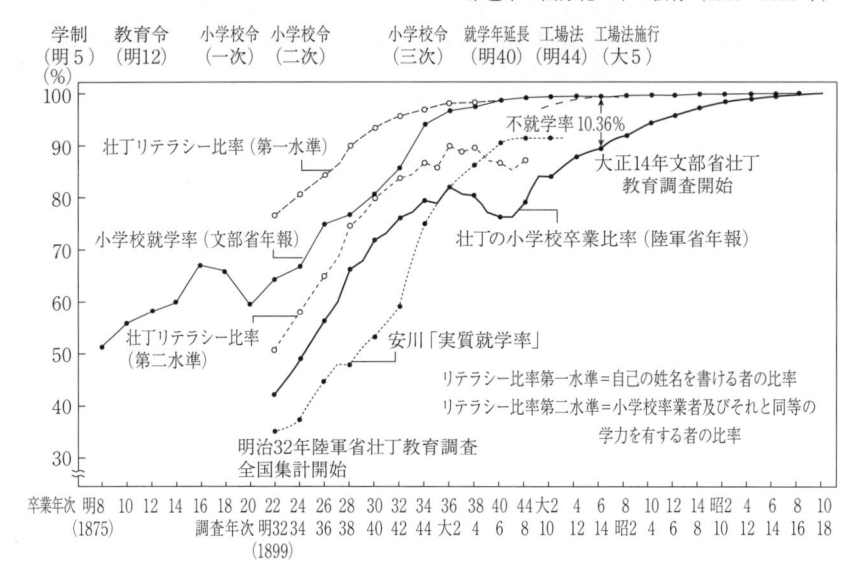

第4章 国際化の中の教育（1900～1920年）

図4-5 壮丁調査と小学校就学普及及比率の推移

（出所）清川郁子『「壮丁教育調査」にみる義務制就学の普及』教育社会学研究51，1992年。

年の「学校体操教授要目」の制定まで待たなければならなかった。

②壮丁教育調査

当時の子どもに必要とされた基礎的な学力を示す指標としては「**壮丁調査**」，すなわち徴兵検査を受ける義務のある満20歳の男子に対する教育程度および学力程度の調査が参考となる。この調査は，陸軍省が1899（明治32）年より実施しており，義務教育を終えた人間にどの程度学力が定着しているかを捉えるものであった。当時，軍部が壮丁の学力程度に関心を寄せるようになった理由は，兵士としての訓練可能性が学力程度に負うものである以上，教育振興こそ国力増進・兵力増強に不可欠であるとの認識による。なお，同様の「壮丁調査」は1905（明治38）年より道府県毎に実施されていたが，1925（大正14）年には**文部省**が標準問題を示して全国的に調査・統計化するようになり，さらに1931（昭和6）年からは全国共通の調査内容と方法で実施するようになった。

ここでは図4-5から，調査開始時となる1899（明治32）年［以下A］，第三次「小学校令」下での卒業生が検査対象となった1910（明治43）年［B］，そして義

務教育年限が延長された 1908（明治 41）年以降の卒業生が検査対象となった 1919（大正 8）年 [C] という 3 つの時期の間の推移に着目しながら特徴を捉える。

　すると，就学率の上昇に合わせて「壮丁リテラシー」も上昇し，とくにAからBにかけての時期には，当初 20 ポイント程の差があった 2 つのリテラシー比率が半減するまで接近している。つまり，壮丁検査の成績向上自体は，第三次「小学校令」下での初等教育によりもたらされた影響が大きいものであった。さらに，その後のBからCへの時期は，就学年限延長による卒業の難しさを一旦つきつけたものの，工場法等社会福祉政策の導入が不就学の改善，そして実質的な就学と卒業が保証されるようになるきっかけとなった。

コラム

試験問題にみる評価の形式

　初等から中等，中等から高等へと各学校段階間の接続が整理されてきたこの時期は，文部省が施行規則に試験の実施方法を規定したことにより，選別の場となる試験制度もまた整備された。以下，入学試験や定期試験など，戦前期の中等教育の試験制度の様子を整理してみよう（桑原三二『旧制中学校の入学試験（中等教育史研究第一集）』1984 年）。
　まず，試験制度の位置づけは，1901（明治 34）年「中学校令施行規則」第四十七条には，課程の修了及び卒業について以下のように定められた。

　　各学年ノ課程ノ修了又ハ全学科ノ卒業ヲ認ムルニハ平素ノ学業及成績ヲ考査シテ之ヲ定ムヘシ
　　試験ハ分テ学期試験及学年試験トシ学期試験ハ第一学期及第二学期内ニ於テ之ヲ行ヒ学年試験ハ学年末ニ於テ之ヲ行フヘシ
　　試験ハ国語，外国語，数学，図画，唱歌，体操ニ就キテハ之ヲ行ハサルコトヲ得

　つまり，これまでは府県毎に異なっていた試験の名称や方法が，全国的に統一された。さらに，同時期試験制度の特徴として，成績評価の方法は考査，すなわち試験が卒業や課程修了の認定のための基準であるという明治前期から継続する一方で，新たに「平素ノ学業」による評価が加わり，2 つの基準に基づいて判定されるようになった。これは 1899（明治 32）年，小学校が「平素ノ成績」のみをもって課程修了や卒業を認めた動きとは対照的である。

第4章　国際化の中の教育（1900～1920年）

具体的事例として、旧制長崎中学校の定期試験問題をみてみよう（『長崎県立長崎中学校試験問題綴　明治四十年～同四十五年』。以下、『試験問題綴』と表記）。この『試験問題綴』は、歴史教育のみならず国語や理科なども含め、長崎中学で当時実施された各学科目の試験問題を数多く収めている。いずれも試験問題のみであり、答案は存在しない。図4-6は、1911（明治44）年に実施された、第5学年の歴史科試験問題である。

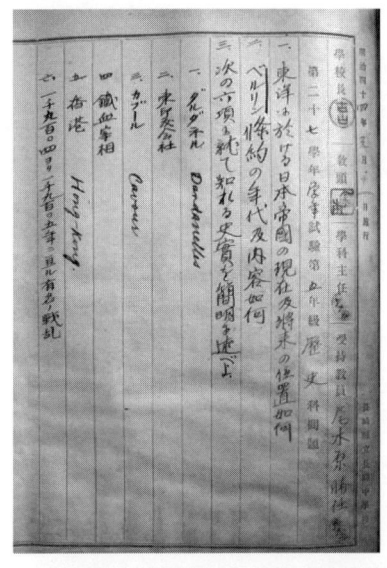

1．東洋に於ける日本帝国の現在及将来の位置如何
2．ベルリン条約の手代及内容如何
3．次の六項に就て知れる史実を簡明に述べよ
　1 ダルダネル　2 東印度会社
　3 カブール　4 鉄血宰相　5 香港
　6 1904年ヨリ1905年ニ亘ル有名ノ戦乱

図4-6　旧制長崎中学校　第5学年歴史科　試験問題（1911（明治44）年）
（出所）『長崎県立長崎中学校試験問題綴　明治四十年～同四十五年』長崎県立長崎図書館所蔵。

試験問題の設問と教授要目（表4-1参照）の対応状況を比較すると、いくつかの関連性が確認される。その1つは、試験問題の出題形式との対応である。試験問題は、形式の面では、論説問題と語句説明問題の二種類に分けられる。前者は教授要目の構成内容とほぼ一致しており、教授要目や教科書に示された学習内容が正確に記憶されているかどうかを確認する試験の性格が確認できる。一方、とくに人物についての語句説明については、教授要目で示された大項目や重要項目に表されているものではないが、使用教科書内に記述されている人物や事件を取り上げていた。この点から、学習内容として教科書が大きく関わっている様子がうかがえる。

◆ 参考文献

荒川紘『教師・啄木と賢治——近代日本における「もうひとつの教育史」』新曜社，2010年。
内村鑑三　鈴木範久訳『代表的日本人』岩波文庫，1995年。
海後宗臣・仲新・寺﨑昌男『教科書でみる　近現代日本の教育（第二版）』東京書籍，1999年。
唐澤富太郎『教科書の歴史』創文社，1956年。
唐澤富太郎『図説　教育人物史（中）』ぎょうせい，1984年。
斉藤利彦『競争と管理の学校史』東京大学出版会，1995年。
辻本雅史編『知の伝達メディアの歴史研究』思文閣出版，2010年。
新渡戸稲造　矢内原忠雄訳『武士道』岩波文庫，1938年。
宮寺晃夫・平田諭治・岡本智周『国民教育と国民の形成（講座　現代学校教育の高度化25）』学文社，2012年。
米田俊彦『近代日本中学校制度の確立』東京大学出版会，1992年。
『学生生徒児童身長・体重・胸囲平均累年比較——明治33〜昭和9年度』文部大臣官房体育課，1937年。

［佐藤　公］

第5章

大衆化の中の教育（1920〜1930年）

■□ 概　説 □■

　1920年代は元号でいえば，大正後期から昭和初期にあたる。いわゆる大正デモクラシーと呼ばれる政治面・文化面での民主化・自由化の動きが広く認められた時期から，次第にそれが抑圧・統制されていく時期とされている。民主化・自由化の動きは，海外の思想的潮流が日本に及んだとする見方があるが，一方で都市化・情報化・大衆化といった日本社会が成熟へと向かう変化の中で醸成されたという側面もある。

　義務教育の定着，高等教育の拡張，大衆文化の普及により，日本人の教育水準は飛躍的に高まった。知識の獲得，心身の練磨を通じて人格の向上を目指す「修養主義」，それに加えて旧制高校を中心に形成された学歴エリート文化である「教養主義」が広がった。日本人は「個」を強烈に自覚するようになるとともに，集団や組織の秩序に容易に組み込まれる制御可能な国民に馴致されていく。

　その意味で1920～1930年は，現代社会の入り口である。人々の生活は自然の秩序やリズムから離れ，科学や技術の論理の中に新たな型を求めはじめる。雑誌やラジオなどのメディアが発達し，同時に多くの人々に同じ情報が伝えられるようになる。それは，人と人とが直接，身体と言葉を交わすことによって，時には権力性を帯びながら意志と知恵と技術を伝えていた時代からの離陸であった。

　本章では「大衆化」をキーワードにして，その教育の特質をみていく。

　まず，この時期に普及し，その後，長く日本人の間に定着した大衆雑誌の内容と役割について概観した。記事として伝えられる情報は，当時の人々の生活現実を映し出す鏡であると同時に，編集者側の理想的な日本人像を提示するものであった。ラジオの普及も日本人の生活習慣の形成という点で見逃すことはできない。

　地域の共同体や家制度から離れ，都市の俸給生活者として一定の層をなすに至った人々（新中間層）は，自らの才覚と努力を頼りにし，子どもには教育によって能力の伸張を促す「教育家族」でもあった。この時期に現れた都市の私立学校や師範学校附属小学校を中心に展開した「大正自由教育（大正新教育）」は，子どもの「個性」「主体性」「活動性」を重視する新たな教育運動であったが，そのような「教育家族」の出現を背景としていた。この他，高等教育の拡充も認められる。

　また，地方研究や民俗学を土台に，郷土に着目した教育実践が展開した。郷土教育と生活綴方には，児童の社会認識力の育成，郷土愛から愛国心の発展などの立場が認められる。これらは，郷土生活の自覚を通じて，日本人としての気付きを促す「国民化」の契機となった。

第5章　大衆化の中の教育（1920～1930年）

1　「群衆」から「大衆」へ

1920年代の日本社会は，「民主化」が進展した「大正デモクラシー」の時代であるとともに，「大衆化」が進行した時代である。では「大衆化」とは何か。「大衆化」と「民主化」はどのような関係にあるのか。また，その教育の特徴は何か。

まず「大衆化」直前の日本社会の動きに注目したい。政権に影響を与えた主な事件として次のものを挙げることができる。

1905（明治38）年：日比谷焼討事件，第一次桂内閣総辞職
1912（明治45・大正元）～1913（大正2）年：第一次護憲運動，第三次桂内閣総辞職
1918（大正7）年：米騒動，寺内内閣総辞職

これらの事件は，国民の困窮やナショナリズムを土台としながらも，現象としては怒り，熱狂，衝動に基づく「暴動」と呼びうるもので，予測不能，制御不能な人々の動きに端を発するものであった。「暴動」だからこそ，政府は警察や軍隊などの実力でしか対応できなかったし，大逆事件（1910年）のような「危険分子」の排除による予防策しか取れなかった。

『群衆──機械の中の難民』を著した松山巌は，この時代を日本社会に「群衆」が誕生した時期としている。さらに同時代にあって「群衆」の変化を敏感にとらえた大杉栄（1885-1923）の文章を引用しながら，この時代の特徴について次のように述べている。

「動物人はやがて機械人となつた。今日の多数者は皆な此の機械人である。」彼〔大杉栄─引用者註〕によれば「今日の多数者」は，「規則とか制度とか習慣とか云ふ重荷の下に圧しつぶされて，ただ尊敬の恐怖を以て其の重荷を仰いで，伝習の奴隷となり，周囲の奴隷となり，其他有らゆるものの奴隷となつてゐる」。つまり「狼犬が番犬となつた。そして自分の傍への同類の来るのを嗅ぎつけると，急に歯をむき出して，弱い孤立者に噛みかかる」。（松山巌『群衆──機械の中の難民』中央公論新社，2009年（1996年初出））

無軌道に展開する「群衆」の中に，与えられたものに対して受動的態度で反応し，「周囲」と同調しながら，大きなものに付き従っていく傾向がある。この時期には労働争議も頻発し，1920年代に入ると小作争議も全国的に発生するようになるが，その動きは次第に結成された諸団体によって組織化され，統制がとられるようになっていく。「群衆」に秩序が与えられるのである。
　大杉はこの後，1923（大正12）年9月の関東大震災の騒乱の最中，憲兵隊の甘粕正彦大尉に殺害されるが，同じ頃，流言蜚語に乗じた地域住民が自警団となって「朝鮮人狩り」をする事件が発生している。この自警団こそが，大杉の指摘した「番犬」となった「狼犬」であった。「狼犬」から「番犬」への変化，すなわち組織化され，制御可能となった「群衆」をここでは「大衆」と呼ぶことにする。そして「伝習の奴隷」「周囲の奴隷」「其他有らゆるものの奴隷」となりゆく過程を教育の問題としてとらえることにしたい。

2　大衆文化と「日本人」の形成——大衆雑誌の展開

　大衆化を促進した社会の変化として，都市化，情報化がある。都市化は産業の発達にともなって故郷から出てきた（あるいは出ざるをえなかった）労働者によって進行した。地域の共同体や家族，土地から切り離された独身者や親子からなる世帯が増えた。この新中間層の成立は，メディアや学校教育の役割をさらに大きなものとした。とりわけ1920年代は，雑誌をはじめとする活字文化の隆盛，ラジオの普及など，情報化が進展した時期である。これらは，地域共同体や家族の中で自然に身につけてきた生活上の知恵を補い，さらにこれらに代わりうる役割を果たしていく。

（1）婦人雑誌の展開——『主婦之友』を通じて

　新中間層であるサラリーマン家庭の急増は，「主婦」と呼ばれる人々と新しい生活様式を誕生させた。この「主婦」を主な読者層として，登場したのが婦人雑誌である。『婦人世界』（婦人世界社），『婦人公論』（中央公論社），『主婦之友』（主婦之友社），『婦女界』（婦女界出版社），『婦人倶楽部』（大日本雄弁会講談社）などは，発行部数が10万部を越え，1920年代半ばには婦人雑誌の総発行部数は120万部に達したといわれる（木村涼子『主婦の誕生』吉川弘文館，2010年）。木村涼子は

第5章　大衆化の中の教育（1920〜1930年）

「主婦を対象として家事育児の実用記事中心に編集された雑誌が，活字メディアの初期大衆化段階を牽引するような形で商業的に成功をおさめる現象は，近代産業社会に共通してみられる」と近代化の展開の中で婦人雑誌の普及が大衆化の指標となりうることを指摘した。

大衆化の背景には，婦人雑誌の読者となりうる女子教育の普及と，共同体や家族と切り離された主婦の切なる課題と学習要求があった。

図5－1　『主婦之友』（1920年2月号）

ここで女子教育の状況について概観しておく。文部省の調査によれば，小学校の就学率は1900（明治33）年に男女とも90％に達しており，すでに義務教育が確立したことになっている。しかし，それは学齢児童が学籍を得た形式的な数値に基づくものであり，実際に毎日登校して授業を受け卒業していくという実質的な意味での就学となると，特に女子において相当なズレがあった。女子の小学校（尋常科）卒業の一般化を実質的な義務教育の確立と捉えると，それが達成されたのは，1920年代のことであった（土方苑子『近代日本の学校と地域社会――村の子どもはどう生きたか』東京大学出版会，1994年）。

このような就学状況を背景にして，女性たちの間で新聞や雑誌を読む習慣が定着しつつあった。女工対象の調査によれば，約4割が新聞を，約2割が雑誌を読み，職業婦人や学生では8割から9割近くの女性が新聞，雑誌を読んでいる。主婦に限らず，一般的に女性が文字に親しむ段階に入っていたのである（木村前掲書）。

1917（大正6）年に刊行され，最盛時には発行部数が160万部に達したといわれる『主婦之友』を通じてみてみよう（図5－1）。『主婦之友』は「家庭医学，家計のやりくり，料理，裁縫から，交際の仕方，内職の紹介まで，家事の諸側面について，具体的な知識と技能，情報」を幅広く読者に提供しようとする編集姿勢が貫かれている。

記事の一例として『主婦之友』1920（大正9）年2月号の目次をみれば，表5－1のようになる。

表5-1　『主婦之友』の掲載記事の一例（1920年2月号）
○事業成功の上に現はれたる婦人の力
○優良な中学校や女学校へ（子供を入学させようとする親御への注意）
○子供の罹り易いヂフテリーの手当法
○赤坊を育てる母親の心得（その二）
○妻ある紳士に誘惑されて堕落した女子大学出の松子さん
○男子のために泣く婦人の告白
○風邪に冒されぬ日常生活の秘訣
○三百年の歴史をもつてゐる痰咳の妙薬と小児薬
○便利と趣味とを兼ねた経済的住宅
○婦人の運命判断（写真鑑定）
○秘密を抱いて自殺した若き海軍大尉夫人（婦人哀話）
○経済で便利で清潔な竈のいろ〳〵
○夫の肺患を癒した四年間の経験
○リウマチスを根治した経験
○二枚襲の下着寸法の減き方
○最新流行の弥生バツクの作り方
○手軽に出来て恰好のよいエプロンの縫方
○経済的な一週間分の惣菜料理
○温かくて美味しい鍋料理
○心得おくべき薄茶の飲み方
○家庭衛生問答（質問随意）
○美容理装問答（質問随意）
○（絵画小説）心の影
○（秘密小説）吉祥草
○（諧謔小説）珍太郎日記
○長編小説金扇（牡丹畑の巻）

（出所）『主婦之友』1920年2月号，主婦之友社。

　記事内容は多岐にわたるが，総じて婦人雑誌は「有益」「修養」「慰安」の機能の有していたといわれる。「有益」とは生活に役立つ知識・技術である。「手芸」「料理」「美容」「医療衛生」「出産・子育て」「趣味・家庭娯楽」「家計」「住宅」「生活改善」など，生活全般にわたる。上の世代や地域共同体から切り離された主婦にとって，いわゆる生活の知恵を得る貴重な情報源であった。「修養」とは，理想的な主婦のあり方として単に「良妻賢母」にとどまらず，「家庭における決定権を持ち新しい家庭を自らの力で築く主人公」を目指すものであった。いいかえれば，家父長的な家の中で生きる従属的な女性ではなく，夫婦・親子中心の家族の中で女性の主体的な成長を促す機能である。「慰安」は，主婦が直面する生活現実の厳しさや不安や不満を和らげる機能である。読者参加型の誌面作りによって編集側から承認を得たり，読者同士を結びつけながら，孤立しがちな主婦の

心的世界を丸ごと包みこんでいった。

　こうして婦人雑誌は，新中間層の誕生とともに新しい役割を担うこととなった主婦の生活現実を受け止めるとともに，その同属意識や共通文化を形成していったのである。

（2）少年雑誌『少年倶楽部』と国定教科書

　『少年倶楽部』は1914（大正3）年10月に創刊された。「大正・昭和の時代に幼・少年時代を過した人なら，誰もが一度は手にしたことのある懐かしい少年時代の記念品」であり，明治期に創刊された『少年世界』『日本少年』に次いで，「大正期に創刊された少年雑誌の代表的位置を占め」る月刊雑誌である（唐澤富太郎『図説明治百年の児童史 下』講談社，1968年）。

　「面白く読む中に知らず知らずに或る種の教育を受くるということ」という教育的配慮（同誌編集方針）のもとで編集された内容は，「当時の有名な軍人や学者，政治家などの少年に対する教訓・激励」と「社会科学的な知識や理科的知識を伝えた教養的」な記事を中心として，小学校高学年から中学校低学年程度の少年を対象としたものであった。

　唐澤富太郎による記事の内容分析によれば，1920（大正9）年から1930（昭和5）年の時期には，①「講談的」，②「教養的」，③「外国もの」，④「少年もの」，⑤「探検・スリラー的」，⑥「偉人伝・立身出世的」な内容の記事が多い。このうちの多くを占める「講談的」記事とは，「安宅関」「塚原卜伝」「荒木主従」「角田権兵衛」「初陣の誉れ」「四十七士雪夜の討入」「剣豪千葉周作」（いずれも1922年）など剣豪や仇討の物語である。

　また，多くの人物が理想的人間像として描かれている。1920（大正9）年から1930（昭和5）年では，**表5-2**のような人物が取り上げられている。

　一方，外国人では，ペルー，リンカーン，ナポレオン，エジソン，フランクリン，ワシントンが複数回取り上げられている。

　この時期に小学校で使用されていた教科書は，**第三期国定教科書**（1918～1932年）である。「ハナハト読本」とも呼ばれるこの期の教科書は，小学校の国語読本に「アメリカだより」が掲載され，外国人も多く取り上げられるなど，児童に外国文化に親しませる特色を持っている。この教科書で学んだ児童は，第二次大戦の敗戦時に20～34歳の戦後日本の復興の原動力となった人たちであった。ア

表5-2 『少年倶楽部』で取り上げられた日本人（1920～1930年）

順位	人名	順位	人名
1	赤穂義士	4	粂平内
2	真田幸村	7	楠木正成
3	真田大助	8	西郷隆盛
4	乃木希典	8	雷電
4	由井正雪	8	田宮坊太郎

(注)「順位」は掲載回数による。
(出所) 唐澤富太郎『図説明治百年の児童史 下』講談社，1968年より作成。

メリカ追従の戦後日本の枠組みに対する意識形成も気になるところであるが，ここでは取り上げない。外国人に関しては，第三期国定教科書の国語科でリンカーン，エジソン，ダーウィン，ウエリントン，ベートーベン，コロンブスなどが，修身科ではフランクリン，ナイチンゲール，ジェンナー，コロンブスなどが取り上げられており，『少年倶楽部』と重なる部分も少なくない。

また，国語科，修身科で取り上げられた人物の職業・階層別と『少年倶楽部』の人物との比較では，時期ごとの区別はできないが，武士・武人，学者，社会教化・社会事業家，為政者，実業家，皇室などが多く取り上げられている点で，共通している。相違点としては，**国定教科書**では「スポーツマン」が1人も取り上げられていないのに対して，『少年倶楽部』では雷電（力士），常陸山（力士），嘉納治五郎（柔道）などが取り上げられている。反対に『少年倶楽部』では「役人・官僚」が1人もいない。

雑誌と教科書の違いはあるが，国籍，職業・階層にかかわらず，義に生き，克己勉励して，自らの人生を切り開いた「良い人間」の実際の行動の中に道徳性の源泉を求めている点，いわゆる人物主義によって少年の人格の向上を図ろうとする点がこの時期の特徴といえる。この他，『少女倶楽部』も講談社から刊行された。

（3）国民雑誌『キング』

「日本一面白い，日本一為になる，日本一の大部数」の宣伝文句のもと，1924（大正13）年に刊行され，日本で初めて100万部発行を達成した大衆雑誌といえば，『キング』である。婦人雑誌によって切り拓かれ，少年少女へと読者層を広

げた「出版の大衆化」は、『キング』刊行によって最高潮に達した。1926（大正15）年の改造社『現代日本文学全集』を皮切りに、『世界文学全集』（新潮社）、『世界大思想全集』（春秋社）、『現代大衆文学全集』（平凡社）、『日本児童文庫』（アルス）など、全集が1冊1円以下で購入できる「円本」が続々と刊行された（1930〜1932年頃まで続いた）。1927（昭和2）年には岩波文庫も刊行されている。

佐藤卓己によれば、『キング』はそれまで婦人、少年、少女、学生、労働者と細分化された読者層を融合した「国民雑誌」であり、その内容は日本の現実を映す鏡のようなものであった（佐藤卓己『『キング』の時代』岩波書店、2002年）。

『キング』は講談社の野間清治（のませいじ）（1878-1938）によって編集刊行された。その編集方針は以下の「キング十徳」に表れている。

一、『キング』を読む人は楽みながらに修養が出来る。
二、『キング』を読む人は常識が発達し人中に出て恥をかゝぬ。
三、『キング』を読む人は頭が磨け知らぬ間に人柄が立派になる。
四、『キング』を読む人は居ながら面白い娯楽慰安が得られる。
五、『キング』を読む人は感奮興起し立身出世が出来る。
六、『キング』を読む家庭は一家円満幸福になる。
七、『キング』を読む町村は風紀が良くなり繁栄する。
八、『キング』は国民の趣味を高尚にし文化を盛にする。
九、『キング』の到る処道徳起り平和を齎らす。
十、『キング』は世界から凡ゆる悪思想を掃蕩する。

一の「修養」は、『主婦之友』でも確認したように、この時期の大衆文化を特徴づけるものである。個々人が「文化の享受」を通じて自己を磨き、「努力」と「習得」によって「人格の向上」を図る。これを「**修養主義**」という。日清・日露戦争後に青年の関心が「天下国家」的問題から離れ、個人的問題へと移行した時代状況が背景として指摘されている（筒井清忠『日本型「教養」の運命——歴史社会学的考察』岩波書店、1995年）。また、新中間層の成立というこの時期の社会変動を踏まえれば、地域共同体や家の枠組みへの適応を前提とした教育観から、個人の自己実現のための教育観へ変容したともいえる。

さらに『キング』目次には、「更に国家社会の為に祈る」として「（一）キング

図5-2 『キング』1926年4月号

は国家社会の為め常に国民雑誌たるの実を発揮せんことを祈る。(二)キングは国家社会の為め常に健全なる輿論の指導者たらんことを祈る。(三)キングは国家社会の為め常に国民生活向上の原動力たらんことを祈る。(四)キングは国家社会の為め大正文化の進展に貢献せんことを祈る。(五)キングは国家社会の為め『日本精神』を世界に発揚せんことを祈る。」ともある。個人の豊かさは家庭や地域，国，世界の豊かさに結び付くこと，それらの発展の役割を丸ごと担っているのが『キング』であるとの宣言である。政治主体・教育主体としての使命感と意気込みが前面に示されている。

その内容は，たとえば1926 (大正15) 年4月号では，伝記や美談，小説，実用的知識，時事，国内外のグラビアなど多岐にわたるが，「英傑児玉源太郎（伝記）（後藤新平）」「苦行力行の米田実博士（成功美談）（鈴木由太郎）」「献身的奮闘遂に大富豪（泰西立志伝）（香川鳥城）」「古今東西美談逸話」「市来日銀総裁の少年時代（大瀧鞍馬）」など，**立身出世**の物語が柱となっている。総ページ数は368に及ぶものであった。

大衆雑誌は，戦時下には戦意高揚，動員の道具として利用されるほどの影響力を持ち得たが，その潜在力はこの時期にも充分にうかがえる。

政府は，1925 (大正14) 年に治安維持法と普通選挙法を制定している。体制を脅かす勢力への対応は，「実力」を強化しつつ，大衆の要求に基づいた制御へと向かう。「学校教育のように国家権力による統制が強いイデオロギー装置とも，家族のように情緒的な拘束が強いイデオロギー装置とも異なり，私的な欲望と市場経済によって気ままに鞭打たれている暴れ馬」（木村前掲書）である大衆雑誌に体制側が動員の道具として注目するのは，当然のことであった。

3 情報化社会の幕開け——ラジオの登場

先に1900～1920年の間に政権を打倒した群衆による「暴動」について述べた。

第5章　大衆化の中の教育（1920～1930年）

　その導火線となったのは新聞であった。政権の浮沈に影響を及ぼすようになった新聞が，政治部や社会部などの編集組織と取材方法を確立させたのは大正期である。1923（大正12）年の関東大震災後には，大阪に本社を持つ『東京毎日新聞』『東京朝日新聞』が初めて100万部を突破し，全国紙としての地歩を固めた。在京紙では，1924（大正13）年に『読売新聞』が登場し，売り上げを伸ばしていく（春原昭彦『日本新聞通史——紙面クロニクル』現代ジャーナリズム出版会，1969年）。このような情報メディアをさらに充実，進展させたのがラジオであった。

　ラジオは，同一の情報を場所や発信先からの距離に限定されずに，広範囲に，かつ同時に多くの人に伝えることができるメディアである。1920（大正9）年11月にアメリカで公共放送が開始されたラジオは，1925（大正14）年3月JOAK（現在のNHK東京放送局）によって日本でも放送が開始された。その2年前，関東大震災の際に流言蜚語により「朝鮮人」が虐殺されたこと，その反対に地震直後にアメリカが無線を使用していち早く本国からの救助物資の依頼を送信し，多くの命が救われたことなどを考えれば，ラジオは情報革命と呼びうるものであった。2011（平成23）年3月11日の東日本大震災において，携帯電話，テレビ，インターネットによる情報がすべて断たれる中で，ラジオの有用性があらためて見直されたことは記憶に新しい。ラジオは，関東大震災の反省も含みながら，放送開始とともに，急速に全国の家庭に普及していった。

　ラジオの革命性は，災害時の対応にとどまらない。ラジオ放送の内容についてみれば，天気予報，経済市況，ニュース，時報，芸能，音楽，スポーツ，ラジオ体操など，初期の段階から幅広く聴取者の要求を組み入れたものであった。1925（大正14）年に行われた聴取者嗜好調査によれば，「ラヂオ劇」「落語」「講談」「義太夫」「放送舞台劇」「長唄」「薩摩琵琶」「浪花節」「童謡」「童話」「ハーモニカ」「尺八」「ピアノ」「小唄」「吹奏楽」などの芸能と音楽が人気番組であった（竹中昭子『ラジオの時代——ラジオは茶の間の主役だった』世界思想社，2002年）。ラジオにはまず「慰安」が求められていた。何を楽しみとするのか，何によって癒やされるのかという聴取者間の共通文化の形成にもラジオが果たした役割が認められる。

　スポーツの実況放送は，1927（昭和2）年8月，大阪中央放送局（JOBK）による甲子園球場からの第13回全国中等学校優勝野球大会（現在のいわゆる高校野球）が最初であった。

慰安・娯楽に加えて，聴取者の教育・学習要求に応えるという側面もあった。1925（大正14）年7月には，英語学者岡倉由三郎を講師に「英語講座」が開始された。放送内容に合致した番組テキストを事前に用意して学ぶスタイルで，現在のNHKラジオ講座に引き継がれている。

ラジオ体操もラジオ草創期の1928（昭和3）年11月に開始された。昭和天皇の大礼記念事業として東京中央放送局で開始されたのが最初である。逓信省簡易保険局が立案・実施したが，大礼記念事業ということで宣伝普及に力を入れた結果，現在でも「日本人の生活習慣」として定着している。加藤秀俊は「何百万もの人間が，日本列島のいたるところで，同時に，同一の情報にたいして，同一の行動をもって反応した，という風景じたいが，ラジオというあたらしい媒体の機能を象徴するものなのではなかったか。こんな風景は，それまでの世界では見ることができなかった。そして，こんな風景が出現したのはまさしく一九三〇年代なのである」と，その革新性を指摘している（加藤秀俊「交通・通信網の発達——世界における同時性」『世界』624号，1976年6月）。

竹山昭子は，ラジオの革新性の1つとして日本人の時間意識を厳密化させた点を指摘している（竹山前掲書）。

　　正しい時刻を知るということはそれほど簡単なことではなく，報時システムの歴史をさかのぼってみると，「時刻を知る」「時間を計る」ためにさまざまな試みを行い，知恵と工夫を重ねていたことが分かる。日本人の時間意識が「刻」から「時」へ，そして「分」「秒」へと厳密なものになるのは，秒という単位で正確な時刻を個人が所有したときである。その所有はラジオによって報時システムを家庭内に持ったことによって初めて実現したのである。

自然の時の流れに沿った生活を送っていた日本人が，鉄道の附設によってより正確な時間意識を持つようになったことはよくいわれることだが，「日本の鉄道の定時運行の確保は，1872（明治5）年の新橋・横浜間鉄道開業とともに実現したのではな」く，第一次世界大戦後の好景気に伴う輸送需要の増大や路線の拡大，複線化によってであった。列車の定時運行が重要な課題となって，正確性が確保されるようになったのは，機関車・線路の改良，電化線の拡大などの「イノベーション」が起きた1920年代のことであった（橋本毅彦・栗山茂久編『遅刻の誕生

――近代日本における時間意識の形成』三元社，2001年。竹村民郎執筆)。

　群衆が「伝習の奴隷」「周囲の奴隷」「其他有らゆるものの奴隷」となりつつあることを指摘した大杉栄の言葉に照らせば，時間に対する意識も「奴隷化」の1つの指標となる。人々が「同時に，同一の情報にたいして，同一の行動をもって反応」する前提として，日本人の厳格な時間意識は，欠くことのできない要件である。

　以上，群衆から大衆への移行の問題を雑誌とラジオに注目し，国民的な規模で文字や音声を通じた実用的知識・技術の獲得や修養を図る推進力となったことをみてきた。雑誌やラジオによって一定の文化的な向上を果たすとともに，同一の情報が同時に広く拡張する装置を得て，日本人は共通文化を形成していったのである。しかし一方で，人々は雑誌やラジオの持つ娯楽性に取り込まれて，知らず知らずのうちに与えられた枠組みにとらわれる受け身の態度を形成していった。「奴隷化」していったのである。

4　学校教育の展開――「教育家族」と「大正自由教育」

(1)「教育家族」の誕生

　1900（明治33）年に「小学校令」が改正され，小学校の授業料が無料となった。就学率は上昇し，さまざまな階層の子どもたちが学校に通うようになった。さらに進級・卒業のための厳格な試験制度も廃止され，学校は勉学に対して必ずしも明確な目的をもたない多数の子どもを収容する機関として，新たな局面を迎えていた。

　いわゆる1920年代の「大正自由教育（大正新教育）」と呼ばれる教育改造の動きは，大正デモクラシーの民主主義的な潮流が学校現場にも影響を与えた結果とされている。子どもの「個性」や「主体性」「活動性」を重視した教育は，それ以前には少なくとも主流ではなかったことを考えれば，学校に通うようになった多様な子どもたちに対応する新たな教育方法が必要とされる背景があったのかもしれない。

　しかしながら，子どもの「個性」や「主体性」「活動性」に注目した，少人数制の新しい学校にわが子を入学させようとした親たちの思いに目を転じれば，思想的な潮流ですべてを説明するのは難しい。民俗学者柳田国男の分析に注目して

みよう。

　現在の親にも子の孝行を期待する点は同じだが、もはや教育と利用とを混合するやうなことだけは無くなつた。さうして教育が著しく子供本位になつた。我子の幸福なる将来といふことが、最も大切な家庭の論題になつて居る。職業は幾分か反動的に、家の要求といふものを度外に置いて決められる。といふよりも出来るだけ長く、其選択を未定にして置いて、当人の自由を留保しようとする。是が又頗る生活の転換、家の移動を烈しくする結果を導いて居るのである。大体に於て家が今まで携はつて居たもの以外で、しかも何人かの既に踏んだ路を歩まうとする為に、新奇で又単純なる俸給生活業の各種が、いつでも恐ろしい程の競争の的になる。さうしてそこで失望した者を渋々第二第三の職業へ送つて居るので、事実に於ては可なり成長した後までも、少しも職業を予定せずに教育して居たことになつて居るのである。（柳田国男『明治大正史　第4巻世相篇』朝日新聞社、1931年）

家本位、親本位の教育観から「子供本位」の教育観への転換、そして「家の要求」に基づく職業観から「我子の幸福なる将来」を求める職業観への転換が指摘されている。「俸給生活業」への「恐ろしいほどの競争」との指摘も、親の学校教育に対する期待や、上級学校への進学熱の高まりを連想させる。
　さらに柳田は教育主体としての旧来の家、地域社会、（新中間層の）家庭、学校の関係性の変化にも注目している（柳田前掲書）。

　家の持伝へた職業を続けようとする者には、一般に是は不便なことであるが、その中でも手足を働かす必要のある職業、殊に農業のやうに昔から少年期の伝習を例として居たものには、往々にして小学教育の効果の、余りに顕著なることを歎くべき場合があつた。情に充ちたる親たちの家庭教育は、無論対立して一方の欠漏を補はうとし、時に或は浸食さへも企てるかも知らぬが、別に第三種の長老教育とも名くべきものだけは、甚だ謙遜にして小学校と功を争はうとしない。しかも一方が全国の一般知識を主とするに対して、是は郷党の特殊事情を実地に就いて解説した、可なり大切なる旧機関であつた。親が新たにそれだけの任務までを引継ぐといふことは実際に不可能であつた。農といふ職業の

最も興味ある知識だけが，結局は此期間から脱落することになつた。是が又世の所謂選択の自由なるものを，実は暗々裡に支配することになつて居るのである。

①農業を伝える旧来の家の教育，②小学校教育，③親子中心の新しい家庭教育，④地域の長老による実地教育，の4者の関係性でみれば，②の全国画一の知識を主とする小学校教育の普及によって，①の旧来の家による農業伝達の教育力そのものが衰退し，④の地域の長老による実地教育は小学校とは共存しつつも，③の親子中心の家庭教育とは切り離されるようになった。③の親子中心の家庭の教育要求が既存の学校教育では満足しえない可能性も示唆している。

都市の新しい学校に我が子を通わせた人々は，この時期に誕生した新中間層であった。「家」や地域共同体から切り離された彼らは，頼るべき地縁・血縁も継ぐべき職業や財産ももたない。そのために，親と子の強い結合と自らの才覚や努力によって将来を切り開かねばならなかった。「人並み以上によりよく生きていける子どもを育てることを親の務めとする『教育』意識」，わが子の将来と能力への強い関心を特徴とする教育家族が誕生したのである（沢山美果子「教育家族の成立」編集委員会編『教育——誕生と終焉』（叢書「産む・育てる・教える——匿名の教育史」1）藤原書店，1990年）。

他方，1910～1920年代は「多産多死から少産少死への人口動態の変動」の時期にあるといわれる。それまで「授かるもの」であった子どもが，女性が自ら受胎のメカニズムを制御して「つくるもの」として意識されるようになったことを意味している。1922（大正11）年，女性解放の立場から産児制限運動を推進していたマーガレット・サンガー（Margaret Higgins Sanger 1879-1966）の来日を契機に，新中間層では子どもの数を制限して，より良い教育を与えようとする意識が広がっていった（沢山美果子『近代家族と子育て』吉川弘文館，2013年）。

教育家族は，学校文化との親和性をもつとともに，学校教育への高い関心と要求を示すようになる。こうした新中間層の教育要求に注目して，はじめて都市の私立小学校や師範学校附属小学校を中心とする「大正自由教育（大正新教育）」の展開も理解できるのである。

図5-3　自由学習

(出所) 手塚岸衛『自由教育真義』東京宝文館，1925年

（2）「大正自由教育」の展開

「大正自由教育（大正新教育）」は，この時期に都市に新設された私立小学校と師範学校附属小学校を中心に展開する。いずれも学校設備・教員などの教育条件がよく，学校文化との親和性の高い生徒が通う学校であった。

「大正自由教育（大正新教育）」が広く普及する契機となったのが，1921（大正10）年8月に大日本学術協会が主催し東京で開催された**「八大教育主張講演会」**であった。次の教育家の主張が開陳された。

樋口長市　　「自学教育論」　　河野清丸　　「自動教育論」
手塚岸衛　　「自由教育論」　　千葉命吉　　「一切衝動皆満足論」
稲毛金七　　「創造教育論」　　及川平治　　「動的教育論」
小原国芳　　「全人教育論」　　片上　伸　　「文芸教育論」

「自」や「動」の文字が多用されていることからもうかがえるように，それまでの教師主導による受動的な学習を否定し，子どもの自発性，活動性を前提とした能動的な学習を促す主張であった。この中の一人，手塚岸衛（1880-1936）は千葉県師範学校附属小学校で**「自由教育」**を開始した教育者である。

手塚の唱えた「自由教育」とは，「自然の理性化」（自然の状態にある児童を「真善美」という価値の実現へと導いていくこと）を目指して，児童の自学と自律を尊重してなされる教育である。学習指導における「自学」と，生活指導における「自治」を基本とする。

従来の一斉指導に対して，児童個々の学習の進度に応じた「分別扱」という個別指導を取り入れたり，毎日1時間，毎週1日，学習内容と方法，場所などの決定を児童の自主性に任せる「自由学習」を設定した。「自治」とは，「児童ながらに有する道徳的自覚」の向上をねらうものであり，たとえば，学級自治会や学校自治会などの自治集会がある。児童が，自分たちで活動内容を決定，実施するも

第5章　大衆化の中の教育（1920～1930年）

表5-3　「大正自由教育」の実践校

学校名	所在地	創設者・教師	実践の名称等
成蹊実務学校	東　京	中村春二	
帝国小学校	東　京	西山哲次	
成城小学校	東　京	沢柳政太郎	ドルトンプラン
明星学園	東　京	赤井米吉	ドルトンプラン
玉川学園	東　京	小原国芳	
池袋児童の村小学校	東　京	野口援太郎	
芦屋児童の村小学校	兵　庫	桜井祐男	
雲雀ヶ岡児童の村小学校	神奈川	上田庄三郎	
自由学園	東　京	羽仁もと子	
千葉県師範学校附属小学校	千　葉	手塚岸衛	「自由教育」
兵庫県明石女子師範学校附属小学校	兵　庫	及川平治	「分団式動的教育」
奈良女子高等師範学校附属小学校	奈　良	木下竹次	合科学習

（出所）筆者作成。

ので，学芸会や音楽会などが実施された。各学級，各学年単位の他，複数学年，学校全体でも設けられた。ただし，自由放任というわけではなく，「教師の細心なる注意のもとに，大胆に放つ」という考えに基づくものであった。

さらに，児童の実態を最もよく把握しているのは学級担任であるとの考え方から，校長を頂点とする従来の指揮命令系統をあらため，担任の裁量を拡大した。担任の考えが強く反映した学級のありようは，「学級王国」と批判されることもあった。他方，試験や通知簿も廃止した（手塚岸衛『自由教育真義』宝文館，1922年）。

手塚の実践においては，現在の学校教育で定着している到達度別授業や児童会・生徒会活動，総合的な学習の時間の源流ともいうべき教育活動が行われている。手塚の実践以外にも，この時期には「随意選題」（児童が題材を自由に選ぶ作文教育。芦田恵之助（1873-1951）が提唱した），「自由画」（児童が描きたいものを描きたいように描く絵画教育。山本鼎が提唱した），「学校劇」（教育活動の一環として児童が演じる劇。小原国芳が理論化した）など，今日の学校教育に継承されている教育活動は数多い。

一方，このような従来の学校慣行を超える実践を可能にしたのは，教師たちの専門職意識と教師集団の強い結合であった。白楊会の結成，自由教育研究会の開

催，機関誌『自由教育研究』発行など，教育実践にとどまらず，研究や宣伝・普及活動を展開していった。この時期，日本最初の教員組合である啓明会（けいめいかい）が，のちに平凡社を立ち上げる下中弥三郎（しもなかやさぶろう）（1878-1961）を中心に結成されており，教員の組織化とともに専門職集団としての自律的な教育研究も全国的に広がりを見せていた。

「大正自由教育」が実践された代表的な私立学校や師範学校附属小学校の一例を挙げれば，表5-3のようになる。

（3）高等教育の拡張

この他，注目できる動きとして，高等教育の拡充政策がある。都市中間層の教育要求を背景としながら，原 敬（はらたかし）内閣が展開した。

日本に初めて「女子大生」が誕生したのは，東北帝国大学に3人の女性の入学が認められた1913（大正2）年のことである。入学した3人の女子学生のうち，黒田チカ，丹下ウメはのちに，それぞれ理学博士，農学博士となり研究者として活躍した。1923（大正12）年からは毎年女子が入学している。最初に女性の入学を認めて女子高等教育の道を開いたのは，のちに成城小学校を創設することになる，東北帝国大学総長沢柳政太郎（さわやなぎまさたろう）（1865-1927）であった。

1918（大正7）年に**大学令**が制定されると，翌1919（大正8）年の施行時には府立大阪医科大学が，1920（大正9）年には慶應義塾，早稲田，日本，法政，明治，中央，國學院，同志社と東京商科，県立愛知医科の計10校が，法的な意味で正式な大学として認可された。大学令施行前まで，**帝国大学令**に基づく5校のみであった大学は，主に旧制の専門学校を昇格する形で拡大し，1929（昭和4）年までに49校に増えた。この中には，植民地に設置された京城帝国大学（1924年），台北帝国大学（1928年），大学令に基づいて認可された旅順工科大学，満州医科大学が含まれている。

大学とともに高等学校もこの時期に大きく拡張されている。1919（大正8）年に（**第二次**）**高等学校令**が施行されるまでは，高等学校は帝国大学に直結する3年制の官立学校で全国で8校のみであった。第一高等学校から第八高等学校のいわゆるナンバースクールである。（第二次）高等学校令では，私立・公立の高等学校や，尋常科4年・高等科3年の7年制の高等学校の設置を認めた。その結果，1926（大正15）年までに24校が新たに設置され，高等学校入学者数も倍増した。

> コラム

青い目の人形

　1927（昭和2）年，日米間において人形の交換による国際交流が行われた。アメリカからは167体の人形が「友情の人形」(Friendship-Doll) として贈られ，盛大な歓迎式とともに全国の小学校や幼稚園の子どもたちのもとに届けられた。この人形が「青い目の人形」である。合計で約1万2000体が贈られたという。日本でもこれに応えて，同年，58体の日本人形が贈られた。

　この事業の企画・実行に中心的な役割を果たしたのが，L・ギューリックと渋沢栄一であった。背景には1924（大正13）年にアメリカで制定された「排日移民法」があった。日本人移民の全面的な入国禁止を含む同法の成立によって，日本人の反米感情が高まっていた。日米間の対外世論を緩和させることを目的として，人形交換事業が計画されたのである。

　太平洋戦争に入ると，「青い目の人形」は「敵性人形」「スパイ」などとして処分され，子どもの敵愾心を煽ることに利用されるという不幸な運命を辿った。国家間の衝突に対して，民間の国際交流の無力さを感じさせる出来事であった。

　しかしながら，国際交流や異文化理解とは，「青い目の人形」のように子どもが愛着を持てるモノを通した心の機微の触れ合いによって培われ，深められるものだとすれば，この事業の意味は決して小さいものではないだろう。

（参考文献）是澤博昭『青い目の人形と近代日本──渋沢栄一とL・ギューリックの夢の行方』世織書房，2010年。

　新設校の多くは，地方都市に設置された官立の3年制の学校であったが，私立でも7年制の武蔵高等学校，甲南高等学校，成城高等学校，成蹊高等学校が設置されている。

　ところで，以上のような高等教育受容層の拡大（とはいっても同年代の男子の1％以下）は，**「教養主義」**と呼ばれる学歴エリート文化を成立させた。これは哲学書や文学書を通じて，自己の生き方を見つめ直し，人格の完成を目指すものである。具体的には次のような書物であった。阿部次郎『三太郎の日記』，夏目漱石『こゝろ』，倉田百三『出家とその弟子』『愛と認識との出発』，西田幾多郎『善の研究』『自覚に於ける直観と反省』，和辻哲郎『古寺巡礼』，岩波書店が刊行した「哲学叢書」や「岩波文庫」などである。その背景には，旧制高校が帝国大学の予備校的位置付けがなされ，ほとんど全員が帝国大学進学を約束されていた

ため，充実した教養教育を享受することが可能であったこと，寮の共同生活のなかでお互いに刺激し高め合う環境があった点が指摘されている。

大衆文化としての**「修養主義」**と学歴エリート文化としての「教養主義」の対比が可能である。しかし，筒井清忠によれば，両文化とも「努力」や「習得」によって人格を高めるという点で共通し，また生得的なものでなく後天的に獲得可能なものであったことから，大衆の学歴エリートに対する内面的支持や尊敬が得られやすいという特徴がある。教養主義は1930年代に訪れるマルクス主義への傾斜によって消えかけていく（筒井清忠『日本型「教養」の運命——歴史社会学的考察』岩波書店，1995年）。

高等教育の拡充政策によって，初等教育から高等教育に至る実質的な意味での学校制度がこの時期に確立したのである。

5　大衆の国民化へ——郷土への着目と国民教育

（1）民俗学と学校教育

日本人としての共通文化が形成される一方で，1920年代後半から1930年代前半の時期には，郷土への関心が大きな動きとなって現れるようになる。1つは民俗学の勃興であり，1つは**郷土教育**や**生活綴方**に代表されるような学校教育の展開である。

柳田国男を中心に，**民俗学**の方法論が確立され，研究体制が整うのは，1930年代に入ってからであるが，1920年代からすでに**「郷土研究」**の名でその教育課題が明確にされている。

柳田は，青年や教師を対象に生活を改善する学問として「郷土研究」を提唱している。実生活の問題を出発点として歴史を手がかりにその解決を図ること，そのためには，既存の歴史や歴史教育では必要な知識を得ることはできないとして，まずは「庶民生活誌」によって，歴史を実生活に結びつけようとした。柳田の著した『日本農民史』（1926年），『都市と農村』（1929年），『明治大正史世相篇』（1931年）はその試みである。また，「郷土研究」は地域住民としての自覚を喚起して自立的な地方文化を育成すること，住民自身による将来計画によって社会改造を実現することが目指されており，そのための調査研究方法の構築や，地域のリーダーとなる若手研究者の養成が中心課題となっていく。1935（昭和10）年に

は『郷土生活の研究法』が刊行され，民俗学の研究調査方法が確立するとともに，日本民俗学の全国組織として「民間伝承の会」が結成された。地域住民の主体形成を目指した柳田は，学校教育を捉え直すため「前代教育」に注目し，人間形成の慣行や生活者が蓄積してきた文化と知恵の掘り起こしを重視した（関口敏美『柳田國男の教育構想——国語教育・社会科教育への情熱』塙選書，2012年）。

　しかしながら，「郷土研究」の目的は地域住民としての「主体形成」に止まるものではなかった。子安宣邦は，柳田の次の言葉に注目している。「せめて自分たちの討査が，一つの大きな学問のいずれの部分を占めているかを知って，その総合意識の下に力相応の分担を続けるのでなければ，世を益し国恩に報いることができぬのはもとより，退いて個々の一郷土の幸福を策するということすら，むつかしいような感じがする」。つまり，「『一国民俗学』へと構想される論理を自覚する「総合意識」のもとに，個別の郷土研究が遂行されなければならない」。柳田は，「郷土研究」の中に，「国民」としての「主体形成」という課題をしのばせていたのである（子安宣邦『日本近代思想批判——一国知の成立』岩波書店，2003年）。

　この郷土生活に即したナショナリズムの構想は，都市化・大衆化の進行とともに崩れつつある，地域共同体や家における人間形成に対する危機感から発している。従来，自覚的でなかった共同体や家の慣行を掘り起こすことで日本人＝国民としての主体を再構成しようという意図が，柳田の民俗学の底流をなしていたのである。

（2）郷土教育と生活綴方

　地域の共同体や家の慣行や伝承の調査研究に参加し，柳田の民俗学を支えることになったのは，地方の小学校教師であった。そこには，柳田のように「身近な生活事象に民俗を発見し，その認識を手がかりに国民としての同一性意識を創出しようとする教育実践の可能性」とともに，「子どもたちの民俗の微細な差異に注目することを通して学校教育を再定義する可能性」を含んでいた。つまり，学校教育における民俗への関心は「国民教育の実践場であった学校を国家による国民教育と村人による伝承の教育とが緊張をはらみながら出合い，拮抗しあう場として位置づけ直す」ものであった（小国喜弘『民俗学運動と学校教育——民俗の発見とその国民化』東京大学出版会，2001年）。

図5-4 宮本常一
(出所) 須藤功編『写真でつづる宮本常一』未來社, 2004年。

そのような教育実践を展開した教師に, 竹内利美と宮本常一 (1907-1981) がいる。竹内利美は, 長野県上伊那郡川島小学校の訓導として, 児童に将来の自分の村がどうあるべきかを川島村の生活調査を通じて考えさせる教育を実践した。その成果は『小学生の調べたる上伊那郡川島村郷土誌』(1934年。続編は1936年) として出版された。

宮本常一は大阪府泉北郡池田小学校の訓導の時に, 竹内の実践に学び, 同校児童の民俗調査や生活綴方を『とろし』(1937年) としてまとめている。

『とろし』の目次構成は「取石村地図, 村の歴史, 村のしらべ, 昔話と伝説, 我等の生活, 学級新聞, 戯曲と「故里の話」ほか」となっている。「村の歴史」は宮本の手による序文であり,「この書物の愉快なることは, この中に村の歴史が描かれてゐるといふことであり, 同時に之を調べたのが諸君自身であるといふことだ。[中略]この書物の中にはこの村の生活が色々としらべられてある。我々はそれをジッと見つめて, どの点がすぐれてゐるか, どの点をなほして行かねばならぬかを考へて見ねばならぬ。さうして村を立派にし家を立派にして行くのである。言はゞこの書物はそれをするための物指の様なものであらしめたい。さうして最後にこの書物に諸君の美しい行為を書き足して更にこの書物を立派にしてほしい」と述べている (『宮本常一著作集別集1 とろし大阪府泉北郡取石村生活誌』未來社, 1982年)。

「村のしらべ」「昔話と伝説」「我等の生活」は, 児童の調査に基づくものである。たとえば「村のしらべ」では, 表5-4の74項目について, ひとつひとつ児童の調査の結果がまとめられている。

「我等の生活」は, 日常生活の中から見つけた関心事を題材とした児童の作文である。これは1920年代に定着した芦田恵之助の「随意選題」の綴方教育から影響を受けた実践である。また, 鈴木三重吉 (1882-1936) が1918 (大正7) 年に創刊した『赤い鳥』による綴方の流行も背景としてあった。

教育現場では, 生活綴方として広く実践されていたものでもあり, 教員の組織的な運動も認められる。農村が疲弊していた東北では小砂丘忠義 (1897-1937) らの『綴方生活』を中心に, 矛盾する社会生活に対する児童の認識力の形成を目

表5-4 『とろし』の「村のしらべ」の項目一覧

1. きらはれる植物動物	14. 雨乞	35. 働きに行く先	55. 食事
2. 神様のおきらひになるもの	15. 神様を拝むときのことば	36. 成功者	56. 特殊の日の食物
	16. 夢のしらせ	37. 講	57. 人をまねく時
3. 神様のたゝり	17. よい夢わるい夢	38. 火事のてつだひ	58. 隣近所へくばるもの
4. 不思議なことはないと言ってひどい目にあった人	18. 若者の信仰心	39. 困った人に	
	19. 家にまつる神	40. ユヒ	59. カゲ膳, オクリ膳
	20. 親類同士でまつる神	41. テツダヒ	60. ミヤゲ
5. 化物が出るとか通るとわるい場所		42. 家をたてる時, 親類のてつだひ	61. 門松
	21. 子供の宮まゐり		62. 葬式の棺の出口
6. 病気の時のまじなひ	22. 村の起り, 古い家	43. 村ハヅシ	63. 先祖の祭の足らぬとき
	23. 我が家	44. 仮の親	
7. 人間以外のものにあった話	24. 親類つきあひ	45. 親の家への贈り物	64. 仏迎へと仏送り
	25. 功労者	46. 親の家からもらふもの	65. 長生
8. 火の玉を見た話	26. 村の出来事		66. 食事の座
9. 狸や狐に化かされた話	27. 村のくらしのらくな時	47. ものをもらったオタメ	67. 家の間取
		48. 物をもらったかへし	68. 家の名
10. 狐や狸に化かされん為には	28. おとろへた家		69. 農具
	29. 栄えた家	49. 変った人	70. 村の統計
11. 神仏にたすけてもらった話	30. あたらしい仕事	50. 元服と若衆入	71. 風位方言
	31. なくなった仕事	51. 女の講	72. 講細説
12. よくまゐる神様	32. 獅子舞	52. 娘仲間	73. 田植歌
13. 医者以外に見てもらふこと	33. 門付師	53. 女の仕事	74. 児童服装調査
	34. 入村者	54. 雇ひ人	

(出所)『宮本常一著作集別集1 とろし大阪府泉北郡取石村生活誌』未來社, 1982年.

指した教育実践が展開した。これは北方性教育運動と呼ばれるもので、秋田の教員たちによる雑誌『北方教育(ほっぽうきょういく)』も刊行された。体制批判の可能性をもつ生活綴方教育は、政府によって危険視され、弾圧された。

　一方、柳田の郷土研究を背景に、学校教育における郷土への注目を促したのが、**郷土教育運動**である。1930（昭和5）年、**尾高豊作**(おだかほうさく)（1894-1944）、人文地理学者の小田内通敏(おだうちみちとし)（1875～1954）らによって結成された郷土教育連盟がその原動力となった。児童の社会認識力の形成を教育理念として、機関誌『郷土』を刊行、また各地で研究会を開催した。児童に身近な教材の提供によって学習指導の進展を促し、児童の学習と地域社会の維持発展につなげようとする多くの教員の参加によってその動きは全国に展開していった。

　文部省においては、師範学校に郷土調査費補助金を交付し、各県の師範学校もその動きに呼応した。他方、文部省は深刻化する農村不況に対し、愛郷心の涵養

によって事態の改善を図ろうとする主張も掲げた。

　以上のように，1920年代は，雑誌やラジオなど共時的に広範囲に同一の情報を伝播する大衆文化の進展，都市化の進行に伴う教育家族の誕生，さらに学校教育の拡充により日本人の文化水準，教育水準が飛躍的に向上した時期であった。それは民主化を促す力となったが，その一方で制御不能な群衆が大衆として馴らされる働きでもあった。また，都市化によって急速に失なわれつつある郷土の生活慣習や伝統に注目することで，日本の文化を足下から再編しようとする試みもみられた。そこには，日本人となるべき大衆に向けた意識も認められた。

　1930年代に入ると，国際社会から日本は孤立する。狭隘な愛国心が要請され，国民は皇国民へと「錬成」される。総力戦体制構築の基盤は，この時期に準備されたのである。

◆ 参考文献

小国喜弘『民俗学運動と学校教育――民俗の発見とその国民化』東京大学出版会，2001年。
唐澤富太郎『図説明治百年の児童史 下』講談社，1968年。
木村涼子『主婦の誕生』吉川弘文館，2010年。
小針誠『「お受験」の社会史――都市新中間層と私立小学校』世織書房，2009年。
佐藤卓己『『キング』の時代』岩波書店，2002年。
沢山美果子『近代家族と子育て』吉川弘文館，2013年。
第1巻編集委員会編『教育――誕生と終焉』（産む・育てる・教える――匿名の教育史1）藤原書店，1990年。
竹中昭子『ラジオの時代――ラジオは茶の間の主役だった』世界思想社，2002年。
筒井清忠『日本型「教養」の運命――歴史社会学的考察』岩波書店，1995年。
橋本毅彦・栗山茂久編『遅刻の誕生――近代日本における時間意識の形成』三元社，2001年。
秦郁彦『旧制高校物語』文藝春秋，2003年。
松山巌『群衆――機械のなかの難民』中央公論新社，2009年。
柳田国男『明治大正史　第4巻　世相篇』朝日新聞社，1931年。

　　　　　　　　　　　　　　　　　　　　　　　　　　　［山田惠吾］

第6章

総力戦体制の中の教育（1930〜1945年）

■□概　説□■

　大正末期から 1940 年代までは，1872（明治 5）年の「学制」を起点とする近代教育史の中で最も盛んに教育改革や学制改革の論議が展開された時期である。特に，教育体制の全面的な再編成が企図された昭和戦前・戦中期の教育では，学齢期の子ども達だけではなく，幼児から青年・成人に及ぶ全年齢が対象とされ，学校教育だけに限らず，家庭，地域を含めた学校を支える社会構造全体の改革が議論の射程とされた。

　昭和戦前・戦中期の教育改革論と学制改革論は，世界教育史的にみれば，教育機会の拡大と均等化，さらには中等教育の拡張と青年期教育の組織化といった 20 世紀初めの教育課題に呼応したものであった（『講座　日本教育史（第 4 巻）現代Ⅰ／現代Ⅱ』第一法規，1984 年）。しかし，昭和戦前期の経済不況と社会不安が深刻化する中で，地理的な膨張が国家の安全と繁栄を保証するという観念が浸透・拡大し，総力戦体制を強化していった。こうした状況を反映して，教育の理念と内容は，急速に超国家主義的かつ軍国主義的な色彩を強めていった。

　1937（昭和 12）年に設置された教育審議会は，国民統合原理としての万世一系の皇室を核とする国体論を強調し，「高度国防国家」建設のための教育体制の確立をめざした。教育審議会による「国体ノ本義」に基づく「皇国ノ道」への帰一を求める教育理念から導き出されたのが 1941（昭和 16）年の国民学校であった。国民学校の創設は，単なる制度的システムの変更にとどまらず，教育内容・方法と授業形態等の深層に及ぶ改編を伴うものであった。そこには，戦後の「新教育」へと連なる先駆的な内容も含まれていたが，敗戦による「新教育」への急速な流れの中で，その成果に対する歴史的な検証は今も課題として残されている。

　総力戦体制に組み込まれた教育は，戦争への準備と対応が求められた。具体的にそれは，教科書の内容と学校行事等の変化として現れると同時に，満蒙開拓青少年義勇軍などに象徴される戦争協力を特徴とするものであった。一方でこの時期には，大正新教育運動を端緒とする教授法の改革も進められたが，総力戦体制の中での改革は限定的なものとなることを余儀なくされた。

　総力戦体制は，教育や教育学にも大きな緊張感を与え，そのあり方を抜本的に変革させるとともに，戦後へと連続する教育の「戦争責任」の問題などを内在化させるものであった。この時期の教育をどのように評価するかは，戦後教育改革とその後の教育の展開に対する評価と密接に連動している課題である。

1　総力戦体制と学校制度の改革

（1）教育改革と学校制度の再編
①戦時下の教育と教育審議会

　戦前昭和期の日本では，ロシア革命の混乱から軍事大国として復活しようとするソ連に対する脅威が高まっていった。ソ連への脅威は，直接には中国の満州を確保することの必要性を喚起していく。こうした背景には，少ない資源と市場を国外に拡大し，過剰になりつつある人口を外地に移動しようとする考え方があった。地理的な膨張が国家の安全と繁栄を保証するという観念は，政府・軍のみならず広く国民にも共有されていた。

　しかし，こうした日本の政策は次第に国際社会との摩擦を生み出していった。1933（昭和8）年に国際連盟の脱退を通告した日本は，1935（昭和10）年3月26日に連盟国の資格を喪失し，「世界の孤児」といわれる道を歩んでいった。

　1931（昭和6）年の満州事変を契機として日本の教育は戦争の影響を直接に受けるようになり，1937（昭和12）年の日華事変以降，その傾向はさらに強まっていった。1938（昭和13）年の**「国家総動員法」**によって，政府が総力戦遂行のための人的・物的資源を統制し運用できるようになると，教育行政も政府の政策に従属していった。

　陸軍省は1934（昭和9）年に陸軍パンフレットと通称される『国防の本義と其の教化の提唱』を配布し，国防教育の重要性を強調する一方，1935年8月に政府が発した「国体明徴ニ関スル件」は，「我ガ国体ハ天孫降臨ノ際下シ賜ヘル御神勅ニ依リ昭示セラルル所ニシテ，万世一系ノ天皇国ヲ統治シ給ヒ，宝祚ノ隆ハ天地ト俱ニ窮ナシ」として，天皇による無限の歴史性を持つ史実こそが国体であるとした。

　国民統合原理としての万世一系の皇室を核とする国体論では，皇国と皇国民の観念が強調された。国体に反すると認められる思想や宗教，文化や運動に対する弾圧は厳しくなり，国民生活の広範囲な分野に対して国家統制が進められた。

　1935年に「国体観，日本精神ヲ根本トシテ学問，教育刷新ノ方途ヲ議」し，「真ニ国礎ヲ培養シ国民ヲ錬成スベキ独自ノ学問ノ発展ヲ図」ることを目的として**教学刷新評議会**が設置された。教学刷新評議会は，1936（昭和11）年10月に

「我ガ国ニ於テハ祭祀ト政治ト教学トハ，ソノ根本ニ於テ一体不可分」であること，国体・日本精神の真義は，「天祖ノ神勅(てんそのしんちょく)，歴代ノ詔(みことのり)」並びに教育勅語等を基本とすること，学校をもって国体に基づく修練の施設と位置づけることなどを骨子とする答申をまとめた。

　この答申を引き継ぎ，大正末から昭和10年代に至る教育改革の諸思想を集約，実施に移したのが1937年に内閣直属に設置された**教育審議会**である。教育審議会は「高度国防国家」建設のための教育体制の確立をめざして，初等教育，中等教育，高等教育，社会教育，各種学校，教育行財政など広範囲に及ぶ戦時下教育の基本方針を検討した。

　1941（昭和16）年の答申では，皇国の道を基本精神とし，国家有為の人材を育成する方針をたて，国民としての大任を果たし得る者を錬成することを主眼とし，**国民学校**の創設，青年学校の義務化，中学校・実業学校の統合，女子大学の創設などを求めた。

②国民学校と「皇国民の錬成」

　総力戦体制は，「皇国民の錬成」を教育の重要な課題とした。1941年3月，教育審議会の答申に基づいて**「国民学校令」**が公布され，明治以来長く続いた小学校の名称は消えて国民学校に改められた。

　「国民学校令」第1条は，「国民学校ハ皇国ノ道ニ則(のっと)リテ初等普通教育ヲ施シ国民ノ基礎的錬成ヲ為(な)スヲ以(もっ)テ目的トス」と規定した。「皇国ノ道」とは，「国体の精華(せいか)と臣民の守るべき道との全体」を意味しており，国民学校では，教育全般にわたって「皇国ノ道」の修練が目的とされた。この「国民学校令」が示す理念は，初等義務教育にとどまらず，戦時下の国民教育全体の再編成を象徴しかつ代表するものであった（『講座　日本教育史（第4巻）現代Ⅰ/現代Ⅱ』第一法規，1984年）。

　日本の近代学校史において，「錬成」が学校教育の目標とされたのは「国民学校令」が初めてである。「錬成」とは，「練磨育成」の意味であり，「児童の陶冶(とうや)性を出発点として皇国の道に則り児童の内面よりの力の限り即(すなわ)ち全能力を正しい目標に集中せしめて練磨し，国民的性格を育成することである」と定義された。「錬成」はその後の戦時下教育を特徴づけるとともに，学校教育の枠を超えた各分野に及んでいった。

　「国民学校令」では，義務教育年限を8年に延長し，初等科6年・高等科2年

第6章 総力戦体制の中の教育（1930～1945年）

とした。また、皇国民としての基礎的資質とは、①国民精神を体認し、国体に対する確固たる信念を有し、皇国の使命に対する自覚を有していること、②透徹せる理知的能力を有し、合理創造の精神を体得し、もって国運の進展に貢献しうること、③闊達剛健（かったつごうけん）な心身と献身奉公の実践力とを有していること、④高雅な情操と芸術的、技能的な表現力を有し、国民生活を充実する力を有すること、と大別された。

こうした資質を錬成するために、従来の教科は国民科（修身・国語・国史・地理）、理数科（算数・理科）、体錬科（体操・武道）、芸能科（音楽・習字・図画及び工作・裁縫）及び実業科の5つの教科に整理され、さらにそれぞれの目的と内容に応じて科目が設置された。すべての教科は「皇国民の錬成」という目標に集約され、科目は教科を構成する細分化された内容であった。国民学校の教科と科目の構成を示したのが図6-1である。

国民学校での教育方法としては、①主知的教養を排し、心身一体として教育し、教授・訓練・養護の分離を避け、国民としての統一的人格の育成を期すこと、②儀式・学校行事の教育的意義を重んじ、これを教科とあわせて一体とし、全校をあげて「皇国民錬成の道場」たらしめようとしたこと、③学校と家庭および社会との連絡を緊密にし、児童の教育を全うしようとしたこと、などが特徴である。特に、「錬成」「道場」「型」「行」「団体訓練」などの言葉は、国民学校の教育方法としてしばしば用いられ、逆に自由主義、個人主義などの言葉は、非国民的用語として極端に排撃された。朝の宮城遥拝（きゅうじょうようはい）につぐ団体行進や、かけあし訓練が強いられ、「必勝の信念」と「堅忍持久」（けんにんじきゅう）が強調された（文部省編『学制百年史

```
皇国民の錬成
  ┌─────┴─────┐
 高等科        初等科
  │            │
 （教科）      （教科）
 実業科 芸能科 体錬科 理数科 国民科
 │     │     │     │     │
水商工農 家裁工図習音 武体 理算 地国国修
産業業業 事縫作画字楽 道操 数数 理史語身
       (高女)(女)
```

図6-1 国民学校の教科の構成

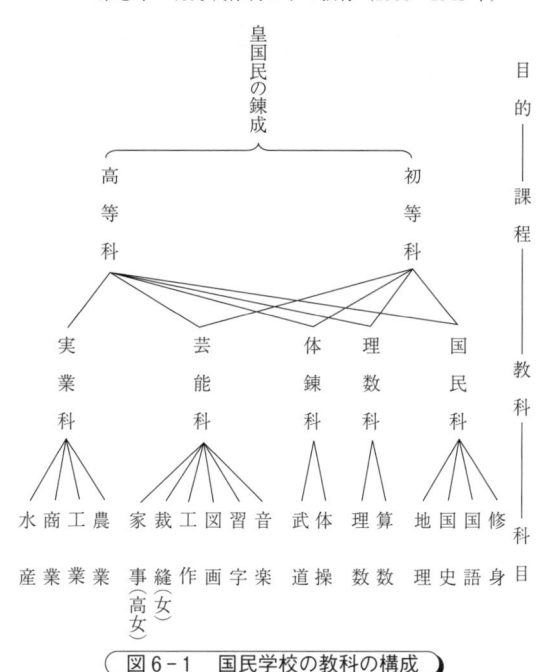

（出所）文部省編『学制百年史（記述編）』1972年。

149

（記述編）』1972年）。

　教育が総力戦体制に組み込まれていく状況は，教科書の内容にも大きな影響を与えた。なかでも，**修身科**は，「国民学校令施行規則」において，「教育ニ関スル勅語ノ旨趣ニ基キテ国民道徳ノ実践ヲ指導シ児童ノ徳性ヲ養ヒ皇国ノ道義的使命ヲ自覚セシムルモノトス」（第3条）とされ，皇国の「道義的使命」を持つ教科として明確に位置づけられた。1941（昭和16）年に改訂された第五期国定修身教科書は，第四期修身教科書の「国体」を強調する内容や軍事主義的な教材が増加し，教科書には随処に戦争の挿絵や写真が挿入された。「軍神のおもかげ」「特別攻撃隊」などの教材はその代表的なものである。また，日本がどの他国よりも優越しているという観念や神国観念も強調された。たとえば，第2学年用の『ヨイコドモ』下巻の「日本ノ国」は，「日本ヨイ国，キヨイ国。世界ニ一ツノ神ノ国。日本ヨイ国，強イ国。世界ニカガヤクエライ国」という神国観念に基づく日本の優越性を強調した内容となっている。

　このほか，第五期国定修身教科書では，①祭祀(さいし)の意義を明らかにして，敬神(けいしん)の念を涵養すること，②政治・経済及び国防が国体に淵源することを理解させ，立憲政治の精神，産業と経済との国家的意義ならびに国防の本義を明らかにして，遵法・奉仕の精神を涵養すること，③女児に対する婦徳の涵養，④礼法及び公衆道徳の指導，⑤家庭と連携した善良な習慣の形成などが特に強調された。

　軍国主義的かつ超国家主義的内容は，国語や音楽の教科書にも取り入れられた。『初等科音楽二』に掲載された「19　少年戦車兵」は次のような歌詞である。

一．来たぞ，少年戦車兵，鉄の車に，鉄かぶと
　　ごうごうごうごう，ごうごうごう
二．来たぞ，少年戦車兵，口はきりりと一文字
　　ごうごうごうごう，ごうごうごう
三．来たぞ，少年戦車兵，なんの敵陣一蹴りと
　　ごうごうごうごう，ごうごうごう

③中等・高等教育の改革

　教育審議会の答申を受けて，1943（昭和18）年に「**中等学校令**」が定められた。これによって，従来の中学校・高等女学校・実業学校の3つに分けられていた中

等諸学校は中等学校となった。しかし、中等学校の改革は全般の改革に及んだわけではなく、高等普通教育または実業教育を施すなどの教育内容の改革が中心となり、特に武道の重視、配属将校による軍事教練の強化、勤労作業に基づく「**皇国民の錬成**」などが重視された。

また、「皇国民の錬成」は高等教育機関においても目標とされ、特に大学の理科系統の教育を急速に拡大して多数の学生を進学させる一方、修業年限を短縮して、戦時生産活動に従事することが求められた。

戦時下の学校で最も早く再編されたのは**青年学校**であった。1935（昭和10）年「青年学校令」の公布により実業補習学校と青年訓練所が統一され、青年学校が発足した。1939（昭和14）年からは男子青年学校が義務制となり、男子勤労青年の学校教育を受ける機会が拡大した。しかし、戦時下の困難な状況のもとで、設備としても尋常小学校と併設されるものが多く、また専任教員の確保が困難であるなどの不備は解消されなかった。

④教授法の改革

「**大正自由教育（大正新教育）**」以降の教授法改革の流れは、昭和戦前期においても継続して展開された。たとえば、修身科の教育においては「大正自由教育（大正新教育）」期よりも多様な教授法が試みられ実践された。また、1932（昭和7）年には『修身教育』と『道徳教育』といった教育雑誌が相次いで刊行され、修身教授改革論の展開と実践の普及を促進していった。

当時の修身教授改革論の潮流としては、「人間的修身教育論」「生活修身教育論」「労作的修身教育論」「日本主義の修身教育論」「郷土主義修身教育論」「社会的修身教育論」などに分類される。このうち、「日本主義の修身教育論」を除いた5つの潮流は、大正期以降の修身教授改革論に由来するものである。

たとえば、「生活修身教育論」を主張した奈良女子高等師範学校附属小学校の岩瀬六郎は「**生活修身**」の実践を体系的に展開した。岩瀬は同校の木下竹次の合科教授の理論に基づきながら、児童の生活現実を学習題材とし、徳目（道徳的価値）中心の観念的な修身教授ではない具体的な生活経験を再構成する指導を実践した。修身の時間と自治会の時間を結んで児童の生活具体に即した指導では、自治会に持ち込まれた問題は、その性質に応じて5つの方法で処理される。

すなわち、①その場で直ちに解決するもの、②適当な時機まで保留するもの、

③提案者の再考を促すもの，④各科の学習に移管するもの，⑤修身時間の学習に移管するもの，である。したがって，ここで修身科の授業は，「自治会の延長」であると捉えられ，修身教科書は実践指導のための学習の資料やまとめとして活用された（岩瀬六郎『生活修身原論』明治図書，1932年）。

修身教授改革論は総力戦体制が強固なものとなっていく中で，その展開は限定的なものとなるが，その理念が戦後の教育改革へと引き継がれ連続した側面もある。

（2）学問・教育・思想の自由の抑圧と「日本精神」の強調
①新興教育運動と「天皇機関説」問題

1931（昭和6）年の満州事変から敗戦までの昭和戦前期の教育に大きな影響を与えたのが，昭和初期の大恐慌を底流とした「思想問題」の広がりに対する対策（沈静化）である。具体的にそれは，学問・教育・思想の自由の抑圧（異端の排除）として進められた。

1938（昭和13）年の「国家総動員法」の範囲は，出版にも及び，必要があるときは新聞その他の出版物での記事の制限，禁止を可能とした。また，1941（昭和16）年に「新聞紙等掲載制限令」が出され，官庁関連，軍事，軍用資源等の機密を掲載することを禁じ，さらに同年の「言論出版集会結社等臨時取締法」によって，結社集会と出版物発行も許可制とされた。

文部省は，1928（昭和3）年に国民精神作興に関する訓令を出して学生・生徒に対する「**思想善導**」を進め，1931年には省内に**学生思想問題調査委員会**を設置した。学生の思想運動に対しては，きびしい弾圧が加えられ，1925（大正14）年から1937（昭和12）年にかけて，約5000名の学生が検挙され，処分された学生は4000名を超えた。

大恐慌を背景とする教員給与の不払い，強制寄付，欠食児童などに象徴される状況の中で，一部の教師たちは**プロレタリア教育運動**として抵抗を進めた。1930（昭和5）年，山下徳治（1892-1965）を所長とする新興教育研究所が設置され，機関誌『新興教育』を中心にマルクス主義に基づく教育論を展開した。1930年には日本教育労働組合が非合法の組織として発足し，帝国主義戦争反対とプロレタリア階級のための教育闘争の運動を進めた。こうした教育運動に対して，1931年2月から関係者の検挙が行われ，特に「長野県教員赤化事件」での検挙・取締

第6章　総力戦体制の中の教育（1930〜1945年）

者数は600名を超えた。

　思想・教育に対する抑圧は学問にも及んだ。1928（昭和3）年には，河上肇（京都帝国大学），向坂逸郎（九州帝国大学）ら5名が大学を追われ，1930年の「共産党シンパ事件」で平野義太郎（東京帝国大学），三木清（法政大学）が検挙された。また，1933（昭和8）年に京都帝国大学で起きた**「滝川事件」**は，昭和戦前期の大学自治の歴史を象徴するものであったと同時に，思想弾圧がマルクス主義ばかりでなく，自由主義にまで及んだことを示した事件であった。

　「滝川事件」の2年後の1935（昭和10）年には**「天皇機関説」**問題が起こった。東京帝国大学教授の美濃部達吉（1873-1948）の天皇機関説とは，統治権は法人たる国家にあり，天皇はその最高機関として内閣をはじめとする他の機関からの輔弼を得ながら統治権を行使すると説いたものである。「天皇機関説」は当時の憲法理論の主流であったが，同年4月9日に内務省が美濃部の著書5冊を発禁にすると，翌10日，松田文部大臣は，「苟モ国体ノ本義ニ疑念ヲ生ゼシムルガ如キ言説ハ厳ニ之ヲ戒メ常ニ其ノ精華ノ発揚ヲ念トス」とする「国体明徴訓令」を出した。この「国体明徴訓令」に基づき，各大学の憲法担当教授の著書・講義案・論文などが調査され，「天皇機関説」に基づいた憲法関係図書20点以上と約10種類の法学関係書に対する絶版が勧告された。

　「滝川事件」と「天皇機関説」問題によって，日本の社会についての科学的な研究の道は閉ざされ，これ以後は「国体の本義」を盾にした「日本思想」が強調された。同時に学問の自由を守ろうとする動きも急速に力を失って行った。

②国民精神文化研究所の設置と『国体の本義』

　昭和戦前期の教育政策は，「日本精神」の強調による日本的教育学の構築をめざしたものであった。1932（昭和7）年8月に**国民精神文化研究所**が設立された。これは，「文部大臣ノ管理ニ属シ国民精神文化ニ関スル研究・指導及普及ヲ掌ル」ことを目的としたもので，「国体観念，国民精神ニ関スル全般」その他を研究する研究部と教員の再教育を行う事業部から構成されていた。

　国民精神文化研究所は，「思想防圧の根本的対策」「思想問題の根本的解決」をはかる再教育機関としての役割を担うものであり，特に，マルクス主義に対抗しうる「理論体系」を構築し，それを普及することによって，「思想困難」を打開するという，いわば「教学刷新」の第一線の砦となることが期待されていた（国

立教育研究所編『日本近代教育百年史　第一巻（教育政策1）』1973年）。

　国民精神文化研究所の役割は，「天皇機関説」問題を契機として脚光を浴びた。所員たちは教学刷新評議会，教育審議会などの委員を引き受けるとともに，「正統的な国体論の国定教科書」であり，「日本的教育学」の象徴的文書である『**国体の本義**』の編纂にも中心的な役割を果たした。

　1937（昭和12）年3月，『国体の本義』は，「国体を明徴にし，国民精神を涵養振作すべき刻下の急務」に応える目的で刊行，配布された。第一部「大日本国体」は，「大日本帝国は万世一系の天皇皇祖の神勅を奉じて永遠にこれを統治し給ふ。これ，我が万古不易の国体である」という文書で始まり，「肇国」に日本神話を基礎として，歴代天皇の「聖徳」と世々の民草の「臣節」の数々を挙げながら，日本の国体を特徴づける日本精神の真髄として，「和」の精神と「明き浄き直き心」を紹介している。

　また，日本の戦争は「八紘一宇」の精神のあらわれであるとされるとともに，「我が国は皇室を宗家として奉り，天皇を古今に亘る中心と仰ぐ君民一体の一大家族国家」であり，「我が臣民の根本の道」である「忠」は，「天皇に絶対随順する道」である。この「忠」の道を行うことは，「天皇の御ために身命をささげること」であり，それは「自己犠牲ではなくして，小我を捨てて大いなる御稜威に生き，国民としての真生命を発揮する所以である」とされた。

　第二部では特に，「天皇機関説」を「かの統治権の主体は国家であり，天皇はその機関にすぎないといふ説の如きは，西洋国家学説の無批判的の踏襲といふ以外には何等の根拠はない」と否定し，日本の天皇は，「外国の所謂元首・君主・主権者・統治権者」としてのみではなく，尊厳な「現御神」であるとする。

　また，「我が国のあらゆる学問は，その窮極を国体に見出すと共に，皇運を扶翼するを以てその任務とする」以上，教育もまた「一に我が国体に則とり，肇国の御精神を奉体して，皇運を扶翼するをその精神とする」ことは当然であるとした。

　『国体の本義』は，約30万部が印刷され，全国の小学校から大学までの各学校だけでなく官公庁にも送付される一方，一般の読者にも販売された。また，1941（昭和16）年には，『国体の本義』の「姉妹編」「実践編」として『**臣民の道**』が刊行されたが，いずれもその基調は，社会主義，無政府主義，共産主義ばかりでなく，民主主義や自由主義までも否定し，個人主義思想を繰り返し批判する一方

で，家族国家観を強調したものであった（図6-2）。

しかし，『国体の本義』の「諸言」で「我が国体は宏大深遠であって，本書の叙述がよく真義を尽くし得ないことを懼れる」と述べたように，同書においても「国体」の本義は十分解明されたとはいえなかった。そのため，政府にとって不都合なものは全て「反国体」として排除する結果にもなったのである（前掲書『日本近代教育百年史　第一巻（教育政策1）』）。

図6-2　『国体の本義』『臣民の道』
（出所）筆者撮影。

2　学校の儀式・学校行事と教育文化

(1) 国民学校の学校行事

1934（昭和9）年4月3日，東京の二重橋前で「全国小学校教員精神作興大会」が開催された。天皇が御親閲する前で，全国から選抜された3万6000人近い教員は，「今後益々国民道徳を振興して国運隆昌の基根に倍沃し愈々教育報国の志を固くし（中略）身命を献げて君恩の為に尽瘁以て皇恩の万一に報い奉らむことを誓う」と宣言した。

教育が総力戦体制に組み込まれていく中で，特に重視されたのが学校での儀式・学校行事である。国民学校では，「皇国民の錬成」という目的のもとに，儀式・学校行事の教育的役割が重視された。1941（昭和16）年の「国民学校施行規則」第1条第6項では「儀式，学校行事等ヲ重ンジ之ヲ教科ト併セ一体トシテ教育ノ実ヲ挙グルニカムベシ」とし，文部省は，その制定の要旨については，「独リ教科ノミナラズ教科課程外ノ儀式行事等モ併セ，一体トシテ学校生活ヲ挙ゲテ国民錬成ノ実ヲ収メンコト」と訓令した。

学校で行われた儀式を大別すると，①皇室・国家に関するもの，②学校行事に関するもの，③御真影下賜・奉還に関する儀式及び御大典・御大葬・紀元二千六百年祭などの臨時儀式，に分けることができる。なかでも，四方節（1月1日），紀元節（2月11日），天長節（4月29日），明治節（11月3日）の「四大節」は特

表6-1 軍事的色彩の運動会プログラムの事例

沼津第一国民学校（S16.10/10）	岡崎市梅園国民学校（S17.10/23）
演技順　種　目　―演技学年	演技順　種　目　―演技学年
1　合同体操―全	1　合同体操―全
2　砲弾運び―4男	5　戦技訓練―高1
4　空中艦隊―4女	10　突破―高2
5　隣組―5男	11　飛行機ごっこ―初2
6　尊徳体操―3・4	14　柔道―初5
10　皇軍万歳―3男	20　総力戦―男全
12　少女戦士―6女	22　厚生体操―全
13　桃太郎飛行機―1	26　月々火水木金々―初6
17　国民学年武道〈柔道〉―5男	27　相撲―高1
20　興亜基本体操―6男	28　勝って下さい兵隊さん―初3
21　空の少女隊―5女	29　薙刀―高2
22　三国同盟―4女	30　おもちゃの戦争―初2
24　少年団教練〈分列行進〉―5・6	31　閲団分列―初3以上
27　敵陣突入―4男	35　軍艦行進曲―高2
29　軍艦日の丸の旗―2	37　剣道―高1
35　新東亜建設―5女	38　日の丸―女全
36　白兵戦―5男	40　合同体操―全
38　国民学校武道〈剣道〉―6男	

（出所）今野敏彦『「昭和」の学校行事』日本図書センター，1989年。

に重視され，各小学校では儀式が催された。これらの儀式は，皇室の祭祀と密接に結び付き，その主眼は国体観念の養成と「皇国民の錬成」に置かれた。

　また，学校行事もこうした目的に沿う形に変化し，戦局の悪化とともにその性格は明らかに戦時色を帯びるものとなっていった。たとえば，運動会では，集団的団体種目が多くなり，種目名も戦争を実感できるようなものへと変更された。**表6-1**は，国民学校での運動会のプログラムである。

　こうした傾向は，学芸会や修学旅行，林間学校などにも顕著に見られた。また，ラジオ体操の会，早起会，神社参拝，旗行列，慰問，防空・避難訓練，通信訓練などが重要な学校行事として取り入れられる一方，これらの趣旨を徹底するために，教科書にも祝祭日に関する教材が増加した。

（2）社会教化活動の強化と「銃後の教育」

　総力戦体制は，学校教育だけでなく全国民を対象としたものであった。政府は，1937年8月24日に「国民精神総動員実施要綱」を閣議決定し，挙国一致，尽

第6章 総力戦体制の中の教育（1930〜1945年）

> コラム
>
> ## 「愛国行進曲」
>
> 　国民精神総動員の方針のもと，「国民が永遠に愛唱すべき国民歌」として公募されたもので，1937（昭和12）年12月26日に日比谷公会堂で一般聴衆に発表された。公募にあたっては，「美しき明るく勇ましき行進曲風のもの」「内容は日本の真の姿を讃え帝国永遠の生命と理想とを象徴し国民精神作興に資するに足るもの」などの条件が設けられた。特に2番の歌詞「起て一系の大君（おおきみ）を／光と永久（とわ）に頂きて／臣民我等皆共に／御稜威（みいつ）に副（そ）はむ大使命／往け八紘（はっこう）を宇（いえ）となし／四海の人を導きて／正しき平和打ち立てむ／理想は花と咲き薫（かお）る」は戦時下の空気を伝えている。
> 　1929（昭和4）年生まれの岡野薫子は，「旗行列の時に歌うのも愛国行進曲，足並揃えての行進にも愛国行進曲。高音で，のどが痛くなるようなメロディだった」と回想している（岡野薫子『太平洋戦争下の学校生活』新潮社，1990年）。

忠報国，堅忍持久をスローガンとして，日本精神の昂揚をめざした国民運動を展開した。社会風潮の一新，銃後後援（「銃後の教育」）の強化・持続，非常時財政・経済政策への協力，資源愛護等を内容とした運動は社会教育活動の一面を持ち，社会教育機関もその遂行に大きな役割を果たした。

　なかでも，各地にあった青年団は1941（昭和16）年1月に**大日本青少年団**として整理・統合された。大日本青年団は，高度国防国家体制の要請に即応して，学校教育と不離一体のもとに強力な訓練体制を確立することをめざし，文部大臣の管轄のもとに地方長官を都道府県青年団の団長とし，青年学校長や小学校長を単位団の団長とした。神祇奉仕，貯蓄奨励運動，軍人援護活動，国防訓練，勤労奉仕などの活動は，青少年に対する戦時的訓練としての性格を持つものであった。

　また，これまで全国的な組織を持たなかった婦人団体は，1942（昭和17）年に**愛国婦人会**として整理・統合され，「国防思想ノ普及」「家庭生活ノ整備刷新」「国防ニ必要ナル訓練」などを掲げて都会及び農山漁村の婦人に対する組織的な活動を行った。その内容は，婦徳の修練，国防思想の普及徹底，家庭生活の刷新及び非常準備，軍人援護，隣保協力，貯蓄奨励などが中心となった。その他，教化団体や文化団体も政府と表裏一体の協力体制が求められ，1945（昭和20）年1

図6-3　ルーズベルト，チャーチルの似顔絵をたたく
（出所）『子どもたちの昭和史』大月書店，1984年。

月には文部大臣を会長とする大日本教化報国会が結成された。

総力戦体制においては，部落会，町内会，隣組（となりぐみ）といった生活に最も密着した末端組織の体制化も図られた。市町村長を中心とする市町村常会の下に部落（村落）・町内会（都市）を置き，さらにその下に10戸程度を単位とする隣組が設けられた。

1940（昭和15）年には「隣組」（作詞：岡本一平／作曲：飯田信夫）という次のような歌詞の歌謡曲が流行した。「とんとんとんからりと隣組／格子（こうし）を開ければ顔なじみ／廻して頂戴（ちょうだい）回覧板／知らせられたり知らせたり」「とんとんとんからりと隣組／あれこれ面倒味噌醤油／ご飯の炊き方垣根越し／教えられたり教えたり」。

明るい軽妙なリズムは，「あれこれ面倒味噌醤油／ご飯の炊き方垣根越し」という隣組の互助的な側面を明るく軽妙に映し出したが，一方では「非国民」的な言動を監視し規制する機能も併せ持っていた。特に，「贅沢は敵だ」「鬼畜（きちく）米英」「欲しがりません勝つまでは」といった戦争のスローガンは，部落会，町内会，隣組といった末端組織を通じて子どもたちの世界に確実に浸透していった。

(3) 総力戦体制下の子ども文化

昭和期に入ると，大正期の『赤い鳥』に代表される童心主義の児童文学は次第に退潮となり，それに代わって『幼年倶楽部』『少女倶楽部』『少年倶楽部』などの娯楽的傾向の強い児童読み物が子どもたちの人気となっていった。しかし，1931（昭和6）年の満州事変以後は，児童読み物にも国策遂行の使命が担わされ，児童読み物がもつヒューマニズム性や文学的な性格は徐々に消えていった。

1938（昭和13）年，内務省警保局図書課から「児童読物改善ニ関スル指示要綱」が出され，1940（昭和15）年に総力戦体制の強化の一環として日本少国民文

第6章　総力戦体制の中の教育（1930～1945年）

> コラム
>
> ## 『のらくろ』
>
> 　戦前昭和期の子ども文化の中では，マンガも重要な役割を果たした。特に，『のらくろ』と『冒険ダン吉』は子どもたちから圧倒的な支持を受けた。しかし，こうしたマンガにも戦争の影が色濃く反映されていった。たとえば，雑誌『少年倶楽部』に 1931（昭和6）年から連載された田河水泡作『のらくろ』は，みすぼらしい家無しの黒犬である「のらくろ」（野良犬黒吉）が，猛犬聯隊という犬の軍隊へ入隊して活躍するというストーリーであり，最初は二等卒（二等兵）だった「のらくろ」は，最終的に大尉まで昇進する。もともとの「のらくろ」は，およそ「忠勇無双」とはほど遠い存在として描かれており，ヘマな行動がマンガとしてのユーモアを醸し出していた。ところが，時期を経るごとに，「のらくろ」のヘマな行動は影を潜め，野良犬から模範的な存在へと変貌を遂げていく。それとともに，当初のユーモアは失われ，「われわれはこのお話に大いに学ばねばならない」「時節柄肝に銘じました」というセリフが多くなっていった。1941（昭和16）年に内務省の圧力の中で連載は打ち切られたが，その運命は，日本でのユーモア精神の育ちにくさ，明るく楽しい児童の世界が，厳しい国家体制の中に吸収されてしまう過程を象徴しているといえる（唐澤富太郎『図説　明治百年の児童史〈下〉』講談社，1968年）。

化協会が設立された。同会の機関誌『少国民文化』が刊行されたのを契機に，児童文化は少国民文化と呼ばれるようになり，児童の読み物は，超国家主義，軍国主義に基づくものへと傾斜していった（唐澤富太郎『図説　明治百年の児童史〈下〉』講談社，1968年）。

　総力戦体制下において，子どもたちの読み物は，戦争への緊張感を駆り立て，軍事的知識を提供するものが中心となっていった。中でも，日本の歴史上の偉人の物語（伝記物）は，子どもたちの精神的な支柱（あこがれ）となっていった。西郷隆盛，楠木正成，加藤清正，二宮尊徳などが日本人の理想的人間像のモデルとされたが，読み物の内容は国家的観点からの「滅私奉公」に焦点化されることが多かった。

　また，少国民の士気を鼓舞するための軍事戦記物語も数多く出版された。たとえば，文部省推薦で1942年に刊行された『神風元寇物語』（学習社）の「まえがき」には，「われわれは，われわれの遠い祖先が，皇国日本のために流してくれた，忠誠無比な尊い血を，そのまま受けついでゐるのです。それは，世界に比ひ

のない日本精神となって，この昭和の御代に，香り高く開花してをります」と記されていた。

3　戦時教育体制と学校教育の崩壊

（1）学童疎開と子ども達

　1944（昭和19）年6月，政府は「特ニ国民学校初等科児童ノ疎開ヲ強度ニ促進スル」とした「学童疎開促進要綱」，翌年3月には「学童集団疎開強化要綱」を閣議決定して都市部からの疎開を進めた。**学童疎開**は親戚・縁故先への「縁故疎開」と縁故先のない子どもたちの「集団疎開」があり，疎開児童は合わせて約45万人に及ぶと推計されている。

　疎開先の教育施設は，国民学校，中等学校の教室または公会堂，寺院などが利用され，それらは疎開側の学校の分教場として扱われた。児童の教育には疎開側の学校教員が当たり，疎開側と受け入れ側の両方の教職員が相互に相手学校を兼務することが建前とされた。

　一般に疎開児童の生活は規則が厳しく定められ，たとえば山梨県甲府市に疎開した月光原国民学校の児童の生活日課表は**表6-2**のようなものであった。

　見知らぬ土地での厳しい規則に縛られた友人との共同生活は，児童にとっては日を追うごとに厳しいものとなっていき，父母への思慕から脱走を試みる児童もあった。また，鍛錬と称される行軍や勤労作業の一方で，疎開児童を苦しめたのは，質量ともに悪化した食糧事情であった。

　　――「おひるごはんはおいしいうづらまめがはいってゐた。とてもとてもおいしかった」「今日はいろいろのお客様といっしょにごはんをいただいた。とてもおいしかった」「午後もずっと寮に帰らないで学校にゐた。三時頃いり米をいただいた。とてもおいしかった」――。当時の児童の日記は，一様に食べ物で始まり，食べ物で終わる，といっても良いほどに食べ物への関心が高く，また上級生による下級生からのまきあげ，配給の食べ物の窃盗，家庭から薬品を送ってもらって空腹を満たす者，ハミガキの粉を鼻に嗅いで吸う者まで出た（唐澤富太郎『図説　明治百年の児童史〈下〉』講談社，1968年）。

第6章　総力戦体制の中の教育（1930〜1945年）

表6-2　集団疎開生活訓練日課表（月光原国民学校）

行事	時刻	摘要
起床	五・三〇	合図デ元気ヨク一斉起床、寝具整理、乾布摩擦、点呼、御挨拶、健康調査（睡眠、便通、気分）、清掃、洗面
朝礼	六・一〇	整列、個名点呼、御挨拶、宮城遙拝、皇大神宮遙拝、祈念、誓、訓話体操
朝食	六・四〇	食事、手洗、整列入室、着席、食前ノ作法、食慾調査、食後ノ作法、食器整理、食事当番、後片付
登校	七・二〇	御挨拶、班別登校
下校	午後	班別下校
遊び		学年遊ビ……互ヲ敬ヒ、下ヲ慈シミ、仲ヨク楽シクアソブ　班遊ビ……上ヲ敬ヒ、下ヲ慈シミ、仲ヨク楽シクアソブ　約一時間真剣ニ自ラ学ビ、予習復習ヲスル
学習	五・〇〇	食後ノ団欒、皆ンナデ愉快ニ読書、学習、研究、仲ヨク楽シイ時間順序正シクキマリヨク、着物ハキチント、静カニ入ル、短カイ時間デキレイニ洗ヘ
清掃	五・三〇	
夕食	六・〇〇	
自由時間		今日ノ反省、明日ノ建設
入浴	六・三〇	
常会	七・三〇	
点呼	七・五〇	
就寝	八・〇〇	就寝準備、乾布摩擦、御挨拶（両親、寮母、相互）、就寝職員、寮母巡視
消灯	八・一〇	
備考		土曜　午後　少年団訓練、特殊行事、夕食後団欒　日曜　午前　学習、自然・郷土ノ観察　　　　午後　特殊行事、整理整頓、通信　大詔奉戴日　早朝参拝（氏神様ニ）

（出所）唐澤富太郎『図説　明治百年の児童史　下』講談社，1968年。

空腹を抱えた疎開児童の多くは，東京の両親への手紙には「辛い」「会いたい」とは決して書かなかったといわれる。ここには両親に心配をかけまいとする健気な気持ちと悪化する戦局を眼前にしながら歯をくいしばって耐えようとする気持ちが混在していた。

（2）学徒勤労動員・学徒出陣

緊迫する戦局の悪化に伴い，修業年限の短縮，**学徒勤労動員**の強化，実業学校卒業期の繰り上げ，学校報国活動の強化，**学徒出陣**等によって，総力戦体制への国家的要請に即応する教育の対応が強化されていった。

図6-4　出陣学徒壮行会の写真：神宮外苑
(出所) 日本映画社撮影。

1943（昭和18）年に入ると，戦時生産の要請によって，学徒を工場その他の戦時生産に動員する**学徒動員**が進められた。同年6月，政府は「学徒戦時動員体制確立要綱」を閣議決定し，学徒による勤労動員の強化と技訓練・特技訓練・防空訓練の徹底を図り，女子については戦時救護の訓練を実施することを求めた。

翌1944（昭和19）年8月，「**学徒勤労令**」と「女子挺身隊勤労令」が公布された。これによって学徒動員が強化され，夜間学校の学徒や弱体のためそれまで動員から除外されていた学徒まで動員されるとともに，中等学校卒業者の勤労動員の継続も決定された。1945（昭和20）年3月の時点で動員された学徒数は約310万6000人，女子挺身隊は20万1000人を超え，動員による学徒の死亡は1万966人，傷病者9789人を数えた（文部省編『学制八十年史』大蔵省印刷局，1954年）。

また，高等教育機関でもほとんどの学校が教育としての機能を停止し，文科系学生と一部の農学部学生は学業を中断して戦場へと向かう学徒出陣が行われた。1943年10月21日，東京明治神宮外苑競技場では文部省学校報国団本部の主催による**出陣学徒壮行会**が開かれ，関東地方の入隊学生を中心に約7万人が集まった（図6-4）。

出陣学徒壮行会を終えた学徒は，同年12月に陸軍へ入営あるいは海軍へ入団した。入営時に幹部候補生試験などを受け将校・下士官として出征した者が多かったが，戦況が悪化する中で激戦地に配属されたり，慢性化した補給不足による栄養失調や疫病などで命を落とす学徒兵や，特別攻撃隊に配属され戦死する学徒兵も多数いた。

学徒出陣をして人間魚雷といわれた回天特攻隊としてマリアナ東方海域で戦死した久家稔（22歳）は，「俺等は俺等の親を兄弟を姉妹を愛し，友人を愛し，同胞を愛するが故に，彼等を安泰に置かんがためには自己を犠牲にせねばならぬ。祖国敗るれば，親も同胞も安らかに生きてゆくことはできぬのだ。我等の屍によ

第6章　総力戦体制の中の教育（1930～1945年）

> コラム
>
> ### 「生きて虜囚の辱めを受けず」
>
> 　1941（昭和16）年1月8日，陸軍省が示達した軍人としてとるべき行動規範を示した文書が『戦陣訓』である。『戦陣訓』では特に，「生きて虜囚の辱めを受けず，死して罪過の汚名を残すこと勿れ」という一節が強調される。この一節が「玉砕」（全滅）の根拠となったとされることが多く，たとえば，水木しげるの自伝的漫画『総員玉砕せよ！　聖ジョージ岬・哀歌』（講談社，1973年）もこうした視点から描かれている。
>
> 　しかし，『戦陣訓』は，中国戦線での軍紀建て直しから「焼くな」「盗むな」「殺すな」の「三戒」を徹底させることを主眼としたものであり，「生きて虜囚の辱めを受けず」に必ずしも力点が置かれたわけではないという指摘もある。実際に，捕虜となることは軍法でも禁止されてはいなかった。
>
> 　この点について，敗戦時に少年兵であった映画評論家の佐藤忠男は，「じっさい日本兵は容易に捕虜にはならず，死ぬまで戦う者が多かった。しかしそれは必ずしも『戦陣訓』のせいではなかった。『戦陣訓』発布以前のほうがむしろ捕虜になる者はごく僅かだったのです。（中略）そのことを日本兵たちの国家や天皇への忠誠心の高さのためだったと考えてもいいし，民族主義がとくに強かったからだと言ってもいい。しかしそんな颯爽として勇ましくさえある動機には要約しきれない心情もそこにあったと思います。むしろ捕虜になどなったら郷里の家族が迫害を受ける，という暗黙の認識がそうさせたのだと考える方が私にはわかりやすい」（『草の根の軍国主義』平凡社，2007年）と述べている。

って祖国が勝てるなら満足ではないか」と日記に書き残した。

　また，大学3年の時に学徒出陣し，戦艦大和に乗り込んだが奇跡的に生き残った吉田満（1923-1979）は，後に戦没学徒の思いを自らの体験と重ねて次のように述べている。

　　出撃がほとんど生還を期し難い特攻作戦であることをはじめて知らされた時，まず胸にきたしたのは激しい無念さだった。学生として豊かな希望を恵まれながら一転して軍隊の鞭と檻の中に追いこまれ，しかも僅か二十二歳の短い生涯を南海の底に散らさなければならないことへの憤り，自分が生まれ，生き，そして死ぬという事実が，ついに何の意味も持ちえないのかという焦慮。（中略）何を訴えようというのか。――生き残った同胞が，特に銃後の女性や子供が，

これからの困難な時代を戦い抜いて，今度こそは本当の生き方を見出してほしいと，訴えるというよりも祈りたいような，声の限り叫びたいような気持だった。――戦争の真っ唯中でもがきながら，われわれの死をのりこえて平和の日がやってくることだけを，ただ願わずにはいられなかったのだ。(吉田満『吉田満著作集（下巻）』文藝春秋，1986年）

　新しい戦後日本の設計とその構築は，こうした戦没学徒の思いや国民の「戦争体験」の記憶が密接に絡み合い，交差しながら進められたのである。

（3）植民地教育
　朝鮮，台湾の植民地でも日華事変（日中戦争）以後は，一段と「皇民化教育」が進められた。朝鮮総督府は，「国体明徴」「内鮮一体」「忍苦鍛錬」を教育の柱に掲げ，1937（昭和12）年に「皇国臣民ノ誓詞」を制定した。「私共ハ大日本帝国ノ臣民デアリマス」で始まるこの誓詞を朝会などで繰り返し子ども達に朗誦させた。

　1938（昭和13）年に朝鮮総督府は，第三次朝鮮教育令を制定し，「忠良ナル皇国臣民ヲ育成スル」ことを教育目的とした。これは，朝鮮の初等・中等教育を内地の法令に準拠して一体化することを求めたものであり，1941（昭和16）年には「国民学校令」に基づき，朝鮮の初等学校の名称も「国民学校」に改められた。創氏改名，神社参拝，徴兵制，宮城遥拝などが強制されたのは台湾でも同様であった。また，**学徒出陣**にあたっては，日本国内の学生だけでなく，日本国籍であった台湾人や朝鮮人，満州国や日本軍占領地の学生も対象とされた。

4　教育と教育学の「戦争責任」

（1）教育の「戦争責任」と「満蒙開拓青少年義勇軍」
　総力戦体制の中で，教師は自覚の有無にかかわらず戦争協力の役割を担った。吉識義一は，「教師も教育の軍人として，率先垂範，皇国民の錬成に邁進したもので，教育現場における戦争協力者であったが，これは当時の教師として当然の道であった」（『教育五十年　私の歩んだ道』新樹社，1978年）と回想している。

　総力戦体制下において，教育の「戦争責任」を象徴していたのが，1938（昭和

第6章　総力戦体制の中の教育（1930〜1945年）

13）年から満州国（中国東北部）へ送り出された男子青少年移民である「満蒙開拓青少年義勇軍」である。同年1月に拓務省が作成した「青少年開拓移民実施要綱」は、「日満一体の実現を促進する」目的で、概ね16歳から19歳までの青少年を満州国（中国東北部）に送り出すことを求めた。

図6-5　満蒙開拓青少年義勇軍
（出所）『子どもたちの昭和史』大月書店、1984年。

青少年の訓練期間は3年間であり、そのほとんどが現地訓練であったが、このうち2〜3ヵ月間は内原訓練所（茨城県内原町）で基礎訓練が行われた。「満蒙開拓青少年義勇軍」への応募者は当初は多かったが、戦局の悪化を背景として送出予定数の確保が困難となると各道府県別に割当性が導入されるようになり、割り当てられた人数を確保するために教師が大きな役割を果たした。

ある教師は、「やがて支那事変、太平洋戦争に突入するのだが、その間、満蒙義勇軍の割当、海兵団への割当などと、地元出身教員ということから、夜ごと部落に候補者を探しては、『お国（天皇のこと）のためだ生命を捧げてもらえないか』『一億一心火の玉になって勝たなければならないのだご奉公してくれ』『子どもは親のものではないお国のものだ覚悟をしてくれ』というように口説き歩かねばならなかった」（岩手県一関国民教育研究会『教師の戦争体験の記録』労働旬報社、1969年）と回想している。

満州国（中国東北部）に渡った青少年移民の総数は敗戦までに合計約8万6000名に及び、そのうち約2万400名が死亡したといわれる。

（2）教育学の「戦争責任」

1936（昭和11）年、文部省は教学局内に「日本諸学振興委員会」を設置した。「国体、日本精神ノ本義ニ基キ各種ノ学問ノ内容及方法ヲ研究、批判シ我ガ国独自ノ学問、文化ノ創造、発展ニ貢献シ、延テ教育ノ刷新ニ資スル」ことを目的とし、学会及び公開講演会の開催を主な事業とした。各学会では統一的な研究発表

の主題が設けられ，特に 1942（昭和 17）年以降はすべての学会に「大東亜」建設という主題が掲げられた。

「日本諸学振興委員会」は，発足当初は教学刷新，「大東亜」建設に向けての政策目的を遂行するために学問を統制するとともに，中等・高等教育機関の教育内容をも統制していくことを目的として組織された（『現代教育史辞典』東京書籍，2001 年）。「日本諸学振興委員会」では学会ごとに「研究発表主題」や「趣旨」を定め，選定された発表者が，文部省の会議室で教学局長官（教学局長）ほか数百名を超える聴衆を前にして発表するという形態が一般的であった。そのため，こうした学会の形式は，発表者に「日本諸学振興」や「教学刷新」という旗印に適合的な学説を衆人監視の下で披露させるという圧力を与え，いわば「踏み絵」の前に立たせることを意味していた（駒込武他編『戦時下学問の統制と動員——日本諸学振興委員会の研究』東京大学出版会，2011 年）。

学会での研究発表の中には「日本諸学振興」や「教学刷新」に焦点化されることなく，暗に「日本諸学振興委員会」の組織それ自体や統制を間接的に批判するものも含まれていた。しかし，特に教育学関係者の中には，時局的な研究成果を発表するものも少なくなかった。しかも，彼らの多くは敗戦後には戦前・戦中の言説を大きく変質させ，あるいはそれらの言説に全く触れることなく「新教育」「民主主義教育」の推進者となっていった（長浜功『教育の戦争責任』明石書店，1984 年）。

1945（昭和 20）年 3 月，政府は**「決戦教育措置要綱」**を閣議決定し，「国民学校初等科」を除き授業を停止すると発表した。これは，同年 5 月の**「戦時教育令」**によって法制化され，「学徒ハ尽忠以テ国運ヲ雙肩ニ担ヒ戦時ニ緊切ナル要務ニ挺身シ平素鍛錬セル教育ノ成果ヲ遺憾ナク発揮スルト共ニ智能ノ錬磨ニ力ムル（第 1 条）」ことが学徒の本分とされた。これによって日本の戦時教育体制は実質的に崩壊したのである。

第6章　総力戦体制の中の教育（1930～1945年）

> コラム

戦争責任と「草の根の軍国主義」

　敗戦直後の1946（昭和21）年7月号の『明かるい学校』（明かるい学校社）に青木壮一郎の「教育界の戦争責任について」という短いエッセイが掲載されている。ここで青木は，「多くの教育者は過去幾十年にわたる陰謀的な文教政策によって完全に盲目にされ，社会科学や世界情勢に関する知識をほとんど持ってゐなかった。そのため，戦争に協力することこそが最も正しい道であると心から信じこみ，自ら進んで積極的に，この戦争を支持し，これに協力して来たのであった」としながら，次のように続けた。「心の底では疑惑と反抗心を抱きながらも，大勢に抗しかねて公然とこれに反対し得ず，消極的に協力して来た者もないではなかった。（中略）消極的積極的の差こそあれ，誰しも戦争を支持した点では五十歩百歩なのだから，くさいものには蓋をしてこの問題は避けて通らう――といふ考へ方が，いささかなりとも頭の隅にあるとしたら，それは大変な間違ひといはねばならぬ。かりそめにも教育者たるものがこの問題を避けて通るようであつては，到底新しい日本の建設はできぬ。日本教育の真の民主化はのぞまれない」。

　また，佐藤忠男は総力戦体制を支えた心性を「草の根の軍国主義」と呼び，次のように述べた。「日本の軍国主義は，一部の軍国主義者によって生み出されて嫌がる一般国民におしつけられたちうわけのものでは必ずしもないのではないか。軍国主義者たちの罪は許し難いが，残念ながら彼らは，彼らが得意にふるまっていた時代には一般国民の相当に強い支持を得てもいた。軍国主義者たちはその時代に暴走を繰り返し，それを制御しなければならぬとは思っていた政治家たちや昭和天皇も結局は一部暴走軍人たちの行動を追認しつづけるだけでついに破局に至った，ということは多くの歴史書の説くとおりだと思います。しかしいかにも無茶苦茶な一部軍人たちをなぜ政治の中枢にいる人々が制御できなかったかといえば，それは彼らがけっこう国民大衆に人気があったからだと言わざるを得ない。彼らは特異な少数者ではなくて＜草の根の軍国主義＞に支えられた多数派であった」（『草の根の軍国主義』平凡社，2007年）。

◆　参考文献

久保義三『昭和教育史　上（戦前・戦時下篇）』三省堂，1994年。
唐澤富太郎『教科書の歴史――教科書と日本人の形成』創文社，1956年。
寺﨑昌男・戦時下教育研究会編『総力戦体制と教育――皇国民「錬成」の理念と実践』東京大学出版会，1987年。
山田恵吾・貝塚茂樹編『教育史からみる学校・教師・人間像』梓出版社，2005年。

［貝塚茂樹］

第7章

「復興」と「模索」の中の教育（1945～1960年）

■□概　説□■

　1945（昭和20）年8月14日，日本はポツダム宣言を受諾した。国民は，翌8月15日正午の天皇による「終戦の詔書」のラジオ放送（いわゆる「玉音放送」）で日本の敗戦を知ることになる。同年9月2日に東京湾に碇泊したアメリカ戦艦ミズーリ号上で降伏文書の調印式が行われ，その後1952（昭和27）年4月28日のいわゆる「サンフランシスコ講和条約」によって独立と主権が回復するまで，日本は約6年半にわたって連合国軍最高司令官総司令部（GHQ／SCAP。以下ではGHQと表記）の占領下に置かれた（実質的に日本はアメリカの単独占領となった）。

　占領下の日本では，GHQの主導によって，政治，経済，教育のあらゆる分野において抜本的な改革が進められた。一般に，占領期の改革の政策形成は，占領する側（GHQ）と占領される側（日本）とのダイナミックスの中で模索されることになる。しかし，「占領」とは，厳密には「戦争状態の継続」を意味しており，日本においても戦後教育改革の主導権はあくまでもGHQの側にあった。

　本章の対象とする1945年から1960（昭和35）年までの教育史は，占領期の教育改革の時期と講和独立後の時期の大きく二つに分けることができる。戦後教育の理念と制度的な枠組みのほとんどは，占領期（日本にとっては被占領期の意味）に行われた教育改革によって形成された。

　教育の戦後処理と新しい教育理念の啓発と啓蒙が同時進行したこの時期は，基本的には第一次米国（アメリカ）教育使節団による『第一次米国（アメリカ）教育使節団報告書』の勧告に基づきながら教育刷新委員会の審議を軸として進められた。1947（昭和22）年3月には教育基本法，学校教育法などの新教育制度の基礎となる法律が制定され，社会科などの教育内容の改革と，6・3・3制の学制改革と教育委員会制度などの新しい教育行政制度が構築された。

　「サンフランシスコ講和条約」以後の時期には，占領期に構築された教育制度について日本の実情に即した修正が加えられ，修正をめぐって活発な議論が展開された。その過程では，「55年体制」を背景とした政治的な対立が教育の分野にも及び，いわゆる「文部省対日教組」と称される政治的対立の図式が固定化していった。

　こうした状況の中で敗戦直後からの重要な課題の解決は困難となる一方で，高度経済成長という新たな状況に対応した教育の枠組みの準備が切実な課題として求められていくことになる。

第7章 「復興」と「模索」の中の教育（1945〜1960年）

1 敗戦と「占領」の中の教育

（1）日本人にとっての8月15日

　1945（昭和20）年8月15日正午に行われた天皇による**「終戦の詔書」**（いわゆる「玉音放送」）によって，国民は敗戦を知った。「終戦の詔書」は，日本の敗戦を告げた上で，「戦陣に死し，職域に殉じ，非命に斃れたる者，及其の遺族に想いを致せば，五内為に裂く」とした上で，これから日本が直面する苦難は計り知れないものがあるが，「堪え難きを堪え，忍び難きを忍び，以て万世の為に大平を開かんと欲す（中略）宜しく擧國一家子孫相傳え，確く神州の不滅を信じ，任重くして道遠きを念ひ，總力を將來の建設に傾け，道義を篤くし，志操を鞏くし，誓って國體の精華を發揚し，世界の進運に後れざらむことを期すべし」と結ばれた。

　敗戦に対する国民の受け止め方は様々であった。陸軍大将の阿南惟幾は，8月14日に「一死以テ大罪ヲ謝シ奉ル」と書き残し割腹自殺をし，阿南の死を聞いた予備役陸軍大将の宇垣一成は，「正午ラヂオを通じて講和に関する玉音を拝聴せり。只恐懼，悲壮，痛恨‼　以外に吾胸中を形容すべき言辞なし。昨夜阿南陸相自刃せり，噫！　午後鈴木内閣総辞職せりと。（中略）其後に於て大罪を奉謝すべき也。」と8月15日の日記に書いている。

　民俗学者の**柳田国男**（1875-1962）は，「十二時大詔出づ，感激不止。午後感冒，八度二分。」と書き，作家の永井荷風（1879-1959）は，「今日正午ラヂオの放送，日米戦争突然停止せりし由を公表したりと言ふ。あたかも好し，日暮染物屋の婆，雞肉葡萄酒を持ち来る，休戦の祝宴を張り皆ゝ酔うて寝に就きぬ」と書き残した。

　敗戦の責任を自らの死を以て償った一部の軍人と「祝宴」を催す国民の姿は対照的である。とりわけ国民は，長い戦争による圧迫と緊張から解放された「精神的な虚脱」とともに，戦後への不安と期待が織り交ぜになった感情の中で敗戦を受け止めた。

　一般的に多くの日本人は，敗戦を「新しい契機」と積極的に受け止めたといえる。これを象徴しているのが，1949（昭和24）年5月3日に出された「角川文庫発刊に際して」という文章である。「第二次世界大戦の敗北は，軍事力の敗北であった以上に，私たちの若い文化力の敗退であった。私たちの文化が戦争に対し

171

て如何に無力であり、単なるあだ花に過ぎなかったかを、私たちは身を以て体験し痛感した」と書き出された文章は、「一九四五年以来、私たちは再び振り出しに戻り、第一歩から踏み出すことを余儀なくされた。これは大きな不幸ではあるが、反面、これまでの混沌・未熟・歪曲の中にあった我が国の文化に秩序と確たる基礎を齎(もた)らすためには絶好の機会でもある」と続けた。

軍事力だけでなく文化でも敗退した日本は、敗戦を契機に「再び振り出しに戻り、第一歩から踏み出す」が、これは「大きな不幸」であると同時に「絶好の機会」であると捉えられた。こうした戦後への肯定的な意味づけは、戦前・戦中と戦後との「断絶」を強調するものとなっていった。しかもここでは、敗戦までの歴史を十分に分析、検証するという姿勢を欠き、ともすれば一面的にこれを否定する傾向を伴っていた。

（2）「墨塗り教科書」と教師の戦争責任

戦争の終結によって日本に平穏と秩序が回復されたわけではなかった。戦争末期からの窮迫した衣・食・住はさらに深刻となっており、国民は食べること、生きることに追われながら将来の見えない不安を抱えていた。

敗戦に伴い**文部省**は、340万人を超える**学徒動員**を解除するとともに、「戦時教育令」を廃止して46万人を超える疎開児童を親元に戻すことで学校教育の正常化に乗り出す。しかし、学徒動員だけでも死亡者1万966人、傷病者9789人という傷跡は深く、焼け野原となった都市部には**戦災孤児**と**欠食児童**が溢れた。

当時の混沌とした状況について、たとえば、11歳で敗戦を迎えた上野博正（医師）は、昭和20年前半を「生きているという感覚を、みんながそれぞれにもてた」としながら、「ずいぶんネ、ひどい状況で悲しい思いをしてきたなってことと、今晩、誰のところで何を食うかだけを考えて、他には何も考えないで、それはそれなりにたくましく生きてきてよかったなという……それが二つせめぎあってます」（安田常雄・天野正子編『戦後体験の発掘——15人が語る占領下の青春』三省堂、1991年）と述懐している。

それでも文部省は、9月15日に「**新日本建設ノ教育方針**」を公表し、「軍国的思想及施策ヲ払拭シ平和国家ノ建設ヲ目途(もくと)トシテ謙虚反省只管国民ノ教養ヲ深メ科学的思考力ヲ養ヒ平和愛好ノ念ヲ篤(ひた)クシ智徳ノ一般水準ヲ昂(たか)メテ世界ノ進運ニ貢献スモノタラシメントシテ居ル」として改革の方向性を示した。これはGHQ

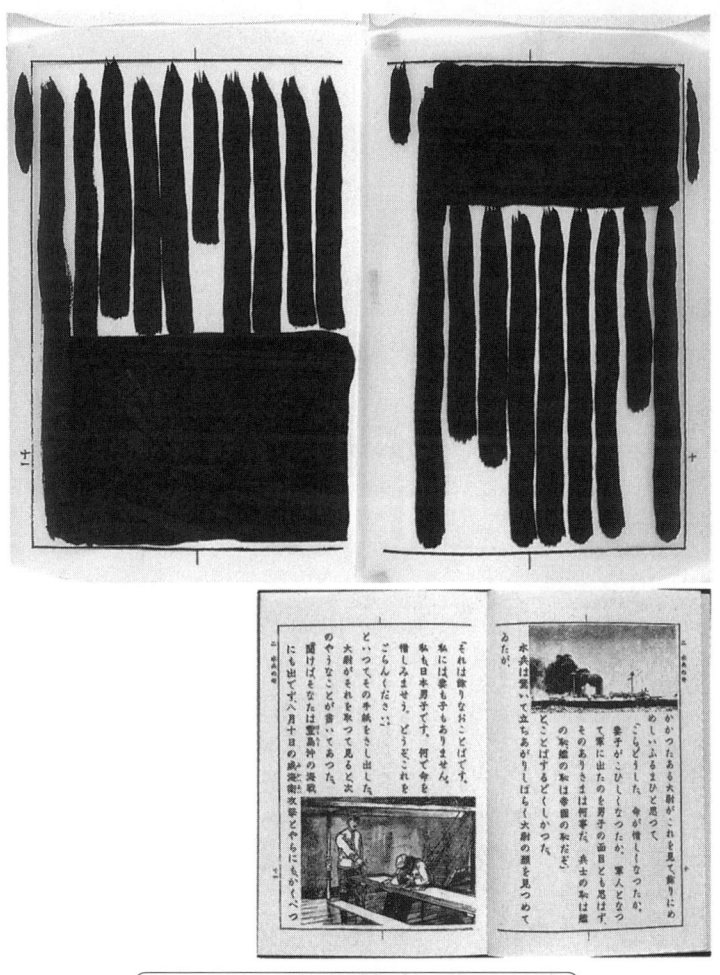

第7章 「復興」と「模索」の中の教育（1945〜1960年）

図7-1　すみ塗り教科書（すみ塗り前と後）
（出所）『子どもたちの昭和史』大月書店，1984年。

の「非軍事化」と「民主化」の方針と呼応したものであった。
　文部省がとった具体的な措置が，いわゆる**「墨塗り教科書」**であった。文部省は，同年9月20日に文部次官通牒「終戦ニ伴フ教科用図書取扱方ニ関スル件」を発し，①国防軍備などを強調した教材，②戦意昂揚に関する教材，③国際的な和親を妨げる虞（おそれ）のある教材，④戦争終結という現実の事態から遊離した教材，を指摘し，翌1946（昭和21）年1月25日に「国民学校後期使用図書中ノ削除修正

173

箇所ノ件」を通牒している。この通牒に基づき，各学校では，児童・生徒に教科書の該当部分を切り取らせるか，あるいは墨を塗らせるという処置が取られた。

「墨塗り教科書」は日本の敗戦という現実を子どもたちに実感させるものであった。阿久悠（1937-2007）は，小説『瀬戸内少年野球団』（文藝春秋，1979年）において「学校がはじまった。学校のはじまりは，教科書を墨で真っ黒にぬりつぶすことからだった。夢も希望も全てが墨に埋もれてしまった」と墨塗りをした子どもの心情を表現した。また，静岡県の国民学校4年の時に敗戦を迎えたある児童は，教科書に墨を塗った経験を次のように記している。

　命ぜられるままにだん／＼塗っていくうちに，戦争に関係のあるところだと云うことが解つたが，何故それがいけない部分なのか判断に苦しんだ。幾度も皆が声をそろえて読んだ所だ。何日もかかつて暗誦出来る様にした所だ。大事に大事にと扱つていた本が，無惨にも黒々と塗られていくのを見て，惜しくて惜しくてたまらなかった。

　墨が薄くてまだ活字の読めるものは，繰り返して塗らせられた。少しも感情の動きを見せずにいる先生の態度に，不信を抱いた。誰云うとなくその訳をたずねた。「上からの命令です。こうしないと進駐軍に叱られますから」と先生は答えた。父も母も答は同じだった。誰もそれ以上は説明してくれなかった。
（唐澤富太郎『教科書の歴史――教科書と日本人の形成』創文社，1956年）

「墨塗り教科書」に対するこうした教師の対応は，子どもにとっては不信感となった。もちろん，教師の中には教科書に墨を塗らせる行為を自らの問題として受け止め苦悩した者もいた。ある教師は，「私は，学校をこの夏休みかぎりでやめます。私は，いままで教えてきたことが，全部まちがっていた，と，いまさら児童たちにいえませんから」（本多顕彰『指導者――この人びとを見よ』光文社，1955年）と教師を辞めた。

また，ある教師は，「『鬼畜米英』も教えた。『打ちてしやまむ』とも教えた。『大君のへにこそ死なめ』とも教えた。そして卒業生たちは出征のたびに激励のことばも送った。その私がどのつらさげて再び子どもたちの前に立つことができようか。（中略）つねに真理を真理として教えていく教師が，今までのことはまちがいであったと簡単に言うことはできないのである。それが純真な子どもであ

> **コラム**
>
> ## 子どもの側からみた「墨塗り教科書」と教師
>
> 　教科書に「墨塗り」することを子どもたちの側はどのように捉えたのであろうか。その一つの例を次のような記述にみることができる。
> 　「教育――そのころは，まったく軍国主義教育であり，すばやく軍国の子に育てる目的のために，教師は幼いわたしたちを気が遠くなるほどよく殴った。教科書をたいせつにしない子にはとくにそうであった。それが戦争が終わったら『教科書を開く前に一度教科書におじぎをしないと罰が当たるよ』とまで教えてくれた同じ教師の命令で，わたしたちは教科書に墨をぬったのである。（中略）教師のいうことは，子どもにとってはもちろん，親にとっても絶対であった。それゆえにこそ，教師に説得されると，数え年十五のわが子を軍隊や満州に送り出していたのである。その教師が，こともあろうに教科書のなかでも特別に力をいれて教えた部分こそよけいに濃く墨をぬらせたのである。教科書に墨をぬる――ということは，それまでの教育をまっこうから否定することではないのか。それまでの教育を否定するのであれば，それまでとは異なった意識で以後の教育にあたらねばならないのではなかったか。そのことを生徒も教師も忘れていいのか，忘れさることが許されるのか。そのときから四半世紀も過ぎ去ったからといって忘れていいのか。ほんとうは，忘れることは罪ではないのか」（和田多七郎『ぼくら墨塗り少国民――戦争と子どもと教師』太平出版社，1974年）

ればある程人間としての責任の深さに思い悩んだ」（金沢嘉市『ある小学校長の回想』岩波書店，1967年）と自らの責任に言及した。

　しかし，こうした教師たちはむしろ少数であった。それまで神話を歴史的な事実として教えていた教師が，8月15日を境として「おまえたち，よう考えてみやれい，ひとが雲に乗って空からおりてくるかや」（唐澤前掲書）と述べた例は決して少なくはなかった。

　戦争を賛美し，**満蒙開拓青少年義勇軍**に象徴されるように，子どもたちを戦地に送り出した教師たちの多くは，自らの責任に対する深刻な反省をすることなく，戦後の「民主主義教育」の推進者となっていったのである。

　教師と同じく教育学者もまた責任を指摘されるべきである。第6章で検討したように，多くの教育学者が，戦争を「聖戦」と説き，戦争賛美の論文を書いた。

> コラム
>
> ### 『きけ わだつみのこえ』
>
> 　『きけ わだつみのこえ』は，戦争末期に戦没した学徒兵の遺書を集めた遺稿集である。1947（昭和22）年に出版された東京大学戦没学徒兵の手記集『はるかなる山河に』に続いて1949（昭和24）年に出版された。もともと「わだつみ」は海神を意味する日本の古語であるが，『きけ わだつみのこえ』を契機にして戦没学徒を意味するものとして一般化している。戦争の苦しみ，青年学徒の若い人間的な悲痛の声は全国民の心を深くとらえて，ロングセラーとなり，1950（昭和25）年には映画化もされた。しかし，戦争の「被害者」を強調しようという意図から，軍国主義的内容への共感や国家への絶対的な忠誠を誓うような文章は，意図的に削除，改竄されていた部分があり，「戦争を知らない世代に継承していくためには，改めて逝ってしまった戦没学徒への哀惜とその歴史的功罪を明確に語っていくべきである」（保坂正康『「きけわだつみのこえ」の戦後史』文藝春秋，1999年）という批判と指摘もなされている。

　しかし彼らのほとんどは，戦後はそうした事実に言及することなく教育界で活躍していった。その比率は，責任をとって職を辞した教師とは比較できないほど高かったといわれる。

　長浜功はこの点について，「学者たちは時流に合わせて，戦後民主主義の潮流に乗り移ったけれども，教師たちはそうはゆかなかった。学者は自分の書いた本を焼き捨てればよかったが，教師たちは昨日まで神聖無比と教えてきた教科書に墨をぬらせなければならなかった。教師たちには己れの良心に目をとざしていても，それを責めるこどもの目があった。しかるに教育学者たちときたら，己れの良心を押し殺しておけば，誰も責めるものはいなかったのである。かくして学者は平然と復帰をし，良心的な教師であればあるだけ，教壇から身を遠ざける結果を招いた」（長浜功『日本ファシズム教師論——教師たちの8月15日』明石書店，1984年）と指摘した。教育の戦争責任をどのように考えるかは今日の教育学にとっても切実な課題であり続けている。

2 戦後教育改革の模索と子ども文化

（1）「教育の四大指令」と教育改革の「外圧性」

　文部省は1946（昭和21）年9月15日に「新日本建設ノ教育方針」を出して，戦後の基本方針を明らかにするが，敗戦後の教育政策を主導したのはGHQであった。GHQは，同年8月24日には学徒軍事教練や戦時体錬及び学校防空関連の訓令を全て廃止し，10月3日には銃剣道・教練を，11月6日には体錬科武道（剣道，柔道，薙刀，弓道）の授業の停止を文部省から通達させた。

　GHQは，1945（昭和20）年10月から12月にかけて日本政府に宛てて4つの教育指令を出した。その教育指令とは，「日本教育制度ニ対スル管理政策」（10月22日），「教員及教育関係官ノ調査，除外，許可ニ関スル件」（10月30日），「国家神道，神社神道ニ対スル政府ノ保証，支援，保全，監督並ニ弘布ノ廃止ニ関スル件」（12月15日），「修身，日本歴史及地理停止ニ関スル件」（12月31日）であり，一般にこれらは**「教育の四大指令」**といわれる。

　「教育の四大指令」は，教育の分野における「非軍事化」と「民主化」を実現するために，軍国主義と超国家主義的教育の禁止と民主主義教育の奨励，職業軍人・軍国主義及び超国家主義者，並びに占領政策反対者の教職追放と自由主義者・反軍国主義者の復職，軍国主義的・超国家主義的教材の排除，国家からの神道の分離と学校からの神道教育の排除を命じたものであった。

　特に，「日本教育制度ニ対スル管理政策」と「教員及教育関係官ノ調査，除外，許可ニ関スル件」（教職追放令）によって教職の適格審査が本格的に開始され，1947（昭和22）年10月末までに官公私立のすべての学校の教職員，中央・地方の教育行政職員，教育に関する法人の役員など約65万人が審査された。そのうち2623人が不適格者とされたほか，職業軍人，文部省思想局，教学局の高官など2717人は，審査をすることなく自動的に不適格者として追放された。

　しかし，軍国主義や超国家主義の積極的な推進者であったかどうかの審査は難しく，実際には時期を限って（1937年7月7日～1945年5月7日）一定の地位，職務等に就いていたか否かという機械的な作業で審査と追放が行われた場合が多かった。そのため，積極的な推進者が網の目から漏れ，占領政策礼賛者として教育界に留まることを許し，逆に不適格には該当しない者でも追放されるという矛盾

> コラム

『堕落論』

　『堕落論』は，坂口安吾（1906-1955）が1946（昭和21）年4月に雑誌『新潮』に発表した作品である。「半年のうちに世相は変わった。（中略）人間が変わったのではない。人間は元来そういうものであり，変わったのは世相の上皮だけのことだ。」と書き出された文章は，敗戦直後の社会と日本人の敗戦に対する受け止め方の問題点を描写した。「戦争は終った。特攻隊の勇士はすでに闇屋（やみや）となり，未亡人はすでに新たな面影によって胸をふくらませているではないか。人間は変りはしない。ただ人間へ戻ってきたのだ。人間は堕落する。義士も聖女も堕落する。それを防ぐことはできないし，防ぐことによって人を救うことはできない。人間は生き，人間は堕ちる。そのこと以外の中に人間を救う便利な近道はない。戦争に負けたから堕ちるのではないのだ。人間だから堕ちるのであり，生きているから堕ちるだけだ」と安吾はいう。しかし安吾は，「だが人間は永遠に堕ちぬくことはできないだろう」ともいう。「なぜなら人間の心は苦難に対して鋼鉄の如くではあり得ない。人間は可憐（かれん）であり脆弱（ぜいじゃく）であり，それゆえ愚かなものであるが，堕ちぬくためには弱すぎる」からである。そして，「人は正しく堕ちる道を堕ちきることが必要なのだ。そして人のごとくに日本もまた堕ちることが必要であろう。堕ちる道を堕ちきることによって，自分自身を発見し，救わなければならない。政治による救いなどは上皮だけの愚にもつかない物である。」と結んだ。

　『堕落論』に対して文芸評論家の奥野健男は，「戦争下の無我の美しさをうたいしかしそれは死の美学あり，生きるためには人間は堕落せねばならぬ，墜ち切ることにより真実の救いを発見せよという訴えは，当時の若者たちにとって，戦前戦中の倫理観をいっさい否定し，戦後への主体的な生き方を教える革命的宣言として広く深い影響を与えた」（『日本近代文学大事典』講談社，1984年）と評している。

が生じたことも少なくなかった（『日本近代教育百年史第1巻　教育政策（1）』国立教育研究所，1973年）。

　「国家神道，神社神道ニ対スル政府ノ保証，支援，保全，監督並ニ弘布ノ廃止ニ関スル件」（神道指令）は，国家神道・神社神道の思想や信仰が軍国主義的・超国家主義的思想を鼓吹し，日本国民を戦争に誘導するために利用されたとの見地から，政府がこれを保護，支援することを禁止し，神道による教育を学校から排除することを指令したものであった。また，「修身，日本歴史及地理停止ニ関スル件」（三教科停止指令）では，軍国主義的・超国家主義的思想を教育内容から排

除しようとしたものであり，**修身**，日本歴史，地理の3教科の授業を GHQ の許可があるまで停止するとともに，代行の教育計画実施案と新教科書の改訂案の作成を指示したものであった。

「教育の四大指令」に象徴される厳しい禁止措置は，占領教育政策に対する日本側による抵抗と自発的な教育改革構想の不十分さへの GHQ の不満を反映したものであった。たしかに，GHQ 主導の禁止措置がなければ，軍国主義と超国家主義的教育の払拭がどの程度可能となったかは疑問である。しかし，禁止措置に見られる教育改革の「外圧性」は，いくつかの問題を抱えていた。軍事権力を背景とした教育の民主化政策は，本来はそれ自体が矛盾であり，民主主義という名の独裁や，自由という名の専制をもたらす危険を内在させていたと同時に（『教育学全集3　近代教育史』小学館，1968年），日本側の自律的な自己改革の可能性を妨げる要因ともなった。

そのため，日本側にとって戦後教育改革は，いわば「与えられた改革」としての側面が強く，戦前・戦中の教育を徹底的に検証した上で新しい教育のあり方を構築しようとする機運は十分には形成されなかった。このことは，「戦争責任」を曖昧にし，切実な葛藤を経験することなく民主主義教育に移行したと批判される根拠ともなり，同時にそれは「転向」問題とも連動していた。

（2）第一次米国（アメリカ）教育使節団の来日と教育刷新委員会

「教育の四大指令」は，軍国主義と超国家主義的教育の払拭を基本的な目的とした禁止措置であった。しかし，GHQ は 1946（昭和21）年に入ると，戦後の教育理念と教育体制の基本方策についての積極的な提言を行っていく。

その代表的な役割を担ったのが，連合国軍最高司令官**マッカーサー**（Douglas MacArthur）の要請によって同年3月に来日した**第一次米国（アメリカ）教育使節団**である。ストッダード（George D. Stoddard）団長以下，アメリカの教育関係者27名から構成された使節団は，日本側教育家委員会や文部省関係者と連携しながら，約1カ月にわたって日本に滞在した後に『**第一次米国教育使節団報告書**』（以下，「**報告書**」と略）をマッカーサーに提出した。

「報告書」は，英文タイプで69頁，日本語に翻訳して約6万字に及ぶものであり，本論は，①「日本の教育の目的および内容」②「国語の改革」③「初等学校および中等学校における教育行政」④「教授法および教師養成教育」⑤「成人教

育」⑥「高等教育」の6章から構成されている。

「報告書」は，日本の教育システムが，たとえ軍国主義や超国家主義に支配されなかったとしても，その中央集権的な教育制度，官僚独善的な教育行政，画一的な詰め込み主義などは近代の教育理念によって当然に改革されなければならなかったであろうと指摘した。そして，戦後日本における民主主義を基調とした教育制度は，「個人の価値の尊厳」を認識し，各人の能力と適性に応じて，教育の機会を与えるよう組織され，個人のもつ力を最大限に伸ばすことが基本であることを勧告した。

学校制度では，小学校6年・中学校3年・高等学校3年の6・3・3制の単線型学校制度を勧告するとともに，9年の無償義務教育と**教育委員会**制度の導入，男女共学の実施，高等教育の門戸開放とその拡大，大学の自治尊重と一般教育導入などを勧告することで戦前までの学校制度の抜本的な変革を強く求めた。

教員養成については，従来の形式的教育を批判し，新たに4年制課程の大学段階の教員養成を勧告し，初等・中等教育の教育行政については，中央集権的制度を改め，新たに公選による民主的な教育委員会を設け，人事や教育に関する行政権限を行使させる地方分権的制度の採用を強く勧告した。また，社会教育については，民主主義国家における成人教育の重要性を指摘し，PTA（父母と教師の会），学校開放，図書館その他の社会教育施設の役割を重視するとともに，成人教育の新しい手段・方法の意義について述べている。

「報告書」は全体的に，従来のわが国の教育上の問題点を鋭く指摘，批判しながら，民主主義，自由主義の立場から「個人の価値の尊厳」と1人ひとりの可能性を発達させることを教育の目的とすることを明確に述べた。いうまでもなくそれは，20世紀の世界的な新教育運動に共通する児童観と教育観の提示でもあった（山住正巳，堀尾輝久『教育理念（戦後日本の教育改革2）』東京大学出版会，1976年）。

「報告書」の内容は，その後の戦後教育改革の具体的なモデルとなり，「報告書」が勧告した内容のほとんどは，その後の教育改革の中で実現され，戦後教育改革の指針となった。

（3）**教育基本法の制定と新学制の発足**
①教育勅語問題と教育基本法の制定
戦後の新たな教育理念を構築するにあたって大きな課題となったのが，近代教

第7章 「復興」と「模索」の中の教育（1945〜1960年）

育理念の中核となっていた**教育勅語**をめぐる問題であった。敗戦直後の日本政府・文部省では，「国体の護持」と民主主義とは決して矛盾するものではないとし，教育勅語に対する評価はむしろ肯定的なものであった。

たとえば，**前田多門**（1884-1962）文部大臣は，教育勅語には，「天地の公道が示されており，国民としてだけではなく人間としてふむべき道が示されて」いる。これを歪曲したのが軍国主義であり，今後は改めて教育勅語を虚心坦懐に読み直し，その精神を受け継ぐことが必要であると主張した。

教育刷新委員会は，1946（昭和21）年9月25日の第2回総会において，①教育勅語に類する新勅語の奏請はこれを行わないこと，②新憲法発布の際に賜るべき勅語の中に，今後の教育の根本方針は新憲法の精神に則るべきこと，を確認した。これに基づいて，同年10月8日の文部次官通牒「勅語及詔書等の取扱について」は，①教育勅語をもってわが国唯一の淵源となる従来の考え方を排除すること，②式日等の奉読を禁止すること，③教育勅語を神格化する取り扱いを止めること，の3点を骨子としたものであった。

これを受けて文部省は，**教育基本法**の制定へと着手することになる。ここでの解釈は，新しく制定される教育基本法と教育勅語とは基本的に「矛盾するものではなく」，教育勅語には「天地の公道たるべきものが示されている」ので，「これを廃止する意思はない」というものであった。

1947（昭和22）年3月31日に教育基本法が**学校教育法**とともに制定された。教育基本法の性格は，①教育に関する基本的な理念及び原則を法律という形式で定めたこと，②憲法の理念を踏まえ，教育の理念を宣言するものとして異例な前文を付したこと，③今後制定すべき各種の教育法の理念と原則を規定したことの3点であり，「実質的に教育に関する基本法の性質をもつ」（文部省編『学制百年史（記述編）』帝国地方行政学会，1972年）ものとされた。

教育基本法は，前文および全11条から構成された。前文には，新しい憲法の理念の実現は根本において教育の力によるべきことを宣言し，第1条は，教育が「人格の完成」をめざし，「平和的な国家及び社会の形成者」として，「真理と正義を愛し，個人の価値をたっとび，勤労と責任を重んじ，自主的精神に充ちた心身ともに健康な国民」を育成することを目的として掲げた。その他，「教育の機会均等」「義務教育」「男女共学」「学校教育」「社会教育」「政治教育」「宗教教育」「教育行政」についての原則が規定された。さらに，第11条（補則）におい

て，以上の原則的諸条項を具体的に実施する場合には，別に法令が定められる必要があることが規定された。

教育基本法の制定によって，戦後の教育理念は明確にされたが，1948（昭和23）年6月19日に衆参両議院で「教育勅語排除・失効確認決議」（以下，「国会決議」と略）が行われたことで教育基本法と**教育勅語**の関係は再び不安定なものとなった。

②新学制の発足と教育課程改革

第一次米国（アメリカ）教育使節団の「報告書」で勧告された6・3・3制の学校制度は，小・中学校が1947（昭和22）年度，高等学校は1948（昭和23）年度，大学は一部が1948年度，本格的には1949（昭和24）年度に発足した。

従来の中等教育段階の学校は，その種類が複雑でしかも高等教育との接続で複数の系統を形成した分岐型（フォーク型），あるいは複線型であり，高等教育への進路もきわめて限定されていた。これに対して，新学制では6年制の小学校に続き中等教育を3年制の中学校と同じく3年制の高等学校に単純化し，同時に高等教育機関を4年制の大学に一本化し，大学の門戸をすべての高等学校卒業生に開放するという徹底した学校体系となった。この単線型学校制度の主要な目的は，教育の機会均等を達成することにあったが，単線型の構想については日本でも戦前から論議されていたものでもあった（巻末資料参照）。

ところが，新学制の実施は，第一次米国（アメリカ）教育使節団の勧告や**教育刷新委員会**の審議からも極めて短期間で準備を整える必要があり，また財政的にも切実な困難を抱えていた。なかでも新制中学校の設置は，戦前の**国民学校**の高等科や**青年学校**の普通科が上級学校に接続されず，いわば袋小路となっていた制度を，上級学校に一本化するものであり，制度的にも財政的にも大規模な改革を必要とした。

また，戦災による学校施設の損傷は激しく，校舎の確保は困難を極めた。1947年度の中学校生徒数約319万人のうち，約150万人分の教室が不足したといわれる。戦災をまぬがれた旧高等小学校などを転用して独立校舎をもちえた新制中学校は，当初は全体の中学校の15％に過ぎず，1949年4月の時点で，二部ないし，三部授業を実施するもの2268教室，講堂や屋内体育館を間切りしているもの3342教室，廊下・昇降口・物置などを代用しているもの3090教室もあった（文

部省編前掲書『学制百年史（記述編）』）。なかには，馬小屋や電車の中に仮教室を設置する学校や青空教室と称して野外で授業をする学校も決して珍しくはなかった。新制中学校設置に伴う校舎の建築資材の不足と自治体財政の逼迫は，多くの自治体の担当者を苦しめ，「キョウシュツ（供出）とキョウシツ（教室）は市町村長の命とり」といわれたりした。

新制中学校の教員不足も深刻であった。多くは**国民学校**をはじめ**青年学校**などの戦前の中等学校からの転任によって充足されたが，発足当初の教員充足率は約81％であり，必要な免許状をもたない教員の比率も極めて高かった。

一方，1948年度から発足した新制高校は，そのほとんどが旧制中学校を転換した形で出発し，校舎もそのまま転用されたところが多かった。新制高校の設置にあたって重視されたのが，学区制，男女共学制，総合制という**「高校三原則」**である。これは，旧制の中学校間にあった格差を是正して平準化を図ること，小学校および中学校とともに，高等学校をできるだけ地域学校化してその普及を図ることを意図したものであった。

「高校三原則」によって，発足から半年後の1950（昭和25）年にかけて，全国で大規模な新制高校の再編成（統廃合）が実施された。しかし，地方によっては，地方軍政部の強い主張のために実情を無視した総合制や学制が実施されたことで混乱を生じ，1952（昭和27）年に日本の主権と独立が回復されて以後は逐次是正が行われた。また，私立学校の場合は，旧制中等学校が母体となり，「高校三原則」は適用されなかった。そのため，多くは男女別の高等学校となり，しかも中学校と高等学校を併設する形態となった。

また，学制改革により戦前期の高等教育機関（帝国大学，官公私立大学，高等学校，専門学校，高等師範学校，師範学校など）が4年制の新制大学として再編成され，その多くが1949年度から発足した。新制大学の特色は，①一般教育を重視して，人文・社会・自然の諸科学にわたり豊かな教養と広い識見を備えた人材を養成することを眼目としていること，②学問的研究とともに専門的，職業的訓練を重視して，しかも両者を一体化することにあった。

特に，「特別の地域を除き，一府県に一大学設置の原則をとる」「各都道府県には，必ず教養及び教職に関する学部又は部を置く」という国立大学の設置方針に基づき，1949年の国立大学設置法及び教育職員免許法によって戦後の教員養成制度も新たに出発した。1948年5月現在，高等師範学校7校，師範学校55校，

> コラム

第一次ベビーブーム

　1947（昭和22）年から1949（昭和24）年の3年間の出生数は，それぞれ250万人を超えており，合計すると約800万人となる。特に，1949年の出生数は269万6638人となり，2007年の出生数106万2604人の約2.5倍となる。これが第一次ベビーブームであり，この期間に生まれた世代は「団塊の世代」と呼ばれる（1971年から1974年までは第二次ベビーブームであるが，これは「団塊の世代」が出産年齢に達したために生じたものである）。「団塊の世代」の誕生，成長にともなう就職，進学問題や都市への移動は，社会構造と教育課題に大きな変化を与えた。特に，1960年代後半の大学紛争（学園紛争）の担い手は「団塊の世代」であった。

　青年師範学校46校，その他17校の計125校あった官立の教員養成諸学校は，新制大学の発足に際して，7つの学芸大学，19の学芸学部，26の教育学部に統合，再編された。

　しかし，この過程では専門学校と師範学校，旧帝国大学と師範学校との合併をめぐる制度的な困難の中で戦後の新たな教師像や教員養成観も錯綜した。なかでも，教員養成において教職的な教養を重視するか，あるいは一般教養・学問的教養を重視するかの対立は，その後の教員養成をめぐる論点となった。

　この背景には，これまでの閉鎖的な**師範学校**での教員養成では，自由な発想と学問研究の姿勢・雰囲気が欠如しており，一般に「明朗闊達の気質を欠き，視野が狭く，偽善的であり，陰湿，卑屈，偏狭」（篠田弘他編『学校の歴史　第5巻　教員養成の歴史』第一法規，1979年）といわれる，いわゆる「師範タイプ」教員を生み出したことへの批判があり，その克服が意図された。

　そのため，これまで中等学校程度の学校として制度的に位置づけられていた師範学校での教員養成をより高度な専門性を育成するために大学でおこなうという**「大学における教員養成」**と，従来の閉鎖的な教員養成制度を改め，教員養成がすべての大学・学部で行えるという制度である**「開放制」**が，戦後の教員養成制度の原則となった。

　新学制の発足に先立ち，最初の学習指導要領として『**学習指導要領一般編（試案）**』が文部省より刊行された。これは，アメリカの学習指導に関する教師用ガ

イドブックである「コース・オブ・スタディ（Course of Study）」をモデルとしたものであり，教育の目標や指導方法などが明記された。新学制による小学校の教科の基準は，国語，社会，算数，理科，音楽，図画工作，家庭，体育および自由研究と定められ，従来の修身，国史，地理の3教科がなくなり，新しく社会，家庭，自由研究が教科として登場した。

　なかでも，社会科の目標は，青少年が自分たちの社会に正しく適応し，その中で望ましい人間関係を育成するとともに，自分たちの属する共同社会を進歩向上させることができるように社会生活を理解させ，社会的態度や社会的能力を養うことにあった。これは新教育課程の教育内容と方法に対する改革の方向を象徴するものであり，新教育課程は社会科を中心に推進されたといっても過言ではなかった。

　ところが，この社会科の設置の経緯は，特に道徳教育との関係において大きな課題を内在させていた。そもそも，日本側（文部省）は，敗戦直後から修身科の廃止を前提とした道徳教育の抜本的な改革を検討していた。それは，道徳の知識と社会認識の教育との有機的な関係を重視しながら，修身科に代わる新たな教科としての「公民科」の設置を計画したものであった。

　アメリカの「ソーシャル・スタディーズ（Social Studies）」をモデルとし，歴史，地理を含めた広域総合教科である社会科は，当時のアメリカ教育学の主流となっていた経験主義に基づいた教育内容と方法を主体としたものであった。しかし，社会科は，日本側（文部省）が当初に計画した「公民科」とは性格を異にしており，社会科の実施は，一方で道徳教育を担う修身科のような教科が教育課程（カリキュラム）からなくなることを意味していた。

（4）戦後のカリキュラム改革運動と子ども文化
　①カリキュラム改革運動と日本教職員組合（日教組）の結成
　戦後の教育課程改革の中で，民間でも1950年代はじめにかけてカリキュラム改革運動が展開された。なかでも埼玉県川口市の「川口プラン」や「本郷プラン」は，アメリカのコミュニティ・スクールの発想を強く受けたものであり，地域教育計画の一環として地域社会の生活課題と実態とを踏まえて教育課程（カリキュラム）を編成しようとする取り組みであった。

　また，1948年10月には教育学者や現場の教師たちによって**コア・カリキュラ**

図7-2　自治活動
(出所)『子どもたちの昭和史』大月書店, 1984年。

ム連盟(1953年に生活教育連盟に改称)が結成された。これは戦前・戦中の教育の反省から, 子どもの興味・関心を軸とする教育課程(カリキュラム)の編成をめざしたものであった。

　「コア・カリキュラム」とは, コアとなる「中核課程」とそれにかかわる他の諸経験を周辺に配置した「周辺課程」とを統合的に組織したものを意味している。経験主義の理念に立脚しながら, 子どもの社会的発展を図ろうとした教育方法は, 生活単元学習と呼ばれた。

　こうした子どもたちに生活の現実を見つめさせ, 自らの考え方や生き方を育てようとする方向性は戦前の生活綴方教育への関心を再び喚起した。1950 (昭和25) 年7月に日本綴方の会が結成 (1951年9月に日本作文の会と改称) され, 教育活動を展開した。こうした動向の中で注目されたのが, 山形県山元村の教師であった無着成恭(むちゃくせいきょう) (1927-) の教育実践の成果として, 子どもたちの作文, 詩, 版画などを収めた1951 (昭和26) 年刊行の『山びこ学校』であった。

　社会科教師として赴任した青年教師の無着が直面したのは, 東北の農村の貧困を文字通り表現した一寒村の生徒達だった。『山びこ学校』が浮き彫りにしたのは, 学級の2割の生徒が自分の家の仕事の都合で欠席する厳しい現実の中で, 自分の名前すら書けず, 漢字の読めない生徒や計算のルールが理解できない生徒の実態であった。こうした現実に直面した無着は, 戦前の北方性教育の遺産にも学びつつ, 学力のさまざまな子どもたちが, 経済的な困難を抱えながらも「現実の生活について討議し, 考え, 行動までも推し進めるための綴方指導」を模索し実践した。このほか, 1951年に数学教育協議会, 1952 (昭和27) 年には教育科学研究会などが結成され, 戦後初期のカリキュラム改革運動に大きな役割を果たした。

　しかし, 教師が自ら考え, 話し合い, 判断すべきものであるという新教育の理念と趣旨が多くの教師達に必ずしも十分に浸透したわけではなかった。そのため, コア・カリキュラム運動が積極的に推進された一方で, 「大多数の教師は自分に

第7章 「復興」と「模索」の中の教育（1945〜1960年）

与えられたカリキュラム構成の自由をもてあまし，右往左往したすえ，結局は学習指導要領の手引書によってお茶をにごすのが実情であった」（『教育学全集3　近代教育史』小学館，1968年）。

　一方，敗戦にともなう経済的破綻は教師の生活を苦境に立たせた。教師の経済生活を防衛し，混乱の中にある教育の再建を図ろうとする教員の組織化と運動は，1947（昭和22）年6月の**日本教職員組合**（以下，日教組と略）の結成を促した。

②「空手チョップ」と「赤胴鈴之助」

　戦争による都市部の焼け跡と廃墟には，飢餓と栄養失調に苦しむ国民で溢れた。タケノコの皮を一枚ずつはぐように，衣服などの持ち物を小出しに手放して食いつなぐ「タケノコ生活」。列車にすし詰めになって農村へ向かう「買い出し」。焼け跡に露店を出して買い溜め品や軍需物資の放出品，GHQの横流し品などを高値で売買した「闇市」は，焼け跡でのバラック住まい，戦災孤児，モク（煙草の吸殻）拾い，疎開地から親元へ帰る疎開児童をはじめ，復員兵や外地からの引揚者，青空学級，シラミ退治のDDTの散布とともに敗戦直後の国民生活を象徴する風景であった。また，戦後の混乱から復興への過程で，1951（昭和26）年には窃盗や強盗を中心とする非行が激増した。戦後の非行の第一波といわれるこの時期の非行の背景には，深刻な経済的困窮があった。

　「鬼畜米英」「欲しがりません勝つまでは」といった戦時中のスローガンから解放された子ども達は，GHQから供出される食料で飢えをしのぎ，アメリカ兵に親近感を持って近づいていった。ジープのアメリカ兵の周りに集まって，「ギブミーチョコレート」と手を伸ばす子ども達の姿は，「鬼畜米英」が「心あたたかい紳士的なアメリカ人」のイメージに変わっていったことを意味している（中村政則他編『戦後日本　占領と戦後改革第3巻　戦後思想と社会意識』岩波書店，1995年）。

　1950（昭和25）年に公開された映画『**東京キッド**』で当時13歳の美空ひばり（1937〜1989）が歌った同名の主題歌は，「歌も楽しや　東京キッド／いきでおしゃれで　ほがらかで／右のポッケにゃ　夢がある／左のポッケにゃ　チューイン・ガム／空を見たけりゃ　ビルの屋根／もぐりたくなりゃ　マンホール」「歌も楽しや　東京キッド／泣くも笑うも　のんびりと／金はひとつも　なくっても／フランス香水　チョコレート／空を見たけりゃ　ビルの屋根／もぐりたくなりゃ　マンホール」

187

と歌われた。

　1953（昭和28）年にはテレビ放送が開始され，店頭や街角は人々で溢れた。特にプロレス中継では力道山（1924-1963。本名は百田光浩）が人気を集め，巧妙な反則を繰り返す外国の悪役レスラーの攻撃に耐え，最後に「空手チョップ」で叩きのめす姿に国民は声援を送り熱狂した。敗戦からおよそ10年しか経っていない

図7-3　プロレス中継に声援を送る人々
（出所）朝日新聞社提供。

この時期，力道山が屈強な外国人レスラーに打ち勝つ姿に，国民は敗戦後の廃墟から立ち上がる自らの姿を重ね合わせた。

　また，漫画物語の「赤胴鈴之助」が1957（昭和32）年からラジオ電波に乗り，テレビでは1958（昭和33）年2月から放送を開始した。「月光仮面」に子どもたちは熱狂し，翌1959（昭和34）年には，『週刊少年マガジン』（講談社）と『週刊少年サンデー』（小学館）が相次いで創刊され，子どもたちの文化の中に浸透していった。それは，大人も子どもも戦争の痛手から徐々に回復されつつあることを物語っていた。

3　教育の政治的対立と経済的復興

（1）戦後教育再編をめぐる政治対立の激化
①占領政策の「転換」と政治的対立の顕在化

　1948（昭和23）年10月，アメリカ国務省は対日占領政策の重点を「非軍事化」と「民主化」から経済復興へと「転換」していった。この背景には，中華人民共和国の成立（1949年）や東西ドイツと南北朝鮮の分裂という東西の「冷戦」構造が顕在化しつつある中で，アメリカは日本を「反共の防壁」とし，経済復興を優先させることで自由主義陣営の一員としての役割を強く期待したいという事情があった。

　1952（昭和27）年4月のサンフランシスコ講和条約の締結によって，日本の占領は解除され，正式に独立国としての地位を回復する。この講和・独立を前後し

第7章 「復興」と「模索」の中の教育（1945〜1960年）

> コラム
>
> ## 「青い山脈」
>
> 　『青い山脈』は，石坂洋次郎（1900-1986）が，1947（昭和22）年6月から10月まで『朝日新聞』に連載した小説であり，同年に新潮社から出版された。東北地方の港町を舞台に，若者の男女交際をめぐる騒動をさわやかに描いた青春小説は，多くの人々に新しい民主主義の時代の到来を実感させた。この作品を原作として1949（昭和24）年には原節子主演の同名映画が製作され，大ヒットとなった。その3ヶ月前に発表された同名の主題歌（西條八十作詞，服部良一作曲）の「古い上衣よ　さようなら／さみしい夢よ　さようなら」という歌詞は，新しい時代の到来を象徴するものとなった。藤山一郎によって唄われた「青い山脈」の歌詞は次のようなものである。［①若く明るい　歌声に　雪崩は消える　花も咲く／青い山脈　雪割桜／空のはて／今日もわれらの　夢を呼ぶ／②古い上衣よ　さようなら／さみしい夢よ　さようなら／青い山脈　バラ色雲へ／あこがれの／旅の乙女に　鳥も啼く／③雨にぬれてる　焼けあとの／名も無い花も　ふり仰ぐ／青い山脈　かがやく嶺の／なつかしさ／見れば涙　またにじむ」。

　て，占領下で進められた教育制度を見直す動きが加速した。1951（昭和26）年5月，占領後の政治，経済，社会のあり方を再検討する目的で**政令改正諮問委員会**（吉田首相の私的諮問機関）が設置された。

　政令改正諮問委員会は，同年11月16日に「教育制度の改革に関する答申」を発表し，占領教育改革に基づく民主的教育制度は，「国情を異にする外国の諸制度を範とし，徒に理想を追うに急で，わが国の実情に即さない」とし，中学校教育課程のコース制や文部省による標準教科書の作成，教育委員会の任命制への移行と文部大臣の権限強化，五年制専修大学（現在の高等専門学校）などの大綱を示した。

②「文部省対日教組」の固定化

　政府・文部省主導による戦後教育制度の再編の動きについて，**日教組**はこれに激しく反対した。この背景には，米ソの冷戦構造の激化とともに，いわゆる「55年体制」を背景とした保革対立があったが，1950年代以降に顕著となった両者の対立構図はしばしば**「文部省対日教組」**という表現で説明された。

　1953（昭和28）年6月，いわゆる**「山口日記事件」**が問題となった。これは，

図7-4 勤務評定反対闘争

(出所) 東京都教職員組合編『都教組十年史』東京都教職員組合, 1959年, 口絵。

山口県教職員組合が自主教材として編集した『平和日記』が政治的に偏向していると指摘されたことをきっかけとしたものである。「山口日記事件」によって喚起された教育の政治的中立性をめぐる議論は, 翌1954 (昭和29) 年には,「教育公務員特例法の一部を改正する法律」「義務教育諸学校における教育の政治的中立の確保に関する臨時措置法」の2つの法律 (いわゆる「**教育二法**」) の制定を促した。

前者は, 国家公務員に課せられている政治的行為の制限・禁止の規定を教育公務員の政治的活動に対しても適用させることを目的としたものである。また, 後者は特定の政党などを支持させ, または反対させるための教育を教唆・煽動した者に懲役・罰金を課すことを規定した。

さらに, 1956 (昭和31) 年には1948 (昭和23) 年に制定された**教育委員会法**が廃止され, **地方教育行政の組織及び運営に関する法律**が制定された。これは, ①教育の政治的中立と教育行政の安定確保, ②地方公共団体における教育行政と一般行政との調和の促進, などを意図したものであり, 教育委員を選挙によって選出する公選制は任命制へと改められた。

これと並行して, 1956年から1960 (昭和35) 年にかけては, 教員の**勤務評定**(**勤評**) をめぐって文部省と日教組が激しく対立し, 法廷闘争にまで発展した。公立小学校・中学校・高等学校教員に対する勤務評定は, 地方教育行政の組織及

び運営に関する法律第46条に規定されたが,これに対する反対闘争が愛媛県教育委員会による**勤務評定**を皮切りに全国に広がった。

勤務評定は「政治的中立性の確保」をするために必要であるとする文部省に対して,日教組はこれを①教職員の組合活動を抑制し,教育への権力統制を強化すること,②教職員の職務の特性になじまない,などの理由から反対した。1958(昭和33)年4月の東京都教組による「十割一斉休暇闘争」は福岡,和歌山,高知,大阪でも決行され,同年9月15日には「正午授業打ち切り全国統一行動」が行われた。

「**文部省対日教組**」という図式で表現されるこの時期の激しい政治的対立は,1961(昭和36)年に文部省が実施した中学校全国学力調査(学テ)に対する全国各地で行われた**学力調査裁判(学テ裁判)**へと連続し,さらに固定化されていった。

(2)「新教育」批判と学習指導要領の改訂

1950年代に入ると,戦後の新教育におけるカリキュラム理論や実践を見直す動きも出てきた。特に,新教育によって進められた経験主義的な教育が基礎学力の低下をもたらしたとする批判が次第に高まっていった。日本教育学会や国立教育研究所が行った調査研究において「**読み・書き・算盤**」(3R's = reading, writing, arithmetic)の能力が低下している実態が報告されると,いわゆる「**基礎学力論争**」が激しく展開され,新教育は批判の対象となっていった。

新教育に対する批判のポイントは,大きく子どもの自発性に基づいて教育活動を組織することには限界があること,また子どもの生活経験に基づく「生活単元」には体系性が欠けている点に向けられた。なかでも,コア・カリキュラムに対しては,教科学習で習得すべき知識と子どもの経験との結合を不問にし,ただ経験させるだけの「はいまわる経験主義」に陥っていると批判された。

また,道徳教育の問題も大きな論争となった。社会科をめぐる歴史的な経緯から,戦後の道徳教育は,「社会科を中心とした道徳教育」という方向性で模索されてきた。ところが,1950(昭和25)年8月に来日した**第二次米国(アメリカ)教育使節団**は,その「報告書」において,「道徳教育は,ただ社会科だけからくるものだと考えるのはまったく無意味である。道徳教育は,全教育課程を通じて,力説されなければならない」と述べて再検討を促した。

天野貞祐（1884-1980）文部大臣が、同年11月に「わたしはもとの修身といったような教科は不必要だと考えていたが、最近各学校の実情をみると、これが必要ではないかと考えるようになった。（中略）そこで、教育の基礎として口先でとなえるものではなく、みんなが心から守れる修身を、教育要綱といったかたちでつくりたい」と発言した。この発言を発端として、いわゆる「修身科」復活問題、「国民実践要領」制定問題として世論を巻き込んだ激しい論議が展開された。

　文部省は、1953（昭和28）年8月に「社会科の改善についての方策」を発表し、従来の社会科の指導方法等の欠陥を是正し、道徳教育、地理、歴史教育の充実を図るとともに、1955（昭和30）年には、社会科の学習指導要領を改訂した。この改訂の趣旨は、民主主義の育成に重要な役割を担う社会科の基本目標は堅持するが、指導計画や指導法の欠陥を是正し、道徳教育、地理、歴史の指導の充実を求めたものであった。

　1958（昭和33）年、**教育課程審議会**は「小学校、中学校の教育課程の改善について」を答申し、学習指導要領が改訂された。この改訂は、学習指導要領が教育課程の国家基準として法的拘束力を有することを明確にするとともに、これまでの経験主義的な教育課程から教科や知識の「系統性」を重視する教育課程へと転換するものとなった。具体的には、**「道徳の時間」**の設置による道徳教育の徹底が図られ、地理、歴史教育の改善のほか、特に国語、算数に関する基礎学力の充実と科学技術教育の向上が意図された。

（3）経済復興する社会と「アメリカニゼーション」

　1950（昭和25）年の朝鮮戦争により、日本にも「朝鮮特需」がもたらされ、1955（昭和30）年からは朝鮮復興資材の輸出などによって「神武景気」と呼ばれる好景気を迎えた。1956（昭和31）年7月に刊行された『経済白書』の、「もはや『戦後』ではない」という表現は、日本経済の構造変革を象徴するものとなった。

　一般にこの言葉は、戦後復興期から高度成長期へと移りつつあった日本経済の発展ぶりを謳歌するものとして理解されがちである。しかし、「もはや『戦後』ではない」という言葉の意味は、この時点の経済成長が、戦前の1935年前後の水準へ復帰したことを表現するとともに、「経済の回復による浮揚力はほぼ使い尽くされた」として、欧米先進国を目標とする経済社会構造の「近代化」を求め

たものであった。つまり、この言葉は、「苦痛」を伴う構造変革に向けた日本人の覚悟を促す文脈の中で用いられていたのであり、1960年代の高度経済成長へのスタートを意味していた（安田常雄編『変わる社会、変わる人々——二〇世紀のなかの戦後日本』岩波書店、2012年）。

経済復興が進むにつれて、高等学校、大学の進学率はともに上昇した。その一方で、石原慎太郎（1932-）の小説『太陽の季節』（1956年）に由来する「太陽族」が流行するなど解放的な若者文化も受け入れられていった。

また、高度経済成長期に開花する「アメリカニゼーション」を前にして、先端的な「アメリカ的生活様式」が徐々に浸透していった。学校給食によって育った世代を基軸としたパン食、ミルク・チーズなどの嗜好が拡大するとともに、冷蔵庫、洗濯機、テレビの「三種の神器」がもてはやされた。その一方では、玄関・客間・床の間の日本家屋は敬遠され、ソファーのあるリビングが庶民の夢となった。ロング・スカート（1948年）、アロハシャツ・ブーム（1949年）をはじめ、「衣・食・住」のあらゆる分野に「アメリカニゼーション」の波が押し寄せはじめ、「アメリカのものなら、なんでも美しいという考え方が、日本列島を吹き抜けていた」（花森安治）という状況となった（前掲書『戦後思想と社会意識』）。

経済復興が進み、「アメリカニゼーション」が浸透していく中で、戦争の記憶は急速に色褪せ、戦後の「復興と模索」も新たな段階を迎えることになる。

◆ 参考文献

教育証言の会編『昭和教育の証言』山脈出版の会、1976年。
佐々木毅他編『戦後史大事典』三省堂、1991年。
『戦後教育の総合評価』刊行委員会編『戦後教育の総合評価——戦後教育改革の実像』国書刊行会、1999年。
藤田祐介・貝塚茂樹『教育における「政治的中立」の誕生——「教育二法」成立過程の研究』ミネルヴァ書房、2011年。
山田恵吾・藤田祐介・貝塚茂樹『新訂版　学校教育とカリキュラム』文化書房博文社、2009年。

［貝塚茂樹］

第8章

「豊かさ」の中の教育（1960〜1975年）

■□ 概　説 □■

　1960年代，高度経済成長とともに，日本社会は大きく変貌を遂げた。「豊か」になった。「豊かさ」への変化とスピードがこの時代の特徴である。

　1960（昭和35）年に始まる「国民所得倍増計画」によって，経済成長こそが国家の目標となった。教育政策もまた経済成長のための人的能力の開発と選別を至上課題とした。学校の教育内容は，子どもの経験を重視するものから学問の系統性を重視するものとなり，理数系科目が重視されるようになった。アメリカの教育改革に刺激を受けて，科学教育の進展を図る「教育の現代化」運動が起きた。

　「豊かさ」。とりわけ物質的なそれを追求する原動力となったのは，戦中・戦後の欠乏の中で育ち，敗戦によって信じられるものを失った世代であった。

　「三種の神器」と呼ばれたテレビ・冷蔵庫・洗濯機が普及，引き続いて，「新三種の神器」のクーラー・カラーテレビ・カー（3C）が普及するなど，目にみえる形で生活は急速に変わっていった。

　一方で，「豊かさ」と引き換えに，自然環境，空気，水，食糧など，人間が生存するための基盤を切り崩していった。原子力発電が開始されたのもこの時期であった。

　産業構造の変化は，都市に大量の核家族を生み出した。彼らがわが子の将来のために与えられるものは仕事でも財産でもなく教育であった。高校・大学進学率の急速な伸びと，他国と比して教育費における私費負担の大きさは，そのことを物語っている。序章で見た日本人の「教育せんとする意志」，すなわち教育による変容可能性への期待，学ぶことを尊ぶ精神はこの時期にも生きていたし，その精神が世界史的にも稀な高度経済成長を支えることとなった。こうして日本の教育において学校は揺ぎない存在感を示すようになる。

　この時期の日本人の生活・教育の変化として見逃すことのできないのは，テレビの普及である。短期間のうちにお茶の間の主役となったテレビは，階層や地域による情報格差を縮減し，多くの国民に，同時に，同内容の情報を伝えることとなった。番組の情報だけでなく，視聴を通じて喜びや悲しみ，怒り，一体感にいたるまで日本人の共通文化を形成しうる装置が登場したのである。そこには「一億総白痴化」の懸念とともに「一億総博知化」の可能性も見出せる。「テレビ好き」な日本人にとって国民性を左右する政治的な装置でもあった。

第8章 「豊かさ」の中の教育（1960～1975年）

1　経済成長と教育

「もはや戦後ではない」といわれるようになった1950年代後半，日本の驚異的な経済的復興は，1960年代に入るとさらに加速する。1960（昭和35）年に発足した池田勇人内閣が**「国民所得倍増計画」**を発表すると，毎年10％の経済成長率を続け，1967（昭和42）年に国民所得の倍増を達成，翌年にはアメリカに次ぐ世界第2位の国民総生産を示すに至った。

東京タワーの建設（1958年），新幹線の開通（1964年），東京オリンピック（1964年），日本万国博覧会（大阪万博。1970年）の開催は，戦後日本の経済的復興と世界水準の建築物や工業製品を内外に向けて披露するイベントであり，日本人が敗戦国という恥辱を拭う機会でもあった。

敗戦時（1945年）に15～25歳の若者の世代は，1960（昭和35）年から1975（昭和50）年の高度経済成長期の間，30～55歳の社会の柱として活躍した。同時にこの世代は1927（昭和2）～1937（昭和12）年に小学校に入学しており，戦時下に少年時代の多くを過ごした世代でもあった。物質的な豊かさや時代の明るさから隔たれたところで成長した世代である。軍国少年の前で神風は吹かず，神であった天皇は実は「人間」であったという，多感な時期に信じるものを失った世代であった。

アメリカの圧倒的な経済力，軍事力，物量，科学の力を前に打ちのめされたこの世代が，この時期の日本の経済的復興と社会の変化に高揚感を抱いたのは想像に難くない。

（1）産業構造の変化と教育政策

日本の急速な経済成長をもたらした経済政策は，教育政策に直接関わるものであった。

表8-1は1960（昭和35）～1980（昭和55）年の産業別人口の変化を示したものである。農・林・漁業を中心とする第一次産業から第二次，第三次産業への重点化政策は，産業構造の変化に適応した労働力の再配置を必要とする。1960（昭和35）年に制定された農業基本法は，離農を促進し，地方から都市への安価で大量の労働力を確保するものであった。1955（昭和30）年に1629万人だった第一

表 8-1　産業別割合の推移

(単位：％)

	1960年	1965年	1970年	1975年	1980年
第一次産業	32.7	24.7	19.3	13.9	10.9
第二次産業	29.1	31.5	34.1	34.2	33.6
第三次産業	38.2	43.7	46.6	52.0	55.4

(注)　第一次産業は農業，林業，漁業。第二次産業は鉱業，建設業，製造業。第三次産業は電気・ガス・熱供給・水道業，運輸・通信業，卸売・小売業，飲食店，金融・保険業，不動産業，サービス業，公務。

(出所)　総務省統計局 e-stat ホームページ（http://www.e-stat.go.jp/SG1/estat/eStatTopPortal.do　2013年11月25日）。

次産業の人口は，1975（昭和50）年に735万人に減少している。

　特に地方の中学校卒業者は，安定的な供給が見込める労働力として注目された。労働力を必要とした東京，大阪，愛知，神奈川などの各府県は，労働力不足を補うために，労働省（現・厚生労働省）と労働力供給側の自治体，旅行会社と連携して斡旋事業を展開した。中学校も生徒の能力に応じて就職先を配当する機能を果たした。国鉄（現・JR）も中学校卒業者を都会に運ぶ専用の臨時列車を走らせた。いわゆる**集団就職**である。その終着駅，上野駅が歌のタイトルとなった「あゝ上野駅」(1964年。歌・井沢八郎) は，「上野はおいらの心の駅だ」と歌って，大ヒットとなった。県外就職率は，1965（昭和40）年の卒業生でみると，全国平均で男子が31.3％，女子が35.5％と3人に1人の割合で他県に就職している。東北地方に限れば，秋田（男子49.8％，女子63.4％），岩手（男子45.5％，女子59.9％），福島（男子45.5％，女子45.7％），青森（男子36.7％，女子50.4％），宮城（男子36.7％，女子55.4％）など，より高い割合で県外に就職している。「**金の卵**」ともてはやされた若者は，主に製造業に従事し高度経済成長を支え続けた（加瀬和俊『集団就職の時代――高度成長のにない手たち』青木書店，1997年）。

　1960（昭和35）～1970（昭和45）年に15歳で都市に出てきた若者は，1970（昭和45）～1980（昭和55）年には25歳となり，男女とも未婚率の低かったこの時代，ほとんどが家庭を持つようになる。大量の住宅も必要となりニュータウンと呼ばれる集合団地が急造された。そこでは，これまでにない新たな生活形態や共同体が誕生した。都市では過密問題，農村では過疎化という問題が深刻化してい

ったのもこの時期である。家族の変容については後述する。

(2)「文部省対日教組」の構図の中で

この時期の教育政策を概観しておこう。

1961（昭和36）年に**全国統一学力調査**が実施された。児童生徒の労働力としての「能力」把握の試みである。1963（昭和38）年には**教科書無償制**が実施された（「義務教育諸学校の教科用図書の無償に関する法律」。小学校1年生から学年進行）。これは一面で日本国憲法（第26条）の理念を実現するものであったが，同時にそれまで教員にあった教科書の採択権を教育委員会に移すことも定めた。戦後教育の大きな特徴であった教師のカリキュラム編成権を制限したのである。教科書の内容に対する統制も強化された。1965（昭和40）年には，教科書検定をめぐる裁判も起きている。いわゆる**家永教科書裁判**である。東京教育大学教授**家永三郎**（1913-2002）が、自身が執筆した高等学校教科書『新日本史』が教科書検定で不合格とされたことにより，教科書検定は憲法違反であるとして国を相手に裁判を起こした（第一次〜第三次訴訟があり，最終的に最高裁判決が出された1997年まで32年間争われた）。

すでに1954（昭和29）年には教育二法（「教育公務員特例法の一部を改正する法律」「義務教育諸学校における教育の政治的中立の確保に関する臨時措置法」）によって，教員の政治活動を制限している。1958（昭和33）年の学習指導要領の法的拘束化，教員の勤務評定の実施などへと続く国家による教育統制策が，この時期にも押し進められていったのである。

こうした文部省の政策に対して，教師側は日教組（日本教職員組合）を中心に激しく抵抗した。この後も長く続くことになる，**「文部省対日教組」**の構図である。

文部省の教育統制は，一面で「**偏向教育**」と呼ばれる革命準備のための党派的教育から「中立性」を保つものであり，同時に自民党政府の社会党・共産党＝革新政党との政争，そのための日教組の影響力を削ごうとするものであった。組織率86.3％（1958年時点），全国にネットワークを持ち，子どもたちへの直接的な影響力を有する日教組は，自民党政府にとって脅威であった。そして，自民党政府が経済界の教育要求を満たして，国民所得を上昇させることは，労働者や教員を中心とする組合の勢力，ひいては革新政党の力を弱めることでもあった。

(3) 経済政策としての教育——「能力主義」の教育政策

　経済界からすれば，人間とはすなわち労働力であり，教育とは労働力の産出・強化のことであり，学校とは産業構造に見合った労働力の選別機関ということになる。この時期，そのような労働力強化策が**「能力主義」**教育の名の下で展開する。

　1960（昭和35）年11月の「国民所得倍増計画」では，科学技術の進展を支える人材不足が指摘された。これに応えるべく文部省では，翌1961（昭和36）年大学の理工系学生の定員増加を行い，さらに現場の指導的技術者を養成するため，1962（昭和37）年に**高等専門学校**制度を発足させた。高等専門学校とは，中学校卒業者を入学資格とする5年制の高等教育機関であり，国立の工業高等専門学校を中心にほとんどの都道府県で設置された。

　経済政策の一環としての教育政策の方向性が明確に示されたのは，1963（昭和38）年の経済審議会答申「経済発展における人的能力開発の課題と対策」（諮問「今後に予想される技術革新の進展，労働需給の変化等に対応し，わが国経済を健全に発展させるためにとるべき人的能力政策の基本的方向いかん」）である。

　　世界的な技術革新時代にあつて，国際競争力を強化し，世界経済の進展に遅れをとらず大きな経済発展をなしとげ，国民生活の顕著な向上を期するためには，独創的な科学技術を開発し，また新時代の科学技術を十分に理解し活用していくことが是非とも必要である。この責務を果していくものは政府であり，企業であり，そしてまたわれわれ国民自身にほかならない。ここに経済政策の一環としての人的能力の向上をはかることの必要性がある。
　　　　　　　　　　（経済審議会『経済発展における人的能力開発の課題と対策』1963年）

　このように宣言された**「人的能力（マンパワー）開発」**とは，高度化，多様化する労働力需要の変化を見越した「科学者，技術者，技能者と，高度な事務，管理関係従事者」などの各種職業人の養成であった。とりわけ科学技術の進展に関わる「ハイタレント・マンパワー」の「発見」と「開発」は重要とされた。「教育訓練の拡充と刷新」の項では，以下のような教育課題が挙げられている（前掲『経済発展における人的能力開発の課題と対策』）。

(1) 学校教育の拡充
　①高等教育における科学技術教育の充実
　②中等教育の改善
　③能力主義による学校の改善
(2) 職業訓練の拡充と体系化
　①職業訓練の拡充
　②職業訓練の社会的慣行化と体系化
　③転職訓練の拡充
(3) 技能検定制度の強化，拡充および資格検定制度の確立
(4) 教員，指導員の養成，確保
(5) 国際交流の積極化
　①対先進国関係
　②対低開発国関係
　③国際交流に必要な基礎的能力のかん養

　教育機関の拡充による「人的開発」には当然，多額の費用がかかる。現在では，教育費が将来への投資であるという観念は広く定着しているが，企業の労働力向上のために多額の教育費を国民負担とする理屈は，当時は必ずしも強い説得力を持つものではなかった。そこで持ち出されたのが，人間を資本とする「教育投資」の考え方であった。「経済政策の観点からいえば，教育に要する経費のうち労働力の質的向上に関係する部分を投資と考えることは，その効果を経済理論的に判断し，投資の規模なり，配分なりを合理的に決定する有力な方法」であるとしたのである。
　この他，答申では，のちに具体化した提言も行っている。たとえば「能力発見の唯一の方法として非常に大きな役割を果している入学試験のあり方はより合理的なものに改善されるべきものであろう。すなわち客観的な能力によつて進学が行われるよう，国家的な進学資格試験のようなものを行い，これを合格した者が各大学の入学試験を受けるようにすべきであろう」と，のちの共通一次試験（1979年開始。現在のセンター試験）の考えが示されている。また，「ハイタレントの養成にも関連して，中学と高校を直結する学校を作るのも一案」として現在の中等教育学校につながる提言もあった。

同答申の「能力主義」「人的開発」の考えは，1966（昭和41）年6月の中央教育審議会答申「後期中等教育の拡充整備について」に引き継がれる。「後期中等教育」とは高等学校のことである。その高等学校を「生徒の適性・能力・進路に対応するとともに，職種の専門的分化と新しい分野の人材需要とに即応するよう改善し，教育内容の多様化を図る」ものであった。勤労青少年に向けた定時制と通信制の拡充も提言されていた。1960（昭和35）年に57.7％だった高校進学率は，1965（昭和40）年には70.7％と上昇を続けており，労働需要に見合った職種・能力の選別と開発を行う機関としての高等学校の拡充・再編案であった。
　さらにこの答申で重要なのは，教育の制度・内容面にとどまらず，日本人のあり方を示したことである。**「期待される人間像」**である。その中の「日本人に特に期待されるもの」の項目を挙げる。

　第1章　個人として
　　1．自由であること　2．個性を伸ばすこと
　　3．自己をたいせつにすること　　4．強い意志をもつこと
　　5．畏敬の念をもつこと
　第2章　家庭人として
　　1．家庭を愛の場とすること　2．家庭をいこいの場とすること
　　3．家庭を教育の場とすること　4．開かれた家庭とすること
　第3章　社会人として
　　1．仕事に打ち込むこと　2．社会福祉に寄与すること
　　3．創造的であること
　　4．社会規範を重んずること
　第4章　国民として
　　1．正しい愛国心をもつこと
　　2．象徴に敬愛の念をもつこと
　　3．すぐれた国民性を伸ばすこと

　そこには，「経済的繁栄とともに一部に利己主義と享楽主義の傾向が現われ」，また「敗戦による精神的空白と精神的混乱はなお残存している」状況の中で，「物質的欲望の増大だけがあって精神的理想の欠けた状態がもし長く続くならば，

長期の経済的繁栄も人間生活の真の向上も期待することはできない」とする問題意識があった。およそ20年間で敗戦，復興という大きく変貌する社会に生きる日本人に指標となる価値観が必要であるとの認識であった。しかし，その人間像は，「日本国を愛し」，「天皇を愛する」という無批判な忠誠心を求めるものであったため，教育基本法の精神とは大きく異なるものとして学者や学生，教育関係者など多くの人々に警戒心を呼び起こさせるものとなった。

図8-1　子ども向けの科学雑誌
（出所）岡田要・茅誠司・湯川秀樹監修『科学の教室』学習研究社，1962年2月号。

ところでこの能力主義の教育政策は，アメリカの動きと密接な関わりを持つものであった。1957（昭和32）年にソビエト社会主義共和国連邦が世界最初の人工衛星（スプートニク1号）の打ち上げに成功すると，アメリカでは翌1958（昭和33）年に国家防衛教育法を制定し，科学教育の振興策を展開した。いわゆる「**スプートニクショック**」と呼ばれるもので，それまでの子どもの経験，個性，主体性を重視する経験主義，児童中心主義から学問の系統性を重視した教育への大転換であった。その政策を認知心理学の立場から理論的な基盤を与え推進したのが，ブルーナー（J. S. Bruner 1915-）であった。科学教育の改良を目的として1959（昭和34）年に開催されたウッズホール会議では議長を務め，その討議内容を『**教育の過程**』として刊行した。「どの教科でも知的性格をそのままに保って，発達のどの段階の，どの子どもにも効果的に教えることができる」との仮説は，科学的知識をその体系・構造・成り立ちとして学習する「**発見学習**」の理論として世界各国に影響を与えた。日本では，「**教育の現代化**」運動として広がり，数学教育を中心に学者と現場の教師たちが共同して教育内容・方法の改革を展開していった。また，子ども向けの科学雑誌の人気も高まりをみせた（図8-1）。

1968（昭和43）年に改定された学習指導要領では，以上のような教育政策の動向が反映された。算数・数学，理科の理数系科目の内容が精選され，より高度な内容が盛り込まれることとなった。教育現場では理科や算数の研究授業が盛んに行われ，教育研究が進展したが，その反面「詰め込み教育」や「落ちこぼれ」を

生むなどの批判が出てくるようになった。

2　教育機会の拡大

　産業構造の変化が，農村からの人口の流出，都市の俸給生活者の増加を伴うものであったことはすでに述べた。彼らがわが子の将来のために与えられるものは，教育であった。高校・大学進学率の急速な伸びと，他国と比して教育費における私費負担の大きさは，そのことを示している。序章でみた日本人の「教育せんとする意志」，すなわち教育による変容可能性への期待，学ぶことを尊ぶ精神はこの時期にも生きていたのである。そして，その精神が世界史的にも稀な経済成長を支えることになる。

　まず，高等学校の進学率について。1947（昭和22）年に中学校が義務教育となってから8年後の1955（昭和30）年の進学率は51.5％であり，2人に1人が高校に進学していた。同年に静岡市内の公立中学校を卒業した筆者の母の，「中学3年生は進学クラスと就職クラスとに分けられ，クラスの数は同じであった」との回想と一致する。1960（昭和35）年でも57.7％。中学校を卒業して労働に従事する若者も多く，「金の卵」として期待されて都会に出るのも一般的であった。高校進学率は，そこから急速な伸びを示し，15年後の1975（昭和50）年には，高校は全入といってよいほどの教育機関となった（表8-2）。

　ただし，高等学校の進学率の上昇に関しては，**定時制高校**を抜きに語ることはできない。定時制高校とは，勤労青少年に高校教育の門戸を開放する目的で発足した正規の後期中等教育機関である。1948（昭和23）年に制定された当初は，夜間課程と定時制課程に分かれていたが，1950（昭和25）年に学校教育法を一部改正，両者を修業年限4年の定時制課程に一本化した。生徒数は，1953（昭和28）年に57万7000人とピークに達し，学校数も併置校，独立校，分校を合わせて3200校を数えた。1949（昭和24）年から1956（昭和31）年までは全高校生に対する定時制高校生の割合が最も多い時期で，20％以上が続いた。1960年代以降は，全日制高校への進学希望者の増加などから，その割合は減少していくものの，定時制高校生の生徒数自体は45〜50万人で推移しており，勤労青少年の高校教育の機会を保障する場として大きな役割を果たしていた。

　教育課程は，普通科の他，農業科，工業科，商業科，家庭科，水産科などが設

第8章 「豊かさ」の中の教育（1960〜1975年）

表8-2　進学率の変遷（1955年〜1975年）

（単位：％）

	1955年		1960年		1965年		1970年		1975年	
大学・短大進学率	10.1		10.3		17.0		23.6		38.4	
	（男）	（女）	（男）	（女）	（男）	（女）	（男）	（女）	（男）	（女）
	15.0	5.0	14.9	5.5	22.4	11.3	29.2	17.7	43.6	32.9
高等学校進学率	51.5		57.7		70.7		82.1		91.9	
幼稚園就園率	20.1		28.7		41.3		53.8		63.5	

（注）　大学・短大への進学率は，3年前の中学校卒業者に占める比率。高等学校進学率は高等専門学校進学者を含む比率。幼稚園就園率は，小学校第1学年児童数に対する幼稚園修了者数の比率。

（出所）　総務省「日本の長期統計系列」総務省統計局ホームページより作成。

置された。一貫して普通科の生徒の割合が大きいが，1950年代に多かった農業科は，1960年代に入ると減少し，工業科の生徒が急増した。全日制が普通科についで商業科の割合が大きいのと比して，工業科の割合が大きいのが定時制の特徴である（尾形利雄・長田三男『夜間中学・定時制高校の研究』校倉書房，1967年）。

志望動機は「①働きながら学びたいから，②学費が割安だから，③他人から進められたから，④自分の力に適するから，⑤高校卒の資格を得たいから，⑥同年代のものと仲よくできるから，⑦社会や人間をみる目を養う，つまり教養を身につけるため」というようなものであった（大塚正文『定時制高校入門──生徒・教師・雇用主の実態』穂波出版社，1970年）。しかし，家庭の貧困や雇用主の無理解，定時制高校の施設の不備，健康上の理由などにより，働きながら勉学を続けることには大きな困難を伴った。中途退学の「脱落率」は，全日制の4.3％に対して定時制は35.1％であった（1960〜61年入学者）。定時制高校生の悩みとしては，以下のようなものが挙げられている（大塚前掲書）。

　　職場生活……たっぷり休養をとりたい。定時制に通学するために早く帰るので他人にきがねする。週休制でないので，疲れやすい。雇用主の人と気があわない。よくいやなことをいわれる。やめたいが保証人になってもらっているのでやめにくい。定時制高校を卒業しても，高校卒として認めてくれない。学校で学んだことは，職場で直接役に立たない。学校はたいへん楽しいが，いつ迄通学できるだろうか，いつ転勤になるかもしれないから。賃金がやすいこと。

学校と職場との両立がむずかしい。

　家庭生活……勉強する時間が少ない。家族とともに楽しむ時間がない。父母がなくてさびしい。両親と離れてくらしているので、すいじせんたくなどがこまる。学校から帰ってからもいそがしく勉強のほうもおろそかになる。好きな本を読む機会が少ない。家庭の不和、家が貧しいこと（学費がたりるだろうか）。家がせまくて勉強部屋がない（勉強する場所がない）。家庭が通学することを喜ばない。

　健康生活……食事が不規則でこまる。睡眠不足になりやすく、疲労がつみかさなる。つかれが翌日にのこる（体力がつづくだろうかこれは切実な問題である）。

　学校生活……運動の設備施設が十分でないので、クラブ活動などが思うようにできない。疲労のため、勉学の意欲がでない。適当な相談相手がいない。先生と話し合う機会があまりない。図書館利用ができないので、十時くらいまで自由に利用できるようにできないだろうか。

　その他……なんでもうちあけられる友人がほしい。勉強の仕方がわからない。自分の能力に自信がもてない。どんな大学を選んだらよいかわからない。

　上述したように、高校進学率は1960（昭和35）年の57.7％から1975（昭和50）年の91.9％へと急上昇する。所得が増え、後述する**二子規範**とともに教育にかける費用にも余裕が出てくる。全日制高校への進学希望者が増加する中で、次第に定時制高校の希望者も減り、生徒も経済的な理由よりも学力面の理由で進学する生徒が占めるようになる。2012（平成24）年3月の時点で定時制高校の生徒は11万2000人、全高校生の3.3％にあたる（「学校基本調査 平成24年度」文部科学省ホームページ。2013年5月31日）。

　以上のような高校進学率の伸びを背景にして、大学・短大（短期大学）進学率もこの時期に急上昇している。戦後の新制大学が発足したのは1949（昭和24）年であった。それから1960（昭和35）年頃までは10人に1人程度の進学率であった。それが10年後の1970（昭和45）年には約2倍、1975（昭和50）年には約4倍に門戸が拡大している。学校数も1960（昭和35）年に短期大学、大学はそれぞれ280校、245校であったのが、1975（昭和50）年には513校、420校と、合わせて400校以上増加している。増加の内実は主として私立学校の新設であった。この15年間に私立短期大学は214校から434校へ、私立大学も140校から305

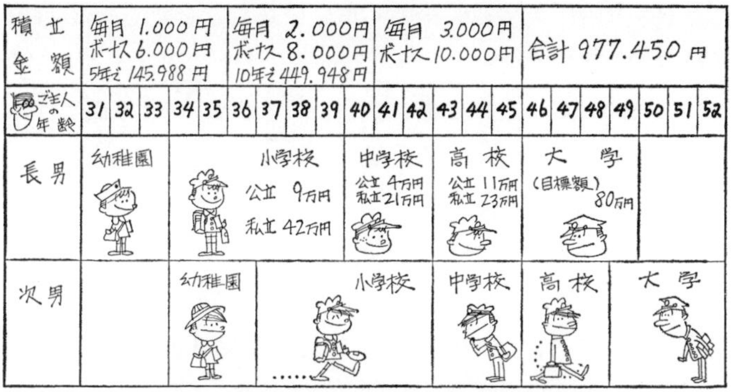

第8章 「豊かさ」の中の教育（1960〜1975年）

図8-2 岩本さんの教育資金積立計画

（出所）『婦人倶楽部』1965年3月号。

校となっている。学生数も15年の間に私立短期大学生が6万5719人から32万2666人に，私立大学生も40万3625人から132万5430人となっている。現在と異なり，国立大学と私立大学の学費の差が大きい時代において，私立大学生（短期大学生）の数が増加したことは，各家庭の教育費負担の拡大を明白に示している。現在に至る日本の教育の特徴ともなっているこの私費負担の大きさは，後述するように家族のあり方にも影響を及ぼしている。

進学率の増加は，教育費に充てる家計の余裕が出てきたという側面もあるが，それよりも親の進学熱や横並びの意識によって支えられるところが大きかった。大学進学率が上昇中とはいえ，1965（昭和40）年時点の大学進学率は男子22.4％，女子11.3％で，全体からすれば，依然として少数であった。

この時期の主婦向けの家庭雑誌には，大学進学のための教育資金の確保をテーマとする記事が多く見られ，記事の横には銀行の学資プランの広告が掲載されている。例えば1965（昭和40）年3月号の『婦人倶楽部』（講談社）では「教育資金はこうすればできる」という特集が組まれている。「子ども一人を大学まで通わせるには百万円以上かかるといわれます　この膨大な教育資金の作り方を，いろいろ研究してみました」として，幼稚園から大学までの教育費について国立・公立・私立別の学費，自宅・間借り・学寮別の大学生の家計簿が紹介され，教育資金作りの事例に貸付信託を利用した「毎月千円の積立て」や「こども保険」が家計に負担の少ない方法として取り上げられている。

大学卒事務系の22歳のモデル賃金（月給。中小企業）が2万200円と紹介され

ているから、100万円は大卒初任給の4年分にあたる金額である。「なんとしてでもこの子は立派に育てたい」という「親の思い」が、雑誌を通じて広く伝えられた（同年6月号の『主婦の友』（主婦の友社）でも「教育費を生み出すわが家の苦心」と題する特集が組まれ、4人の体験記事の紹介記事と愛知学芸大学青木茂の総評「教育費をどう生み出したらよいか」が掲載されている）。

　また、女性の大学・短大進学率の急激な上昇も特徴的である。1955（昭和30）～1960（昭和35）年の進学率は5％程度であったのが、1965（昭和40）年には11.3％、1975（昭和50）年には32.9％と15年間で約6倍となっている。短期大学への進学が多かったとはいえ、高等教育の機会が広く女性に開放され、その点で男女の差が著しく縮小した。戦後、男女共学の新たな学制が発足したのは1947（昭和22）年のことである。この年に、小学校に入学した1年生は1940（昭和15）～1941（昭和16）年生まれであり、この人たちが大学に入学するのは1959（昭和34）～1960（昭和35）年である。男女差に対する意識の変化が進学率にも現れた、といっては飛躍があるだろうか。

　さらに幼稚園の就園率に注目すれば、1955（昭和30）年から1975（昭和50）年にかけて3倍以上の伸びを示している。ちなみに保育所（保育園）に関しては同様のデータは不明であるが、1975（昭和50）年の時点で保育所に在籍する子どもの数は約15万人であり、同年の幼稚園在籍者数約23万人と合わせれば、相当数の子どもが幼稚園または保育所に通園していたことがわかる。未就学児童の学校化もまた進行していたのである。

　総じて、この時期、未成年の学校在籍年数（学校に準ずる機関への在籍年数を含む）は、義務教育機関を挟んだ前後の期間で伸び、子どもの成長期における学校の存在感は確実に増していった。「邑に不学の戸なく、家に不学の人なからしめんことを期す」と述べ、国民に学校教育の有用性を説いてから100年後、学校は日本人にとって揺るぎないものとなった。

　以上のような大衆的規模での学校教育の拡大と、能力主義による階層的秩序の形成、学校を通じて生成される社会的不平等が正当化される社会を、苅谷剛彦は**「大衆教育社会」**と呼んだ。その特質については次章に譲るが、ここでは経済成長との関わりについて、苅谷の指摘を受け止めておきたい。

　　大衆教育社会は経済成長にきわめて適合的な条件を提供した。教育の普及が

第**8**章 「豊かさ」の中の教育（1960〜1975年）

経済の成長にとって重要な要因のひとつであることは，「人的資本論」を引くまでもなく，よく知られた知見である。しかし，勤労者の知識や技術の水準を高めることだけが，教育の経済への寄与ではない。協調性を養うことで企業組織の一体感を高め，組織内での社会関係の摩擦を抑えること。業績主義的な心情をもつ勤労者を増やすこと。さらには，労働力の配置をスムーズに行なうこと。平等主義を基調としながらも，このように能力主義を徹底し，しかも内部に分断された社会層を極力形成しない社会をつくりあげるうえで，戦後日本の教育は多大な貢献をなした。戦前にはまだあった身分や階級の刻印を消し去り，労使間の良好な関係をつくりあげるうえで，教育を通じた大衆社会の形成が重要な役割を果たしたのである。このような意味で，大衆教育社会は，高度で柔軟な経済運営を可能にする条件を用意したといえる。

（苅谷剛彦『大衆教育社会のゆくえ——学歴主義と平等神話の戦後史』中公新書，1995年）

他方，学校教育が拡張していく状況下の1971（昭和46）年，中央教育審議会が「今後における学校教育の総合的な拡充整備のための基本的施策について」を答申した（会長は森戸辰男）。**「四六答申」**とも呼ばれる。高度経済成長，科学技術の進歩，都市化・大衆化，マスメディアの発達，家庭や人間関係の変化など，この時期の劇的な社会の変化を意識して，初等教育から高等教育，幼稚園，障害児教育にいたる学校体系と教育内容の全面的な見直しを掲げた。多様化・個性化・機会均等を基本方針とした改革は，明治期の学制，第二次世界大戦後の教育改革に続く，「第三の教育改革」であると自ら宣言した。

答申で注目すべきは，第1に**生涯教育**の提唱である。これは1965（昭和40）年のユネスコでの**ラングラン**（Paul Lengrand 1910-2003）の「education permanante」（「生涯教育」と訳され，日本に紹介された）の報告に刺激を受けたものである。特に学校教育への過度な期待をあらため，人間形成における家庭，職場，地域社会，マスコミ等の相互補完的な関係の中で学校の役割をとらえ直すべきとした。

第2に優れた教員の確保のため，教師の社会的・経済的地位の向上と高度の専門性獲得の提言である。具体的には教員給与体系の改定や教員のための大学院創設が提唱され，のちに人材確保法（1974年公布・施行）や教育大学・大学院の創設となって実現している。

第3は国公立大学の法人化である。1960年代後半は、日米安全保障条約とその延長に反対する全学共闘会議（全共闘）を中心に、**大学闘争**が全国で頻発した。高等学校にも飛び火したが、大学ではデモに参加した学生と機動隊が衝突したり、校舎が閉鎖されて授業や入試が停止されるなど、大学の管理運営が問われる状況も見られた。東大安田講堂事件（1969年）はその象徴的事件であった。こうした大学の状況に対して「真に大学の自律性と自己責任による運営の発展」のために法人化が必要であるとされた。それから30年が経過した2004（平成16）年に国立大学が法人化された。しかし、その実態は、文科省が各大学に対して運営費の削減をちらつかせることで大学の自発的服従を引き出し、コントロールを強化するものであった。

3　「豊かさ」の中で変貌する生活と教育

日本人の生活基盤も大きく変化した。たとえば、水道普及率は現在約97％であるが、90％を超えたのは1980（昭和55）年のことである。それ以前の水道普及率を見てみよう（表8-3参照）。

水道が整備される以前には、飲み水、料理、洗濯、風呂の水などの生活用水の調達は、井戸や川から汲み、家庭に持ち運ぶ、日々の重労働であった。これは、主に家庭の主婦の仕事であったが、子どももその仕事の一端を担っていたから、水道の普及は主婦や子どもが家事労働から解放される過程でもあった。このことは、後述する家庭電化製品の普及や自然環境の喪失などの状況とも関わるが、子どもの生活経験、自然に対するまなざしにも変化をもたらしていく（コラム参照）。

図8-3は、1958（昭和33）年から1973（昭和48）年における耐久消費財の普及率を示したものである。耐久消費財は、現在ではどこの家庭にもある電気冷蔵庫、電気洗濯機、電気掃除機、テレビ、クーラー、乗用車について示した。この時期の急速な普及がわかるであろう。「三種の神器」とよばれた電気冷蔵庫、電気洗濯機、テレビは、家事労働の軽減化と余暇の増加をもたらし、娯楽や教育など、日本人の生活を大きく変えることとなった。

テレビは1958（昭和33）年には10.3％の普及率であったのが、1963（昭和38）年には88.7％とわずか5年のうちに急速に日常生活の中に入りこみ、テレビ視聴は日本人の慣習となった。家事労働の軽減には直接関係しない消費財であるテ

表8-3 水道普及率の推移（1955年〜1980年）

（単位：%）

1950年	1955年	1960年	1965年	1970年	1975年	1980年
26.2	36.0	53.4	69.4	80.7	87.6	91.5

（注）「水道普及率」とは，総給水人口／総人口のこと。
（出所）厚生労働省「水道普及率の推移」厚生労働省ホームページより筆者作成。

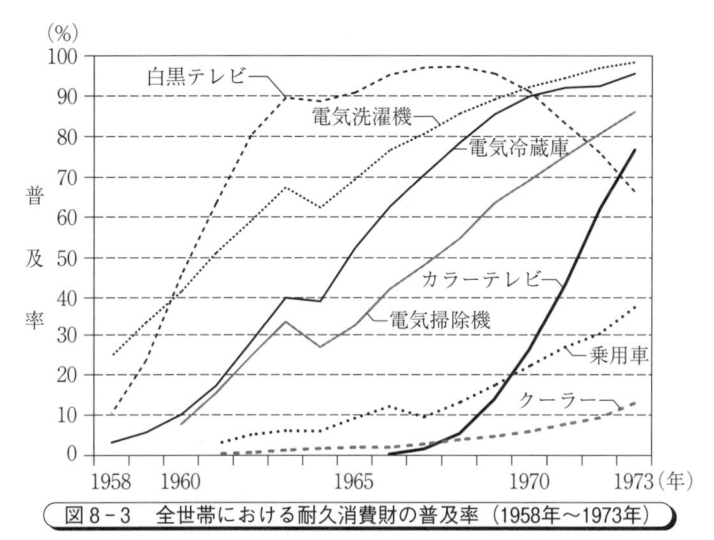

図8-3 全世帯における耐久消費財の普及率（1958年〜1973年）

（注）1963年以前の数値は，非農家で都市のみでの調査結果。
（出所）内閣府「主要耐久消費財等の長期時系列表」（内閣府ホームページ）より筆者作成。

レビが，冷蔵庫や洗濯機と比して高額であったにもかかわらず普及が速かったのは，外国では見られない日本の特質である。この点については後述したい。

家族のあり方についてはどうか。出生数は，戦後から1961（昭和36）年まで下降していたが，1962（昭和37）年から1974（昭和49）年までは，各年162万人から203万人へと増加し続けている（ただし1966年を除く）。とりわけ，年200万人の出生が続いた1971（昭和46）〜1974（昭和49）年は**第二次ベビーブーム**とよばれた。終戦直後の**第一次ベビーブーム**で生まれた「**団塊世代**」の子どもである。「**団塊ジュニア**」ともよばれる。なお，1966（昭和41）年の出生数が極端に低かったのは，同年が丙午という60年に一度の干支に当たり，この年に生まれた女性は気性が荒く不幸になる，との言い伝えにより出産を控えたからといわれる

> コラム

4本足のニワトリ

　子どもを取り巻く生活環境の変化の中で「4本足のニワトリ」が話題となった。小・中学生にニワトリの絵を描かせたところ，4本足のニワトリを描く子どもがいたのである。
　1963（昭和38）年岐阜県中津川市の阿木小学生3年生で，27人のうち5人（18.5％）が4本足のニワトリを描いている。実施した永井孝雄教諭が，1973（昭和48）年に同県恵那郡下の小学校4年生に行ったところ，30人ほどの学級で4本足が3人，ニワトリの絵が全く描けない児童が4人いた。この学校ではニワトリを飼育しており，「ウチの子供は大丈夫」と自信を持っていた教諭を「ア然とさせた」という。
　4本足のニワトリは大学生でも見られた。秋田大学の小笠原喜から「生物学」の授業で実施したところ，毎年受講者の10～15％に当たる10～20人の学生が「4本足」であったと1974（昭和49）年の新聞記事は伝えている（図8-4）。同様の記事に1988（昭和63）年に広島県竹原市立吉名中学校の生徒を対象としたものがある。ここでは「4本足」の他に，くちばしやトサカ，尾のないニワトリが描かれている。

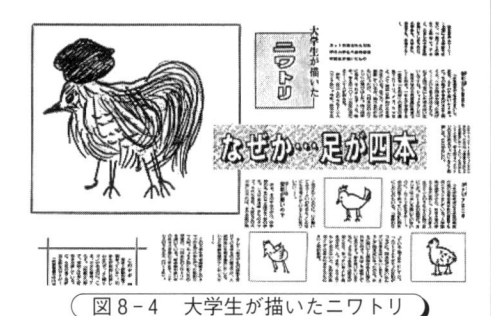

図8-4　大学生が描いたニワトリ
（出所）『毎日新聞』1974年6月20日夕刊。

　1960年代，電気冷蔵庫が普及し冷蔵保存できるようになるまで，ニワトリは肉とタマゴの供給源として一般家庭でも広く飼われていた身近な家畜であった。誰もが知っている知識が欠けているのは，生活経験の基盤が崩れているとの認識であった。
　「4本足」は，教育学者の間でも学力問題として論争となった。坂元忠芳は，生活の破壊によって「子どもの認識能力の衰弱」がもたらされているとの危機を訴え，「地域の生活のたてなおし」と「子どもの生活・活動の組織化」が課題であると主張した。鈴木秀一と藤岡信勝は，生活の破壊から生じる問題ではなく，不確かな生活概念が放置され，「進化」という科学的知識の定着が不十分であること，つまり科学教育の欠如が原因であるとして坂元を批判した。
　「ニワトリ」の足の数が学力問題として大きく取り上げられたが，上の小笠原は「いかに受験勉強がナンセンスか」と述べ，永井教諭も「勉強のできる子供に四本足が多い」と述べている。「4本足のニワトリ」の背景には受験競争の激化による生活知と学校知の遊離という問題意識が共有されていたのである。

第**8**章 「豊かさ」の中の教育（1960〜1975年）

> （参考文献）『毎日新聞』1974年6月20日夕刊，『朝日新聞』1988年11月8日，坂元忠芳『子どもの能力と学力』青木書店，1976年．

（この年の出生数は136万人で前年比で約25％減であった）。高度経済成長期にもそのような「迷信」が生きていたこと，また妊娠・出産が親の意志によって高度に制御されていたことがわかる。

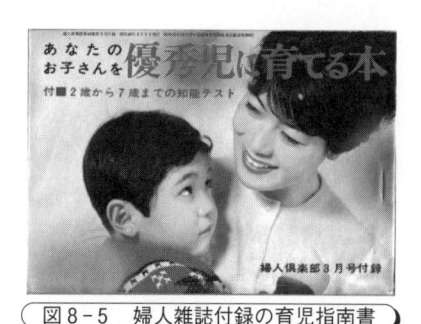

妊娠・出産の制御については，1人の女性が生涯に出産する子の数の平均である合計特殊出生率を見ても明らかである。1960（昭和35）年から1974（昭和49）年までの合計特殊出生率は，約2.0〜2.1で安定していた（1966年は1.58）。一家に子ども2人ということになる。

図8-5　婦人雑誌付録の育児指南書
（出所）「あなたのお子さんを優秀児に育てる本」『婦人倶楽部』1965年3月号付録。

この時期，所得が大きく向上していたにもかかわらず，この数字はなぜ上昇しなかったのか。それは，夫婦と子どもによって構成される核家族の増加と関係している。核家族は「男性は会社で，女性は家事」という性別役割分業を定着させた。地域の共同体や旧来の家から切り離された核家族においては，母親の裁量が大きくなり，母子の緊密な関係のなかで育児が行われる（図8-5）。同時にその負担と責任は増す。教育熱によって進学率の上昇と育児の長期化がもたらされ，教育費・生活費の家計負担は増大化した。子どもは2人という「**二子規範**」の定着は，そのバランスの結果だったのである。

「**教育ママ**」という言葉が盛んに使われるようになったのもこの時期である。子どもに対する母親の過保護，過干渉，学歴偏重の姿勢が，自立性と協調性に欠けた，ひ弱な子どもを作る，という否定的な意味を含んだ呼称であった。

他方，この時期には出産の仕方に大きな変化が認められる。1950年代は自宅で助産婦の介助によって出産するのが一般的であったが，1970年頃までの間にほとんどが病院での出産という状況に切り替わった。医療による妊娠，出産，新生児の管理が出産の負担を軽減し，母子の死亡率を下げた。病院が日本人の生の舞台となったのである。

住まい方にも新しい動きが認められた。戦後日本の住宅事情は，戦災による都市機能の壊滅的打撃に加えて，戦後には復員・引き揚げ，ベビーブームにより都市は慢性的な住宅難であった。さらに都市への人口流入が本格化した1950年代後半には，住宅難は政策的な対応を迫られる深刻な事態となっていった。政府は都市の住宅難解消のために，1955（昭和30）年に日本住宅公団（現UR都市機構）を創設し，団地の建設計画を策定した。1959（昭和34）年，最初に計画したひばりが丘団地の完成を皮切りに5年間で27万戸を発注した（読売新聞昭和時代プロジェクト『昭和時代三十年代』中央公論新社，2012年）。

　団地のつくりは，ひばりが丘団地を例にとれば，1K〜3DK（2DKが最多）の間取りで，食事のできる台所，風呂の設置，洋式・水洗のトイレ，独立した寝室，洋式のテーブル食卓など，多くの日本人が未体験の生活様式であった。

　新たに切り開かれた土地に，突如として2714戸（ひばりが丘団地。1960年）の最新式の団地が建ち，故郷を離れた人々の集団ができるのである。団地住民は夫婦と子どもからなる核家族世帯が中心であった。核家族世帯は，1960（昭和35）〜1975（昭和50）年の間に，日本全体で1179万世帯から1998万世帯へと増加した（核家族世帯割合は53.0％から59.5％に）。これは「主に，1925（大正14）年ころから1950（昭和25）年ころまでの多産少死の時期に生まれ，兄弟姉妹が4〜5人いるいわゆる人口転換期世代が，親を同居扶養する長男を実家に残し，都市部に職を求めて流入し，そこで結婚し家族を形成することによりもたらされたもの」であった（厚生省『厚生白書（平成10年度版）』1998年）。

　これら団地住民には連帯感が生まれ，団地独特のコミュニティーが形成された。ひばりが丘団地では団地親睦会が発足し，音楽や絵画，書道，生け花，洋裁，囲碁の教室やクラブが存在したという（前掲『昭和時代三十年代』）。

　また，団地が作られることで学校が増設，新設されることも多かった。団地住民の子弟でほとんどが占められる小学校では，地元有力者の意向が反映する伝統的な学校経営とは異なり，団地主婦の勢力とそれを背景とした教員による新たな形での教育活動が展開されたところも見られた（原武史『滝山コミューン1974』講談社文庫，2010年）。

　この他，経済成長を優先し，人の暮らし・健康・生命を軽視した結果，生活環境が著しく悪化したのもこの時期の特徴である。四大公害病と呼ばれる水俣病，イタイイタイ病，カネミ油症，四日市喘息に加えて，光化学スモックによるもの

など全国的に被害を発生させた。その姿は，人権軽視の利益追求者＝「エコノミックアニマル」として国内外から批判的に受け止められた。電力需要の高まりから原子力発電所が全国に建設されるようになったのも，この時期である（1966年，茨城県の東海発電所が最初）。

しかし，一方で環境問題に対する人々の意識も高まり，ベトナム反戦を掲げた人権運動とともに市民運動が活発化した。政府が環境庁（現在は環境省）を設置して，環境問題に取り組む姿勢を見せたのは，1971（昭和46）年のことであった。

4　国民を惹き付けるテレビ

（1）テレビの普及とその「影響」

この時期の生活基盤の変化の中で，日本人の形成という点から特筆できるのがテレビの出現，普及である。

テレビ普及の画期となったのは，1959（昭和34）年「皇太子御成婚」パレードの放映であった。これに向けてのテレビ販売合戦により，NHKテレビ受信契約者は200万を突破，同年にテレビは広告収入でラジオを超えた。1960（昭和35）年にはカラー化，1961（昭和36）年には朝から夜まで切れ目なく放送する全日放送も開始されるなど，放送体制も現在に近いものとなっていく。1964（昭和39）年，東京オリンピックの放映に備える形で各家庭にテレビが設置されるようになり，実際にオリンピックをテレビで見た国民は97.3％に達した（佐藤卓己『テレビ的教養――一億総博知化への系譜』NTT出版，2008年）。

「低俗」な番組による悪影響を危惧した「**一億総白痴化**」（大宅壮一）という言葉も生まれた。一億といえば日本国民のことであるが，「（一億）火の玉」から「（一億総）懺悔」して「（一億総）白痴」になるという，1つの方向に向きやすい日本人の傾向性を指摘したものであった。と同時にテレビが国民全体を方向付ける可能性を持つものとして認識されたのである。

実際に，児童や青少年に与える影響についての様々な議論が起こり，その科学的な検討のための研究者による実態調査が行われている。1964（昭和39）年に刊行された『テレビの児童に及ぼす影響』（東京大学出版会）は，実態調査の代表的なものの1つである。心理学者依田新を中心とする20人の研究者が東京都大田区の児童・生徒，保護者を対象として，地域性や階層性，保護者の学歴や教育観，

家族構成，テレビの所有率，設置場所などから，「興味」「性格」「人生観」「社会生活の理解」「職業観」「友人関係」「家族関係」への「影響」について分析している（認識の主体と内容の相関関係は明らかにされているが，「影響」という因果関係まで明らかにされているわけではない）。このなかで親たちが子ども（幼児と小学校低学年）の教育上，テレビの益・害についての意識をまとめた部分に注目してみよう。

テレビの益
1. 知識の源として益を認めるもの（回答例：知識が広くなる）
2. 1と関連しつつも，とくにテレビの視聴覚教育的な機能を認めるもの（例：具体的な画面によるため理解しやすい）
3. 態度，社会性などパーソナリティへの好影響を認めるもの（これには，テレビの視聴という事態と，コミュニケーション内容の両面を含めた。また，知識的な面も含めた）（例：社会への目が開ける，時間をきめて行動するようになる）
4. いわゆる情操教育によいとするもの（例：よい音楽がきける，名犬ラッシーなどによって動物愛護の精神が養える）
5. 1. 2と関連しているが，とくに理解力・判断力の向上を強調するもの（例：ものの見方が広くなる，判断力がつく）
6. 関心興味が増すとするもの（例：世の中のことに関心をもつようになる，興味が広くなる）

テレビの害
1. おとなの世界を示しすぎること（例：露骨な男女関係をあらわすものが多い，おとなの世界を見せすぎる→おませな人間を作る）
2. 生活時間・生活習慣に悪影響を及ぼすとするもの（例：勉強の時間がなくなる，夜ふかしになる，生活習慣がルーズになる）
3. 刺激が強すぎること（例：世の中の悪いところを示しすぎる，殺伐な場面が多すぎる→乱暴な人間を作る）
4. 行動の面での悪影響（例：悪い遊びのマネをする，人殺しのマネをする）
5. ものごとの理解のしかた，思考力などに悪影響があるとするもの（受動的傾向）（例：理解が浅薄になる，ものごとを深く考えないようになる）
6. コトバ遣いの面での悪影響（例：悪いコトバを覚える）

7．白痴的機能（例：軽薄なものが多すぎる，イカレタような人物が登場しすぎる→薄っぺらな人間を作る）

（依田新編『テレビの児童に及ぼす影響』東京大学出版会，1964年）

　佐藤卓己が指摘したような，「教養・教育のメディア」としてのテレビが果たした機能も見逃すことはできない。教育機会が拡大されたとはいえ，日本人全体からみれば，大半が小学校卒か中学校卒までの教育機会にとどまっていた時代である。また，地域格差も大きく，学校におけるテレビ設置が情報格差を縮減した面もあった。「一億総白痴化」とは反対に，「テレビ的教養」によって国民全体が「引き下げつつ引き上げる」という「一億総博知化」が達成されたとも，またテレビが「一億総中流意識の製造機」であったともいえるのである（佐藤前掲書）。

　いずれにしても，その影響力は「一億」，すなわち日本人を形成する文化的・政治的装置として認識されつつテレビは定着していったのである。

（2）共通文化の形成

　テレビ放送の内容をメディアとして捉えた場合，従来の教育に比して次のような特徴を認めることができる。

　①視聴対象の幅広さ。老若男女を問わずテレビの前には平等である。視聴人口の大きさは他のメディアとは比較にならない。子どもと大人の世界の境，知っているものと知らないものとの境，現実と空想の世界の境などが弱くなる。②放送内容の多様性，③即時性，同時性，画一性，④紙媒体・文字情報主体のこれまでのメディアとは異なる，映像と音声という感覚に訴える刺激の強さ，⑤番組の作り手側からの一方的な強い指向性，反対に視聴者側からすれば強い受動性，などの特徴がある。

　テレビの影響力というのは，たとえばCMの台詞（せりふ）をくちずさんだり，ポーズをとったりということを越えて，その人の思想や行動・生き方のレベルでとなると，必ずしも明白ではない。しかしながら，1959（昭和34）年「皇太子御成婚」パレードの放映や1964（昭和39）年の東京オリンピックの放映を契機にテレビが急速に普及したことは，日本人としての意識を共有したいという意志の表れであった。また，実際に放送を見ての高揚感は，のちにそのシーンがテレビ放送で繰り返されることで人々の間に伝達，共有，再生産されていった。日本人としての

意識形成という点において注目できるのである。

人気番組，長寿番組は，それ自体，日本人の選好や性向を明白にし，それを定着・強化させるものである。番組放送を通じて，全国に広く，同時に，画一的に視聴されることによって，日本の文化と呼びうるものになった。

1965（昭和40）年時点での放送番組の領域と時間の割合についてみれば，①娯楽文化（45.3％），②音楽（22.4％），③社会教養（13.5％），④報道（10.9％），⑤スポーツ（5.3％），⑥広告（1.0％）と，娯楽文化と音楽で70％近くを占めている（日本放送協会『放送五十年史』1977年）。

また，各局1日平均の放送時間は，1960（昭和35）年からの15年間で599分から1009分と1.7倍に増え，日本人とテレビの関係はより密接なものとなっている。

「娯楽文化」はテレビドラマが中心である。まず，現在に至るまで長く日本人に親しまれてきているNHKの連続テレビ小説と大河ドラマについてみたい。

長寿番組は，視聴率も高く安定しており，日本人の特性に適合するとともに，日本人のあり方を規定し，共通文化を形成するものと考えられるからである。

連続テレビ小説は，毎朝，「ちょうど都会の主婦が夫と子どもを家からおくりだしてほっと一服する」8時から（一部異なる）15分間放送されるドラマである。1961（昭和36）年に開始され，毎年1作品（1975年から1年に2作品）放送された。開始から1975（昭和50）年までに放送された番組タイトルは，**表8-4**のとおりである。視聴率は，概ね30％代後半から40％代後半と高く，主婦の生活のリズムを作り出す役割を果たすものであった。

また，その内容は，鶴見俊輔によれば次のようにまとめられる。

だいたいが現代劇で，そのなかで一人の少年か一人の少女が育っていき，死んでいくという物語です。これらの連続放送劇のほとんどすべてが，その初めのころに一九二三年の関東大震災をおき，あとのほうの大事件として，一九三一年から四五年にかけての戦争をおきます。そのそれぞれが主人公の性格を形づくる上で大切な役割を果します。というのは，二〇世紀の日本で育った人にとっては，これら二つの経験を放っておくというわけにはいかないからです。とくに十五年戦争がそうで，この事件を加えないと，現代日本を描く壁画は構図のまとまりをもつことができません。テレビがはじまって以来の日本の政府

第8章 「豊かさ」の中の教育（1960〜1975年）

表8-4　連続テレビ小説とNHK大河ドラマ（1961〜1975年）

放送年度	連続テレビ小説 番組タイトル（原作者）	NHK大河ドラマ 番組タイトル（原作者）
1961年	娘と私（獅子文六）	−
1962年	あしたの風（壺井栄）	
1963年	あかつき（武者小路実篤）	花の生涯（舟橋聖一）
1964年	うず潮（林芙美子）	赤穂浪士（大仏次郎）
1965年	たまゆら（川端康成）	太閤記（吉川英治）
1966年	おはなはん（林謙一）	源義経（村上元三）
1967年	旅路	三姉妹（大仏次郎）
1968年	あしたこそ（森村桂）	龍馬がゆく（司馬遼太郎）
1969年	信子とおばあちゃん（獅子文六）	天と地と（海音寺潮五郎）
1970年	虹	樅の木は残った（山本周五郎）
1971年	繭子ひとり（三浦哲郎）	春の坂道（山岡荘八）
1972年	藍より青く	新・平家物語（吉川英治）
1973年	北の家族	国盗り物語（司馬遼太郎）
1974年	鳩子の海	勝海舟（子母沢寛）
1975年前	水色の時	元禄太平記（南条範夫）
1975年後	おはようさん（田辺聖子）	

（注）伊豫田康弘他『テレビ史ハンドブック』（自由国民社，1996年），「過去の視聴率データ」（ビデオリサーチホームページ）より筆者作成。

ならびに与党は，この十五年戦争を日本人大衆の吟味からなるべく隠しておこうという努力を一貫して続けてきたのですが，それにもかかわらず，彼らは政府が後押しをして続けているNHKテレビ放送が日本人全体に送る連続ドラマについて，それらが十五年戦争の事実とほとんどいつもかかわり合って作られていくということを妨げることができませんでした。こういうことがないと，NHKの連続ドラマはうまくまとまらないからです。
（鶴見俊輔『戦後日本の大衆文化史――1945〜1980年』岩波書店，1984年）

大河ドラマは，毎週日曜日午後8時からの45分間，1年間に1作品が放送されている（表8-4）。視聴率は，14〜31％と幅があるが，全盛期のプロ野球放送の時間帯と重なっているにも関わらず，20〜25％平均を維持していた。いずれも日本の歴史を題材として人物の生涯を描くドラマである。日本の歴史や伝統，

表8-5　長寿番組一覧（40年以上）

通算年数	開始年	番組名	局・系列	ジャンル
60年（続）	1953年	のど自慢	NHK総合	音楽
60年（続）	1953年	紅白歌合戦	NHK総合	音楽
56年（続）	1957年	テレビ体操	NHK総合, 教育	健康
54年（続）	1959年	おかあさんといっしょ	NHK総合, 教育	幼児
49年（続）	1964年	題名のない音楽会	東京12ch→ANB系	音楽
49年（続）	1964年	ミュージックフェア	CX系	音楽
47年（続）	1966年	笑点	NTV系	演芸
44年（続）	1969年	サザエさん	CX系	アニメ
42年	1969年	水戸黄門	TBS系	ドラマ
42年（続）	1971年	新婚さんいらっしゃい	TBS系→ANB系	トーク
50年	1972年	中学生日記	NHK	教育

（注）伊豫田康弘他『テレビ史ハンドブック』（自由国民社，1996年）の「主要長寿番組一覧」をもとに筆者作成。1960年〜1975年を通じて放送されていた番組，または1975年までに開始され，その後40年以上放送された番組を抽出した。（続）は2013年現在も放送が継続している番組である。

文化とともに，人の立ち振る舞い，生き方についての規範を，広くお茶間の日本人に示すものとなった。

　世代を越えて日本人の間に定着した，長寿番組についても触れておきたい。1950〜1960年代に放送が開始され，40年以上続いた番組を，表8-5にまとめた。音楽番組が多く，テレビを通じて日本人の生活のリズムの中に音楽が一定の位置を占めていることがうかがえる。

　今日，日本のアニメーション番組の水準の高さが話題となることも多いが，その基盤を視聴者とともに形成したのが，1960年代から1970年代であった。子ども向けテレビ番組の内容研究は，教育史の研究において残されている大きな課題である。ここでは，アニメ番組の放送件数が増加・普及し始めた1963（昭和38）年以降の主なアニメ番組を確認しておく（表8-6）。

　この他，男の子向けの「特撮（とくさつ）」番組も数多く製作，放送された。ヒーローものと呼ばれる勧善懲悪物語である。少しずつ形を変えながらも現在に至るまで基本的な型が踏襲され，放送されている代表的な番組として，①ウルトラマンシリーズ（1966年放送開始），②仮面ライダーシリーズ（1971年放送開始），③ゴレンジャ

第8章 「豊かさ」の中の教育（1960〜1975年）

表8-6　子ども向け主要アニメ番組一覧（1963〜1975年）

放送年	番組名
1963〜1967	鉄腕アトム，鉄人28号，エイトマン，ビッグX，スーパージェッター，宇宙パトロールホッパ，オバケのQ太郎，ジャングル大帝，ハリスの旋風，遊星仮面，魔法使いサリー，悟空の大冒険，黄金バット，パーマン，マッハGoGoGo，リボンの騎士
1968〜1969	ゲゲゲの鬼太郎，わんぱく探偵団，巨人の星，サイボーグ009，怪物くん，夕やけ番長，妖怪人間ベム，ひみつのアッコちゃん，もーれつア太郎，どろろ，男一匹ガキ大将，タイガーマスク，サザエさん，ハクション大魔王，ムーミン，アタックNo.1
1970〜1971	いたずら天使チッポちゃん，動物村ものがたり，あしたのジョー，みなしごハッチ，赤き血のイレブン，男どアホウ甲子園，キックの鬼，いじわるばあさん，いなかっぺ大将，魔法のマコちゃん，カバトット，アンデルセン物語，天才バカボン，ふしぎなメルモ，アパッチ野球軍，ルパン三世，原始少年リュウ
1972〜1973	海のトリトン，魔法使いチャッピー，赤胴鈴之助，デビルマン，科学忍者隊ガッチャマン，かいけつタマゴン，ハゼドン，ど根性ガエル，マジンガーZ，バビル2世，けろっこデメタン，山ねずみロッキーチャック，ジャングル黒べえ，ドラえもん，荒野の少年イサム，新造人間キャシャーン，空手バカ一代，ドロロンえん魔くん，エースをねらえ!，冒険コロボックル，侍ジャイアンツ，キューティーハニー
1974〜1975	アルプスの少女ハイジ，星の子ポロン，魔女っ子メグちゃん，ゲッターロボ，グレートマジンガー，はじめ人間ギャートルズ，宇宙戦艦ヤマト，てんとう虫の歌，カリメロ，フランダースの犬，まんが日本昔ばなし，みつばちマーヤの冒険，勇者ライディーン，ラ・セーヌの星，ドンチャック物語，ガンバの冒険，宇宙の騎士テッカマン，アラビアンナイト シンドバットの冒険，タイムボカン，鋼鉄ジーグ，UFOロボ グレンダイザー，草原の少女ローラ，一休さん

（注）伊豫田康弘他『テレビ史ハンドブック』（自由国民社，1996年）を参考に筆者作成。

ーに始まる戦隊シリーズ（1975年放送開始）の3つを挙げることができる。いずれもこの1960年代後半から1970年代半ばに放送が開始された。番組放送とともに，ヒーローに関わる玩具やお菓子なども販売され，1960年代以降に生まれた男性の中には，通過儀礼のようにヒーローと自己を重ねながら成長していったものも多いだろう。

　さらに幼児番組もテレビの草創期の1956（昭和31）年から「人形劇」「みんなといっしょに」，1959（昭和34）年には長寿番組として先述した「おかあさんといっしょ」，1967（昭和42）年にも長寿番組となった「できるかな」が放送されている。草創期から幼児向け教育番組の充実に力を注いできた日本の例は「世界的にも極めて珍しい」とされている（小平さち子「幼稚園・保育園におけるメディア利用の現況と今後の展望」『放送研究と調査』2007年6月号）。

　「報道」は，いわゆるニュースである。「ニュースの定義は結局のところ，人び

> コラム

仮面ライダースナック問題

　1971（昭和46）年から現在まで続く子ども番組，仮面ライダーシリーズは，「変身」のかけ声とともに人間の姿をした主人公が正義の味方，仮面ライダーとなって「世界征服を企らむ悪の秘密結社ショッカー」の怪人を倒し，「世界の平和を守る」物語である。放送開始から人気はうなぎ登りで，「変身ベルト」やビニール人形などの商品がよく売れた。なかでも爆発的人気を誇ったのが，仮面ライダーカードであった。カルビーから20円で発売されたお菓子「仮面ライダースナック」（図8-6）のおまけとして1袋に1枚もらえるというもので，カードには仮面ライダーや怪人の写真，裏には通し番号と解説が書かれたコレクション性の高いものであった。1972（昭和47）年夏には，1日あたり100万袋以上を売り上げる「おばけ商品」となり，発売から1年余りで6億2000万枚が発行されたという。当時の小学生男子1人当たり平均85枚を所有する計算になる。

　子どもたちの熱狂ぶりがうかがえるが，1年余りの間に小学生男子が1人平均85袋のスナック菓子を食べていたとは常識的には考えられない。全国各地では仮面ライダースナックが袋も空けられることなく捨てられている事件が頻発した。子どもたちの目的はカードの収集であったから，スナック菓子の処分に困ったのである。

　戦中戦後の食糧難を肌で知る大人たち，マスコミがこれを取り上げ，社会問題となった。発売元のカルビーでは小売店向けに「1人にたくさん売らないようにご協力下さい。」とお願いするなど，事態の収拾に努めた。テレビヒーローの影響力の大きさ，カード収集に没頭する子ども，お菓子とはいえ，食料を購入した上で捨てる子ども，消費者としての子どもに向き合う企業や大人の姿勢など，仮面ライダーカードは新しい教育問題を日本人に突きつけたのである。

（参考文献）高橋和光「ヒット商品の舞台ウラ 第7回 仮面ライダースナック（カルビー）」『KODANSHA Official File Magazine 仮面ライダー vol.2』（講談社，2004年），木下正信編『仮面ライダー仮面ライダーV3カード完全図鑑』（竹書房，1997年）。

図8-6　仮面ライダースナック

（出所）カルビー提供。

とにインタレストを与えるものがニュースであるという，素朴な，しかし人間の原始的な欲求の充足に帰着することにも示されるように，テレビではとくにニュースのショー化，センセーショナル化，ヒューマンインタレスト化の傾向が顕著にみられる」ゆえに，「ニュース消費の習慣化は，放送体験の基本を形成している」（藤竹暁「ラジオ体験からテレビ体験へ」，北村日出夫・中野収編『日本のテレビ文化——メディア・ライフの社会史』有斐閣，1983年）と指摘される。毎日のように発生する世界の事件事故が日常的に眼前にもたらされることで，人は何を得て何を失っているのか。テレビによるニュース視聴の習慣化は，この時期に成立したが，インターネット時代にあっても同様の課題が突きつけられている。

携帯電話やインターネット，音楽・映像メディアが普及した今日，特に若い世代にとって，テレビは既に国民的メディアではなくなっている。多くの日本人に同時に同じ情報が提供され，共有してきた国民的文化と呼べるものも少なくなっている。日本人に共通文化をもたらしたメディアとして，この時期のテレビの位置は大きいものであった。

（3）テレビと日本人

これまでみてきたように，日本人とテレビの結び付きは強固であった。あるいは，テレビ番組そのものよりも，居間に鎮座したテレビに向き合い続ける人々の姿こそが日本人らしさといえるかも知れない。テレビを愛する日本人の特性は「視覚重視」のコミュニケーションに求められるという。北村日出夫によれば，「『見る』ということは，いわば，対象に対して消極的・受容的である。対象に積極的に働きかけるには，まず対象に触れなければならない。言葉での働きかけがそれを助ける。しかし，『見る』ということは，対象と一定の空間をへだてて，対象を変革することなく，『あるがままに』受け入れることである。『見る』行為は受容的な態度につながる。」として，かつて和辻哲郎が指摘した日本人の「受容的忍従的」特性と通底すると述べている（前掲『日本のテレビ文化——メディア・ライフの社会史』）。

さらに日本人のこのような性質と，この時期にもたらされた物質的な豊かさとの関係について，鶴見俊輔は次のように述べている（鶴見前掲書）。

戦時期の日本では，国体観念というような観念装置をとおして，権力批判の

思想をレトルトにくみいれて一億一心の戦争体制に導いたのですが，戦後，とくに高度成長期以後は［中略］高速道路や高層建築や新幹線やカラーテレビなど，他に食物がかわって身体の変化をもたらすという物質装置をとおしてなめらかに大勢順応の姿勢に導かれているので，自分たちがある時に鋭角的に膝を屈したという自覚をもちません。

　この時期に見られた，ものの豊かさ，中等・高等教育の普及，情報通信機器と交通機関の発達により，1950年代と比べて日本社会は，飛躍的に階層差と地域差を縮めた。「一億総中流社会」と呼びうるほどの平等意識と共通文化を持つ基盤ができたのである。
　しかし，ものの豊かさがもたらした「大勢順応の姿勢」は，ものの豊かさが失われた時にどこに向かっていくのだろうか。第二次世界大戦の分析と反省に基づく真の豊かさを追究する間もなく，かりそめの豊かさに満たされた日本人が向き合うべき課題は，今も相変わらず大きく重いものである。

◆ 参考文献

大田堯編著『戦後日本教育史』岩波書店，1978年。
加瀬和俊『集団就職の時代——高度成長のにない手たち』青木書店，1997年。
苅谷剛彦『大衆教育社会のゆくえ——学歴主義と平等神話の戦後史』中公新書，1995年。
北村日出夫・中野収編『日本のテレビ文化——メディア・ライフの社会史』有斐閣，1983年。
佐藤卓己『テレビ的教養——一億総博知化への系譜』NTT出版，2008年。
鶴見俊輔『戦後日本の大衆文化史——1945～1980年』岩波書店，1984年。
原武史『団地の空間政治学』NHKブックス，2012年。
広田照幸『日本人のしつけは衰退したか』講談社現代新書，1999年。
三浦展『「家族」と「幸福」の戦後史——郊外の夢と現実』講談社現代新書，1999年。
読売新聞昭和時代プロジェクト『昭和時代三十年代』中央公論新社，2012年。

[山田恵吾]

第9章

「自由化・多様化」の中の教育
（1975〜2000年）

■□ 概　説 □■

　本章が対象とする時期は，1975（昭和50）年から2000（平成12）年までの約25年間，すなわち四半世紀である。1975年は日本の敗戦から30年目にあたり，筆者が生まれた年でもあるが，1970年代半ばの日本社会は，戦後期から高度経済成長期を通じて，一貫して進行してきた社会の「平等化」（所得・消費水準の向上等による生活様式の平準化など）を相当程度達成した。70年代半ばから1980（昭和55）年前後までの日本は「一億総中流社会」と呼ばれ，戦後期の「貧しさ」から抜け出し，一定の水準に至った豊かさを背景に，多くの日本人が自らの生活程度について「中流」を意識するようになっていた。教育の分野においては，70年代半ばに高等学校への進学率が90％を超え，「平等」な教育システムである学校を通じて，より多くの人々が豊かな生活を手に入れようとする「大衆教育社会」が到来した。しかし，過度の学校信仰が受験競争の過熱化を招来するとともに，校内暴力という現象が生起し始めた。

　安定成長を遂げ，未曾有の好景気であるバブル経済が日本を席巻した1980年代は，総じて「楽観」が支配した時期であり，人々は自信に満ちあふれていた。情報化と消費社会化が進展して，人々が「豊かさ」と「便利さ」を享受する一方，核家族化や少子高齢化が進行し，学校では校内暴力やいじめ，不登校等が社会問題化した。学校は「学校（教師）バッシング」に苦慮し，輝きを失っていく学校を立て直す処方箋として，「個性」，「自由」を重視する教育改革が提唱された。80年代末には国内外で大きな動きがあり，国内では1989年1月に元号が「昭和」から「平成」に改まった。同年11月には，東西冷戦の象徴であったベルリンの壁が崩壊し，「ポスト冷戦」の時代を迎えた。

　1990年代初頭から，日本社会は一転して長期不況期に入り，これが2000年代初頭まで続く。「空白の十年」，「失われた十年」と呼ばれた時期は雇用情勢が著しく悪化し，90年代の終わりには経済的格差の拡大が問題となり，「平等神話」の崩壊が叫ばれた。80年代とうってかわり，90年代は「悲観」が支配したのである。このような情勢のもと，教育の世界では，「ゆとり」と「生きる力」が教育理念として示され，経済のグローバル化や「規制緩和」を背景に，教育の「自由化」がさらに推進されることになった。学校は子どもたちの学力低下や「新しい荒れ」といった問題に直面しながら，高まりをみせる学校変革の求めに応じていくのである。

第9章 「自由化・多様化」の中の教育（1975～2000年）

1 「良い学校―良い仕事―豊かな生活」という物語

（1）大衆教育社会の到来

　1950年代の後半（昭和30年代）に入ると**高度経済成長**の時代へと移行し，およそ1973（昭和48）年の第1次オイルショックまでこの時代が続くことになる。高度経済成長は政治，社会，文化などあらゆる側面に影響を与え，国民生活に大きな変化をもたらした。

　高度経済成長に伴い，高等学校（以下，高校）や大学等への進学率も急激に上昇していく。図9-1は，1950（昭和25）年から近年に至るまでの，高校・大学等への進学率の変化を示したものである。1950年に42.5％であった高校等への進学率（中学校卒業者及び中等教育学校前期課程修了者のうち高等学校等の本科・別科，高等専門学校に進学した者）は1974（昭和49）年に90％を超え，1979（昭和54）年には94％にまで上昇，その後はほぼこのレベルで推移し，2020（令和2）年度現在で98.8％（通信制課程を除いた場合，95.5％）となっている。わずか四半世紀で約50ポイントもの飛躍的上昇を遂げたわけである。それまでの先進諸国が経験しなかったほどの急速なスピードでの上昇であった。一方，1955（昭和30）年に10.1％であった大学（短大を含む）の進学率は，1975（昭和50）年には38.4％となり，20年間でおよそ4倍となっている。

　高校や大学等への進学率が上昇した理由としては，経済的要因が大きい。経済発展を背景に国民の教育費負担能力が高まり，教育への投資がより高い収入と見返りをもたらすことから，多くの人々がより高いレベルの教育を求めた。また，企業等の経済界が高度な知識・技能を有する高学歴の人材を求めるようになった。高校や大学を卒業することで安定した職業的・社会的地位を獲得し，豊かな生活を送りたいという個人の願望と，優れた労働力を確保したい経済界の思惑が一致したのである。

　この他にも，戦後の民主主義的な教育制度（6・3・3制：単線型学校制度）の整備・確立により全ての者に対して進学の機会が開かれたという学校制度上の要因や，**第一次ベビーブーム**に生まれた世代が中学校卒業にさしかかる1960年代初頭に進学熱が高まり，同世代人口の半数以上（50～60％）が高校に進学するようになったという人口的要因が挙げられる（小針誠『教育と子どもの社会史』梓出

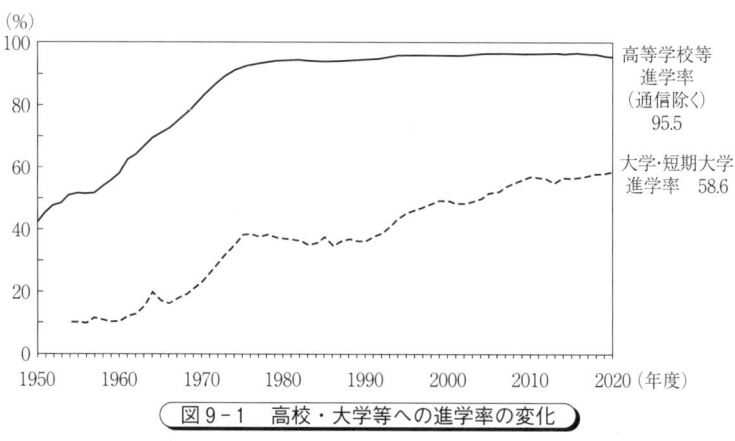

(%)
100
80
60
40
20
0
1950　1960　1970　1980　1990　2000　2010　2020（年度）

高等学校等進学率（通信除く）95.5
大学・短期大学進学率　58.6

図9-1　高校・大学等への進学率の変化

（出所）文部科学省『令和2年度　文部科学白書』2021年。

版社，2007年）。

　高度経済成長に伴って教育が量的に拡大し，高校等への進学率が9割を超えた70年代半ばに，日本では「**大衆教育社会**」が完成した。この言葉の生みの親である教育社会学者の苅谷剛彦（1955-）によれば，大衆教育社会とは，「教育が量的に拡大し，多くの人びとが長期間にわたって教育を受けることを引き受け，またそう望んでいる社会」（苅谷剛彦『大衆教育社会のゆくえ――学歴主義と平等神話の戦後史』中公新書，1995年），あるいは，「教育の大衆的拡大を基盤に形成された大衆社会であり，**メリトクラシー**（業績主義）の価値が，大衆にまで広く浸透した社会」（苅谷剛彦『「学歴社会」という神話』日本放送出版協会，2001年）を意味する。メリトクラシー（meritocracy）とは，才能や努力，業績によって人々の選抜が行われる社会制度のことであり，人が「何であるか」ではなく，「何ができるか」「何ができたか」が重要な選抜の基準となる。

　多くの人々を教育という営みに巻き込み，個人の努力と能力によって社会的成功のチャンスを与えようとする大衆教育社会。どのような家庭に生まれたかに関係なく，1人ひとりを等しく公平に扱い，評価する「平等」な教育システム（学校）を通じて，より多くの人々が安定した豊かな生活を手に入れる。このような「平等」な社会の実現こそ，戦後の日本人が理想としてめざしてきたことであった。

　しかし，大衆教育社会は，形式的な平等を追い求める一方で，社会階層間の格

第9章 「自由化・多様化」の中の教育（1975～2000年）

差がもたらす不平等の問題を不問に付してきた。すなわち，子が到達できる学歴段階や学校での学業成績には，親の学歴や職業による社会階層間の差異が関係しているにもかかわらず，大衆教育社会では，その事実が直視されることがない。フランスの社会学者**ブルデュー**（P. F. Bourdieu : 1930-2002）のいう**文化的再生産**（親から子へと伝達される階層文化を媒介として，社会的な不平等の構造が再生産されるメカニズム）の場として学校が機能していたとしても，そのような事実にあえて目を向けないようなしくみが大衆教育社会では働いたのである。「子どもには誰でも無限の能力，無限の可能性がある」，「どの子でも頑張れば100点がとれる」という平等観が広まり，子どもの学業成績と家庭環境（親の学歴や職業，経済状況など）を結びつけることに対しては，それ自体差別的であるとして慎重な態度がとられる。一見平等にみえる教育システムが，実際には特定の社会階層にとって有利（あるいは不利）に働いている──こういった見方が多くの人にとってあまり現実味をもたないほどに，教育を通じた社会の大衆化は進展したのである（苅谷剛彦『大衆教育社会のゆくえ──学歴主義と平等神話の戦後史』中公新書，1995年）。

（２）学歴社会の進展

　学校教育の量的拡大は，多くの人々に教育機会を提供し，社会の成熟化に寄与したことは確かである。しかし，大衆教育社会が成立するプロセスにおいて，人々が学校の価値を過度に信仰するという事態が生じた。いわゆる**「学歴社会」**という問題である。学歴とは，学校教育に関する個人の履歴のことであり，高卒，大卒など個人が終了した学校段階（「タテの学歴」）を意味する場合もあれば，○○高校卒業，○○大学卒業というように，個々の学校段階内で個人が卒業した学校名（「ヨコの学歴」）を意味する場合もある。学歴社会とは，「その学歴が人々の社会的な評価・選抜・配分の基準として重視される社会」（天野郁夫「学歴社会」『戦後史大事典』三省堂，1991年）であり，「成員の社会的地位を決定する学歴の力が相対的に大きい社会」（麻生誠『日本の学歴エリート』玉川大学出版部，1991年）のことである。「学歴社会」という言葉は「総中流社会」とならんで，高度経済成長期の日本を語るためにさかんに用いられた一種の流行語であった（吉川徹『学歴と格差・不平等──成熟する日本型学歴社会』東京大学出版会，2006年）。

　「学歴さえ取得すれば生まれ変われる」──人々はそのような思いを抱くようになり，学歴とは無縁であった者も，次の世代には少しでも高い学歴をもつこと

が重要であると理解するようになった。「大衆教育社会」の成立には，「学歴社会」という社会の認識が基盤となっているのである。経済的な豊かさや社会的地位を獲得するための手段として学校の価値が高まると，より上位の学校，それも有名校に所属することを重視する傾向が次第に顕著となり，学校においてどのような教育内容を習得したかということよりも，最終的にどの学校に所属したかが関心の的となる。「学歴社会」は，このような風潮に対する批判的な意味合いも有した言葉として，1970年代以降の日本で広く用いられた。

　しかし国際的にみれば，日本だけが突出した学歴社会というわけではない。先進国（先進産業社会）の多くは「学歴社会」であり，人々の社会的地位には本人の学歴がある程度左右する。それにもかかわらず，少なくとも1980年代半ばまでの日本では，他の先進国よりも一層「学歴社会」であるという見方が広く行き渡った。それほどまでに学歴社会の信仰が強かったのである（苅谷剛彦『「学歴社会」という神話』日本放送出版協会，2001年）。学歴重視の傾向は，職業の世界だけでなく，たとえば結婚相手を選ぶといった，日常生活の世界にもみられるようになった。

（3）受験競争の過熱化

　「学歴社会」が問題視された当時の日本では，学歴獲得の手段としての受験を成功させるために，激しい競争が子どもたちの間で繰り広げられた。**受験競争**の過熱化である。たとえば，1970年代半ばには，マスコミが「受験フィーバー」の様相を呈した。大衆向けの週刊誌が揃って，有名大学の高校別合格者数，各大学の合格偏差値や有名私立中学校の入試問題，「よい進学塾」の選び方などを競って掲載した。これらの記事の年間総数は，1973（昭和48）年以前に比べて約10倍にも達したといわれる（乾彰夫『日本の教育と企業社会――一元的能力主義と現代の教育＝社会構造』大月書店，1990年）。「受験地獄」ともいわれる受験競争の過熱化は，子どもたちの間に競争主義を蔓延させ，授業を理解することができない子どもたち，いわゆる**「落ちこぼれ」**などの問題を生むことになった。

　学習塾に通う子どもたちも増加した。1976（昭和51）年度に**文部省**（現文部科学省，以下同様）が実施した「児童生徒の学校外学習活動に関する実態調査」では，小学生の12.0％，中学生の38.0％が学習塾に通っており，通塾する子どもが低年齢化しているという結果が出ている（『全国の学習塾通いの実態――昭和51年度

第9章 「自由化・多様化」の中の教育（1975〜2000年）

「児童生徒の学校外学習活動に関する実態調査」速報』文部省大臣官房調査統計課，1977年）。この頃には「乱塾時代」という言葉が流行した。1985（昭和60）年度に実施された同じ調査では，小学生16.5％，中学生44.5％となっており，前回調査に比べて増加している（『昭和60年度 児童・生徒の学校外学習活動に関する実態調査報告書』文部省大臣官房調査統計課，1987年）。文部省は，同省の白書の中でこの調査結果に言及しつつ，「いわゆる『進学塾』にみられる過度の学習塾通いについては，子どもたちにとって発達段階にふさわしい遊びや生活体験を通じて得られる豊かな人間形成の機会や場を制約するなどにより，好ましい成長発達に悪影響を及ぼしている面がある」と指摘し（文部省『我が国の文教施策 平成2年度』大蔵省印刷局，1990年），進路指導のあり方や入試方法の改善を学校等に求めてきた。通塾する子どもの割合はその後も増加の一途を辿り，1993（平成5）年に実施された同様の調査では，小学生23.6％，中学生59.5％となっている（『平成5年度 学習塾等に関する実態調査報告書』文部省，1993年）。

　1979（昭和54）年には，国公立大学入学志望者のために，**共通第一次学力試験**（以下，共通一次試験）が導入された。これは，受験競争の歪みを解消するというねらいで，文部省の働きかけのもと国立大学協会が中心になって検討を進めた入試制度である。第一段階では，高校での学習の到達水準を測る共通テストを実施し，第二段階で各大学・学部の必要に応じた独自の学力試験を行い，その結果を総合的に評価して入学者を決定するというものである。第1回の志願者数は，約34万2000人であった。

　全国一律の共通試験制度が導入されることにより，各大学の入試の難易度は**偏差値**等の数値による比較が可能となり，大学入試に有利な学校とそうでない学校というように，高校や中学校の序列化をもたらした。受験競争の弊害を取り除こうとして導入されたこの制度がむしろ，受験生の偏差値依存を生んだという側面もある。このような批判を浴びながら，共通一次試験は，1989（平成元）年度まで11回にわたって実施された。1990（平成2）年からは，共通一次試験の改革などを提言した**臨時教育審議会**の第一次答申（1985年）を踏まえて，共通一次試験にかわり**大学入試センター試験**が開始された。

　このように，70年代から80年代の日本においては，「学歴社会」が進展し，学歴獲得手段としての受験競争が激しく繰り広げられた（図9-2）。「乱塾時代」が流行語となった1976（昭和51）年，子どもたちの間では，前年暮れに発売され

> コラム
>
> ## 『窓ぎわのトットちゃん』
>
> 　1981（昭和56）年3月，黒柳徹子の著書『窓ぎわのトットちゃん』（講談社）が刊行され，1年後に500万部，最終的には文庫本も含めて700万台に乗せるという出版史上空前のブームとなった。この現象も受験競争の激化という当時の時代状況の反映とみることができる。同書は，校舎は古い電車，時間割は子どもの自由意思に任されているという風変わりな学校である私立「トモエ学園」（東京・自由が丘）で，幼少時代の著者（トットちゃん）が個性を認めてもらい，のびのびと学校生活を送る様子を描いたものである。偏差値重視で子どもを評価する風潮にあって，夢のような学校生活を描いた同書に人々は惹かれたのであろう。

図9-2　塾通いする子どもたち

（出所）朝日新聞提供。

た「およげ！たいやきくん」という歌が爆発的なヒットとなっている。「〽まいにち　まいにち　ぼくらは　てっぱんの　うえでやかれて　いやになっちゃうよ」で始まるこの歌のおかげで，受験競争で圧迫された子どもたちは，束の間のカタルシスを得ていたのかもしれない。共通一次試験が導入された1979（昭和54）年には，テレビドラマ「3年B組金八先生」（TBS系列）がスタートした。俳優・武田鉄矢主演のこのドラマは，20年以上にわたってシリーズ化され，国民的教師ドラマとして定着したが，第1シリーズは受験にまつわる話が圧倒的に多いことが特徴となっている（山田恵吾・貝塚茂樹編著『教育史からみる学校・教師・人間像』梓出版社，2005年）。同年には，東京大学を目指す中学生とその家族の人間模様を描いた城山三郎の『素直な戦士たち』（新潮社，1978年）がドラマ化（NHKの土曜ドラマとして放映）され，話題となった。

　ところが，「学歴社会」という社会の関心は1990年代に入って変容する。90年代半ば以降，学校を卒業すれば正社員として雇用されるという戦後社会の「常識」が崩れ去るという，従来経験したことのない事態が発生し，大卒でありなが

第**9**章 「自由化・多様化」の中の教育（1975～2000年）

ら就職「超氷河期」どころか「新卒無業」が2割以上の規模で生み出されるという状況が生じた（本田由紀・平沢和司編著『リーディングス　日本の教育と社会　第2巻　学歴社会・受験競争』日本図書センター，2007年）。このような状況において，学歴信仰も色褪せたものになり，多くの人々が従来描いていた「良い学校―よい仕事―豊かな生活」という物語が綻び始めたのである。

2　「教育荒廃」・「学校病理」現象の出現

（1）校内暴力・少年犯罪の急増

　大衆教育社会が成立し，大半の子どもたちが義務教育を受けるだけでなく，高校等に進学するようになると，実際には進学意欲がない者でも，「みんなが進学しているから私も進学しなければ」と意識せざるをえない状況が生まれてくる。保護者や教師は子どもたちの高校等への進学を自明視するようになり，進学しない子どもたちは周囲から問題視され，スティグマ（負の烙印）を負わされることになる。学校の価値が肥大化し，勉強ができる子もできない子も，勉強が好きな子も嫌いな子も，誰もが進学することを迫られ，学校がいわば「強制進学の場」となってしまったのである。さらには，先に述べたように，学歴社会の負の側面として過度の受験競争が生起し，学校に競争主義が蔓延すると，「落ちこぼれ」という問題が生じた。

　このような状況の中，子どもたちの中に学校に対する不満や不信感を抱く者が表れ，次第に子どもたちの逸脱行動が全国各地で頻繁に見られるようになった。学校に対する子どもたちの反抗的行動として**校内暴力**が目立つようになり，学校が荒れ始めたのである。校内暴力は，1970年代半ばから各地の中学校で発生し始め，80年代に入って急激に増加した。

　1980（昭和55）年10月には，三重県尾鷲市の尾鷲中学校で多数の生徒が暴力をふるって教師を負傷させ，24人の生徒が検挙されたという事件が発生し，社会に衝撃を与えた。1983（昭和58）年2月には東京都町田市の忠生中学校で，「荒れる学校」を象徴するような事件が発生した。英語担当の男性教師が，金属製玄関マットを振り上げて襲ってきた3年生の生徒を果物ナイフで刺し，全治10日間の怪我を負わせたという事件である。忠生中学校では事件の半年程前から校内暴力が頻発し，この男性教師は「不良少年」グループの標的になっていた。

233

> コラム
>
> ### 「スクール・ウォーズ」
>
> 　1984（昭和59）年10月〜1985（昭和60）年4月にかけて放送された「スクール・ウォーズ——泣き虫先生の7年戦争」（TBS系列）は校内暴力を扱ったテレビドラマであり，当時の社会状況を反映して視聴者の人気を博した。京都市立伏見工業高校ラグビー部と，同校教員でラグビー部監督の山口良治（ラグビー元日本代表）がモデルとなったフィクションドラマで，山口をモデルとしたラグビー部監督の滝沢賢治役を俳優・山下真司が演じ，彼がラグビーを通して，校内暴力で荒れる生徒を更生・成長させ，無名であった同校ラグビー部を全国優勝に導くという物語であった。原作は馬場信浩著『落ちこぼれ軍団の奇跡——伏見工高"ラグビー日本一"に見る教育の原点』（光文社，1981年）。
>
> 　伏見工業高校ラグビー部の挑戦は，後の2000（平成12）年11月にNHKの番組「プロジェクトX」でも取り上げられ，「ツッパリ生徒と泣き虫先生〜伏見工業ラグビー部・日本一への挑戦〜」と題して放映された。

　この事件に対するマスコミ報道は総じて学校側の責任を追及するものであったが，生徒の暴力に耐えかねた教師の「正当防衛」とも見られた。事件後に文部省が初めて実施した校内暴力についての全国調査によれば，1982（昭和57）年4月〜1983年3月までの1年間に，公立中学校の7校に1校の割合で校内暴力が発生し，対教師暴力は約1400件に及んだことが明らかとなっている。

　校内暴力の風潮を反映して，たとえば『朝日新聞』は，社会面連載の「いま学校で」シリーズにおいて，1981（昭和56）年3月〜同年10月まで78回にわたり，校内暴力を特集した。この連載は後に『いま学校で　校内暴力』（朝日新聞社，1983年）として単行本化されている。単行本といえば，1983（昭和58）年9月には，俳優・穂積隆信が著した『積木くずし』（桐原書店）が出版され，1年余で280万部のベストセラーとなっている。同書は，非行に走った一人娘を立ち直らせようと著者が悪戦苦闘する，壮絶な親子の戦いを描いたノンフィクションであり，校内暴力が社会問題化する中で注目された。

　荒れたのは学校の中だけではない。80年代は世間の注目を集める少年事件が頻発した。1980（昭和55）年11月には，川崎市の新興住宅地にある自宅で，大学受験2浪中の20歳の若者が，就寝中の両親を金属バットで殴打して殺害する

という事件が発生した。この若者は有名中学・有名高校に進学したものの，大学受験に失敗しており，犯罪の遠因は受験勉強の重圧にあったとされる。受験競争が深刻化していた当時にあって，世間を震撼させた事件であった。

　1983年は少年犯罪が戦後第3のピークに達した年であり，この年の2月には，横浜市で中学生を含む少年10人が市内のホームレスを次々に襲撃して殺傷するという事件が発生した。少年らはホームレス男性を喧嘩の「練習台」にして惨殺し，警察の調べに対して「スリルがあった」，「逃げ惑う姿が面白かった」等と供述したという。無抵抗の弱者を集団で襲撃するという少年たちの凄惨な犯罪は，社会に大きな衝撃を与えた。

　戦後日本の少年犯罪は大きく4つの波（ピーク）があり（いずれの波もその大半は窃盗犯で占められている），戦後の混乱期に生じた第1の波は，生活の貧困から生じた「生活（生存）型犯罪」，高度経済成長期に生じた第2の波は，社会制度に対する反発心から生じた「反抗型犯罪」，そして第3の波はモノの豊かさが実現された社会を背景としてゲーム感覚の延長として手を染めるような「遊び型犯罪」が多くを占めており，90年代後半には第4の波が生じたといわれる。第3の波の際に名付けられた「遊び型犯罪」とは，犯罪の「ほとんどは万引きや乗り逃げなどの軽微な犯行である」という行為の様態の側面を反映したものでもあったが（土井隆義『人間失格？──「罪」を犯した少年と社会をつなぐ』日本図書センター，2010年），「遊び感覚の延長として罪悪感を抱かずに」という動機の側面に注目すれば，横浜市で起きたホームレス襲撃事件は，まさに「遊び型犯罪」の典型であったといえよう。

　校内暴力や少年犯罪の頻発という事態に対して，全国の多くの学校では生徒指導の態勢を強化した。一部の学校では，厳しい校則による締め付けや体罰による押さえ込みといった厳格な生徒指導がなされ，これが保護者やマスコミから「管理教育」との批判を浴びることになる。1983年には，暴力をふるう少年らをスパルタ主義の訓練で立て直すことを標榜していた戸塚ヨットスクールで，13歳の訓練生が「体罰」を受けて死亡するという事件も発生した。同スクールの戸塚校長と2名のコーチは傷害致死容疑で逮捕されたが，荒れた教育の状況を救うとして，同スクールの教育方針を信奉する者も少なくなかった。ともあれ，1984（昭和59）年以降，校内暴力はいったん沈静化に向かい（再び急増するのは1993年頃から），今度はこれに代わって，いじめが新たな社会問題となっていく。

(2)「いじめ・不登校」問題と学校価値の低下

　1986（昭和61）年2月，東京都中野区の中野富士見中学校2年の男子生徒が，盛岡駅前のデパート地下の公衆トイレで，首を吊って自殺しているのが発見された。岩手県はこの生徒の父親の故郷であった。自殺の原因は学校での残忍ないじめであり，遺書には「俺だってまだ死にたくない。だけどこのままじゃ『生きジゴク』になっちゃうよ」と書かれていた。同級生のみならず担任の教師までが加わって，男子生徒の「葬式ごっこ」をやり，「追悼」の寄せ書きまで作製するという陰湿ないじめに，人々は愕然とした。

　1990年代に入ってからも，いじめ問題は解決の兆しがみえず，深刻化していく。1993（平成5）年1月には山形市新庄市の明倫中学校で，1年生の男子生徒がいじめを受け，体育館収納室のマットに包まれて窒息死させられるという事件が起きた。1994（平成6）年11月には，愛知県西尾市の東部中学校2年の男子生徒がいじめを苦に首つり自殺した。死後に発見された男子生徒の遺書には，複数の生徒による執拗な暴力と恐喝など卑劣ないじめの実態が明らかにされており，世間に大きな衝撃を与えた。事件後，文部省は9年ぶりに，全国の公立学校などに対して「いじめの総点検」を通知している。

　校内暴力など他の逸脱行動とは異なり，いじめは可視性（visibility）が低く，その実態を把握することが非常に困難である。そのため，いじめという問題が表面化して世上を賑わすのは，上述の事件のように，いじめが自殺と結びついた場合がほとんどである。逆にいえば，実際に学校で陰湿ないじめが行われていても，被害者が自殺しなければ，いじめの事実がなかなか明るみにならない。これはマスコミ報道の問題でもあり，いじめ被害者が「自殺をすればマスコミが騒ぎ，いじめの事実が明るみになって加害者に復讐できる」と認識してしまう負の効果も考えられるのである。

　中野富士見中学校いじめ自殺事件から2カ月後の1986年4月，「ポスト松田聖子」と目されたアイドル歌手の岡田有希子が飛び降り自殺した。そして，売れっ子アイドルの自殺についてマスコミが連日報道合戦を繰り広げる中，神戸市の16歳の少女が「岡田有希子さんみたいになりたい」と言い残して投身自殺してしまう。この後，同様の自殺事件が連鎖的に発生し，岡田の自殺後2週間で思春期の少年少女40人以上が自ら命を絶ったのである。この事態に対し，精神科医らでつくる日本自殺予防学会の有志は「マスコミが騒げば騒ぐほど自殺を助長す

ることになる」と報道の自制を求めた。このようなマスコミ報道の問題点は，いじめ自殺事件の場合にも共通している。

いじめと並んで大きな社会問題となったのは，**不登校**の深刻化であった。不登校は，「学校教育といういとなみにはらまれるなんらかの要素との関連において長期欠席が生じ，そこに悩みや不安や葛藤が生まれているもの」（滝川一廣『学校へ行く意味・休む意味 不登校って何だろう？』日本図書センター，2012年）をいう。この現象は，1970年代まで「**登校拒否**」と呼ばれていた（あまり定着しなかったが，1960年代には「学校恐怖症」と呼ばれたこともある）。ただ，この呼称は，意図的に学校を拒否するニュアンスや「登校拒否症」という病理性のニュアンスを併せもっている。実際，学校に行かない子どもたちは多様であり，登校しないことのみが共通点であるということから，1980年代にニュートラルな呼称である「不登校」が登場し，90年代にはこれが一般化した（苅谷剛彦・志水宏吉編著『学校臨床社会学――「教育問題」をどう考えるか』放送大学教育振興会，2003年）。

図9-3 中学生長欠率と高校進学率

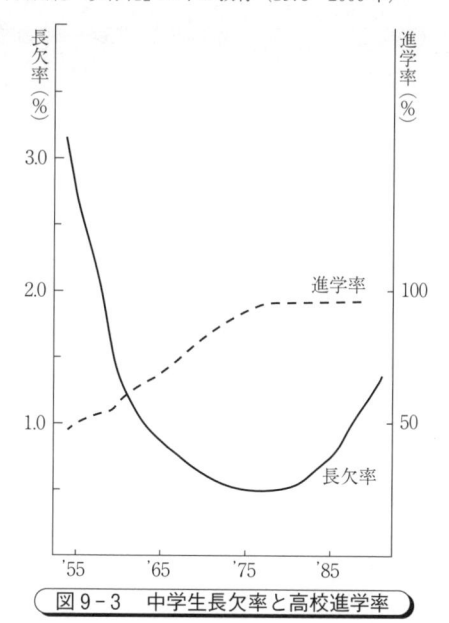

（出所）滝川一廣『学校へ行く意味・休む意味 不登校って何だろう？』日本図書センター，2012年。

図9-3は，全国における中学生の長期欠席（長欠）率の推移に高校進学率の推移を重ね合わせたものである。60年代の高度経済成長期には進学率の上昇にしたがって長欠率が下がっているものの，進学率が90％に達した70年代半ばからは，長欠率が反転して上昇に向かい，80年代に入って急上昇している。ここからわかるように，不登校は80年代以降に急激に増加し，社会問題化したのである。不登校は90年代に入ってからも増加の一途を辿り，1975（昭和50）年度に小・中学生合わせて1万人程度だった不登校児童・生徒は，1991（平成3）年度には約6万7000人，2001（平成13）年度にはその2倍以上である約13万9000人となり，ピークに達した。不登校の増加等への対策として，文部省は1995

（平成7）年から公立学校に**スクールカウンセラー**（大部分は，日本臨床心理士資格認定協会認定の臨床心理士）を配置する制度を導入した。1999（平成11）年からは，教職経験者や大学生・大学院生，地域住民らが**「心の教室相談員」**として中学校で不登校等の子どもたちへの相談業務にあたるという制度も始まった。これにより，小規模校を除く全ての公立中学校に，スクールカウンセラーもしくは心の教室相談員のいずれかが配置されることになったのである。

　不登校は当初，一種の個人的な病であり，再登校させることこそが「治癒」であるという認識が一般的であった。ところが，個人的要因に求めるだけでは不登校の急激な増加を説明することはできず，次第に学校そのものに批判の目が向けられるようになる。すなわち，受験競争の過熱化，子どもたちの反社会的行動の頻発など，病んでいるのはむしろ学校の方であり，病んだ学校を忌避する不登校現象は子どもたちの正常な反応であるという主張がなされるようになった。現在，文部科学省が「不登校は誰にでも起こりうる」という認識を示しているように，不登校は現代の学校制度がもたらす必然的な帰結という見方も一定の説得力をもち，近年においては不登校の「逸脱性」が薄まりつつある。

　校内暴力やいじめ，不登校のように，学校教育にかかわる問題が構造的に生じている状況を**「教育荒廃」**（あるいは**「学校病理」**）と呼ぶが，これまでに述べたように，この現象は70年代後半から全国的に顕著に見られるようになった。「教育荒廃」現象の出現によって，人々の学校に対するまなざしは大きく変化する。70年代以前の学校は，子どもたちの将来を保障し，人生を豊かにするための重要な場として，オーラ（輝き）をもった存在であった。高校・大学等への進学率の急上昇は学校価値の拡大を意味している。しかし，大衆教育社会が成立した70年代後半から「教育荒廃」現象が広まったことで，このオーラが徐々に失われていくことになる。教育の専門家である教師たちは，「教育荒廃」という状況に適切に対応できず，状況は好転するどころか，むしろ深刻化した。そのため，子どもたちや保護者の学校不信は高まり，80年代の学校は世間から，**「学校（教師）バッシング」**といわれる厳しい批判に晒され，学校の権威性は著しく低下していったのである。

（3）「心の教育」と「新しい荒れ」
　1997（平成9）年，神戸市で連続児童殺傷事件が発生した。同年2月から3月

にかけて、小学生の女子児童4名が金槌や刃物で襲われ、このうち1名が亡くなった。同年5月には、同市須磨区の市立中学校の校門に切断された男子児童（小学6年）の頭部が置かれているのが発見された。遺体には「さあ　ゲームのはじまりです…ボクは殺しが愉快でたまらない　人の死が見たくて見たくてしょうがない…」と記された紙片が添えられていた。いずれも犯人は、この中学校に在籍する3年生の男子生徒であった。「酒鬼薔薇聖斗」と名乗ったこの男子生徒は、「透明な存在であるボクを造り出した義務教育、義務教育を生み出した社会に対する復讐も忘れてはいない」と宣言した犯行声明文を地元の新聞社に送りつけており、「14歳」の深層心理を中心に、学校や地域社会の問題、少年法の改正などをめぐって、さまざまな論議が巻き起こった。

　この事件を受けて、1998（平成10）年6月には、**中央教育審議会**（後述）が答申「新しい時代を拓く心を育てるために——次世代を育てる心を失う危機」（いわゆる「**心の教育**」答申）を提出した。答申は、「生きる力」の核となる豊かな人間性として、「美しいものや自然に感動する心などの柔らかな感性」、「正義感や公正さを重んじる心」など6つの項目を挙げ、道徳の時間を有効に生かすことやカウンセリングの充実、問題行動への毅然とした対応などを提言した。

　この答申が契機となり、学校現場では教師たちが子どもたちの「こころ」にアプローチし、「こころ」をきちんと理解することを重視する風潮が次第に高まっていく。「こころの専門家」であるスクールカウンセラーの配置が促進され、彼らが教師にかわって、子どもたちの「こころの闇」を解明し、「こころの傷」に対処することが期待されるようになった。しかし、心理的な視点やアプローチだけで教育問題が解決するかのような「心理主義化する学校」の風潮に対しては批判も存在する（例えば、小沢牧子『「心の専門家」はいらない』洋泉社、2002年、吉田武男・中井孝章『カウンセラーは学校を救えるか——「心理主義化する学校」の病理と変革』昭和堂、2003年等を参照）。

　神戸の連続児童殺傷事件の翌年（1998年）1月には、栃木県黒磯市（現・那須塩原市）の黒磯北中学校で、英語担当の女性教諭が同校1年の男子生徒に刺殺される事件が起きた。この男子生徒は、教諭から遅刻を注意されてカッとなり、いきなりバタフライナイフで教諭を刺したとされる。事件翌日の『朝日新聞』（朝刊）は「『普通の子』キレて犯行」との見出しでこの事件を報じた。この事件をきっかけに、非行を予見しがたい「普通の子」がむかつきをため込み、些細なことで

突然「キレる」行動が問題となり，これが70年代，80年代の「教育荒廃」現象とは異なる**「新しい荒れ」**として，90年代後半から全国各地に広まった。2000（平成12）年には，豊川主婦殺人事件（5月），西鉄高速バス乗っ取り事件（5月），岡山県金属バット殴打・母親殺人事件（6月）が連鎖的に発生している。いずれも17歳の少年による犯行であった。

「新しい荒れ」の現象として，**「学級崩壊」**も社会問題となった。学級崩壊とは，突発的な行動をとる児童・生徒に周りの者が同調・便乗し，教室内の秩序が一気に崩れて学級が機能しなくなることである。ベンジャミン・ブルーム（B.S. Bloom：1913-1999）が指摘したように，一昔前は，教室における「高度の集中と規律」こそが，日本の学校が成功した秘訣とみなされていた（ウィリアム・K・カミングス『ニッポンの学校』サイマル出版会，1981年）。しかし，その様相は大きく変化し，教師は無秩序な学級への対応に苦悩させられることになったのである。1998（平成10）年6月に放送されたNHKの番組（NHKスペシャル「広がる学級崩壊」）は，大阪府堺市の小学校で起こっている「学級崩壊」の実状を報道し，大きな話題を呼んだ。

「学級崩壊」の原因・背景及びその対処法はさまざまであるが，根本的には学校制度それ自体のあり方を問うことも必要になってくる。近代学校制度の仕組みが，もはや現代の子どもたちの実状に対応しきれなくなっている，という見方もできるであろう。

3 「自由」と「個性尊重」の教育

（1）「教育の自由化・多様化」

大衆教育社会の成立以後，「教育荒廃」現象が全国に広がり，人々の学校不信が高まりをみせていくという危機的な状況に対し，国は大胆な教育改革を実施することで，その解決を図ろうと試みた。当時の中曽根康弘首相は，文部省ではなく内閣が主導する形で，明治初期の改革，第二次世界大戦後の教育改革に次ぐ**「第三の教育改革」**を目指し，内閣直属の機関である臨時教育審議会（臨教審）を設置して改革の方策を検討することにした。「第三の教育改革」は，もともと1971（昭和46）年の中央教育審議会答申，いわゆる**「四六答申」**で提唱され，その構想が臨教審に受け継がれている。臨教審は「戦後教育の総決算」をスローガ

ンに掲げながら，21世紀に向けた教育改革の在り方をめぐり3年間にわたって論議を重ね，1987（昭和62）年8月に最終答申を提出した。

　答申は，①「**個性重視の原則**」，②「**生涯学習体系への移行**」，③「**変化への対応**」の3つを改革の柱として提示しており，以後，この答申に基づいてさまざまな教育政策が具体化されていくことになる。このうち，特に「個性重視の原則」は「今次教育改革において最も重要なこと」とされ，画一的で硬直化した教育を打破して，個人の尊厳，自由・自律，自己責任の原則を確立することが目指された。1993（平成5）年に文部省が全国の教育委員会に通知した**業者テスト**の禁止も，偏差値による受験競争の弊害を除去し，「個性重視」の教育改革を目指す動きの一環である。子どもの能力や適性に応じた教育を提供し，市場経済の原理によって教育の「自由」を確保しようとする臨教審の改革方策は，「**教育の自由化・多様化**」と呼ばれた。

　「教育の自由化・多様化」路線を端的に象徴するのが，**学校選択の自由化**（公立の小・中学校を保護者が自由に選択する制度＝**学校選択制**）である。公立小・中学校については，子どもたちがどの学校に就学するかを市町村教育委員会が通学区域に基づいて指定するのが一般的であるが，臨教審ではこの通学区域制度を見直す構想が示された。学校選択の自由化の動きは，90年代半ば以降の「**規制緩和**」の流れを背景に，2000（平成12）年度以降，全国各地に広がった。学校教育をサービス商品とみる保護者の意識が浸透したのである。しかし，教育を他の商品と同じように見なし，教育の世界に市場原理を持ち込む学校選択の自由化については，公教育の根幹を揺るがすとして，その是非が問われている。

　学校制度に関して，臨教審は他にも6年制中等学校の設置や「**開かれた学校**」などを提唱した。前者については，1998（平成10）年6月の**学校教育法**改正により，**中高一貫教育**を行う新たなタイプの学校として**中等教育学校**が新設された。後者は，もともと学校の施設・設備を開放することを意味していたが，次第に学校運営を保護者や地域住民に開かれたものにする，あるいは教育内容を地域に根ざしたものにする，という意味合いを含むようになった。80年代以降の「学校（教師）バッシング」の背景にある学校不信を払拭し，学校の独善性や閉鎖性を打破するために「開かれた学校」が求められたのである。2000（平成12）年4月に導入された**学校評議員制度**や，近年，制度化された**学校評価**や**コミュニティ・スクール**なども，「開かれた学校」を構築するための仕組みである。

1990（平成2）年6月には，「**生涯学習の振興のための施策の推進体制等の整備に関する法律（生涯学習振興法）**」が制定された。「生涯学習体系への移行」を提言した臨教審答申以降，従来の「生涯教育」に対して，学習者中心の「生涯学習」という言葉が一般的に普及するようになったが，生涯学習振興法の制定により，人々が「その生涯にわたって，あらゆる機会に，あらゆる場所において学習する」という生涯学習システムの基盤が整えられた。

（2）「ゆとり」の中の教育──教育方法の転換

　臨教審の「個性重視」の方策は，当然のことながら，学校教育の内容（教育課程）にも及ぶことになる。1987（昭和62）年12月の**教育課程審議会**（2001年1月に中央教育審議会に統合・再編）答申は，臨教審答申の内容が多分に反映されており，「自ら学ぶ意欲と社会の変化に主体的に対応できる能力の育成を重視すること」や「国民として必要とされる基礎的・基本的な内容を重視し，個性を生かす教育の充実を図ること」等をねらいとして掲げている。これに基づいて，1989（平成元）年3月に**学習指導要領**が改訂され，自ら学ぶ意欲や思考力，判断力などを基本とした「**新しい学力観（新学力観）**」が示された。体験的学習や問題解決学習，「関心・意欲・態度」の評価が重視され，中学校では，選択教科の履修幅を拡大し，**習熟度別指導**の導入が奨励された。

　このような「個性重視」の教育課程改革により，教師には子どもたちに対する「指導」よりも「支援」が，そして，「一斉・一律」の授業を改めて，1人ひとりに合わせた授業方法が求められるようになった。しかし実際には，生徒の「やる気」を前提として，「自ら学ぶ」姿勢を重視する授業の仕方は，少数の学ぶ生徒と多くの学ばない生徒を生み出すことになった。平成元年版学習指導要領は，「一斉・一律」という伝統的な日本の教育方法を180度転換するものであり，学校現場は少なからず混乱したのである（河上亮一「義務教育は崩壊したか」『文藝春秋』第84巻15号（臨増），2006年）。

　「一斉・一律」の教育方法はその画一性が批判されてきたが，それは，戦後の日本において教育の形式的平等化を追求してきたことの産物でもあった。臨教審以降，「一斉・一律」が「自由」「個性」を重んじる教育方法に転換したことにより，教育における形式的平等は徐々に崩れていったのである。なお，80年代以降の教育方法・教育実践に関わる注目すべき取り組みとして，「**教育技術法則化**

第9章 「自由化・多様化」の中の教育（1975～2000年）

> コラム

教育技術法則化運動

　「教育技術法則化運動」は，1984（昭和59）年に東京の小学校教師である向山洋一によって提唱された民間教育研究運動であり，①全国の埋もれた教育技術を発掘する，②追試修正して教育技術を法則化する，③法則化した教育技術を広め共有財産化する，の3つを目的としていた。「教育法則化運動会則」によれば，運動の基本理念は，①「教育技術はさまざまある。できるだけ多くの方法を取り上げる（多様性の原則）」，②「完成された教育技術は存在しない。常に検討・修正の対象とされる（連続性の原則）」，③「主張は教材・発問・指示・留意点・結果を明示した記録を根拠とする（実証性の原則）」，④「多くの技術から，自分の学級に適した方法を選択するのは教師自身である（主体性の原則）」の4つとされ（向山洋一『続・授業の腕をあげる法則』明治図書，1986年），自由度が高く，幅の広い内容となっている。

　向山の著書『跳び箱は誰でも跳ばせられる』（明治図書，1982年）のタイトルからうかがえるように，この運動は，「法則」（定石化された教育技術）を用いればどの教師も教育効果が上げられることを主張しており，特に授業経験の浅い若手の教師に支持された。従来の運動と異なり，ワンウェイ（一方通行）でなく，ツーウェイ（双方向）の情報交換を重視しており，サークルや合宿などを通じて全国的に取り組みが広まった。

運動」（コラム参照）がある。「新しい学力観」に伴う教育方法の転換，指導者から支援者へという教師の役割変化の問題点を考える上で，「教えること＝授業」のあり方を徹底して追究したこの運動の意味は小さくない。

　1996（平成8）年7月，臨教審の路線を継承しつつ，改めて教育システム全体のあり方を検討した中央教育審議会（中教審）は，答申「21世紀を展望した我が国の教育の在り方について」（第1次答申）を提出した（翌年6月に第2次答申）。中教審は，文部科学省組織令に基づいて本省に設置された組織であり，各界の有識者を構成メンバーとして，教育の重要問題について調査・審議を行う。最終的に文部科学大臣に対して「答申」等を提出するが，この「答申」に基づいて教育制度の設計や教育関係法令の制定等がなされており，中教審は国の教育政策の形成に重要な役割を果たしている。

　これからの学校教育のあり方として，「ゆとり」の確保と「生きる力」の育成という理念を掲げた同答申は，「生きる力」を「自分で課題を見つけ，自ら学び，

自ら考え，主体的に判断し，行動し，よりよく問題を解決する資質や能力」，「自らを律しつつ，他人とともに協調し，他人を思いやる心や感動する心など，豊かな人間性」，「たくましく生きるための健康や体力」と定義し，「ゆとり」の中で「生きる力」の育成を目指すという観点から，教育内容の厳選と基礎・基本の徹底，「**総合的な学習の時間**」の設置，**完全学校週五日制**の導入などを提言した。中教審が示した「ゆとり」と「生きる力」という新たな教育理念を受けて，1998（平成10）年7月の教育課程審議会答申は「自ら学び，自ら考える力を育成すること」や「ゆとりのある教育活動を展開する中で，基礎・基本の確実な定着をはかり，個性を生かす教育を充実すること」等をねらいとしており，これに基づいて，同年12月に小・中学校の学習指導要領が改訂された。

　中教審が掲げた「生きる力」と「ゆとり」，それを具体化するための「総合的な学習の時間」の設置や教育内容の削減といった一連の方策は「**ゆとり教育**」と呼ばれた。すでに1977（昭和52）年7月の学習指導要領改訂では高度な教育内容についていけない学業不振の子どもたち（「落ちこぼれ」）の問題や受験競争の過熱化などを背景に，「ゆとりあるしかも充実した学校生活が送られるようにする」というねらいを示し，知識偏重の学校教育を見直すべく，授業時数の削減や教育内容の精選，「**学問中心カリキュラム**」から「**人間中心カリキュラム**」への転換が図られていた。すなわち，「**ゆとりと充実**」を標榜した昭和52年版学習指導要領以降，学校教育はすでに「ゆとり」路線を進んでおり，1998（平成10）年の学習指導要領改訂によって，「ゆとり教育」はより本格的なものとなったのである。

　「ゆとり教育」は，70年代以降に広がりを見せた受験競争から訣別し，個性重視の教育を実施するための処方箋として期待されるはずであった。しかし，こういった耳触りのよい言葉で示された「ゆとり」という改革方策は世間や学校現場に簡単に受け入れられたわけではなかった。学力低下の招来を危惧する観点からの批判はもちろん，不足した授業時間を補うべく塾通いが過熱化し，かえって子どもたちの「ゆとり」が奪われるという批判，子どもを通塾させられる世帯とそうでない世帯との経済格差が反映され，ゆとり教育が結果的に子どもたちの教育格差を生む，などといった批判が出された。学力低下や「ゆとり教育」をめぐる本も数多く出版され（たとえば，岡部恒治ほか『分数ができない大学生』東洋経済新報社，1999年等），多方面で「ゆとり教育」をめぐる論議（「ゆとり教育」論争）が展開されたのである。

(3) 高度情報消費社会の進展と子どもの変容

　高度経済成長が終焉を迎え，大衆教育社会が成立した1970年代半ばを転換期として，日本の社会環境は大きく変容した。1975（昭和50）年に第3次産業就業人口が過半数を越え，重工業中心の社会からポスト産業社会に入り，人々の生活は生産中心のライフスタイルから，消費中心のライフスタイルへと変化した。日常生活における「消費」の比重が飛躍的に増大したのである。さらに，高度情報化社会の出現により，文字中心の知識よりも映像中心の情報が生活の中に浸透した（高橋勝『文化変容のなかの子ども——経験・他者・関係性』東信堂，2002年）。

　高度情報消費社会は快適で便利な生活をもたらしていく。1975年にはカラーテレビの普及率が90％近くになり，翌76（昭和51）年には戦後生まれが人口の過半に達し，国民の9割が自らを「中流」と意識するようになっていた。70年代半ばからは，全国各地にコンビニエンスストア（コンビニ）が急速に広がった（「セブン-イレブン」の1号店は1974年5月にオープン。午前7時に開店し午後11時まで営業するというのは，当時の小売店の常識を覆すものであった）。人々は「いつでもあいている」便利な店を手軽に利用するようになり，コンビニは日常的な風景となっていく。コンビニの24時間営業に力点が置かれはじめた80年代半ばの時点で，16歳から19歳が平日の0時〜0時15分に起きている割合は1960（昭和35）年に比べて6.8倍（1960年：4.6％→1985年：31.5％）となっており，夜更かし型の生活スタイルが顕著となった。この夜更かし傾向は小学生にも及んだ（桜井哲夫『ボーダーレス化社会』新曜社，1992年）。

　コンビニ以外にも，ファスト・フード，ファミリーレストランなど外食部門の成長が見られ，インスタント食品の急速な多様化と本格的な流通が始まり，持ち帰り弁当の時代も到来した。弁当販売の「ほっかほっか亭」がオープンしたのは，1976（昭和51）年のことである。こういった現象は日本人の食生活のあり方の変化を意味するが，この変化は家族のありようとも無関係ではない。**核家族化**が進展し，1975年には子どもの数が減少し始める（**少子化**）。また，婚姻率は戦後最低となり，他方で離婚件数は過去最高の11万9000件に達した（村田晃嗣『プレイバック1980年代』文春新書，2006年）。

　情報化社会の進展に伴い，コンピューター産業も盛んとなった。それを象徴する現象が1979（昭和54）年のインベーダー・ゲームの大ブームである。小・中学生男子の80％以上がこのゲームの経験者であり，1回のゲームで使った金額の

最高は，小学生で5000円，中学生で1万5000円にも達したといわれる。あまりの過熱ぶりに文部省は自粛運動に乗り出した。同じ年には，ソニーのヘッドフォンステレオ「ウォークマン」が流行し，音楽を聞きながら行動する若者が社会現象となっている。翌年4月には任天堂が「ゲーム＆ウオッチ」を発売し，小学生から大人までの大人気商品となった。1983（昭和58）年には同じく任天堂が家庭用テレビゲーム機ファミリーコンピューター（ファミコン）を発売。ファミコンは子どもだけでなく社会人にも大人気で，家庭を席巻していった。「スーパーマリオブラザーズ」や「ドラゴンクエスト」（ドラクエ）シリーズといったファミコンのゲームソフトに子どもたちは熱狂し，視覚障害やストレスなどの健康問題が心配された。ファミコンゲームに熱中して画面の前から動かないため，子どもの肥満が増えたという説も流れたくらいである。

　テレビ画面に熱中したのは，ファミコンゲームを楽しんだ子どもたちだけではない。ファミコン発売と同じ1983（昭和58）年には，「おしん」というテレビ番組に茶の間は釘付けになった。「おしん」は，明治時代に山形の寒村の貧しい農家に生まれたヒロイン（小林綾子）が苦労を重ねながら必死で生きていく姿を描いた物語で，NHKが「朝の連続テレビ小説」として放映したものである。4月4日の放送開始以来，わずか1カ月で視聴率は50％に達し，11月には62.9％を記録，「おしんドローム」と呼ばれる大きな社会現象となった。この年は，東京ディズニーランドが開園した年でもあった。小説家・評論家の橋本治は，これと「おしんドローム」現象を重ねて，「アメリカ製の東京ディズニーランドが語るものは，『もう日本は貧しくない』である。その風潮があればこそ，『もう一度日本が貧しかった時代の生き方を見つめてみよう』という『おしん』も登場する」と述べている（橋本治『二十世紀』毎日新聞社，2001年）。80年代の「豊かな」日本の雰囲気を伝えているといえよう。

図9-4　テレビゲームに熱中する子どもたち
（出所）朝日新聞社提供。

第9章 「自由化・多様化」の中の教育（1975～2000年）

> **コラム**
>
> ### 「オタク（おたく）」
>
> 　「オタク」は，1983（昭和58）年に中森明夫が雑誌コラムで，コミックマーケット参加者の一部を「おたく」と呼んだのが始まりとされ，サブカルチャー愛好家の総称である。もともとはSF・アニメのファンに限定されて二人称として使用された言葉であり，普通と見なされない趣味や事物に深い関心をもち，常識や社交性に欠け，人間関係・恋愛関係を育めない人物をさす。1989（平成元）年7月に連続幼女殺害事件の犯人・宮崎勤をマスコミが「おたく」と呼んだことをきっかけに，「現実と仮想を区別できない自立しない若者＝おたく」というステレオタイプが生まれた。1990年代に岡田斗司夫がカタカナの「オタク」の専門家を名乗り，メディア等でイメージアップを図った。現在，「オタク」という言葉は広い領域のファンを包括しており，趣味に熱中している人物を意味している。
> （参考文献）パトリック・ガルバレス「オタク」大沢真幸ほか『現代社会学事典』弘文堂，2012年。

　情報化の進展による遊びの変化に伴い，子どもたちの読書に対する関心や意欲は急速に衰えていった。ファミコンブームだけでなく，マンガ人気もその風潮に拍車をかけた。1984（昭和59）年末にはマンガ雑誌『週刊少年ジャンプ』（集英社）の売り上げが400万部を突破し，1988（昭和63）年末には500万部に至った。この間，「キン肉マン」や「北斗の拳」，「キャプテン翼」，「ドラゴンボール」などが子どもたちの間で大人気となったが，この現象も子どもたちの「活字離れ」が顕著になったことの証である。子どもたちの「活字離れ」という現象は，90年代以降の携帯電話やインターネットの普及により，一段と深刻さを増した。

　情報化の流れとともに，消費中心のライフスタイルの浸透も子どもに大きな影響を与えた。個人の欲望（ニーズ）を満たすことに価値がおかれ，企業は子どもを大人と同等の消費者として扱うようになる。80年代に入ってから，高度情報消費社会を背景とする「新しい子どもたち」が登場したと指摘する諏訪哲二は，「消費社会」の特徴について，「家庭生活のすべてがお金でまかなわれるようになり，家庭の経済力もついて子どもも『ものを買う者』（消費主体）として自立していく。消費主体としては何らおとなと相違ない資格を有するようになる。商品経済がこまごまとした生活の全体をおおうようになれば，『商品交換』的な発想や

考え方が強くなるのは当然である」と述べている（諏訪哲二『オレ様化する子どもたち』中公新書ラクレ，2005年）。

「商品交換的」な発想や考え方が染みついた「新しい子どもたち」は，自分の好みや欲望に合わないものは受け付けない。自分の価値基準を絶対視し，幼児的全能感を残したまま自己を「特別」と意識する。高度情報消費社会の進展によって，「豊かさ」と「便利さ」を手に入れたことで，子どものみならず多くの人々が「私生活優先」となり，これが公教育の場である学校のありようを大きく変えていった。学校・教師は教育「サービス」の提供者となり，サービスの受け手（顧客）である子どもや保護者のニーズを満たすことが至上命題となる。臨教審以降，市場経済の論理に基づいて展開された「教育の自由化・多様化」政策は，「商品交換的」な学校教育を推進する役割を果たしたのであり，「教師＝子どもの支援者」という考え方が広まった90年代以降，こうした傾向はより顕著になったのである。

◆ 参考文献

貝塚茂樹『教えることのすすめ——教師・道徳・愛国心』明治図書，2010年。
苅谷剛彦『大衆教育社会のゆくえ——学歴主義と平等神話の戦後史』中公新書，1995年。
苅谷剛彦・志水宏吉編著『学校臨床社会学——「教育問題」をどう考えるか』放送大学教育振興会，2003年。
佐々木毅他編著『戦後史大事典』三省堂，1991年。
本田由紀・平沢和司編『リーディングス　日本の教育と社会　第2巻　学歴社会・受験競争』日本図書センター，2007年。
村田晃嗣『プレイバック1980年代』文春新書，2006年。
山田恵吾・貝塚茂樹編著『教育史からみる学校・教師・人間像』梓出版社，2005年。
『朝日クロニクル　20世紀　第7巻 1971—1980』朝日新聞社，2000年。
『朝日クロニクル　20世紀　第8巻 1981—1990』朝日新聞社，2001年。
『朝日クロニクル　20世紀　第9巻 1991—2000』朝日新聞社，2001年。

[藤田祐介]

第10章

「グローバル社会」の中の教育（2000年～）

■□概　説□■

　教育とは，誰もが社会の一成員として求められる「あるべき姿」を伝達し，次世代へ育み引き継ぐ営みである。人は，1人ひとりが異なることを認めつつも，人としての理想であり，有するべき知識や権威，さらには果たすべき役割を含む複合的な「あるべき姿」を必要としてきた。しかし，21世紀をむかえた現在，「グローバル社会」の中で求められる「あるべき姿」は急速に変化し，われわれにとってみえにくく，失われたものとなっている状況にある。

　本章では，この「あるべき姿」の変容について，1990年代にその端を発し，2000年代以降相乗的に社会的影響力を増してきた「情報化」と「国際化」への対応を中心に論じる。コンピューターネットワークがインフラ（社会基盤，Infrastructure）として必要不可欠となった現在の情報化社会では，これまでの社会や人間関係と同様に，教育のあり方にも一層の変化がもたらされた。人は他者と「つながりつつ閉じこもる」ことが可能となった現代社会において，この対応と適応を促すための教育の取り組みを概観する。同時に進行してきた国際化もまた，グローバル社会に必要とされる能力観やスキルの変容によって，就業と教育・学習歴の結びつきを変えつつある。これらの認識にたち，21世紀を担う次世代が身につけるべき学力像と，それを支える教育の創造を捉える。

　この変化と課題は，教育はどのような人間を育成するのかという，歴史の中で常に直面し問い直されてきた教育的営為の本質を提示しているに過ぎない。第9章でもふれたように，近年では教育の果たす機能がサービスの1つとして捉えられ，保護者や子どもが受益者として，学力・学歴・学校歴といった「サービス」を最大限にするために，学校や教師への要求が過大となってきている現実がある。しかし現在の日本では，東日本大震災という未曾有の危機的状況に対応，適応しつつ，乗り越え新しい社会を築く人材育成もまた求められている。単に1人ひとりのニーズに応じて提供されるサービスとして消費されるものではなく，教育を生み出し必要とする社会そのものを理解し，担い，築いていこうとする「公共の担い手」を育てることこそ，今教育に求められている機能である。

　そして，このような社会的現状とその理解，学力やスキルといった能力観は，自分に何ができるのかという，主体性や社会参画に向けた態度の獲得として結実するものでなくてはならない。新たな国づくりが求められるわが国において，この「あるべき姿」にふさわしい教育のあり方とはどのようなものとなるのか。本書を通じ論じてきた，これまでの日本の教育の歩みも想起しつつ，21世紀に必要な教育のあり方を考える材料としたい。

1　インターネット時代の子どもと教育

　今から約半世紀前，カナダのメディア批評家であったマクルーハン（Marshall McLuhan, 1911-1980）は，電子メディアの発達により「地球村（Global Village）」の出現を「予言」した。この特徴は「同時多発性」，すなわちメディアの発達は瞬時に全世界へ情報を伝達し，その反応を全世界で共有することが可能になる社会を出現させ，もはや地球全体は1つの村のようになるとの指摘である。そして「身体性の拡張と衰退の同時進行」，すなわちメディアは視覚や聴覚といった人間の身体感覚を地球規模にまで拡大する一方，実際には電気信号でのみ社会を認識するため，結果として人間の身体性は喪失されるという，二律背反的な状況が同時進行することも指摘している。

　ひるがえって21世紀を迎えた現在，社会全体に行き渡ったインターネットや携帯電話網は，個々人が孤立した状況においても，人とのつながりを確保し拡張することを可能にし，人間の行動や関係性に大きな変化をもたらした。このような情報化は，社会における子どもの生活環境や人間関係の変化を及ぼし，当然のことながら教育のあり方にも大きく影響している。以下，4つの観点から21世紀を迎えた日本社会における教育の姿を特徴づけてみよう。

（1）つながりつつ閉じこもる日本人

　情報化社会の進展は，メディアの活用により個々人が「つながりつつ閉じこもる」という背反する関係性の構築を可能にした。たとえば，留学者数は1980年代以降増加を続けたが，2000年代に入りその傾向は鈍くなり，2004（平成16）年以降は減少に転じた（図10-1）。

　この数値には，若年人口の減少や企業活動の低迷といった要件は加味されず，日本国内の高等教育機関への進学率上昇傾向を考慮しなければならない。教育研究に限らず，海外のモノや情報が日本から出なくても容易に手に入るようになった状況にも由来するだろう。しかし，現在の日本人，特に若年層が直接海外に赴き，異なる社会での教育経験を得る機会の減少を確認できる指標である。

　この減少傾向の理由の1つに，社会や個人の成功モデルを海外に求めなくなった風潮がある。すなわち，明治維新以降，欧米諸国を対象として「追いつき追い

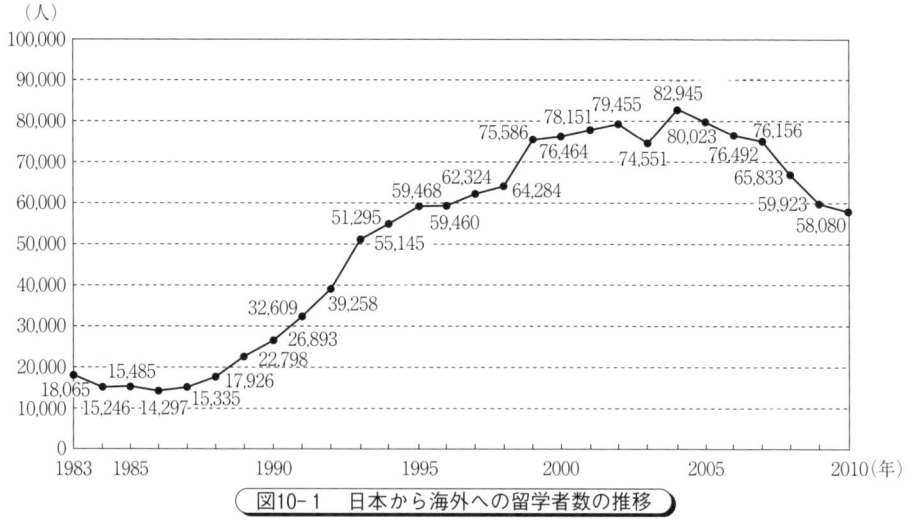

図10-1 日本から海外への留学者数の推移

データ（人）:
- 1983: 18,065
- 1984: 15,485
- 1985: 15,246
- 1986: 14,297
- 1987: 15,335
- 1988: 17,926
- 1989: 22,798
- 1990: 26,893
- 1991: 32,609
- 1992: 39,258
- 1993: 51,295
- 1994: 55,145
- 1995: 59,468
- 1996: 59,460
- 1997: 62,324
- 1998: 64,284
- 1999: 75,586
- 2000: 76,464
- 2001: 78,151
- 2002: 79,455
- 2003: 74,551
- 2004: 82,945
- 2005: 80,023
- 2006: 76,492
- 2007: 76,156
- 2008: 65,833
- 2009: 59,923
- 2010: 58,080

（出所）文部科学省「日本人の海外留学者数について」2013年。

越せ」としてきた日本社会だが，経済大国となった1980年代以降はキャッチアップすべき目標を見失うとともに，成功モデルが海外に存在するわけではないことを学んだ（序章参照）。さらに現在，インターネットの普及に代表される情報化は，身体の移動を伴わなくとも知識面での「国際化」や国際交流を可能にした。

しかし，情報化によって世界とつながる「新しい回路」を得た現在のわれわれではあるが，その回路が地球規模で偏在する，あらゆる人・モノ・情報へと本当に開かれているのか，疑わなければならない時代でもある。たとえば，インターネット上のショッピングサイトでは，買い物の記録からユーザーの嗜好が抽出され，次に購入すると予想された「おすすめ」が自動的に現れる。これは，ユーザーのためにカスタマイズされた情報であり，決して「本当に」選択しうる「全ての」情報ではない。また，インターネット掲示板でのやり取りのように，不特定多数からのコメントが集中し，場合によっては「炎上」するという状況は，瞬時に自身の手の及ばない範囲にまで情報が拡散・集中し，制御不可能になることによって生じるものである。

情報化社会においてわれわれは，「つながる」だけではなくて「つながっていることに気づかない」もしくは「過剰につながっている」，また「閉じこもる」だけではなくて「閉じこもっていることにすら気づかない」もしくは「狭い特定

第10章 「グローバル社会」の中の教育（2000年～）

領域に閉じこもるほど，濃密な情報が膨大にもたらされる」状況を同時に抱えるようになった。大量の個人情報（ビッグデータ）を蓄積しつつ，個々人にカスタマイズして提供する技術（フィルタリング）によって「閉じこもっていてもつながってしまう」ことが可能な社会に生きる以上，このような仕組みを理解し，付き合いつつ生かしていく方法を学ばなくてはならないという課題に迫られている。

（2）直接性と身体性の回復に向けて

　情報化の進展は，さらに，身体性が直接的に満たされていなくとも，他者や社会との関わりを間接的に実現する状況を作り出している。近年，子どもたちが無線でつながるゲーム機を持ち寄って「遊ぶ」光景をよくみかけるようになった。それぞれ自分のゲーム機の画面をみて，お互いの表情も確認することなく歓声をあげ興じている姿は，「対戦」していても「対面」していないに等しい。身体の直接的な関わりも乏しく，コミュニケーションが生じているようにみえないとしても，「遊び」そのものが持つ子ども同士をつなげる場としての機能までも不全に陥っているとはいえない光景である。

　教育言説において，体験や経験とは，直接的に身体性を伴い他者や環境と関わる活動を指す。佐藤学は，子どもの「学び」の土台を子どもの身体そのものであるとし，身体を通じて獲得される時間と経験こそが「学び」であることを指摘している。佐藤は「学び」の要素として，モノ（対象世界）との出会いと対話による「活動（action）」，他者との出会いと対話による「協同（collaboration）」，自分自身との出会いと対話による「反省（reflection）」の3つを示した。そして，三者が子ども自身の身体を介した関わりの中から生じる活動であり，三位一体となって永続的に展開する過程こそ「学び」であるとした（『学びの身体技法』1997年）。

　また，子どもたちの「遊び」をめぐる言説では，外遊びをする子どもが減少している現状と，子どもの体力や子ども同士が関わりあう力の低下を関連付けて論じている。たとえば東京都教育委員会は，体力向上策の1つとして，子どもの屋外遊びや運動の時間の目安を60分と示すなど，運動に対する意識変容だけでなく行動変容を促し，心と体を鍛えつつ両者の関係を調整する能力を高める生活を創造する環境づくりの方針を掲げている（「総合的な子供の基礎体力向上方策（第2次推進計画）」2013年）。

　しかし学校教育は，その教育内容の多様さや学習方法及び環境的な制約により，

常に直接的・身体的な行動を伴う教育活動ばかりで編成されるわけではない。そのため，教科書に代表される教材やメディアを積極的に活用し，間接的な経験も組み合わせた学習活動を組織してきた。ある意味，学校教育自体，内容的にも環境的にも閉じて組織されつつも，子どもの生活と将来を社会につなげることをその役目としてきたのである。

　情報化が進む現代の教育的課題とは，情報化社会によってもたらされた恩恵を生かしつつ，失われた側面を取り戻すことにある。つまり，この課題は，「閉じこもる」状況を直接的に他者や社会へとどのように開いていくのか，そして「つながる」関係に身体性をどう取り戻すのか，という2つの側面を併せ持つ。

（3）同時進行する学びの発信と共有

　「身体性の確保」という意味において，情報化は，学習の動機づけや能動性・主体性の発揮を促しつつ，技術的に「つながる」実感を強化することが期待されている。「つながりつつ閉じこもる」特性を踏まえつつ，一層「つながる」ための技術活用や学習方法として，デジタルメディア（Digital Media）や仮想現実（ヴァーチャル・リアリティー，Virtual Reality）技術に基づいたインターネットの活動が注目されて久しい。

　現在は，パソコンやデジタルカメラ等情報機器の汎用品化と，インターネットや携帯電話に代表されるネットワーク化によって，学習活動への導入の様子は新しい展開を見せている。価格の低廉化と各家庭への普及により，デジタルメディアは子どもたちにとって身近なものとなるだけでなく，タブレットPCのように1人ひとりが手にとって学習活動に活かせる学習道具となってきた。また，情報のデジタル化は，大量のデータの流通を世界規模で可能にするだけでなく，情報の生成・発信・共有をほぼ同時に可能にし，インターネットを介した情報の即時性と流動性は飛躍的に高まった。

　教育政策としても，情報通信技術（ICT, Information and Communication Technology）の学校教育への導入が積極的に推し進められている。この傾向は，単に学校の内外をつなぐ発信ツールとしてではなく，教室内の子どもの学びを共有し充実するための教育方法的な観点に立つものである。文部科学省（以下，文科省）は，2011（平成23）年4月に「教育の情報化ビジョン」を打ち出し，教科指導における情報通信技術の活用とこれを支える情報教育，そしてきめ細かな指導を実

第**10**章 「グローバル社会」の中の教育（2000年～）

(%)

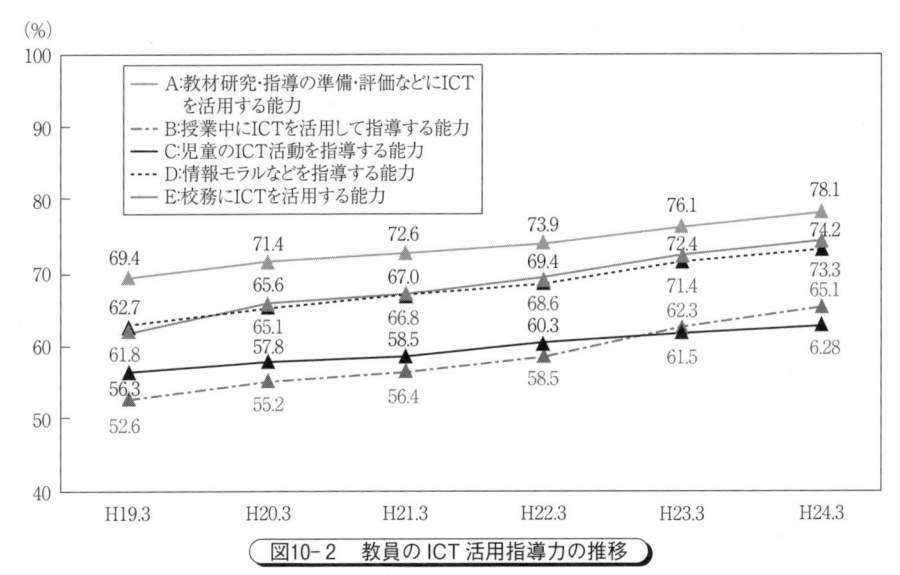

図中凡例：
- A：教材研究・指導の準備・評価などにICTを活用する能力
- B：授業中にICTを活用して指導する能力
- C：児童のICT活動を指導する能力
- D：情報モラルなどを指導する能力
- E：校務にICTを活用する能力

	H19.3	H20.3	H21.3	H22.3	H23.3	H24.3
A	69.4	71.4	72.6	73.9	76.1	78.1
D	62.7	65.6	67.0	69.4	72.4	74.2
E	56.3	65.1	66.8	68.6	71.4	73.3
C	61.8	57.8	58.5	60.3	62.3	65.1
B	52.6	55.2	56.4	58.5	61.5	6.28

図10-2　教員のICT活用指導力の推移

（出所）文部科学省「平成23年度学校における教育の情報化に関する調査結果」2012年。

現するための教員支援としての教務の情報化を柱とした施策を掲げた。これは，「学びのイノベーション」をキーワードに，情報通信技術とその特性を活かして，一斉指導による学び（一斉学習）に加え，子どもたち1人ひとりの能力や特性に応じた学び（個別学習），子どもたち同士が教え合い学び合う協働的な学び（協働学習）を推進するものである。総務省も，情報通信政策を担う省庁として広く情報化を推進しており，2010（平成22）年度からは，ICTを活用した教育分野における利活用に関して，実証的に研究を進め成果と課題を抽出する「フューチャースクール推進事業」を展開している。

しかし，情報機器・環境への「習熟度」という観点に立つと，このような取り組みにも課題が残されている。子どもの習熟度は，必ずしも学校教育にのみ由来するものではなく，機器の所有状況や使用頻度，そしてその背後にある家庭の経済力といった環境格差の問題を含む。教師の習熟度もまた，学校ごとにより異なる環境整備の進度や，情報化に対する世代別の適応状況によって，活用への取り組み度合いに濃淡が生じている。図10-2に映し出されるのは，校務の情報化は年々進んでいるものの，授業への導入や児童への指導に必要なICT活用能力の獲得は遅れている，学校教育及び教師の現状である。

（4）「心の病」と「心の教育」

　情報化社会の進展は，情報環境への適応が困難にする場面をもたらし，人間関係の構築に不安を覚える子どもが増加するという状況も生み出した。2004（平成16）年6月に発生した「長崎県佐世保市女子児童殺害事件」は，小学校の同級生同士による事件であったが，これは当時の子どもたちの間に生じていた2つの現状への関心を顕在化した。1つはネットワークを介したいじめ，もう1つは潜在的な発達障害に対する認識である。

　いわゆる「ネットいじめ」は，情報ネットワークによる人間関係の変化が子どもの人間関係にも大きく影響し，新たに生じてきた問題である。2011（平成23）年度「児童生徒の問題行動等生徒指導上の諸問題に関する調査」によれば，いじめの態様のうち，「パソコンや携帯電話等を使ったいじめ」は，件数こそ前年度比で減少したものの，認知件数に占める割合は0.4ポイント増加し4.3％となっている。いじめには複数の態様と原因が同時に作用しているが，携帯電話やインターネット上のサービスはいじめを顕在化させない要因であり，潜在化させてしまう道具としても作用する現状が示されている。

　また，子どもの発達障害とその対応の必要性についても，2002（平成14）年「通常の学級に在籍する特別な教育的支援を必要とする児童生徒に関する全国実態調査」及び2012（平成24）年の同調査によれば，「知的発達に遅れはないものの学習面又は行動面で著しい困難を示すとされた児童生徒の割合」の推定値は，いずれも6％を超えるものであった。この数値は，それまで想定されてきた値を大きく上回り，当時の教育関係者に限らず強い衝撃をもたらした。しかし，調査は担当教員による回答であることや，調査結果は発達障害の「可能性のある特別な教育的支援を必要とする」児童生徒の割合を示したにすぎない。何より，この結果は，学級規模や教職員の支援態勢づくりなど，多様な子どもに対応し支援するための教育施策と学校のあり方を，改善検討する材料としなくてはならない情報である。

　子どもたちの心を教育するという課題もまた，社会や子どもの変化によって変わっていかなければならない。「生きる力」を構成する1つの要素は「豊かな心」，すなわち心の教育の大切さである。現在での学校教育でも「生きる力」のフレーズは変わらないが，「生きる力」というフレーズが出てきた当初，そこで強調されたのは「心の教育」そして，それを必要とした1997（平成9）年の「神戸連続

第10章 「グローバル社会」の中の教育（2000年〜）

> コラム
>
> ### マスメディアの役割
>
> 　情報化社会は，テレビ・ラジオ・新聞に代表されるマスメディアとその役割にも変化を及ぼしている。特定の発信者から不特定多数へと情報を提供してきた既存のマスメディアには，その役割から，高い公共性と企業倫理が求められ，それゆえ少数の企業による寡占状況が長く続いてきた。しかし，「国民生活時間調査報告書」（NHK放送文化研究所，2011年）によると，テレビの視聴行為・ラジオの聴取行為・新聞購読行為にかける時間数は減少しており，特に若い世代での減少傾向は顕著である。たとえば，1995（平成7）年と2010（平成22）年の新聞購読率を比較しても，20代男性は32％から13％へ，30代男性でも55％から23％へ大きく下落している。
>
> 　逆に，インターネットの普及に代表される情報化の進展は，特に若い世代を中心に「マスメディア」との接点を減少させ，時間的制約を受けず，個人と個人を結び，自らも発信者となりうる「パーソナルメディア」の使い手を増加させている。
>
> 　たとえば，ビデオやハードディスクレコーダー，DVD，インターネットといった新しいメディアと関わる時間は，広い世代にわたって徐々に増加してきている。新しい世代の操るパーソナルメディアが既存のマスメディアにとって代わるのか，それともそれぞれの特徴や役目を活かして共存していくのか。教育においては，多様なメディアの特徴を掴み，特定のメディアを使いこなすのではなく，特性の異なるメディアを使い分けるための広いリテラシーの育成を必要としなくてはならない。

児童殺傷事件」への対応であった。それから社会が，教育が，子どもがどう変わり，内面の変化をいかに捉え，対応するのか。子どもに働きかけ，子どもを変えていくことの難しさは，教育が変わらず直面する難しさそのものである。

2　「グローバル化」と格差社会の中の教育

　2000年代に入り，情報化の進展とも相まって，経済活動のみならず教育もまた「グローバル化」への対応という課題に直面している。それは，単に教育の成果指標や評価方法のあり方だけではなく，教育を何のために・どのようにおこなうのかという，教育の根本的な目的やその過程の見直しを問うものである。

　たとえば現在，全世界的に進行している若者の失業率の上昇は，雇用の流動性

表10-1　若年層の失業率の推移（2007年～2011年）

（単位：％）

国／調査年	2007	2008	2009	2010	2011
フィンランド	15.7	15.7	21.6	20.3	18.9
ギリシャ	22.9	22.1	25.8	32.9	44.4
イタリア	20.3	21.3	25.4	27.9	29.1
日本	7.7	7.2	9.1	9.2	8.0
スペイン	18.2	24.6	37.9	41.6	46.4
アメリカ	10.5	12.8	17.6	18.4	17.3
OECD加盟国	12.0	12.7	16.7	16.7	16.2

（出所）経済協力開発機構（OECD）統計情報（http://stats.oecd.org/）より筆者作成。

と不安定さを増大させると同時に，現在の学校教育が職業人育成に対応できなくなりつつある状況も示している。**表10-1**は，2009（平成21）年のいわゆる欧州金融危機を挟み，危機の発端となったギリシャや，デフォルト（債務不履行）の懸念が高まっていたスペインやイタリアの若年層（15～24歳）の失業率を示している。2011（平成23）年の日本の若年失業率は8.2％と，先にあげた国々やOECD平均値よりもかなり低い数値となっているが，全世代の失業率（4.6％）と比較すると約2倍となり，高い比率を示している。

　このような傾向が表れる理由の1つは，情報化社会の到来により，人間の就業スタイルが「仕事をする機械を扱う仕事」と「機械には処理できない人間しかできない仕事」，換言すれば「誰もが身につけられない高度なスキルを要求される仕事」と「機械化にはコストが見合わない誰もが身につけられる仕事」へ二分化しつつある現状において，就業機会拡大へ寄与する能力を身につける教育内容や機会が，上記傾向に十分適応したものとなっていないためである。

　教育機会を通じて身につけた学力が就業と結びつきにくい時代を迎え，日本の教育制度においても，これまでの「自由化・多様化路線」とは異なる，新たな時代にふさわしい公教育として担うべき役割が提起されつつある。そこには，これまでの教育が実現しようとしてきた**「能力平等主義」**（苅谷剛彦『教育と平等』中公新書，2009年）では対応しきれない競争や選抜を伴う分野と，学校教育を通じて誰もが身につけなければならない知識や経験の関係を整理し，改めて学校の役割を定義し直す営みが含まれる。加えて，学習者としての子どもの要望や関心に基

づく「学び」に中心を置くだけでは「ポピュリズム（大衆迎合主義）」でしかなく，むしろそれを取り巻く，異なる他者と関わる機会や社会への参加を準備し，将来実現するための資質能力のあり方を「教える」ことこそ，学校教育の「公共性」を担保する営みとして改めて構想されている。（小玉重夫『学力幻想』ちくま新書，2013年）

それでは，いかなる役割を学校教育は担い，どのような資質能力のあり方を教え育てていくのか。たとえば山内祐平は，米デューク大学のキャシー・デビッドソンの発言（「2011年度にアメリカの小学校に入学した子どもたちの65％は，大学卒業時に今は存在していない職業に就くだろう」）をひきつつ，情報化の進展が「新しい職業」を誕生させ，それに対応した「新しい教育」を必要とするという予測を示している。そして現在，対応する学習方法の1つとして，「21世紀型スキル」（21st Century Skills）が提唱されている。これは21世紀を，変化が早い＝答えや従うべきモデルがなくなる時代として，状況や必要に応じ活用できる知識の獲得を重視したスキルである。

このスキルは，大きく4つに分けられ（①思考の方法——創造性，批判的思考，問題解決，意志決定と学習，②仕事の方法——コミュニケーションと協働，③仕事の道具——情報通信技術（ICT）と情報リテラシー，④世界で暮らすための技能——市民性，生活と職業，個人的および社会的責任），新たな時代の学習のあり方を形作る概念として期待されている。しかし，どのように「21世紀型スキル」を生かし，授業や教育活動として構成するのか。このスキルを子どもの学び全体に位置づける作業は，これからの課題である（「未来に備えるための学習」『初等教育資料』2013年4月号））。

以上のように，グローバル化が進む社会とその変化に対応しうる教育のあり方を探る動きは，教育的営為が社会により求められ，果たさなければならない役割への問いをもって模索が続けられている。このような動向を端緒としつつ，21世紀を迎えた日本社会と教育の歩みの中から捉えていこう。

（1）「教育の憲法」の改正

臨教審以降の「教育の自由化・多様化路線」は，2006（平成18）年12月，戦後60年を経て改正された**教育基本法**に連なる，大きな改革のうねりであった。たびたび論争の的となってきた改正論議は，1990年代後半，小渕恵三首相の手で設置された諮問機関**教育改革国民会議**の場にて，再び活発となった。

中央教育審議会もまたこの議論を踏まえ，2003（平成15）年3月，遠山敦子文科相による諮問に対し教育基本法の改正を答申した。こうして，1947（昭和22）年に制定されて以降，約60年間一度も改正されることのなかった「教育の憲法」は，「自由化・多様化路線」の中で浮き彫りとなった新しい時代の教育的課題と向き合うこととなる。

　新しい「教育基本法」では，これまで掲げてきた教育の目的・目標である「人格の完成」「個人の尊重」に加えて，「知・徳・体の調和がとれ，生涯にわたって自己実現を目指す自立した人間」「公共の精神を尊び，国家・社会の形成に主体的に参画する国民」「我が国の伝統と文化を基盤として国際社会を生きる日本人」の育成を目指すものとされた。

　これを受け，学校教育では，教育課程全体を貫き，子どもたちが社会の一員としての役割を果たし，それぞれの個性，持ち味を最大限発揮しながら，自立して生きていくために必要な能力や態度を育てる教育が求められている。その方法とは，社会生活や職業に関わるさまざまな現場における体験的な活動を通じ，学校での学びと社会との「つながり」を確認しつつ，時間的展望を持って自身の希望や資質に気づく機会を得るものである。

　「つながり」という意味においては，学校教育は，1986（昭和61）年の臨時教育審議会答申による「生涯学習体系への移行」，1998（平成10）年度版学習指導要領での「総合的な学習の時間」新設にも，その方向性は示されてきた（第9章参照）。さらに現在，子どもの教育活動においては，キャリア教育推進の観点から，単にどのような職業＝進路を選択するのかにとどまらず，目的意識や本物を知る喜びと厳しさについて体験を通じて学ぶ機会の充実が求められている。キャリア教育とは，「一人一人の社会的・職業的自立に向け，必要な基盤となる能力や態度を育てることを通して，キャリア発達（＝社会の中で自分の役割を果たしながら，自分らしい生き方を実現していく過程）を促す教育」として定義されている（中央教育審議会答申「今後の学校におけるキャリア教育・職業教育の在り方について」2011年）。

（2）学力の保障と向上にむけて

　「学力」という観点では，1970年代後半からのいわゆる「ゆとり教育」が，2000年代に入り「学力保障」へと方針転換した。文科省は，保障すべき学力像

とはどういうものとして考えているのか。現在では「確かな学力」を，「知識や技能はもちろんのこと，これに加えて，学ぶ意欲や自分で課題を見付け，自ら学び，主体的に判断し，行動し，よりよく問題解決する資質や能力等まで含めたもの」として定義づけ，「知識・技能」に加えて，子どもの「学習意欲」や「思考力・判断力・表現力」を含むものであるとしている。

　この動きの発端となった2002（平成14）年1月の**「学びのすすめ」**では，①基礎・基本の確実な定着，②発展的な学習の推進，③宿題を出すなど家庭学習の充実や朝読書の推進，などの方策が示された。この流れは，2003（平成15）年12月には学習指導要領等の一部改正として具体化され，学習指導要領の「基準性」を明確に示し，教科書には**「発展的な学習内容」**の記述を認め，子どもの実態に応じた指導の充実を目指した。何より，学習指導要領の扱いについてまだ実施前だったにもかかわらず改正に踏み込んだ点に，社会を覆っていた学力低下という現状への不安と，その解消に向けた文科省の意欲の強さが示された。さらに文科省は，状況改善と学力向上にむけた施策を矢継ぎ早に実施した。2005（平成17）年12月には「読解力向上プログラム」を策定し，読書活動の充実など，学校，国・教育委員会での取組みを明示した。

　そしてこのような取り組みを検証し，学力の定着度合いを確認するため，2007（平成19）年4月には約40年ぶりに**「全国学力・学習状況調査」**を復活させ，調査結果等を踏まえた学校，国・教育委員会での取り組みによる検証改善サイクルの構築に取り組み始めた。しかし，このような取り組みにおいても，子どもの学習意欲や体験活動の機会減少など，学力面ばかりではなく多くの課題が残されていることを示す結果となった。第一回の調査結果では，「暗記や計算は得意だが，判断力や表現力が身についていない」「勉強は大切だと思っているが必ずしも好きだと思っていないなど，子どもの学習意欲が低い」「学校の授業以外に勉強を全く又はほとんどしない子どもがかなりいるなど，子どもに学習習慣が身に付いていない」「子どもたちの学びを支える自然体験，社会体験，生活体験が不足し，人やものとかかわる力が低下している」などの指摘がみられた。

　学力向上にむけ舵を切った教育政策において，2008（平成20）年に改訂された現行学習指導要領は，1978（昭和53）年以降初めて学習内容と時間の増加に踏み切っている。この改訂では，**「生きる力」**を育むという目標に変わりないが，「生きる力」を構成する**「確かな学力」**の確保，そして**「言語活動の充実」「理数教**

育の充実」「伝統や文化に関する教育の充実」「道徳教育の充実」「体験活動の充実」「小学校段階における外国語活動」「情報教育や環境教育といった，社会の変化への対応の観点から教科等を横断して改善すべき事項」という7つの重点的な改善事項を含むものであった。

（3）PISA 調査にみる「学力」像

このような現在の「確かな学力」のあり方を方向付けたのは，OECD（経済開発協力機構，Organization for Economic Co-operation and Development）による国際的な生徒の**「学習到達度調査」**（PISA, Programme for International Student Assessment）に示された「学力」像である。これは，「**知識基盤社会**（Knowledge-Based Society）」に必要とされる「**キー・コンピテンシー**（主要能力，Key Competencies）」の考え方に由来する。

「知識基盤社会」とは，「新しい知識・情報・技術が政治・経済・文化をはじめ社会のあらゆる領域での活動の基盤として飛躍的に重要性を増す社会」とも定義され，「グローバル化」「技術革新」「パラダイム転換」「社会参画」が特徴とされる社会を指している（中央教育審議会答申「我が国の高等教育の将来像」2005年）。

「キー・コンピテンシー」とは，PISA 調査の概念枠組みの基本であり，OECDが教育の成果と影響に関する情報を収集する基準として2003（平成15）年にまとめた。この概念に含まれる「コンピテンシー（能力）」とは，単なる知識や技能だけではなく，技能や態度を含む様々な心理的・社会的なリソースを活用して，特定の文脈の中で複雑な要求（課題）に対応することができる力である。

また「キー・コンピテンシー」は，多様なコンピテンシーの中でも特に「人生の成功や社会の発展にとって有益」「さまざまな文脈の中でも重要な要求（課題）に対応するために必要」「特定の専門家ではなくすべての個人にとって重要」といった性質を持つものとして選択・整理されたものである。これは，1人ひとりが深く考え行動するために必要な3つの能力（①「社会・文化的，技術的ツールを相互作用的に活用する能力（個人と社会との相互関係）」②「多様な社会グループにおける人間関係形成能力（自己と他者との相互関係）」③「自律的に行動する能力（個人の自律性と主体性）」）と，その背景に存在する3つの特徴（テクノロジー・多文化社会・グローバリズムがもたらす①「変化」②「複雑性」③「相互依存」）を持つ現代世界への対応が求められるためである。

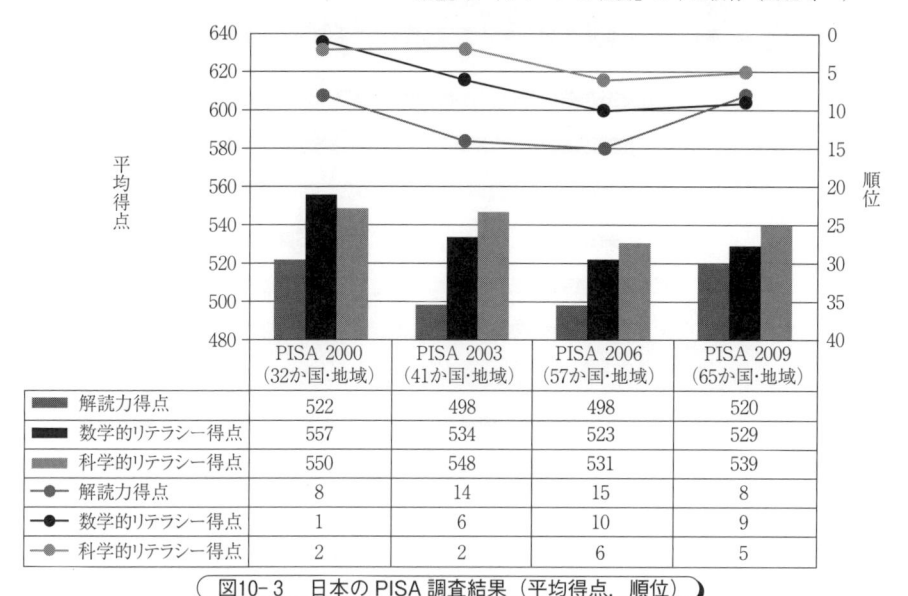

第10章 「グローバル社会」の中の教育（2000年～）

	PISA 2000 (32か国・地域)	PISA 2003 (41か国・地域)	PISA 2006 (57か国・地域)	PISA 2009 (65か国・地域)
■ 解読力得点	522	498	498	520
■ 数学的リテラシー得点	557	534	523	529
■ 科学的リテラシー得点	550	548	531	539
─●─ 解読力得点	8	14	15	8
─●─ 数学的リテラシー得点	1	6	10	9
─●─ 科学的リテラシー得点	2	2	6	5

図10-3　日本のPISA調査結果（平均得点，順位）

（出所）文部科学省『PISA2009年　調査分析資料集』(http://www.mext.go.jp/) 2010年。

　このような能力観に基づき，その定着度合いを確認する調査がPISA調査である。3年毎に行われるこの調査は，「読解力」「数学的リテラシー」「科学的リテラシー」の3分野からなり，それぞれ順番にメインテーマとして取り上げられる。2009（平成21）年は，初めての調査となった2000（平成12）年同様「読解力」がテーマとされ，テーマ毎の経年変化もとらえられるようになった。(2003年は数学的リテラシー，2006年は科学的リテラシー）。

（4）国際比較にみる日本の「学力」
　2009（平成21）年実施のPISA調査（以下，PISA2009）の結果分析によれば，「読解力」を中心に日本の子どもの「学力」は改善傾向にある（図10-3）。同時に，必要な情報を見つけ，取り出すことは得意だが，その関係性の理解を踏まえ解釈したり，自らの知識や経験と結びつけたりすることがやや苦手だという傾向も示された。
　また，調査の特色として，学習習慣や学習動機，家族など，生徒の属性に関する質問紙調査も行われている。たとえば，PISA2009では「趣味で読書をするこ

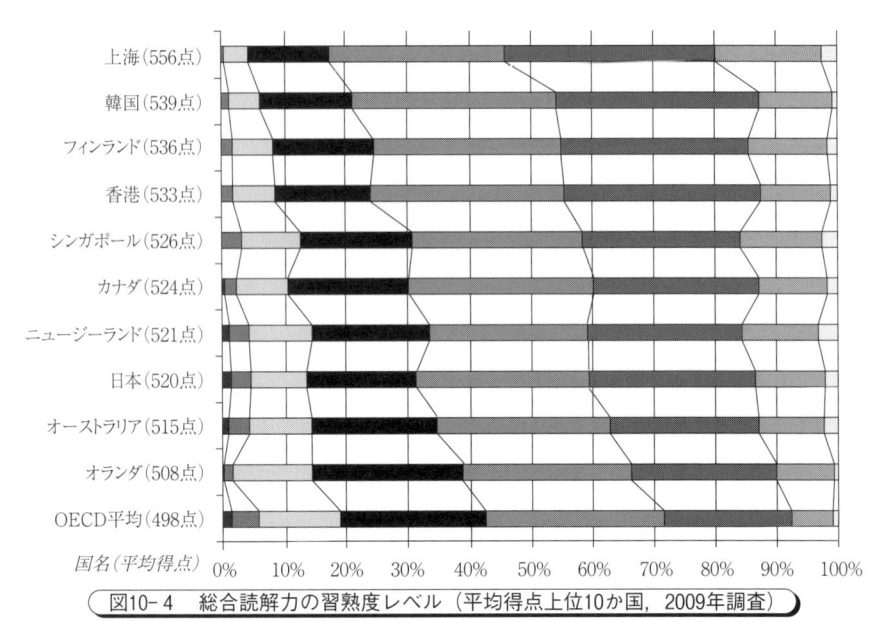

図10-4　総合読解力の習熟度レベル（平均得点上位10か国，2009年調査）

（出所）文部科学省『PISA2009年　調査分析資料集』（http://www.mext.go.jp/）2010年。

とはない」生徒の割合は減少（-10.8ポイント，44.2%）したものの，諸外国（平均37.4%）と比べると依然高い。「読解力」を身につける機会としての読書習慣の確立に向けて，改善すべき余地が残されていることは明らかである。

さらに詳細な分析として，図10-4は，PISA2009の結果に基づく「読解力」の習熟度レベル（読解力は8段階，数学的リテラシーと科学的リテラシーは7段階）を国際比較したものである。各レベルに含まれる生徒の割合を，平均得点の上位10位内の各国・地域別に図示しており，上から平均得点の高い順に並べている。PISA2009では前回調査よりレベル2以下の生徒の割合が減少し，レベル4以上の生徒の割合が増加した。しかし，上位の国々と比べ，依然としてレベル上位層が薄く，下位層が厚い状況にある。

さらに，2012（平成24）年実施の調査（以下，PISA2012）では，得点・順位ともに3分野すべてでPISA2009を上回る結果となった。習熟度レベル別の比較でも同様に，PISA2012では下位層の割合が減少し，上位層は増加している。「読解力」の場合，レベル1以下の下位層は10%（-4ポイント），レベル5以上の

上位層の割合が18％（＋5ポイント）と，学力の改善傾向はより顕著にあらわれている。

　PISA調査からみえた日本の学力とは，課題とされてきた上位層の引き上げとともに，全体的底上げが図られつつある状況にあった。現在の学校教育に対する強い不信感，危機感から生じた学力向上策による一定の成果として評価できる。しかし，ランキングという形式的な面では，3分野で初参加から連続一位となった上海など，アジアを中心とした学力向上に力を入れる国・地域との競争も激しいものとなっている。

　今後の課題は，引き続き全体的な底上げと同時に，上位層の引き上げを図るための施策の充実にある。さらに，PISA2012のテーマ「数学的リテラシー」に関して，質問紙調査より「数学への興味・関心や楽しみ」への肯定感の低さも明らかとなり，学習と向き合う生徒の意識向上も含めると，キー・コンピテンシーの獲得と定着のために改善すべき課題は多岐にわたる。同時に，学校現場の声としては，どこまで取り組み，その成果を何のために活かすのか，競争自体が目的化し，終わりなき競争に疲弊しかねないことへの不安があることも事実である。

（5）「競争」と「格差」が生むもの

　もう1つ，日本の学力調査からみえてくる教育の現状にも目を向けてみよう。「全国学力・学習状況調査」は，小学校第6学年と中学校第3学年を対象として，「教科に関する調査（国語，算数・数学）」と「生活習慣や学校環境に関する質問紙調査」である。教科に関しては，さらに「主として「知識」に関する問題（A問題）」と「主として「活用」に関する問題（B問題）」に分けられ，質問紙調査では「児童生徒に対する調査」と「学校に対する調査」に分けられる。

　政権交代後の「事業仕分け」による悉皆調査から抽出調査への変更，また東日本大震災の影響による一部地域の未実施といった状況もあるが，調査実施から数年を経過し経年変化も捉えられるようになった。現在，調査結果から浮き彫りになる児童生徒の学力の状況は，大きく以下の2つの点から捉えられる。1つは，教科の正答率に関して，A問題よりもB問題のほうが低い，すなわち「思考力・判断力・表現力」といった，知識を活用する力をどう育成するかという課題である。知識と知識を結びつけて論じようとする力が不足しているとの指摘は，PISA調査結果からも読みとれる課題であった。

> コラム

子どもの貧困を再生産する「格差」

　学校を舞台としたドラマからは，そのストーリーの背景にある当時の社会状況を読み取ることができる。たとえば，2005（平成17）年放映のドラマ「女王の教室」には，首都圏を中心とした中学受験者数の増加や，家庭の経済状況や経済格差，その結果として子ども間に生じている学力格差とその拡大という，当時の世相が色濃く反映されている。

　天海祐希演じる公立小学校女性教師・阿久津真矢は，その厳しい指導から最後は職場を追われることになる。この教師を評価していた校長先生は，知り合いのいる私立小学校への就職を彼女に提案するのだが，その返事は以下のセリフだった。

　　　子ども達に学力や貧富の差がある難しい環境だからこそ，やりがいがあると思わないんですか，みなさん

　中学受験者数の増加傾向は，2007（平成19）年をピークとして，いわゆるリーマンショックに端を発する経済不況が始まった2008（平成20）年以降は小幅ながら減少傾向にある。また，厚生労働省が2009（平成21）年10月に公表を初めて行った「相対的貧困率」＝「所得の中央値の半分を下回る所得の者の割合を示す相対的な指標」によると，日本全体で15.7％，子どもで14.2％となっている（数値は2007年の状況を示す）。日本では，子どもの6人に1人が「相対的貧困」とされる生活水準にあり，OECD加盟国の中でも貧困率は高い水準にある。

　「経済的格差」は「教育機会の格差」と「教育成果としての学力格差」を生み出し，結果的に「就業機会や収入の格差」を生じさせ，格差を世代間で再生産してしまう。次世代を担う子どもたちには，既に実施されている高等学校の授業料実質無料化や，給付型奨学金制度の導入など，開かれた教育機会を通じてその可能性を発揮し，社会の力となれるよう促すための働きかけが必要である。

　もう1つは，質問紙調査により，学力の状況と家庭環境に存在する強い相関性を，データ的に裏付けられた点である。2008（平成20）年度の追加分析調査によれば，①家庭の経済力（世帯年収，学校外教育支出）と学力には正の相関性がある，②保護者の行動や子どもへの接し方は子どもの学力や学習習慣と関係する，③世帯年収のみに学力は規定されず，保護者の行動と学力との関係は残る，といった点が指摘された。①の指摘はこれまでもなされてきたが，さらに②と③，すなわ

ち子どもの学力は家庭の経済力だけでなく，保護者の生活態度や子どもへの接し方が大きく影響していることも明らかになったことは，重要な成果である。

なお，調査結果は，都道府県・区市町村・学校別に整理し順位づけすることも可能なデータである。多くの教育関係者は，公表される都道府県順位にもとづき，継続して上位に位置する自治体の取り組みの秘密を探ろうと視察を重ねている。さらに，自治体によっては調査結果を市町村単位，もしくは学校名を出さずに学校別での順位を公表するところもある。しかしこの調査結果は，1人ひとりの学力獲得のために調査結果を活用することが目的であり，単に「競争」や「格差」の存在を白日の下へさらすことではない。あくまでも「競争」は「向上」に，「格差」は「解消」に向けた過程としての現状を示す指標である。「確かな学力」とその確保に向けた取り組みは，「教育の機会と平等」という普遍的人権の一部としての教育権に位置づくことを強く自覚しなくてはならない。

一方で，「競争」の「加熱」，「格差」の「固定」への懸念も根強い。特に近代以降の学校教育は，社会的・経済的地位を固定化する作用を持つ社会的装置として機能してきた。同時に，「教育は機会の平等であり，結果の平等ではない」という考えが原則的・普遍的なものだとしても，現在の教育は，機会の平等すら実現できているのかどうか。平等を説くその前に，人間が主体的に生きるために必要な力を身につける機会であり「セーフティーネット」として，教育は機能しているのかどうかをまず考えなくてはならない。

3　「東日本大震災」が浮き彫りにしたもの——不信と絆の間で

「まだ何も終わっていない。」これは，**東日本大震災**の被災者に限らない，日本国民の声であろう。時の経過は，「あの出来事」への複雑な感情を多少なりとも和らげる反面，多くの人々から関心そのものを失わせてしまうことにもなりかねない。健康，進路，就職，住居，地縁を回復し，これからの生活を1人ひとりがどう築くのか，震災後の課題は山積したままである。

そして，当事者だけでなく，彼らを支え，かかわる人々の迷いも大きい。NHKが実施した震災2年後のアンケートによれば，実感と結びつかない復興事業の進捗状況，高台への集団移転など地域住民の意思決定の難しさ，就職・進学といった異動の加速，そして経済的状況に由来する家族関係の変化など，これま

で人々を支えてきた「絆」の弱体化も見え始めているとの指摘もある。
　しかし，だからこそ教育の果たせる役割は，これまで以上に必要とされ，大切になると信じている。それは，社会変動の中にあっても，これを乗り越え新しい社会を築く人材を育て続けてきた，日本の社会と日本人が経験してきた歴史から湧き立つ思いである。教育が果たす人を育てる機能・成果は，これからの復興にこそ一層求められるものである。
　現在そしてこれからの日本社会は，東日本大震災がもたらした課題をどのようにのりこえるのか。「自助・共助・公助」の力となる教育は，震災で影響を受けた人々にかぎらず，5年先，10年先に，身につけた力で復興を担う人間を育ててこそ意義ある営みとなる。震災時の人々の姿から，震災後の教育の役割や「学び」の目的を，「公共の担い手」を育てる教育の社会的機能に注目しつつ論じてみよう。

（1）「命」と向き合う教育
　自然災害が発生しやすい国土を抱える日本において，自然環境は人々に恵みをもたらす母胎であるだけでなく，時には厳しい試練を与え，耐えて乗り越えなければならないものでもある。このような自然環境に暮らす我々日本人は，当然のことながら，自然の脅威からどのように身を守るかを考え，次世代に伝えてきた歴史を持つ。和辻哲郎が『風土』で語るように，日本人が作り上げてきた日本文化は，その自然環境に大きな影響を受け成立したものである。
　2000年代に限っても，日本は東日本大震災・長野県北部地震や三宅島での火山噴火（2000年），新潟県中越沖地震（2004年），毎年のように発生する台風被害や雪害も含め，数多くの自然災害に直面してきた。この現状において教育では，単に災害を知り，備えることの大切さを説くことにとどまらず，子どもの命を守り育てるという観点から，学校教育を中心にさまざまな取り組みがなされてきた。
　この方向性の1つは，自然災害にとどまらず，子どもの生活環境全体において安全を確保するための「防災」への取り組みの充実である。
　子どもにとって学校は，安全な場所でなければならず，安全であると信じられてきた。また，学校での安全対策とは，子どもの通学路や日常生活での「交通安全」や，学校生活・学習活動での「事故防止」に多くの関心を向けたものであっ

た。しかし，2001（平成13）年6月に発生した「大阪教育大学附属池田小学校児童無差別殺傷事件」は，学校は安全であるという「思い」は「思い込み」であるという自覚を，行政並びに教育関係者に強く迫った。不審者の凶行により児童8名の尊い命が一瞬で失われたこの事件は，多くの学校が外部からの不審者の侵入に対し無防備であり，教職員もまた組織的対応のあり方を共有するための日常的かつ実践的な研修・訓練が十分ではなかった現状を映しだした。

　この事件を受け，学校の安全と防犯への関心が高まり，国として取り組むべき安全対策の整備が進められる。文科省は，2002（平成14）年度から「子ども安心プロジェクト」を立ち上げ，学校安全の充実に向けた総合的な取り組みを始めた。2007（平成19）年には，これらの取り組みをもとに「学校の危機管理マニュアル──子どもを犯罪から守るために」を作成し，幼児児童生徒の犯罪被害の防止に焦点を当て，学校における不審者侵入および登下校時における緊急事態発生時の対応をまとめた。さらに2009（平成21）年4月には，学校における保健管理に必要な事項を定めた従来の「学校保健法」に代わり，安全管理についても定めた**「学校保健安全法」**が成立した。同法第3条を受け立案された「学校安全の推進に関する計画」（2012年4月）と合わせ，学校安全施策の推進体制の充実と強化をはかる態勢が整えられつつある。

　もう1つの方向性は，「防災」に加え，「減災」への意識向上に向けた取り組みである。

　「減災」とは，あらかじめ災害時に生じる被害を想定した上で，その被害を低減させようとする考え方である。防災上の備えを上回り，「想定外」の被害をもたらした東日本大震災を経験した現在では，あらゆる被害を「出さない」ための「防災」意識だけでなく，出たとしても最小限に食い止めようとする「減災」の発想や意識が改めて必要とされている。

　ただし，住民1人ひとりの行動が大事だとしても，個々の努力だけで「減災」を効果あるものとするのは難しい。それは，地域や行政単独で「防災」，そして「減災」は実現できないことと同じである。災害時に最も被害を受けるのは他でもない，地域に住む住民自身である。住民1人ひとりが地域を基盤として，行政と協働し，災害に強い，地域の防災力を向上させようとするひとづくり・まちづくりの推進が求められるようになった。

(2) 地域と学校・教育の相互援助

　東日本大震災では，東北の太平洋沿岸の広い範囲で津波が大きな被害をもたらした。岩手県沿岸南部に位置する釜石市でも，津波による死者・行方不明者は1000名を超える大惨事となった。しかし，同市の小中学生は，地震直後から教師の判断を待たずに高台へと避難を始め，全児童生徒2926人中5人を除く全員が津波による被害を免れた。このような危機対応の結果は，「釜石の奇跡」として広く知られるところである。

　この「釜石の奇跡」を支えたのは，2004（平成16）年から続けられていた防災教育への取り組みとその実践である。指導にあたった片田敏孝氏は，1人ひとりが生き抜く姿勢を身に付けることを最優先に，「想定にとらわれるな」「最善をつくせ」「率先避難者たれ」という「避難三原則」を掲げてきた。特に，1人ひとり率先して逃げることが単に「自己保身」につながるのではないかという思い込みを変え，1人でも逃げることの勇気こそ，結果的に多くの人の命を救うことにつながることを強調している（『命を守る教育』2012年）。

　さらに，この教えを「津波てんでんこ」という標語に集約し，子どもにもわかりやすく伝えようとする工夫も存在した。方言である「てんでんこ」，すなわち1人ひとりが「バラバラ」になっても自分の命は自分で守ることの大切さと，歴史上たびたび地域住民の脅威となってきた「津波」を組み合わせたこの標語は，災害時には「防災」のための知識や備えに頼るばかりではなく，行動としての臨機応変さも必要であることを示している。実際，釜石市の事例でも，防災無線が機能しない状況下，隣接する小中学校の児童生徒が，お互いに声をかけ，低学年児童の手を引き，途中で一緒になった幼稚園児を抱えるなど，行動を起こしたことが次の行動を生み，結果的に多くの子どもの命が助かった。

　また，過去に何度も津波の被害を受けてきた同地域では，これまでの被害の記憶を語り伝え，惨事を繰り返さないための有形無形の取り組みもなされてきた。岩手県沿岸部の中央に位置する宮古市姉吉地区は，1896（明治29）年，そして1933（昭和8）年の大津波で壊滅的な被害を受け，その後，地域の住民は記憶と教訓を刻むために「大津浪記念碑」を建てた。海抜約60mに位置するこの石碑には，以下の文言が記されている。

　　高き住居は児孫に和楽　想へ惨禍の大津浪　此処より下に家を建てるな

明治二十九年にも，昭和八年にも津浪は此処まで来て部落は全滅し，生存者僅かに前に二人後に四人のみ　幾歳経るとも要心あれ

　住民は，この教えをただ石に刻み込んだのではなく，平時においても生活の営みとして実践してきたからこそ，すべての家屋同様被害を逃れられた。この結果は，過去の人間の思いや経験が時を超えて，子孫たる現在の住民を救ったという尊い教えの例である。
　また，震災発生直後から地域の子どもや住民の命を守る避難場所として，学校施設は空間としても機能としても重要な役割を担った。震災発生から1週間の時点で，1都10県の計622校が応急避難所となり，学校は地域の拠点としての機能も併せ持つ施設であることが改めて確認された。しかし，今回の震災をふまえ，本来の学校機能を速やかに再開するには，拠点機能との両立を実現するだけの備えが不十分である現状も浮き彫りとなった。
　たとえば，過去の大規模災害の教訓として，学校が地域住民の避難所となった場合，①施設の安全性，②避難生活を営む上で施設に必要な諸機能，③避難所の運営方法，④学校教育活動の早期再開，という4つの課題が生じ，それぞれの解決には問題があるという現状が，震災以前よりすでに示されていた（国立教育政策研究所「学校施設の防災機能の向上のために――避難所となる学校施設の防災機能に関する調査研究報告書」2007年）。しかし，施設の安全性の面では，震災時点での全国公立小中学校施設の耐震化率は73.3％にとどまっていた（文科省「東日本大震災の被害を踏まえた学校施設の整備について」2011年）。
　現在文科省は，「公立の義務教育諸学校等施設の整備に関する施設整備基本方針」の下，2012（平成24）年4月時点の耐震化率84.8％を，2015（平成27）年度末までに100％とすることを目指している。同時に今後は，学校の防災機能の向上と，その運用を学校，地域住民が一体となって運用を行うための知識，技能の継承とその機会の拡大が求められる。そこで学校が果たす役割とは，単に空間として人々を受け入れるシェルターとしてではなく，そのシェルターを機能させるための知識技能を，教育を通じて子どもそして地域住民へ伝え，使えるようにする体験を提供することとなる。

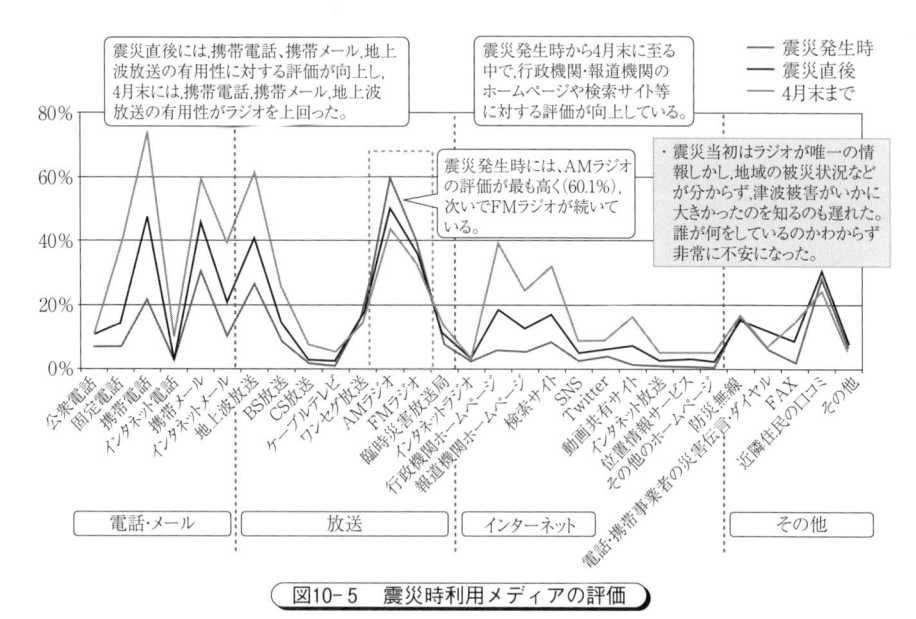

図中の注釈・ラベル:
- 震災直後には、携帯電話、携帯メール、地上波放送の有用性に対する評価が向上し、4月末には、携帯電話、携帯メール、地上波放送の有用性がラジオを上回った。
- 震災発生時から4月末に至る中で、行政機関・報道機関のホームページや検索サイト等に対する評価が向上している。
- 震災発生時には、AMラジオの評価が最も高く(60.1%)、次いでFMラジオが続いている。
- 震災当初はラジオが唯一の情報源しかし、地域の被災状況などが分からず、津波被害がいかに大きかったのを知るのも遅れた。誰が何をしているのかわからず非常に不安になった。

凡例: 震災発生時／震災直後／4月末まで

横軸項目: 公衆電話／固定電話／携帯電話／インターネット電話／携帯メール／インターネットメール／地上波放送／BS放送／CS放送／ケーブルテレビ／ワンセグ放送／AMラジオ／FMラジオ／臨時災害放送ラジオ／インターネットラジオ／行政機関ホームページ／報道機関ホームページ／検索サイト／SNS／Twitter／動画共有サイト／インターネット放送／位置情報サービス／その他のホームページ／防災無線／FAX／電話・携帯事業者の災害伝言ダイヤル／近隣住民の口コミ／その他

区分: 電話・メール／放送／インターネット／その他

図10-5　震災時利用メディアの評価

（出所）総務省「災害時における情報通信の在り方に関する調査結果」2012年3月。

（3）メディアと情報の取捨選択

　震災のような非常事態において，1人ひとりが何をなすべきか素早く判断するためには，その時々の情報収集とそれに基づく適切な判断が求められる。しかし情報は，時に誤った行動を引き起こし，無用の混乱を生む要素にもなる。今回の震災においても，公益となる情報が人々に行き届かない状況も見受けられた。

　しかし，刻々と変わる状況に対応しつつ，情報を発信し，受け止め判断し，かつ適切に行動することは難しい。総務省が2012（平成24）年に公表した調査結果によると，震災発生以降，時間の経過の中で必要とされる情報と，発信される情報との間には，質・量に関する「ミスマッチ」が生じていた状況がはっきり示されている。図10-5には，震災時に利用したメディア毎の評価を，3つの時間区分に分けて整理されている。

　震災発生時の「救命避難や生命確保に重点が置かれる時期」（発生から数日間）には，即時性の高いラジオ，防災無線等の放送型の手段に対する評価が高い。また，震災直後からの「被災避難者の生活環境や組織を確保する時期（～1・2週間）」には，安否確認等を行うため双方向性を有する携帯電話・メールと，映像

第10章　「グローバル社会」の中の教育（2000年〜）

> コラム
>
> ### ボランティアの広がり
>
> 　東日本大震災からの復興に向けた取り組みには，多くのボランティアが参加している。ボランティアという存在とその働きが改めて注目されたきっかけは，1995（平成7）年1月17日に発生した「阪神・淡路大震災」であった。この年は「ボランティア元年」と称され，戦後の経済発展の中で脆弱化した「地縁社会」に代わり，職場関係が生活の中心を占めるという「職縁社会」も越えて，延べ130万人を超える社会人や学生がボランティアとして尽力した。彼らは，行政の対応が不十分な場面で柔軟に対応し，壊滅的な被害を受けた神戸市街地での食糧支援等，被災者救済や復興のために活躍したのである（経済企画庁『平成12年度国民生活白書——ボランティアが深める好縁』2000年）。
>
> 　東日本大震災では，阪神・淡路大震災以降培われたボランティアへの意識の広まりに支えられ，多くの人達が被災地へと向かった。その際，公的機関・民間NPO団体等，多くの機関がインターネットやソーシャルネットワークサービスを介して，支援の範囲や要件などに関する情報提供を行い，困難な状況の中での支援活動を促進する力となった。
>
> 　また，様々な支援の形態がある中で，被災した子どもの学びを支える動きでは，教育や教職への関心の有無にかかわらず，多くの大学生・高校生が現地に足を運んだ。たとえば，大学生協や教員養成系大学では，宮城・岩手の大学と連携して現地のニーズに合わせ人数・場所・期間を調整しながら，ボランティアセンターとしての機能も果たした。さらに，現地の生産活動を支援する意味を込めて，全国各地で消費行動による間接的な支援が行われるなど，形式に頼らない，多様で裾野の広い被災地支援が現在も展開されている。

を伴い広く情報を獲得できるテレビに対する評価が高い。そして，その後の「応急的な避難を終える時期（〜1・2カ月後）」には，水や食料等生活必需品の入手先など，即時性・地域性の高い生活情報を発信・収集できるホームページやソーシャルネットワークサービス（SNS, Social Network Service）等インターネットの評価が高まった。

　公的な支援の手段としてのメディアには，災害発生直後からの緊急避難指示のみならず，地域住民のニーズにあわせ，メディア毎の特性を組み合わせて情報提供することが求められる。そして，住民1人ひとりには「メディアリテラシー」，すなわちメディアによって異なる特性を活かし，多様な情報を受信・入手し，正確・適切かどうか判断し，この判断に基づいて行動できる力が求められる。特に，携帯電話やインターネットを介した新しい情報通信サービスの利用実態は，世代

間で大きく異なり，そのため評価も限定的となっている。そのため，現在のわれわれには，必要な情報が普段接しているメディアから得られるものなのか・得やすい（得にくい）ものなのか，といったメディアの適性理解を基盤として，世代やメディアのメリット・デメリットを超えて，活用場面を想定しながら多種多様なメディアを「使い分ける」経験こそ必要とされる。

（4）「学び」は何のために

　この度の震災は，被災した地域かどうかにかかわらず，地域住民1人ひとりがなすべきことや，地域や学校との関わりについて，再度確認を迫るものであった。1人ひとりが自立して命を守ることができれば，家族・地域の一員として力を束ね，生じた困難を乗り越える大きな力となる。これは，危機的状況にかぎらず，われわれ1人ひとりが「公共の担い手」として現代社会を支えるとともに，自立して生き抜くために必要な資質や条件である。

　同じく，学校は災害時の避難場所となるだけでなく，地域コミュニティの拠点機能を果たしていることもまた確認された。これらの資質をどのように身につけ，社会の一員として活動していくべきか考えることは，これからの社会を担う日本人の育成に必要な「学び」のあり方への重要な示唆となる。そして，防災にとどまらない，社会を担う人材育成という社会的要請に対し，教育が果たさなければならない普遍的役割でもある。

　さらにもう1つ，震災によって示されたのは，「モデル」とも「想定」も称しうる，先人や社会が構築してきた知恵や生き方，歴史的な成果や痛みが語る教訓がいとも簡単に機能しなくなる，「リスク」や「脆さ」を抱えているという事実である。われわれの社会は，歴史的継続性の中で作り上げられてきた「想定」と，予期せず突然生じる「想定外」を繰り返しつつ形作られ，これからも形作られていくものである。特に，結論の出ていない現在進行中の課題と向き合う場面では，「想定外」を「想定」しながら判断を行わなくてはならない。

　この状況に対して教育は，「想定外」を「想定内」とするための，「新たな学び」を引き出す機能を果たす場でなくてはならない。「想定」とは，過去の人間や社会の「学び」の蓄積として存在し，機能してきたものである。しかし，どこにも存在しない新たな「モデル」や「想定」は何処かに求められるものではなく，時代の当事者たる1人ひとりの学びと，この学びを実現する教育によって創造さ

れるものでしかない。つまり、「想定外」の事態を迎えた時、「新たな想定」を作り上げる営みもまた「学び」であり、またそこから「新たな学び」が始まるのである。

同時に、「新たな学び」を実現する「新たな教育」もまた始められなければならない。それは、何も制度を大きく変えることではない。教育の役目として実現しなければならない「学び」とは、1つには、過去の人間、社会によって「想定」され、時の試練を経て今なお機能する記憶、経験、歴史を引き継ぐことである。同時に、国際化・グローバル化・情報化の進展によるコミュニケーションの深まりにより、現代の知見に新しい広がりをもたらし、「新たな想定」を生み出す力を育むことでもある。

そして、学術領域にとどまらず、それらを生み出した社会と人間の連携が大切となる。教育の役目とは、社会を担う1人ひとりが状況判断する基準となる知識を得て、行動を主体的に取捨選択し、自ら社会に働きかけ創造へと参加するための経験を提供することにある。過去の知識を元に「想定」を作り上げ、「想定外」の事態においてもたくましく生き延び、「新たな想定」を生み出すことを繰り返してきた人間の姿は、本書を通じて俯瞰してきた日本社会、そして日本人を育てた教育・文化の姿そのものである。

◆ 参考文献

佐々木毅『学ぶとはどういうことか』講談社、2012年。
W・ダビドウ／酒井泰介訳『つながりすぎた世界』ダイヤモンド社、2012年。
E・パリサー／井口耕二訳『閉じこもるインターネット——グーグル・パーソナライズ・民主主義』早川書房、2012年。
ベネッセ教育開発研究センター『教育格差の発生・解消に関する調査研究報告書』2008年。
  (http://benesse.jp/berd/center/open/report/kyoiku_kakusa/2008/index.html)
M・マクルーハン／栗原裕・河本仲聖訳『メディア論——人間の拡張の諸相』みすず書房、1987年。
松下佳代『"新しい能力"は教育を変えるか——学力・リテラシー・コンピテンシー』ミネルヴァ書房、2010年。

[佐藤　公]

資料編

学校系統図
- 図1　明治6年（学制期）
- 図2　明治14年（改正教育令期）
- 図3　明治25年（小学校令期（第二次））
- 図4　明治33年（小学校令期（第三次））
- 図5　昭和19年（国民学校令期）
- 図6　昭和24年（学校教育法期）

教育関連法規
- 小学校令（抄）
- 小学校令（第3次）（抄）
- 国民学校令（抄）
- 教育基本法（旧法）
- 教育基本法（新法）
- 学校教育法（抄）

日本教育文化史年表

学校系統図

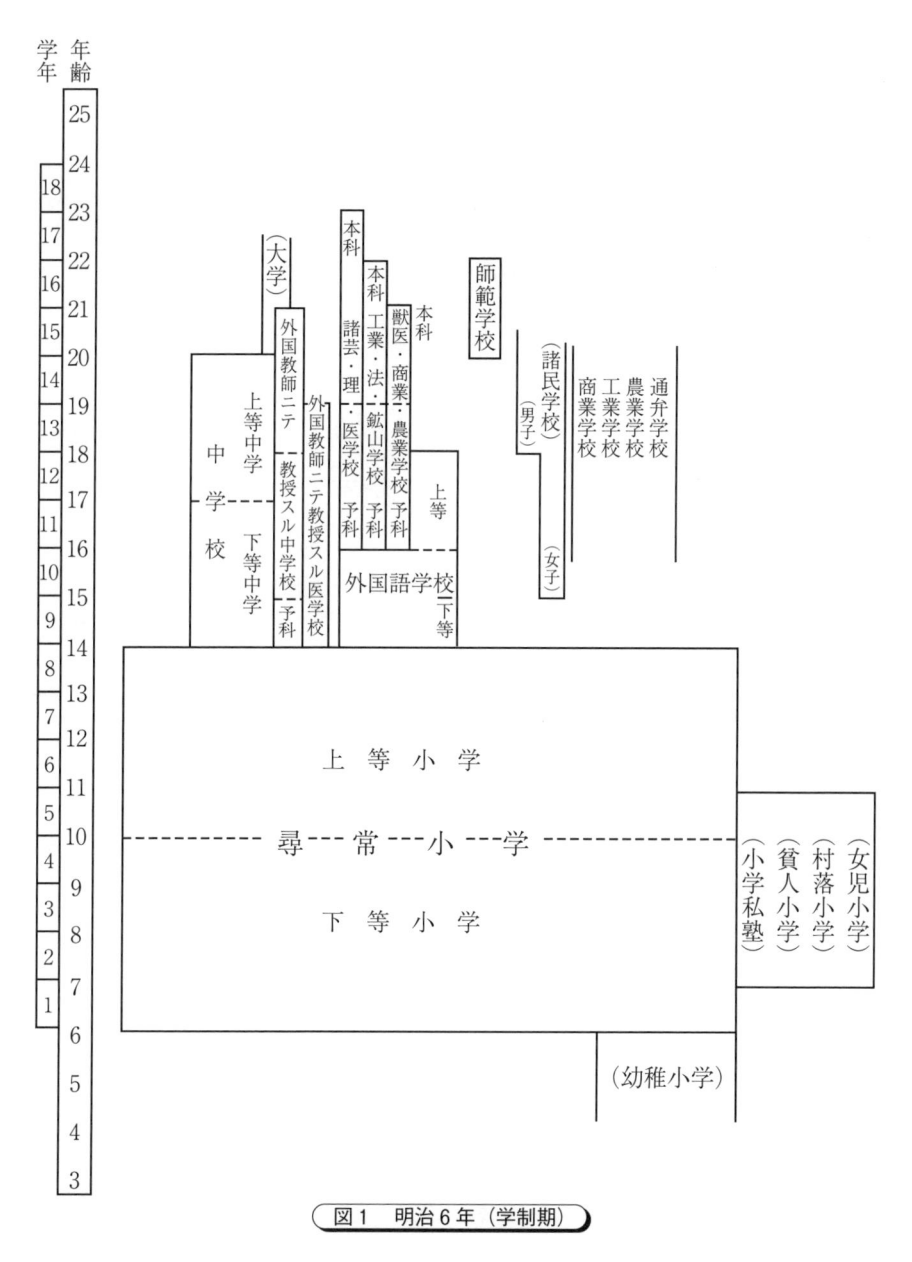

学年	年齢
	25
18	24
17	23
16	22
15	21
14	20
13	19
12	18
11	17
10	16
9	15
8	14
7	13
6	12
5	11
4	10
3	9
2	8
1	7
	6
	5
	4
	3

(大学)

中学校（上等中学／下等中学）

外国教師ニテ教授スル中学校予科

外国教師ニテ教授スル医学科

外国語学校（上等／下等）

本科 諸芸・理・医学校予科
本科 工業・法・鉱山学校予科
獣医・商業・農業学校予科
本科

師範学校

諸民学校（男子／女子）

通弁学校
農業学校
工業学校
商業学校

上等小学
尋常小学
下等小学

（幼稚小学）

（女児小学）
（村落小学）
（貧人小学）
（小学私塾）

図1　明治6年（学制期）

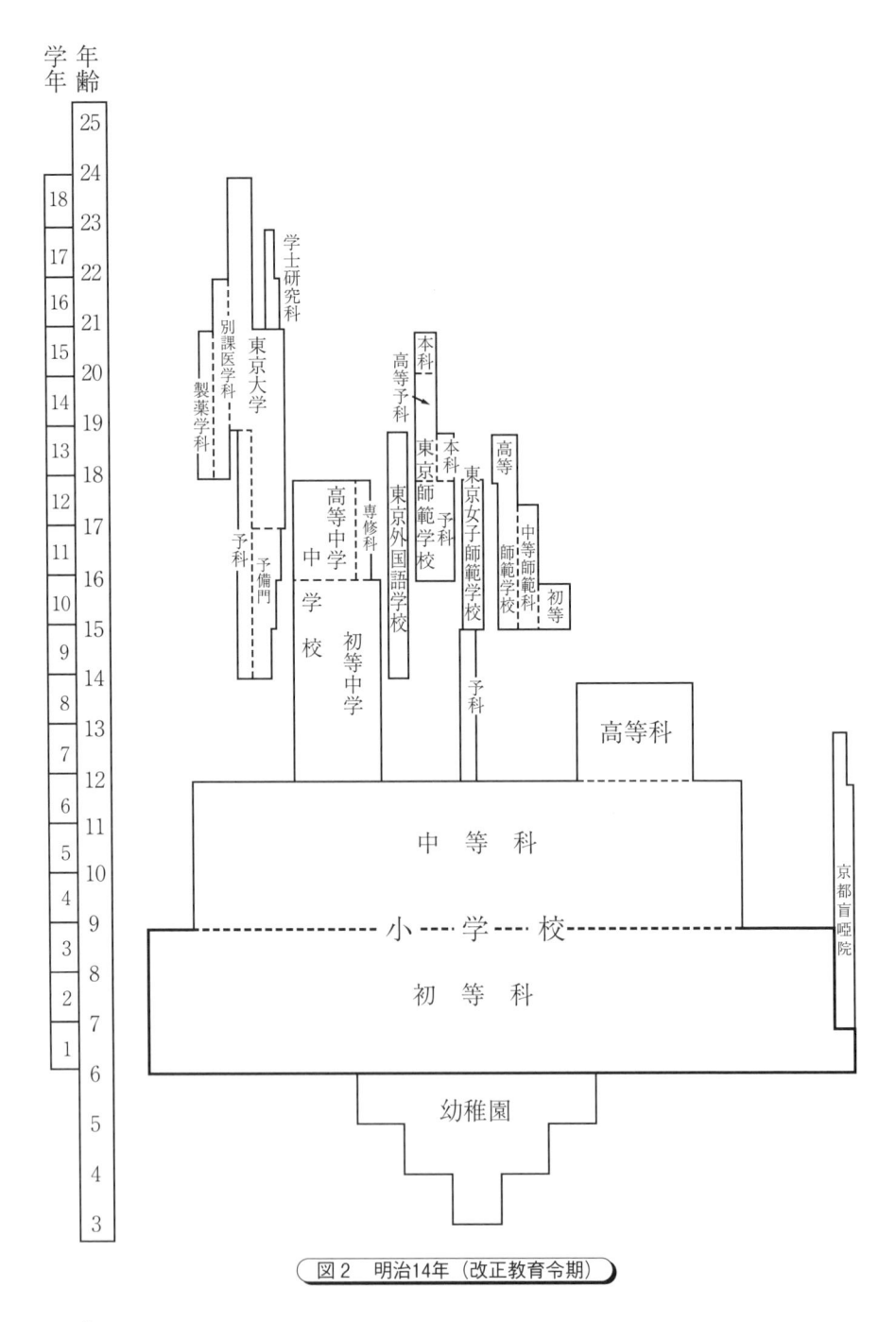

図2　明治14年（改正教育令期）

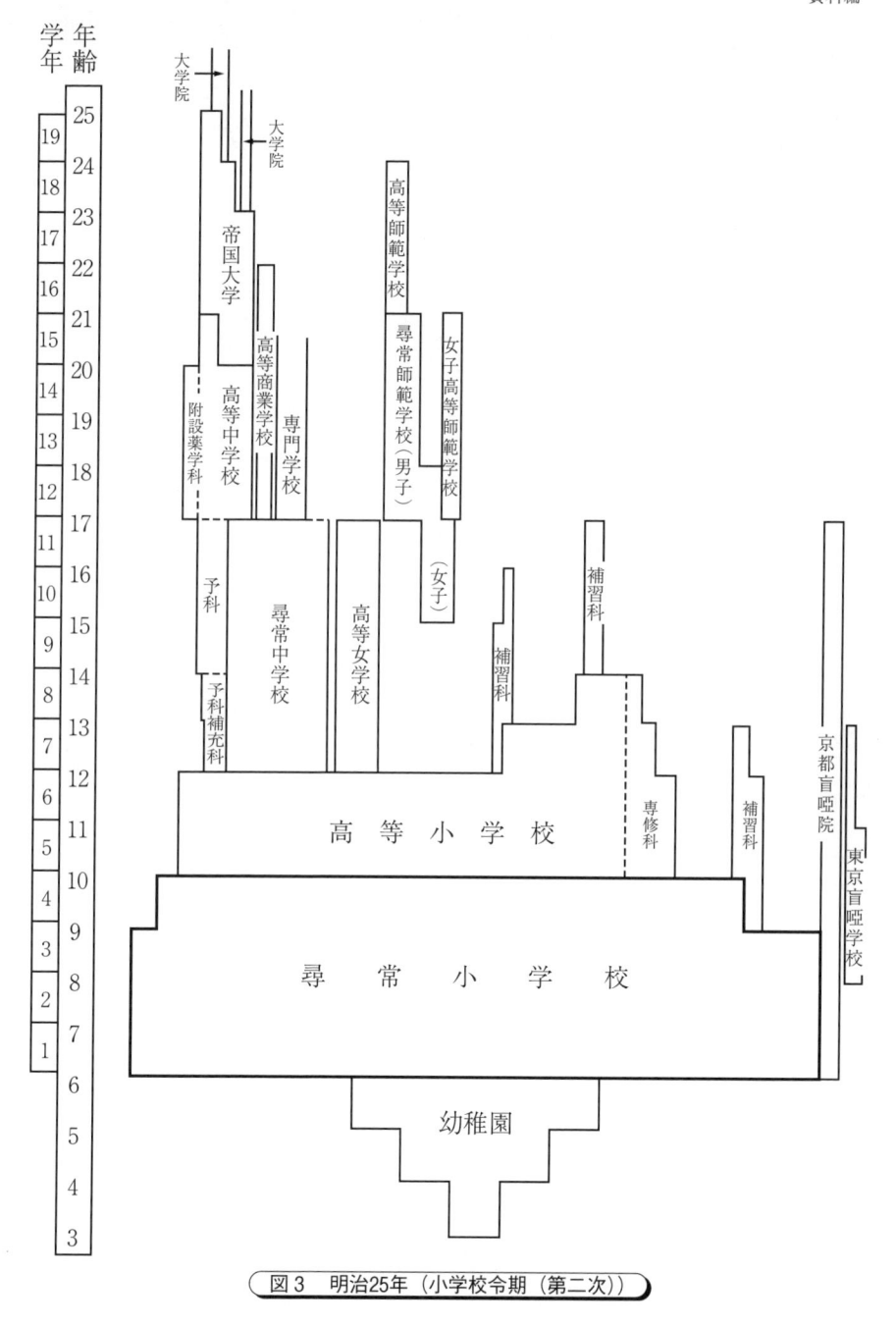

資料編

図3　明治25年（小学校令期（第二次））

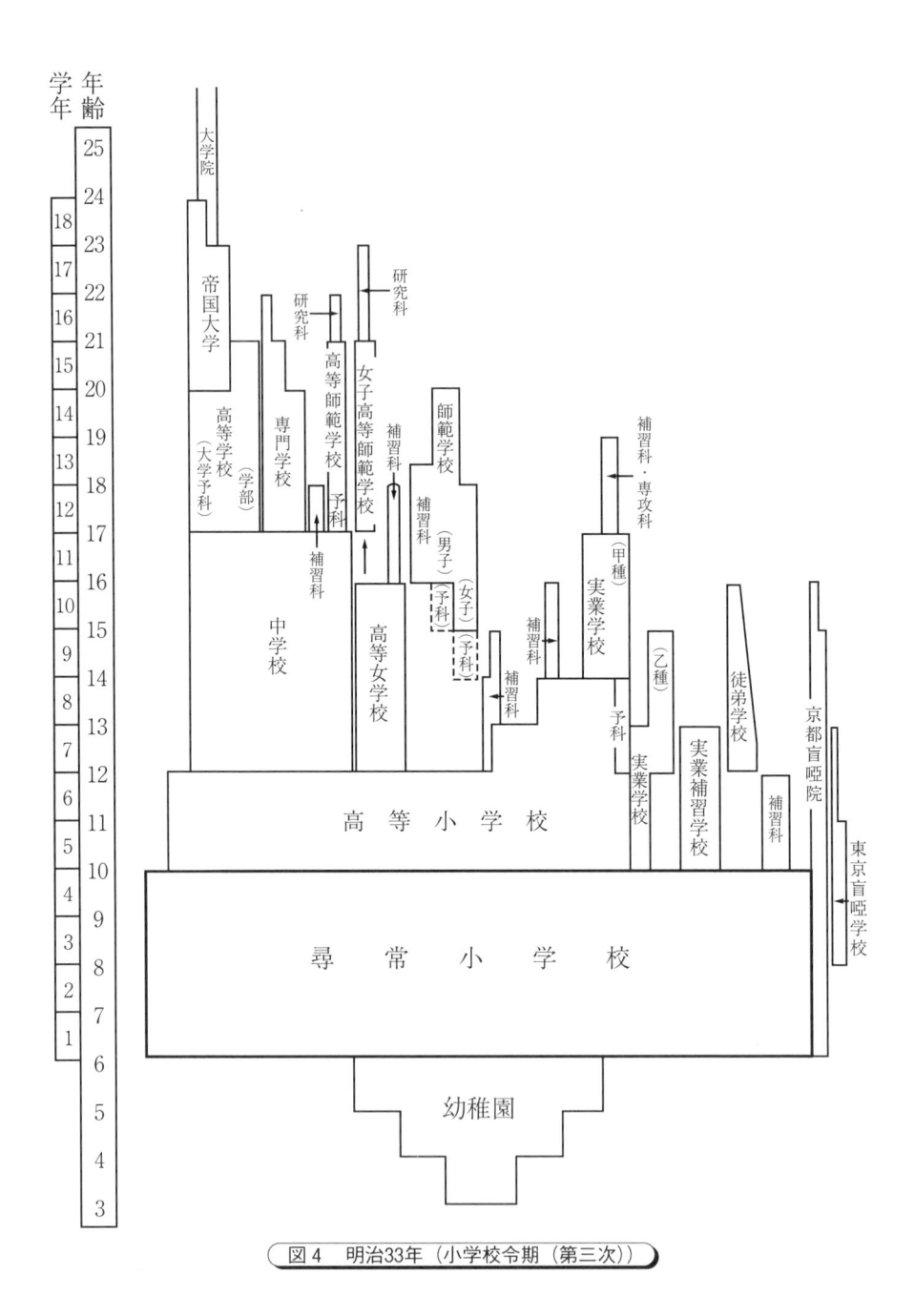

図4　明治33年（小学校令期（第三次））

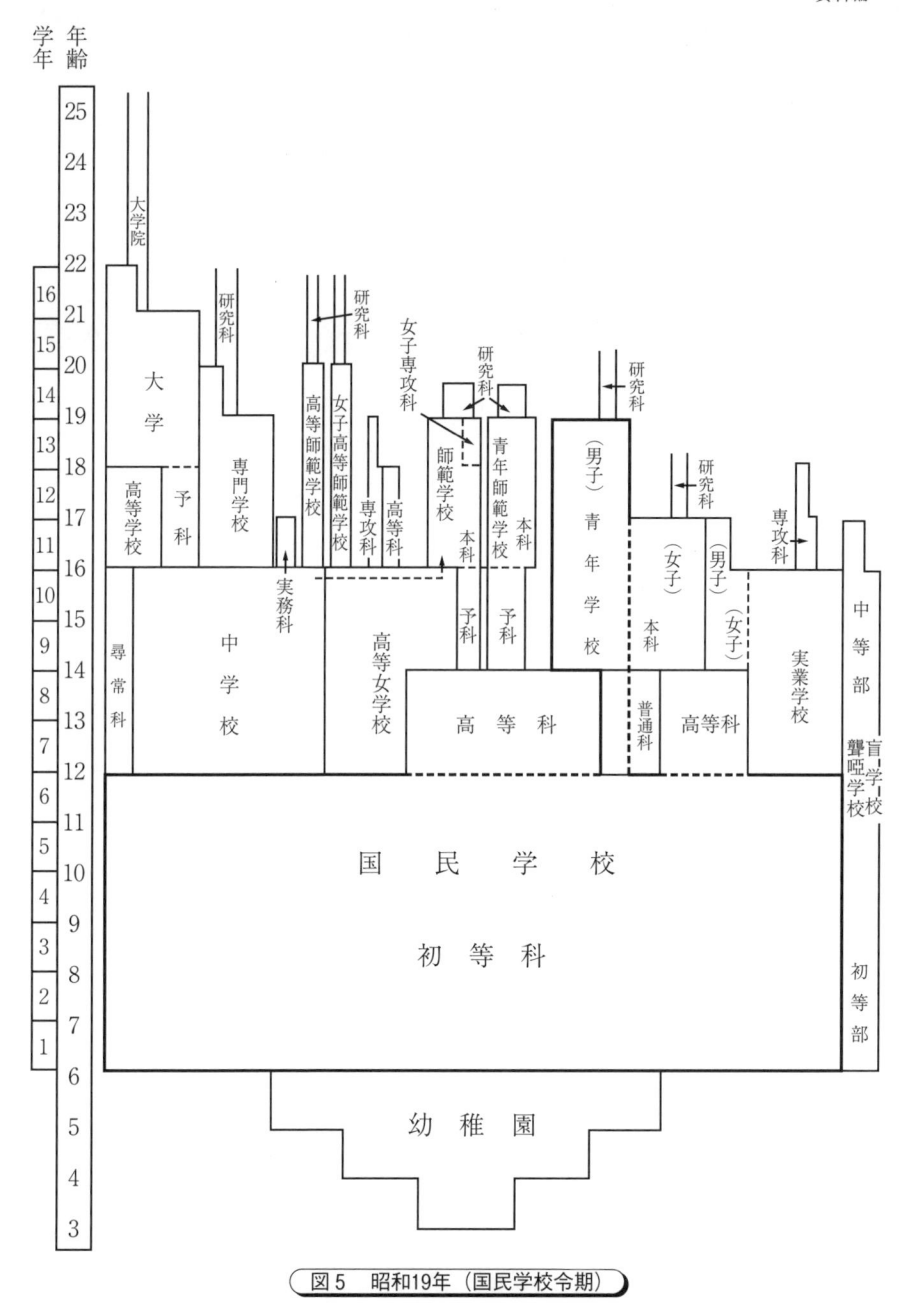

資料編

図5　昭和19年（国民学校令期）

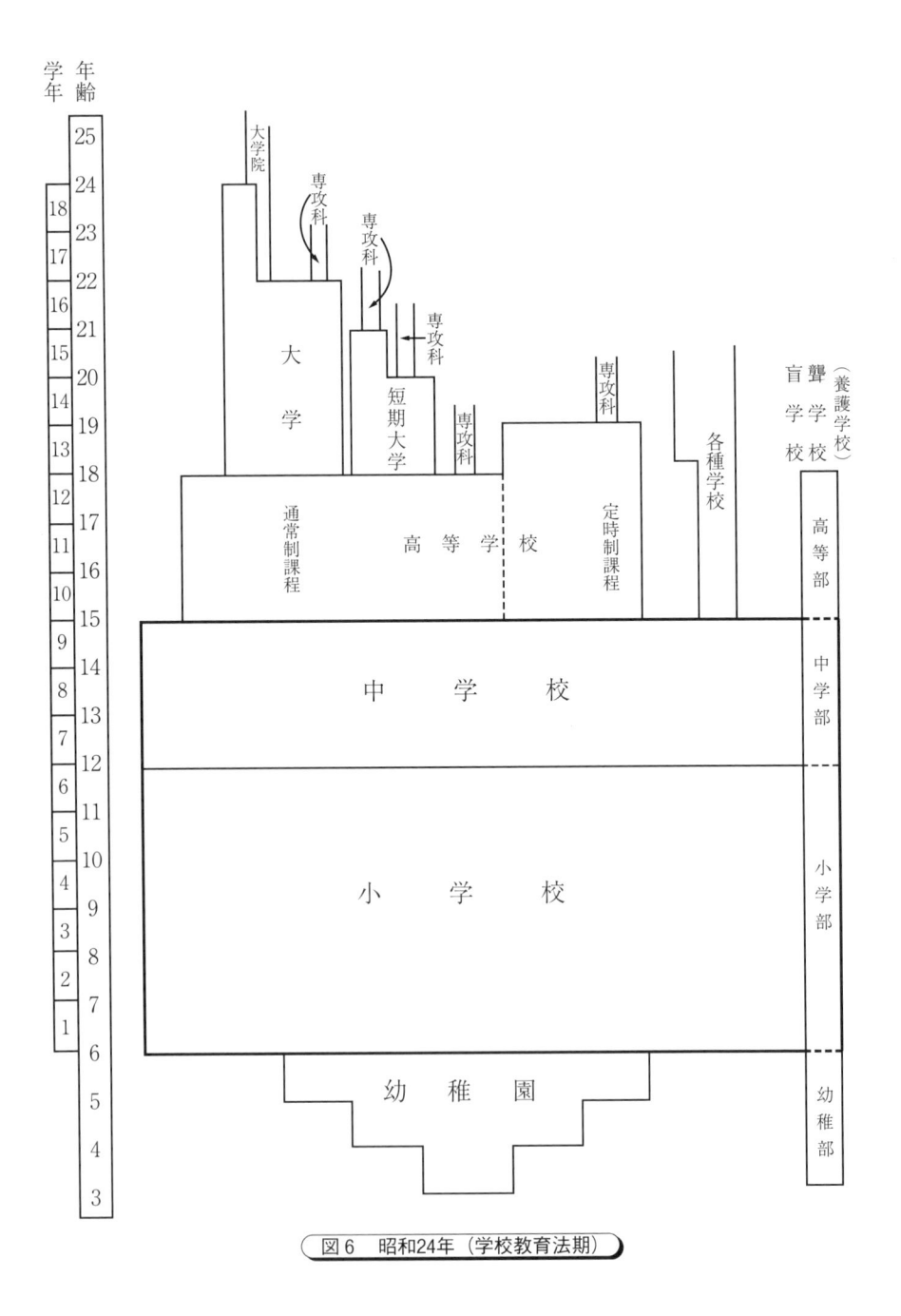

図6　昭和24年（学校教育法期）

教育関係法規

小学校令（抄）
（1886年4月10日勅令第14号）

第一条　小学校ヲ分チテ高等尋常ノ二等トス

第二条　小学校ノ設置区域及位置ハ府知事県令ノ定ムル所ニ依ル

第三条　児童六年ヨリ十四年ニ至ル八箇年ヲ以テ学齢トシ父母後見人等ハ其学齢児童ヲシテ普通教育ヲ得セシムルノ義務アルモノトス

第四条　父母後見人等ハ其学齢児童ノ尋常小学科ヲ卒ラサル間ハ就学セシムヘシ其就学ニ関スル規則ハ文部大臣ノ認可ヲ経テ府知事県令ノ定ムル所ニ依ル

第五条　疾病家計困窮其他止ムヲ得サル事故ニ由リ児童ヲ就学セシムルコト能ハスト認定スルモノニハ府知事県令其期限ヲ定メテ就学猶予ヲ許スコトヲ得

第六条　父母後見人等ハ小学校ノ経費ニ充ツル為メ其児童ノ授業料ヲ支弁スヘキモノトス其金額ハ府知事県令ノ定ムル所ニ依ル

第七条—第十六条　略

小学校令（第3次）（抄）
（1900年8月20日勅令第344号）

第一章　総則

第一条　小学校ハ児童身体ノ発達ニ留意シテ道徳教育及国民教育ノ基礎並其ノ生活ニ必須ナル普通ノ知識技能ヲ授クルヲ以テ本旨トス

第二条　小学校ハ之ヲ分テ尋常小学校及高等小学校トス

尋常小学校ノ教科ト高等小学校ノ教科トヲ一校ニ併置スルモノヲ尋常高等小学校トス

市町村，町村学校組合又ハ其ノ区ノ負担ヲ以テ設置スルモノヲ市町村立小学校トシ私人ノ費用ヲ以テ設置スルモノヲ私立小学校トス

第三条—第五条　略

第二章　設置　略
第三章　教科及編制

第十八条　尋常小学校ノ修業年限ハ四箇年トシ高等小学校ノ修業年限ハ二箇年，三箇年又ハ四箇年トス

第十九条　尋常小学校ノ教科目ハ修身，国語，算術，体操トス

土地ノ情況ニ依リ図画，唱歌，手工ノ一科目又ハ数科目ヲ加ヘ女児ノ為ニハ裁縫ヲ加フルコトヲ得

前項ニ依ソ加フル教科目ハ之ヲ随意科目ト為スコトヲ得

第二十条　高等小学校ノ教科目ハ修身，国語，算術，日本歴史，地理，理科，図画，唱歌，体操トシ女児ノ為ニハ裁縫ヲ加フ

修業年限二箇年ノ高等小学校ニ於テハ理科，唱歌ノ一科目若ハ二科目ヲ闕キ又ハ手工ヲ加フルコトヲ得

修業年限三箇年以上ノ高等小学校ニ於テハ唱歌ヲ闕キ又ハ農業，商業，手工ノ一科目若ハ数科目ヲ加フルコトヲ得修業年限四箇年ノ高等小学校ニ於テハ英語ヲ加フルコトヲ得

前三項ニ依リ加フル教科目ハ之ヲ随意科目

ト為スコトヲ得
第二十一条　小学校ニ補習科ヲ置クコトヲ得補習科ニ関スル規程ハ文部大臣之ヲ定ム
第二十二条―第二十八条　略

第四章　設備　略
第五章　就学

第三十二条　児童満六歳ニ達シタル翌月ヨリ満十四歳ニ至ル八箇年ヲ以テ学齢トス
　学齢児童ノ学齢ニ達シタル月以後ニ於ケル最初ノ学年ノ始ヲ以テ就学ノ始期トシ尋常小学校ノ教科ヲ修了シタルトキヲ以テ就学ノ終期トス
　学齢児童保護者ハ就学ノ始期ヨリ其ノ終期ニ至ル迄学齢児童ヲ就学セシムルノ義務ヲ負フ
　学齢児童保護者ト称スルハ学齢児童ニ対シ親権ヲ行フ者又ハ親権ヲ行フ者ナキトキハ其ノ後見人ヲ謂フ
　第三十三条―第三十八条　略

第六章　職員

第三十九条　小学校ノ教科ヲ教授スル者ヲ本科正教員トシ其ノ教科目中図画、唱歌、体操、裁縫、英語、農業、商業又ハ手工ノ一科目若ハ数科目ヲ限リ教授スル者ヲ専科正教員トス
　本科正教員ヲ補助スル者ヲ准教員トス
第四十条　小学校教員タルヘキ者ハ免許状ヲ受クヘシ
　免許状ハ普通免許状及府県免許状ノ二種トス
　普通免許状ハ文部大臣之ヲ授与シ全国ニ通シテ有効トス
　府県免許状ハ府県知事之ヲ授与シ其ノ府県限リ有効トス
第四十一条　府県免許状ヲ受クルニハ師範学校若ハ文部大臣ノ指定シタル学校ヲ卒業シ又ハ小学校教員ノ検定ニ合格スルコトヲ要ス
　前項ノ検定ヲ施行スルカ為府県ニ小学校教員検定委員会ヲ置ク
　免許状及小学校教員検定委員会ノ組織権限其ノ他検定ニ関スル規程ハ文部大臣之ヲ定ム
第四十二条―第五十条　略

第七章　費用負担及授業料

第五十一条　市町村立小学校ノ設置ニ関スル費用ハ市町村、町村学校組合又ハ其ノ区ノ負担トス其ノ概目左ノ如シ
　一　設備及維持ノ費用
　二　職員ノ俸給、旅費、其ノ他諸給与
　三　校費
　児童教育事務委託ニ関スル費用ハ町村、町村学校総合又ハ其ノ区ノ負担トス
第五十二条―第五十六条　略
第五十七条　市町村立尋常小学校ニ於テハ授業料ヲ徴収スルコトヲ得ス但シ補習科ハ此ノ限ニ在ラス
　特別ノ事情アルトキハ府県知事ノ認可ヲ受ケ市町村立尋常小学校ニ於テ授業料ヲ徴収スルコトヲ得
第五十八条―第五十九条　略

第八章　管理及監督　略
第九章　附則　略

国民学校令（抄）
（1941年3月1日勅令第148号）

第一章　目的

第一条　国民学校ハ皇国ノ道ニ則リテ初等普通教育ヲ施シ国民ノ基礎ノ錬成ヲ為スヲ以

テ目的トス

第二章　課程及編制

第二条　国民学校ニ初等科及高等科ヲ置ク但シ土地ノ情況ニ依リ初等科又ハ高等科ノミヲ置クコトヲ得

第三条　初等科ノ修業年限ハ六年トシ高等科ノ修業年限ハ二年トス

第四条　国民学校ノ教科ハ初等科及高等科ヲ通ジ国民科，理数科，体錬科及芸能科トシ高等科ニ在リテハ実業科ヲ加フ

国民科ハ之ヲ分チテ修身，国語，国史及地理ノ科目トス

理数科ハ之ヲ分チテ算数及理科ノ科目トス
体錬科ハ之ヲ分チテ体操及武道ノ科目トス但シ女児ニ付テハ武道ヲ欠クコトヲ得
芸能科ハ之ヲ分チテ音楽，習字，図画及工作ノ科目トシ初等科ノ女児ニ付テハ裁縫ノ科目ヲ，高等科ノ女児ニ付テハ家事及裁縫ノ科目ヲ加フ
実業科ハ之ヲ分チテ農業，工業，商業又ハ水産ノ科目トス
前五項ニ掲グル科目ノ外高等科ニ於テハ外国語其ノ他必要ナル科目ヲ設クルコトヲ得

第五条—第七条　略

第三章　就学　略
第四章　職員　略
第五章　設置　略
第六章　設備　略
第七章　経費負担及授業料　略
第八章　管理及監督　略
第九章　雑則　略
附則　略

教育基本法（旧法）
（1947年3月31日法律第25号）

われらは，さきに，日本国憲法を確定し，民主的で文化的な国家を建設して，世界の平和と人類の福祉に貢献しようとする決意を示した。この理想の実現は，根本において教育の力にまつべきものである。

われらは，個人の尊厳を重んじ，真理と平和を希求する人間の育成を期するとともに，普遍的にしてしかも個性ゆたかな文化の創造をめざす教育を普及徹底しなければならない。

ここに，日本国憲法の精神に則り，教育の目的を明示して，新しい日本の教育の基本を確立するため，この法律を制定する。

第一条（教育の目的）　教育は，人格の完成をめざし，平和的な国家及び社会の形成者として，真理と正義を愛し，個人の価値をたつとび，勤労と責任を重んじ，自主的精神に充ちた心身ともに健康な国民の育成を期して行われなければならない。

第二条（教育の方針）　教育の目的は，あらゆる機会に，あらゆる場所において実現されなければならない。この目的を達成するためには，学問の自由を尊重し，実際生活に即し，自発的精神を養い，自他の敬愛と協力によつて，文化の創造と発展に貢献するように努めなければならない。

第三条（教育の機会均等）　すべて国民は，ひとしく，その能力に応ずる教育を受ける機会を与えられなければならないものであつて，人種，信条，性別，社会的身分，経済的地位又は門地によつて，教育上差別されない。

2　国及び地方公共団体は，能力があるにもかかわらず，経済的理由によつて修学困難な

者に対して，奨学の方法を講じなければならない。

第四条（義務教育）　国民は，その保護する子女に，九年の普通教育を受けさせる義務を負う。

2　国又は地方公共団体の設置する学校における義務教育については，授業料は，これを徴収しない。

第五条（男女共学）　男女は，互に敬重し，協力し合わなければならないものであつて，教育上男女の共学は，認められなければならない。

第六条（学校教育）　法律に定める学校は，公の性質をもつものであつて，国又は地方公共団体の外，法律に定める法人のみが，これを設置することができる。

2　法律に定める学校の教員は，全体の奉仕者であつて，自己の使命を自覚し，その職責の遂行に努めなければならない。このためには，教員の身分は，尊重され，その待遇の適正が，期せられなければならない。

第七条（社会教育）　家庭教育及び勤労の場所その他社会において行われる教育は，国及び地方公共団体によつて奨励されなければならない。

2　国及び地方公共団体は，図書館，博物館，公民館等の施設の設置，学校の施設の利用その他適当な方法によつて教育の目的の実現に努めなければならない。

第八条（政治教育）　良識ある公民たるに必要な政治的教養は，教育上これを尊重しなければならない。

2　法律に定める学校は，特定の政党を支持し，又はこれに反対するための政治教育その他政治的活動をしてはならない。

第九条（宗教教育）　宗教に関する寛容の態度及び宗教の社会生活における地位は，教育上これを尊重しなければならない。

2　国及び地方公共団体が設置する学校は，特定の宗教のための宗教教育その他宗教的活動をしてはならない。

第十条（教育行政）　教育は，不当な支配に服することなく，国民全体に対し直接に責任を負つて行われるべきものである。

2　教育行政は，この自覚のもとに，教育の目的を遂行するに必要な諸条件の整備確立を目標として行われなければならない。

第十一条（補則）　この法律に掲げる諸条項を実施するために必要がある場合には，適当な法令が制定されなければならない。

附則

この法律は，公布の日から，これを施行する。

教育基本法（新法）
（2006年12月22日法律第120号）

我々日本国民は，たゆまぬ努力によって築いてきた民主的で文化的な国家を更に発展させるとともに，世界の平和と人類の福祉の向上に貢献することを願うものである。

我々は，この理想を実現するため，個人の尊厳を重んじ，真理と正義を希求し，公共の精神を尊び，豊かな人間性と創造性を備えた人間の育成を期するとともに，伝統を継承し，新しい文化の創造を目指す教育を推進する。

ここに，我々は，日本国憲法の精神にのっとり，我が国の未来を切り拓く教育の基本を確立し，その振興を図るため，この法律を制定する。

第一章　教育の目的及び理念

（教育の目的）

第一条　教育は，人格の完成を目指し，平和で民主的な国家及び社会の形成者として必要な資質を備えた心身ともに健康な国民の育成を期して行われなければならない。

（教育の目標）

第二条　教育は，その目的を実現するため，学問の自由を尊重しつつ，次に掲げる目標を達成するよう行われるものとする。

一　幅広い知識と教養を身に付け，真理を求める態度を養い，豊かな情操と道徳心を培うとともに，健やかな身体を養うこと。

二　個人の価値を尊重して，その能力を伸ばし，創造性を培い，自主及び自律の精神を養うとともに，職業及び生活との関連を重視し，勤労を重んずる態度を養うこと。

三　正義と責任，男女の平等，自他の敬愛と協力を重んずるとともに，公共の精神に基づき，主体的に社会の形成に参画し，その発展に寄与する態度を養うこと。

四　生命を尊び，自然を大切にし，環境の保全に寄与する態度を養うこと。

五　伝統と文化を尊重し，それらをはぐくんできた我が国と郷土を愛するとともに，他国を尊重し，国際社会の平和と発展に寄与する態度を養うこと。

（生涯学習の理念）

第三条　国民一人一人が，自己の人格を磨き，豊かな人生を送ることができるよう，その生涯にわたって，あらゆる機会に，あらゆる場所において学習することができ，その成果を適切に生かすことのできる社会の実現が図られなければならない。

（教育の機会均等）

第四条　すべて国民は，ひとしく，その能力に応じた教育を受ける機会を与えられなければならず，人種，信条，性別，社会的身分，経済的地位又は門地によって，教育上差別されない。

2　国及び地方公共団体は，障害のある者が，その障害の状態に応じ，十分な教育を受けられるよう，教育上必要な支援を講じなければならない。

3　国及び地方公共団体は，能力があるにもかかわらず，経済的理由によって修学が困難な者に対して，奨学の措置を講じなければならない。

第二章　教育の実施に関する基本

（義務教育）

第五条　国民は，その保護する子に，別に法律で定めるところにより，普通教育を受けさせる義務を負う。

2　義務教育として行われる普通教育は，各個人の有する能力を伸ばしつつ社会において自立的に生きる基礎を培い，また，国家及び社会の形成者として必要とされる基本的な資質を養うことを目的として行われるものとする。

3　国及び地方公共団体は，義務教育の機会を保障し，その水準を確保するため，適切な役割分担及び相互の協力の下，その実施に責任を負う。

4　国又は地方公共団体の設置する学校における義務教育については，授業料を徴収しない。

（学校教育）

第六条　法律に定める学校は，公の性質を有するものであって，国，地方公共団体及び法律に定める法人のみが，これを設置すること

ができる。

2　前項の学校においては、教育の目標が達成されるよう、教育を受ける者の心身の発達に応じて、体系的な教育が組織的に行われなければならない。この場合において、教育を受ける者が、学校生活を営む上で必要な規律を重んずるとともに、自ら進んで学習に取り組む意欲を高めることを重視して行われなければならない。

（大学）

第七条　大学は、学術の中心として、高い教養と専門的能力を培うとともに、深く真理を探究して新たな知見を創造し、これらの成果を広く社会に提供することにより、社会の発展に寄与するものとする。

2　大学については、自主性、自律性その他の大学における教育及び研究の特性が尊重されなければならない。

（私立学校）

第八条　私立学校の有する公の性質及び学校教育において果たす重要な役割にかんがみ、国及び地方公共団体は、その自主性を尊重しつつ、助成その他の適当な方法によって私立学校教育の振興に努めなければならない。

（教員）

第九条　法律に定める学校の教員は、自己の崇高な使命を深く自覚し、絶えず研究と修養に励み、その職責の遂行に努めなければならない。

2　前項の教員については、その使命と職責の重要性にかんがみ、その身分は尊重され、待遇の適正が期せられるとともに、養成と研修の充実が図られなければならない。

（家庭教育）

第十条　父母その他の保護者は、子の教育について第一義的責任を有するものであって、生活のために必要な習慣を身に付けさせるとともに、自立心を育成し、心身の調和のとれた発達を図るよう努めるものとする。

2　国及び地方公共団体は、家庭教育の自主性を尊重しつつ、保護者に対する学習の機会及び情報の提供その他の家庭教育を支援するために必要な施策を講ずるよう努めなければならない。

（幼児期の教育）

第十一条　幼児期の教育は、生涯にわたる人格形成の基礎を培う重要なものであることにかんがみ、国及び地方公共団体は、幼児の健やかな成長に資する良好な環境の整備その他適当な方法によって、その振興に努めなければならない。

（社会教育）

第十二条　個人の要望や社会の要請にこたえ、社会において行われる教育は、国及び地方公共団体によって奨励されなければならない。

2　国及び地方公共団体は、図書館、博物館、公民館その他の社会教育施設の設置、学校の施設の利用、学習の機会及び情報の提供その他の適当な方法によって社会教育の振興に努めなければならない。

（学校、家庭及び地域住民等の相互の連携協力）

第十三条　学校、家庭及び地域住民その他の関係者は、教育におけるそれぞれの役割と責任を自覚するとともに、相互の連携及び協力に努めるものとする。

（政治教育）

第十四条　良識ある公民として必要な政治的教養は、教育上尊重されなければならない。

2　法律に定める学校は、特定の政党を支持

し，又はこれに反対するための政治教育その他政治的活動をしてはならない。
(宗教教育)
第十五条　宗教に関する寛容の態度，宗教に関する一般的な教養及び宗教の社会生活における地位は，教育上尊重されなければならない。
2　国及び地方公共団体が設置する学校は，特定の宗教のための宗教教育その他宗教的活動をしてはならない。

第三章　教育行政

(教育行政)
第十六条　教育は，不当な支配に服することなく，この法律及び他の法律の定めるところにより行われるべきものであり，教育行政は，国と地方公共団体との適切な役割分担及び相互の協力の下，公正かつ適正に行われなければならない。
2　国は，全国的な教育の機会均等と教育水準の維持向上を図るため，教育に関する施策を総合的に策定し，実施しなければならない。
3　地方公共団体は，その地域における教育の振興を図るため，その実情に応じた教育に関する施策を策定し，実施しなければならない。
4　国及び地方公共団体は，教育が円滑かつ継続的に実施されるよう，必要な財政上の措置を講じなければならない。
(教育振興基本計画)
第十七条　政府は，教育の振興に関する施策の総合的かつ計画的な推進を図るため，教育の振興に関する施策についての基本的な方針及び講ずべき施策その他必要な事項について，基本的な計画を定め，これを国会に報告するとともに，公表しなければならない。

2　地方公共団体は，前項の計画を参酌し，その地域の実情に応じ，当該地方公共団体における教育の振興のための施策に関する基本的な計画を定めるよう努めなければならない。

第四章　法令の制定

第十八条　この法律に規定する諸条項を実施するため，必要な法令が制定されなければならない。

附則　抄
(施行期日)
1　この法律は，公布の日から施行する。

学校教育法（抄）

（1947年3月31日法律第26号）最終改正年月日：2011年6月3日法律第61号

第一章　総則

第一条　この法律で，学校とは，幼稚園，小学校，中学校，義務教育学校，高等学校，中等教育学校，特別支援学校，大学及び高等専門学校とする。
第二条　学校は，国（国立大学法人法（平成十五年法律第百十二号）第二条第一項に規定する国立大学法人及び独立行政法人国立高等専門学校機構を含む。以下同じ。），地方公共団体（地方独立行政法人法（平成十五年法律第百十八号）第六十八条第一項に規定する公立大学法人（以下「公立大学法人」という。）を含む。次項及び第百二十七条において同じ。）及び私立学校法（昭和二十四年法律第二百七十号）法第三条に規定する学校法人（以下学校法人と称する。）のみが，これを設置することができる。
②　この法律で，国立学校とは，国の設置す

る学校を，公立学校とは，地方公共団体の設置する学校を，私立学校とは，学校法人の設置する学校をいう。

第三条―第十条　略

第十一条　校長及び教員は，教育上必要があると認めるときは，文部科学大臣の定めるところにより，児童，生徒及び学生に懲戒を加えることができる。ただし，体罰を加えることはできない。

第十二条―第十五条　略

第二章　義務教育

第十六条　保護者（子に対して親権を行う者（親権を行う者のないときは，未成年後見人）をいう。以下同じ。）は，次条に定めるところにより，子に九年の普通教育を受けさせる義務を負う。

第十七条　保護者は，子の満六歳に達した日の翌日以後における最初の学年の初めから，満十二歳に達した日の属する学年の終わりまで，これを小学校，義務教育学校の前期課程又は特別支援学校の小学部に就学させる義務を負う。ただし，子が，満十二歳に達した日の属する学年の終わりまでに小学校の課程，義務教育学校の前期課程又は特別支援学校の小学部の課程を修了しないときは，満十五歳に達した日の属する学年の終わり（それまでの間においてこれらの課程を修了したときは，その修了した日の属する学年の終わり）までとする。

②　保護者は，子が小学校の課程，義務教育学校の前期課程又は特別支援学校の小学部の課程を修了した日の翌日以後における最初の学年の初めから，満十五歳に達した日の属する学年の終わりまで，これを中学校，義務教育学校の後期課程，中等教育学校の前期課程又は特別支援学校の中学部に就学させる義務を負う。

③　前二項の義務の履行の督促その他これらの義務の履行に関し必要な事項は，政令で定める。

第十八条　前条第一項又は第二項の規定によつて，保護者が就学させなければならない子（以下それぞれ「学齢児童」又は「学齢生徒」という。）で，病弱，発育不完全その他やむを得ない事由のため，就学困難と認められる者の保護者に対しては，市町村の教育委員会は，文部科学大臣の定めるところにより，同条第一項又は第二項の義務を猶予又は免除することができる。

第十九条　経済的理由によつて，就学困難と認められる学齢児童又は学齢生徒の保護者に対しては，市町村は，必要な援助を与えなければならない。

第二十条　学齢児童又は学齢生徒を使用する者は，その使用によつて，当該学齢児童又は学齢生徒が，義務教育を受けることを妨げてはならない。

第二十一条　義務教育として行われる普通教育は，教育基本法（平成十八年法律第百二十号）第五条第二項に規定する目的を実現するため，次に掲げる目標を達成するよう行われるものとする。

一　学校内外における社会的活動を促進し，自主，自律及び協同の精神，規範意識，公正な判断力並びに公共の精神に基づき主体的に社会の形成に参画し，その発展に寄与する態度を養うこと。

二　学校内外における自然体験活動を促進し，生命及び自然を尊重する精神並びに環境の保全に寄与する態度を養うこと。

三　我が国と郷土の現状と歴史について，正しい理解に導き，伝統と文化を尊重し，それらをはぐくんできた我が国と郷土を愛する態度を養うとともに，進んで外国の文化の理解を通じて，他国を尊重し，国際社会の平和と発展に寄与する態度を養うこと。

四　家族と家庭の役割，生活に必要な衣，食，住，情報，産業その他の事項について基礎的な理解と技能を養うこと。

五　読書に親しませ，生活に必要な国語を正しく理解し，使用する基礎的な能力を養うこと。

六　生活に必要な数量的な関係を正しく理解し，処理する基礎的な能力を養うこと。

七　生活にかかわる自然現象について，観察及び実験を通じて，科学的に理解し，処理する基礎的な能力を養うこと。

八　健康，安全で幸福な生活のために必要な習慣を養うとともに，運動を通じて体力を養い，心身の調和的発達を図ること。

九　生活を明るく豊かにする音楽，美術，文芸その他の芸術について基礎的な理解と技能を養うこと。

十　職業についての基礎的な知識と技能，勤労を重んずる態度及び個性に応じて将来の進路を選択する能力を養うこと。

　　　　第三章　幼稚園　略
　　　　第四章　小学校　略
　　　　第五章　中学校　略
　　第五章の二　義務教育学校　略
　　　　第六章　高等学校　略
　　　　第七章　中等教育学校　略
　　　　第八章　特別支援教育　略
　　　　第九章　大学　略
　　　　第十章　高等専門学校　略

第十一章　専修学校　略
第十二章　雑則　略
第十三章　罰則　略
　　附則　略

日本教育文化史年表

(作成:藤田祐介)

年代		教育・文化	一般的事項
538		日本に仏教伝来(百済の聖明王,仏教と経論を朝廷に贈る)	
604			聖徳太子,憲法十七条を発布
645	大化元		大化改新
701	大宝元	大学寮,国学が整備される	大宝律令制定
710	和銅3		平城京遷都
712	5	『古事記』	
720	養老4	『日本書記』	
771	宝亀2	この頃,石上宅嗣,芸亭を開設 この頃,『万葉集』	
794	延暦13		平安京遷都
821	弘仁12	藤原冬嗣,勧学院を創設	
828	天長5	空海,綜芸種智院を創設	
894	寛平6		遣唐使の廃止
1192	建久3		源頼朝,征夷大将軍となる
1275	建治元	この頃,北条実時,金沢文庫を創設	
1333	元弘3		鎌倉幕府滅亡
1400	応永7	世阿弥元清『風姿花伝』	
1439	永享11	上杉憲実,足利学校を再興	
1549	天文18	キリスト教伝来(イエズス会宣教師ザビエル,鹿児島に上陸)	
1573	天正元		室町幕府滅亡
1576	4		織田信長が安土城を築城し,天下統一
1580	8	安土と有馬にセミナリヨ開設	
1581	9	府内(豊後国)にコレジヨ開設	
1603	慶長8		徳川家康,征夷大将軍となり,江戸幕府を開く
1630	寛永7	林羅山,上野忍岡に家塾(後の昌平坂学問所)を開設	

年代		教育・文化	一般的事項
1662	寛文2	伊藤仁斎，京都堀川に古義堂を開設	
1670	10	岡山藩主池田光政，閑谷学校を開設	
1690	元禄3	林家家塾を神田湯島に移築し，聖堂を設置（湯島聖堂）	
1710	宝永7	貝原益軒『和俗童子訓』	
1716	享保元		享保の改革（〜45年）
1729	14	石田梅岩，京都で心学を開講	
1787	天明7		寛政の改革（〜93年）
1790	寛政2	寛政異学の禁	
1797	9	幕府，林家家塾を官学の昌平坂学問所に改める	
1817	文化14	広瀬淡窓，咸宜園を開設	
1824	文政7	シーボルト，鳴滝塾を開設	
1838	天保9	緒方洪庵，大坂に適塾を開設	
1841	12		天保の改革（〜43）
1853	嘉永6		ペリー，浦賀に来航
1854	安政元		日米和親条約
1855	2	幕府，洋学所（翌年，蕃書調所と改称）を設置	
1856	3	吉田松陰，松下村塾を開設	
1858	5	福沢諭吉，蘭学塾を開設	日米修好通商条約
1866	慶応2	福沢諭吉『西洋事情』	薩長連合
1867	3		大政奉還 王政復古の大号令
1868	4 明治元	「神仏判然令」（神仏分離令）発布（廃仏毀釈運動起こる） 京都に皇学所・漢学所を設立	戊辰戦争 「五箇条の御誓文」発布 「明治」と改元，一世一元制を制定
1869	2	京都に64校の番組小学校設立 福沢諭吉『世界国尽』	東京遷都 版籍奉還
1870	3	「大学規則」・「中小学規則」制定 中村正直訳『西国立志編』	大教宣布の詔
1871	4	『横浜毎日新聞』（わが国初の日刊紙）創刊 文部省設置	廃藩置県
1872	5	福沢諭吉『学問のすゝめ』初編 東京に師範学校設立 「学制布告書」（「学事奨励ニ関スル被仰出書」）・「学制章程」発令	横浜・新橋間に鉄道開通 太陽暦採用

年代		教育・文化	一般的事項
		「学制」頒布	
1873	6	明六社設立	地租改正
1874	7	東京女子師範学校設立	民撰議院設立建白書
1877	10	東京開成学校・医学校を合併し，東京大学創設	西南戦争
1879	12	「教学聖旨」示される 「教育議」論争 「学制」を廃止し，「教育令」公布	
1880	13	「教育令」改正（第二次「教育令」）	集会条例
1881	14	「小学校教則綱領」制定 「小学校教員心得」制定	明治14年の政変
1882	15	宮内省編『幼学綱要』 この頃，徳育論争が盛んとなる	軍人勅諭
1885	18	「教育令」改正（第三次「教育令」） 初代文部大臣に森有礼が就任	太政官制度を廃止し，内閣制度を創設
1886	19	「帝国大学令」公布 「師範学校令」・「小学校令」・「中学校令」・「諸学校通則」公布	地方官官制公布
1889	22		「大日本帝国憲法」・「皇室典範」発布
1890	23	地方長官会議「徳育涵養ノ義ニ付建議」を提出 「地方学事通則」公布 「小学校令」（第二次小学校令）公布 「教育ニ関スル勅語」（教育勅語）公布	第1回帝国議会開会
1891	24	内村鑑三の「不敬事件」 「小学校祝日大祭日儀式規程」制定 「小学校教則大綱」公布	
1894	27	「高等学校令」公布	日清戦争（～1895）
1897	30	「師範教育令」公布	
1899	32	「実業学校令」公布 「高等女学校令」公布 「私立学校令」公布	
1900	33	「小学校令」が改正され（第三次小学校令），尋常小学校4年制の義務教育が確立	
1902	35	哲学館事件 教科書疑獄事件	日英同盟協約調印
1903	36	「専門学校令」公布 「小学校令」が改正され，国定教科書制度が成立	

年代		教育・文化	一般的事項
1904	37	国定教科書を全国に採用	日露戦争（～1905）
1907	40	「小学校令」が改正され，義務教育年限を6年に延長（翌年4月に実施）	
1908	41	「戊申詔書」発布	
1910	43	「師範学校教授要目」制定	大逆事件 韓国併合
1911	44	南北朝正閏問題起こる 「朝鮮教育令」公布	
1912	45 大正元	西山哲治，帝国小学校開校	「大正」に改元
1914	3	阿部次郎『三太郎の日記』 『少年倶楽部』創刊	第一次世界大戦（～1918）
1917	6	沢柳政太郎，成城小学校を設立 臨時教育会議設置	ロシア革命
1918	7	鈴木三重吉『赤い鳥』 「大学令」・「高等学校令」公布	米騒動
1919	8	「台湾教育令」公布 下中弥三郎ら，啓明会（わが国初の教員組合）を結成	
1921	10	羽仁もと子，自由学園を設立 八大教育主張講演会開催	
1922	11	少年法（旧少年法）公布	全国水平社結成
1923	12	「国民精神作興ニ関スル詔書」発布	関東大震災
1924	13	野口援太郎ら，池袋児童の村小学校を創設 文政審議会設置 赤井米吉，明星学園を設立 川井訓導事件 雑誌『キング』創刊	
1925	14	東京放送局放送開始（初のラジオ放送）	「治安維持法」公布 普通選挙制が実現
	15 昭和元		「昭和」に改元
1929	4	小原国芳，玉川学園を創設 小砂丘忠義ら『綴方生活』創刊	ニューヨーク株式市場大暴落（世界恐慌）
1930	5	『北方教育』創刊 郷土教育連盟結成（『郷土』創刊）	
1931	6		満州事変
1933	8	京都帝大「滝川事件」	

年代		教育・文化	一般的事項
1934	4	「全国小学校教員精神作興大会」の開催	
1935	10	天皇機関説問題起こる 「青年学校令」公布 文政審議会を廃止し，教学刷新評議会を設置	
1936	11	文部省教学局に日本諸学振興委員会を設置	二・二六事件
1937	12	文部省編『国体ノ本義』 国民精神文化研究所の設立 「国民精神総動員実施要綱」を閣議決定（国民精神総動員運動） 教育審議会設置	日中戦争（日華事変）
1938	13	「満蒙開拓青少年義勇軍」の派遣始まる	「国家総動員法」公布
1939	14	「青年学校令」改正（青年学校を義務制に） 「青少年学徒ニ賜リタル勅語」渙発	第二次世界大戦（～1945）
1940	15	「義務教育費国庫負担法」公布	日独伊三国同盟 大政翼賛会発足
1941	16	大日本青少年団結成 「国民学校令」公布 文部省教学局編『臣民の道』	太平洋戦争（大東亜戦争）（～1945）
1943	18	「中等学校令」公布 「学徒戦時動員体制確立要綱」を閣議決定 学徒出陣開始	
1944	19	「学徒勤労令」公布	「女子挺身隊勤労令」公布
1945	20	「大日本教化報国会」結成 「戦時教育令」公布 文部省が「新日本建設ノ教育方針」発表 文部次官通牒「終戦ニ伴フ教科用図書取扱方ニ関スル件」 GHQ，教育に関する4大指令	ポツダム宣言受諾 終戦の詔書（いわゆる「玉音放送」） 連合国軍の本土進駐 5大改革指令
1946	21	第一次米国教育使節団来日 文部省が「新教育指針」（第一分冊）発行 教育刷新委員会設置 文部省に国語審議会設置	「日本国憲法」公布（翌年5月に施行）
1947	22	『学習指導要領一般編（試案）』発行 「教育基本法」・「学校教育法」公布（六・三制実施） 日本教職員組合（日教組）結成	第1回国会開会
1948	23	新制高等学校発足 教育勅語等の排除・失効確認に関して国会両院決議 「教育委員会法」・「少年法」（新少年法）公布 コア・カリキュラム連盟結成	極東国際軍事裁判判決 国連で世界人権宣言を採択

資料編

年代		教育・文化	一般的事項
1949	24	「教育公務員特例法」公布 「国立学校設置法」・「文部省設置法」・「教育職員免許法」公布 「社会教育法」公布	
1950	25	完全給食実施 第二次米国教育使節団来日	朝鮮戦争勃発
1951	26	教育課程審議会「道徳教育振興の関する答申」発表 無着成恭編『山びこ学校』 児童憲章制定 『学習指導要領一般編（試案）』改訂	政令改正諮問委員会設置 サンフランシスコ平和条約・日米安全保障条約調印
1952	27	中央教育審議会を設置 日教組「教師の倫理綱領」決定 「義務教育費国庫負担法」公布 日本父母と先生全国協議会（日本PTA）結成 市町村教育委員会，全国一斉に発足	日米行政協定
1953	28	NHK，東京地区でテレビの本放送開始 山口日記事件 民間テレビ放送開始 「池田・ロバートソン会談」	
1954	29	「山口日記事件」 「義務教育諸学校における教育の政治的中立の確保に関する臨時措置法」・「教育公務員特例法の一部を改正する法律」（いわゆる「教育二法」）公布 「学校給食法」公布	米国との相互防衛援助協定（MSA協定） 自衛隊発足
1955	30	日本民主党『うれうべき教科書の問題』	社会党統一，保守合同（55年体制）
1956	31	「地方教育行政の組織及び運営に関する法律」（「地教行法」）公布 愛媛県教育委員会，勤務評定実施決定	第10回『経済白書』（「もはや戦後ではない」）
1957	32		ソ連が史上初人工衛星スプートニク1号の打ち上げに成功
1958	33	小・中学校学習指導要領改訂（「告示」となり，国家基準性を強化） 文部省が「道徳」の実施要綱を通達	東京タワー完工式
1959	34	NHK教育テレビ本放送開始 『週刊少年マガジン』『週刊少年サンデー』創刊	皇太子ご成婚パレード
1960	35	NHK，民放がカラーテレビ放送開始 高等学校学習指導要領改訂	日米新安全保障条約調印 「国民所得倍増計画」

年代		教育・文化	一般的事項
1961	36	高等専門学校制度の創設 全国一斉学力調査（学テ）実施	
1962	37	「義務教育諸学校の教科用図書の無償に関する法律」公布	
1963	38	経済審議会答申「経済発展における人的能力開発の課題と対策」	
1964	39	学校教育法改正により，短大を恒久化	東海道新幹線開業 東京オリンピック開催
1966	41	ILO87号条約発効（「教師の地位に関する勧告」） 中央教育審議会「後期中等教育の拡充整備について」答申（別記として「期待される人間像」を添付）	
1968	43	文化庁設置 小学校学習指導要領改訂 『少年ジャンプ』創刊（翌年から『週刊少年ジャンプ』に）	
1969	44	東大安田講堂事件（機動隊突入により占拠の学生を排除） 中学校学習指導要領改訂 「大学運営に関する臨時措置法」公布	
1970	45	OECD派遣教育調査団来日 家永教科書裁判第一次訴訟判決（杉本判決） 高等学校学習指導要領改訂	大阪で日本万国博覧会開催
1971	46	中教審「今後における学校教育の総合的な拡充整備のための基本施策について」答申（いわゆる「四六答申」）	沖縄返還協定調印
1973	48		第一次オイルショック
1974	49	「学校教育の水準の維持向上のための義務教育諸学校の教育職員の人材確保に関する特別措置法」（「人確法」）公布	
1976	51	小・中・高校の主任制度化 専修学校制度の創設	ロッキード事件
1977	52	小・中学校学習指導要領改訂	
1978	53	高等学校学習指導要領改訂	日中平和友好条約調印
1979	54	国公立大学志望者のための共通第一次学力試験を初めて実施 養護学校の義務制実施 テレビ「3年B組金八先生」の第一シリーズ放映開始	元号法制化

年代		教育・文化	一般的事項
1981	56	東京都中野区で教育委員会準公選制実施 中教審「生涯教育について」答申 青少年問題審議会「青少年問題に関する提言」提出	
1983	58	忠生中学校事件 戸塚ヨットスクール事件 任天堂が家庭用ゲーム機「ファミリーコンピューター」を発売 金属バット殺人事件	東京ディズニーランド開園
1984	59	家永三郎，第三次教科書検定訴訟 全日本教職員連盟結成 教育技術法則化運動提唱	
1986	61	中野富士見中学校いじめ自殺事件	
1987	62	臨時教育審議会「教育改革に関する第四次答申」（最終答申）	
1989	64 平成元	小・中・高校学習指導要領改訂	「平成」に改元
1990	2	共通第一次学力試験にかわり大学入試センター試験開始 「生涯学習の振興のための施策の推進体制等の整備に関する法律」（生涯学習振興法）公布	
1991	3	大学設置基準の大綱化	湾岸戦争 ソ連崩壊（東西冷戦の終結）
1993	5		非自民連立内閣（細川内閣）成立
1994	6	「児童の権利に関する条約」を批准 西尾市東部中学校いじめ自殺事件	
1995	7	文部省が全国の公立学校にスクール・カウンセラーを配置する制度を導入 文部省と日教組が協調路線に転換	阪神・淡路大震災 地下鉄サリン事件
1996	8	中教審「21世紀を展望した我が国の教育の在り方について」（第一次答申）	
1997	9	文部省「通学区域制度の弾力的運用について」通知 神戸連続児童殺傷事件 中教審「21世紀を展望した我が国の教育の在り方について」（第二次答申）	
1998	10	黒磯市黒磯北中学校女性教諭刺殺事件 中教審「新しい時代を拓く心を育てるために—次世代を育てる心を失う危機—」答申 中教審「今後の地方教育行政の在り方につい	

年代		教育・文化	一般的事項
		て」答申 小・中学校学習指導要領改訂	
1999	11	中高一貫教育が制度化（中等教育学校の設置） 高等学校学習指導要領改訂 「心の教室相談員」制度開始	「国旗及び国歌に関する法律」公布
2000	12	学校評議員制度の導入 「児童虐待の防止に関する法律」公布 教育改革国民会議「教育を変える17の提案」を発表 少年法改正（適用年齢の引き下げ）	
2001	13	文部省が文部科学省に再編 不登校児童生徒数が13万9000人と過去最高に達する	中央省庁再編 アメリカで同時多発テロ事件
2002	14	文部科学大臣「確かな学力向上のための2002アピール（学びのすすめ）」を公表 完全学校週五日制実施 文部科学省「心のノート」配布	
2003	15	小・中・高校学習指導要領一部改訂	
2004	16	国立大学法人化 学校運営協議会制度（コミュニティ・スクール）の導入 PISA2003・TIMSS2003の結果発表	
2005	17	栄養教諭制度の導入 「食育基本法」公布 中教審「新しい時代の義務教育を創造する」答申	郵政民営化法成立
2006	18	「義務教育費国庫負担法」改正（義務教育費の国庫負担が2分の1から3分の1に削減） 認定こども園制度発足 教育再生会議設置 「教育基本法」改正	
2007	19	「教育三法」（学校教育法・教育職員免許法及び教育公務員特例法・地教行法）の改正	
2008	20	教育再生会議最終報告 小・中学校学習指導要領改訂 「学校保健法」にかわり「学校保健安全法」公布 「教育振興基本計画」閣議決定	アメリカ発の金融危機が拡大（リーマン・ショック）
2009	21	高等学校・特別支援学校学習指導要領改訂 教員免許更新制の導入	

年代		教育・文化	一般的事項
		「子ども・若者育成支援推進法」公布	
2010	22	文部科学省『生徒指導提要』	
2011	23	中教審「今後の学校におけるキャリア教育・職業教育の在り方について」答申	東日本大震災
2012	24	大阪府及び大阪市で教育行政基本条例が成立 大津市立中学校いじめ自殺事件 子ども・子育て関連三法（子ども・子育て支援法，同整備法，認定子ども園法一部改正）公布 中教審「教職生活の全体を通じた教員の資質能力の総合的な向上方策について」答申	
2013	25	教育再生実行会議設置 文部科学省「体罰の禁止及び児童生徒理解に基づく指導の徹底について」通知 「第2期教育振興基本計画」閣議決定 「いじめ防止対策推進法」公布	
2014	26	「地方教育行政の組織及び運営に関する法律」改正（教育長と教育委員長の一本化，総合教育会議の設置等）	
2015	27	学習指導要領一部改訂（「特別の教科　道徳」を新設し，小学校は平成30年度，中学校が平成31年度から完全実施） 公職選挙法改正により，選挙権年齢を「18歳以上」に引き下げ 学校教育法改正により，義務教育学校を創設 文部科学省「高等学校等における政治的教養の教育と高等学校等の生徒による政治的活動等について」通知 中教審「これからの学校教育を担う教員の資質向上について」「チームとしての学校の在り方と今後の改善方策について」「新しい時代の教育や地方創成実現に向けた学校と地域の連携・協働の在り方と今後の推進方策について」	平和安全関連法制関連2法成立
2016	28	文部科学省「教職員等の選挙運動の禁止等について」通知 文部科学省「不登校児童生徒への支援の在り方について」通知	熊本地震
2017	29	小・中学校学習指導要領改訂 「部活動指導員」を制度化 文部科学大臣決定「学校における働き方改革に関する緊急対策」を公表	

年代		教育・文化	一般的事項
2018	30	高等学校学習指導要領改訂 文部科学省に総合教育政策局を設置 「第3期教育振興基本計画」閣議決定	
2019	31 令和元	中教審「新しい時代の教育に向けた持続可能な学校指導・運営体制の構築のための学校における働き方改革に関する総合的な方策について」答申	「令和」に改元
2020	2	社会教育士制度の創設 文部科学省「新型コロナウイルス感染症に対応した持続的な学校運営のためのガイドライン及び新型コロナウイルス感染症対策に伴う児童生徒の「学びの保障」総合対策パッケージについて」通知	新型コロナウイルス感染症の世界的流行
2021	3	中教審「令和の日本型学校教育」の構築を目指して―全ての子供たちの可能性を引き出す、個別最適な学びと、協働的な学びの実現―」答申 「公立義務教育諸学校の学級編制及び教職員定数の標準に関する法律」改正（小学校の学級編制の標準を40人（第1学年は35人）から35人に引き下げ）	東京オリンピック・パラリンピック開催
2022	4	成人年齢を18歳に引き下げ 教員免許更新制を廃止 「こども基本法」・「こども家庭庁設置法」公布 文部科学省『生徒指導提要』改訂 中教審「『令和の日本型学校教育』を担う教師の養成・採用・研修等の在り方について―『新たな教師の学びの姿』の実現と、多様な専門性を有する質の高い教職員集団の形成―」答申	ロシア軍、ウクライナ侵攻 安倍元首相銃撃事件
2023	5	こども家庭庁発足 「第4期教育振興基本計画」閣議決定	

索　引
（＊は人名）

あ　行

愛国婦人会　157
『赤い鳥』　158
＊阿久悠　174
＊芦田恵之助　137, 142
遊び型犯罪　235
新しい荒れ　240
新しい学力観（新学力観）　242
＊天野貞祐　192
家永教科書裁判　199
＊家永三郎　199
生きる力　243, 261
＊伊沢修二　85
＊石川啄木　103
＊石田梅岩　38
いじめ　235
一億総中流社会　224
一億総白痴化　215
一国民俗学　141
一斉教授法　71
＊伊藤博文　74
稲毛金七　136
＊井上毅　76
＊井上哲次郎　85
＊巌谷小波　88
＊内村鑑三　95
　　──不敬事件　78
『穎才新誌』　89
円本　129
＊及川平治　136
往来物　50
＊緒方洪庵　58
＊岡田良平　104
＊尾高豊作　143
落ちこぼれ　230
＊小原國芳　136, 137
御雇外国人　70, 96
『女大学』　35
女寺子屋　48

か　行

＊貝原益軒　32, 33, 43, 47, 54, 55
開放制　184
科学的リテラシー　263
核家族化　245
学習指導要領　242
『学習指導要領一般編（試案）』　184
学習到達度調査（PISA）　262
学制　65, 68, 74, 76
学生思想問題調査委員会　152
学生生徒児童身体検査規程　116
学生生徒身体検査規程　116
学童疎開　160
学徒勤労動員　161
学徒勤労令　162
学徒出陣　161, 162, 164
学徒動員　162, 172
学問中心カリキュラム　244
学力調査裁判（学テ裁判）　191
学力低下　244
学歴社会　229, 230
家訓　28, 43
掛図　71, 113
家族国家観　114
＊片上伸　136
学級王国　137
学級崩壊　240
学区制　68
学区取締　74
学校（教師）バッシング　238
学校化社会　28
学校教育法　23, 241
学校教員品行検定規則　76
学校劇　137
学校選択制（学校選択の自由化）　241
学校の打ちこわし　74
学校評価　241
学校評議員制度　241
学校病理　238
学校保健安全法　269
活動主義教育　99
＊嘉納治五郎　102
咸宜園　57
寛政異学の禁　44
完全学校週五日制　244
キー・コンピテンシー　262
規制緩和　241
基礎学力論争　191
期待される人間像　202
弓馬の道　29
教育委員会法　190
教育改革国民会議　259
教育課程審議会　192, 242
教育議　76
教育技術法則化運動　242
教育議附議　76
教育基本法　181, 182
　　──改正　259, 260
教育荒廃　238
教育刷新委員会　181, 182
教育審議会　148, 150, 154
教育調査会　103
教育勅語　78, 83-85, 181, 182
教育二法　190, 199
『教育の過程』　203
教育の現代化　203
教育の自由化・多様化　241
教育の四大指令　177
教育ママ　213
教育令　74, 80
教育令（第二次）　76
教学刷新評議会　147, 154
教学聖旨　76
教科書疑獄事件　100
教科書無償化　199
教科用図書検定規則　100
教科用図書検定条例　100
教師中心の学校（teacher-centered school）　56

305

業者テスト 241
教授要目 105, 114
共通第一次学力試験 231
郷土教育 140
郷土教育運動 143
郷土研究 140
教養主義 139
近代的な市民倫理 113
金の卵 198, 204
勤務評定(勤評) 190, 191
＊ケイ 99
啓明会 138
欠食児童 172
決戦教育措置要綱 166
検定制 100
コア・カリキュラム 186, 191
──連盟 185
講義・講釈 44
高校三原則 183
皇国ノ道 148
皇国民の錬成 149, 151, 155, 156
孝弟 76
高等学校規程 107
高等学校令 107, 138
高等教育会議 103
高等女学校 109
高等女学校規定 78
高等女学校令 78, 105
高等専門学校 200
高度経済成長 227
高度情報消費社会 245
校内暴力 233
＊河野清丸 136
「コース・オブ・スタディ (Course of Study)」 185
子返し 25
五経 43
『国体の本義』 154, 155
国定教科書 100, 128
──(国定一期) 112
──(国定二期) 112
──(国定三期) 127, 128
国民学校 148, 149, 155, 156, 160, 164, 182, 183
国民学校令 148, 164
国民所得倍増計画 197

国民精神文化研究所 153, 154
国民道徳論 95
『心の教育』 239
心の教育相談員 238
御真影 84
個性重視の原則 241
国家総動員法 147, 152
子ども組 28
子どもの発見 21
コミュニティ・スクール 241

さ 行

＊小砂丘忠義 142
＊沢柳政太郎 138
三到 43
三舟の才 32
三種の神器 193
三奪の法 57
GHQ 177, 179, 187
私塾 34
四書 43
『子孫繁昌手引草』 25
市町村立小学校教育費国庫補助法 87
実業学校令 105
質問 44
『児童の世紀』 99
師範学校 71, 184
師範学校令 82
＊下中弥三郎 138
自由画 137
集会条例 76
就学告諭 68
就学督責起草心得 86
就学標 86
自由教育 136
習熟度別指導 242
修身(科) 101, 112-114, 150-152, 179, 185, 192
修身教科書調査委員会 101
終戦の詔書 171
集団就職 198
什の掟 45
修養主義 129, 140
受験勉強 230
出陣学徒壮行会 162
生涯学習振興法 242

生涯教育 209
『小学修身訓』 81
『小学読本』 79
小学校教員心得 76
小学校教科用図書審査委員会 101
小学校教則綱領 81
小学校祝日大祭日儀式規定 84
小学校二類スル各種学校 111
小学校令 82
──(第二次) 87
──(第三次) 87, 104, 105, 133
小学校令施行規則 105
消極教育論 21
少子化 245
『少年世界』 88
『少年団』 88
『商売往来』 51
昌平坂学問所 44
女子英学塾 109
私立学校令 108
私立大学令 108
辛亥革命 102
新教育 99
──運動 100
尋常中学校教科細目調査報告 105
人的能力(マンパワー)開発 200
新日本建設ノ教育方針 172, 177
人物主義 113
『臣民の道』 154
随意選題 137, 142
随年教法 53
スウェーデン式体操 116
数学的リテラシー 263
＊スコット 79
＊鈴木三重吉 142
スプートニクショック 203
墨塗り教科書 173, 174
＊世阿弥元清 52
生活修身 151
生活綴方 140, 142, 186
生徒児童身体検査統計 116
青年学校 151, 182, 183

索 引

政令改正諮問委員会 189
世界史 114
専攻科 109
全国学力・学習状況調査 261
全国小学校教員精神作興大会 155
全国統一学力調査 199
戦災孤児 172
戦時教育令 166
専門学校令 108
総合的な学習の時間 244
壮丁調査 117
「ソーシャル・スタディーズ (Social Studies)」 185
束脩 49
素読 43

た 行

米国（アメリカ）教育使節団
　──（第一次） 179, 182
　──（第二次） 191
『第一次米国教育使節団報告書』 179, 180, 182
ベビーブーム
　──（第一次） 211, 227
　──（第二次） 211
大学闘争 210
大学における教員養成 184
大学入試センター試験 231
大学令 108, 138
第三の教育改革 240
大衆教育社会 208, 228, 229
大正自由教育（大正自由教育運動・大正新教育） 100, 133, 135, 151
大日本青少年団 157
倒書 50
滝川事件 153
確かな学力 261
*田中不二麿 74
*谷本富 100
団塊ジュニア 211
団塊世代 211
段階的教授法 100
知識基盤社会 262
*千葉命吉 136
地方教育行政の組織及び運営に関する法律 190
中央教育審議会（中教審） 239, 243, 244
中学校令 82
中学校令施行規則 106
中学校令中改正 105
中華民国 102
中高一貫教育 241
中等学校令 150
中等教育学校 241
*津田梅子 109
帝国大学（東京帝国大学） 108
帝国大学令 82, 108, 138
　──（1918年全面改正） 108
定時制高校 204
適塾 58, 59
手代 37
*手塚岸衛 136
丁稚奉公（丁稚時代） 34, 36
手習塾 49
手習所 49
寺子捉 52
寺子屋 34, 48-52, 60-62
天神机 49
天皇機関説 153, 154
等級制 89
『東京キッド』 187
登校拒否 237
道徳的領域 100
道徳の時間 192
特殊尋常小学校 111
独看 44
読解力 263
徒弟教育 34
隣組 158

な 行

*新島襄 77
二子規範 206, 213
*西村茂樹 81
*新渡戸稲造 96
*二宮金次郎 114
日本教職員組合（日教組） 187, 189-191, 199
日本諸学振興委員会 165, 166
『日本と日本人』（代表的日本人） 95

人間中心カリキュラム 244
能力主義 200
能力平等主義 258

は 行

八大教育主張講演会 136
発見学習 203
発展的な学習内容 261
藩校 34, 45
東日本大震災 267-274
*樋口長市 136
*樋口勘次郎 99
『百姓往来』 51
開かれた学校 241
拾い親 27
ファミコン 246
『風姿花伝』 53
*福岡孝悌 76
*福沢諭吉 58, 65, 79
復読 44
『武士道』 96, 98
不登校 237
フラウ 86
*ブルーナー 203
*ブルデュー 229
プロレタリア教育運動 152
文化の再生産 229
文官試験試補及見習規則 90
文武両道 34
兵式体操 116
*ペスタロッチ 15, 24
ヘルバルト派 100
偏向教育 199
偏差値 231
戊申詔書 95
戊申変法 102
『北方教育』 143

ま 行

*前田多門 181
*マッカーサー 179
「学びのすすめ」 261
間引き 25
満蒙開拓青少年義勇軍 165, 175
*宮本常一 142
民俗学 140

307

無教会主義　98
娘組　28
＊明治天皇　74
メリトクラシー　228
＊元田永孚　76
＊森有礼　81
文部科学省（文部省）　66, 68, 74, 78-81, 89, 117, 152, 155, 165, 166, 172, 173, 177, 181, 184, 190, 192, 199, 230, 231, 240
文部省対日教組　189, 191, 199

　　　　　や　行

＊矢島楫子　78
＊柳田国男　140, 171
藪入り　36
＊山県有朋　83
山口日記事件　189, 190

＊山上憶良　19
『山びこ学校』　186
＊山本鼎　137
湯島聖堂　44
ゆとり　243
ゆとり教育　244
ゆとりと充実　244, 260
弓矢の習　29
『幼学綱要』　81
＊芳川顕正　83
＊吉田満　163
読み・書き・算盤(3R's)　36, 48, 52, 191
四六答申　209, 240

　　　　　ら　行

＊ラングラン　209
乱塾時代　231

六芸　47
『六諭衍義大意』　34
立身出世　91, 130
『梁塵秘抄』　20
臨時教育委員会　104
臨時教育会議　104, 106
臨時教育審議会　231
＊ルイス・フロイス　22, 37
＊ルソー　20
礼奉公　37
錬成　144
6・3・3制　180, 182, 227
六年制　105

　　　　　わ　行

若者組　28
『和俗童子訓』　32, 33, 43, 47, 54, 55

〈執筆者紹介〉（50音順，＊は編著者）

麻生千明（あそう・ちあき）　第1章，第2章担当
　1948年　生まれ。
　　　　　東京教育大学大学院教育学研究科博士課程単位取得退学。
　　　　　元足利工業大学（現・足利大学）教授。
　主　著　『子どもと学校の歴史』（霞出版社，2010年）
　　　　　『現代日本の教育課題』（霞出版社，2011年）

貝塚茂樹（かいづか・しげき）　第6章，第7章担当
　1963年　生まれ。
　　　　　筑波大学大学院博士課程教育学研究科単位取得退学。博士（教育学）。
　現　在　武蔵野大学教授。放送大学客員教授。
　主　著　『新時代の道徳教育――「考え，議論する」ための15章』（ミネルヴァ書房，2020年）
　　　　　『戦後日本と道徳教育――教科化・教育勅語・愛国心』（ミネルヴァ書房，2020年）

佐藤　公（さとう・こう）　第4章，第10章担当
　1970年　生まれ。
　　　　　筑波大学大学院博士課程教育学研究科単位取得退学。
　現　在　明治学院大学准教授。
　主　著　『市民教育への改革』（共著，東京書籍，2010年）
　　　　　『地域と教育――地域における教育の魅力』（共著，学文社，2012年）

藤田祐介（ふじた・ゆうすけ）　第9章，日本教育文化史年表担当
　1975年　生まれ。
　　　　　筑波大学大学院博士課程教育学研究科単位取得退学。博士（教育学）
　現　在　武蔵野大学教授。
　主　著　『教育における「政治的中立」の誕生――「教育二法」成立過程の研究』（共著，ミネルヴァ書房，2011年）
　　　　　『学校の制度と経営』（編著，ミネルヴァ書房，2021年）

宮坂朋幸（みやさか・ともゆき）　第3章担当
　1973年　生まれ。
　　　　　同志社大学大学院文学研究科教育学専攻博士後期課程修了。博士（教育学）。
　現　在　大阪商業大学教授。
　主　著　『就学告諭と近代教育の形成――勧奨の論理と学校創設』（共著，東京大学出版会，2016年）
　　　　　『教職論（新しい教職教育講座　教職教育編2）』（共著，ミネルヴァ書房，2018年）

＊山田恵吾（やまだ・けいご）　はじめに，序章，第5章，第8章担当
　1968年　生まれ。
　　　　　筑波大学大学院博士課程教育学研究科単位取得退学。博士（教育学）。
　現　在　埼玉大学教授。
　主　著　『近代日本教員統制の展開――地方学務当局と小学校教員社会の関係史』（学術出版会，2010年）
　　　　　『近・現代日本教育会史研究』（共著，不二出版，2018年）

日本の教育文化史を学ぶ
——時代・生活・学校——

2014年3月20日　初版第1刷発行	＜検印省略＞
2025年2月20日　初版第9刷発行	定価はカバーに表示しています

編著者　山　田　恵　吾
発行者　杉　田　啓　三
印刷者　大　道　成　則

発行所　株式会社　ミネルヴァ書房
607-8494　京都市山科区日ノ岡堤谷町1
電話代表 (075)581-5191
振替口座　01020-0-8076

Ⓒ 山田恵吾ほか，2014　　　　　太洋社・新生製本

ISBN978-4-623-06740-4
Printed in Japan

小学校教育用語辞典
────────細尾萌子・柏木智子編集代表　四六判　408頁　本体2400円

小学校教育に関わる人名・事項1179項目を19の分野に分けて収録。初学者にもわかりやすい解説の「読む」辞典。小学校教員として知っておくべき幼稚園教育や校種間の連携・接続に関する事項もカバーした。教師を目指す学生，現役の教師の座右の書となる一冊。

人物で見る日本の教育［第2版］
────────沖田行司編著　Ａ5判　316頁　本体2800円

日本教育史を，人物の歩みから読み直すテキスト。江戸の思想家から現代の教育実践者まで，幅広く人物を取り上げ，教育の課題がいかに変化してきたか学ぶ。

事例で学ぶ学校の安全と事故防止
────────添田久美子・石井拓児編著　Ｂ5判　156頁　本体2400円

「事故は起こるもの」と考えるべき。授業中，登下校時，部活の最中，給食で…，児童・生徒が巻き込まれる事故が起こったとき，あなたは──。学校の内外での多様な事故について，何をどのように考えるのか，防止のためのポイントは何か，指導者が配慮すべき点は何か，を具体的にわかりやすく，裁判例も用いながら解説する。学校関係者必携の一冊。

すぐ実践できる情報スキル50
──学校図書館を活用して育む基礎力
────────塩谷京子編著　Ｂ5判　212頁　本体2200円

小・中学校9年間を見通した各教科等に埋め込まれている情報スキル50を考案。学校図書館を活用することを通して育成したいスキルの内容を，読んで理解し，授業のすすめ方もイメージできる。子どもが主体的に学ぶための現場ですぐに役立つ一冊。

────ミネルヴァ書房────
https://www.minervashobo.co.jp/